枫落白衣 著

细说五千年

写给普通人的中国史 壹

北京大学出版社
PEKING UNIVERSITY PRESS

图书在版编目（CIP）数据

细说五千年：写给普通人的中国史 / 枫落白衣著. —北京：北京大学出版社，
2024.3
　ISBN 978-7-301-32426-4

　Ⅰ. ①细… Ⅱ. ①枫… Ⅲ. ①中国历史 – 通俗读物 Ⅳ. ① K209

中国国家版本馆 CIP 数据核字（2023）第 202521 号

书　　名	细说五千年：写给普通人的中国史 XISHUO WUQIANNIAN: XIE GEI PUTONGREN DE ZHONGGUOSHI
著作责任者	枫落白衣　著
责任编辑	刘书广　张　晗
标准书号	ISBN 978-7-301-32426-4
出版发行	北京大学出版社
地　　址	北京市海淀区成府路 205 号　100871
网　　址	http://www.pup.cn　新浪微博 @ 北京大学出版社
电子邮箱	编辑部 wsz@pup.cn　总编室 zpup@pup.cn
电　　话	邮购部 010-62752015　发行部 010-62750672 编辑部 010-62752022
印刷者	北京中科印刷有限公司
经销者	新华书店 880 毫米 ×1230 毫米　32 开本　59 印张　1720 千字 2024 年 3 月第 1 版　2025 年 3 月第 4 次印刷
定　　价	288.00 元（全四册）

未经许可，不得以任何方式复制或抄袭本书之部分或全部内容。
版权所有，侵权必究
举报电话：010-62752024　电子邮箱：fd@pup.cn
图书如有印装质量问题，请与出版部联系，电话：010-62756370

序：用逻辑和人性，串起历史的珍珠

几年前的一个深秋，我和老友余勇军坐在广州的一个小酒馆里，也许是因为《美国史话》音频在喜马拉雅上大受欢迎，也许是因为那天广州的酒，我忽然问他："你说我写写中国历史怎么样？"他抬起头看着我，一脸认真地说："太多人写了吧？"

我望向窗外，没有回答他，但我知道，他是对的，市面上关于中国历史的读物、音频、视频，全都加起来，也许比这个国家几千年的历史都长。历朝历代的故事，有无数大咖在各种媒体上讲述，评论，甚至一个字一个字地解读过了。精彩之处，如同散落在玉盘上的珍珠，璀璨而夺目，我还能讲什么呢？

可我的内心告诉我，我还是想讲，很想讲。因为我要的，不仅仅是珍珠，而是一根华彩煌煌的珍珠项链，一部流畅，完整，一气呵成，前后呼应，有因有果的通史，一部不局限于历史故事，而是从文明和文化，甚至放在世界范围内来解析的中国史，这几乎成了我的一个执念。所以，当我对老余说出这个想法的时候，我就知道，再也无法抑制我动笔的念头了，甚至，我连自己可能有的特色都已成竹在胸——除了历史的整体性，还有史实、人性逻辑以及有趣。

史实自不必说，任何讲历史的，如果不以历史事实为根据，那就成小说了；但问题在于，何为史实？在我看来，经过无数人考证推敲过的可信史料即为基本史实，比如说二十四史。大家将会看到在我这部书里，引用的绝大多数资料都来自这些正史书籍，有此为凭，已可以澄清很多历史误解，比如说，那个流行说法与史料相去甚远的"焚书坑儒"的故事。

但仅仅有了"史实"，却不足以将历史讲得透彻明白：一来史书作者本身就可能犯错，二来很多问题史书作者也未必交待得很清楚，有些史料只是简单的碎片，这就需要引入逻辑与人性的推演。

逻辑如同一面照妖镜，会让很多似是而非的小妖现出真身，烽火戏诸侯的故事已流传千古，却很难通过逻辑的拷问；而人性是理解历史人物的一个密码，当我们不是把历史人物当作符号来看待，而是把他们看作身边一个个活生生的人，从人性和性格入手去解读，他们的喜怒哀乐、行为举止马上就可以变得鲜活自然起来，比如说"兵仙"韩信，以人性去解读，我们也许会更加理解他充满矛盾的选择，他一生的精彩、无奈、杰出，甚至懦弱。

这个逻辑分析、人性推演和史实结合的创造过程，是我认为能带给大家更好阅读体验和思考的方法，也是我写作的特点。

当然，还有一点是不可或缺的，那就是趣味性。历史虽然严肃，但本质上是一连串的故事，是无数个"他的故事"，也就是 History。既然是故事，就不妨碍我们在其中找找乐子。从《美国史话》开始，我一直试图用轻松的、尽可能让读者觉得有意思的、能让他们会心一笑的语言，将这些事件呈现得更加生动有趣。后来的事实证明，我的努力没有白费，很多听友都说，他们深深地被这一点吸引了，这也是他们收听史话的一大动力。

深秋那天，广州的酒喝到散场时，老余拍着我的肩膀说，试试，我觉得你可以试试。我当时的回答是，试试就试试。

就这样，我开始了这部中国通史的创作。

过程并不艰难。虽然整理海量历史资料、分析历史事件、描写人物性格、还要照顾前后呼应是一个大工程，但一旦动笔，心中那个尽善尽美的执念反而淡了，每日里想着的，就是如何写好当下的这个章节，彷佛做了此刻的事情，就大功告成了，全然没有注意到，第二天的清晨，又一个艰难的章节摆在了面前。古语云："但知行好事，莫要问前程"，在踏踏实实把眼下事情做好的过程中，事情本身最终变成了我的一种爱好，在此过程中，得到的大部分都是喜悦，而不是厌烦，至于说结果，确实是很少想过的。

但事实证明，努力还是有回报的。这部以《中国史话》的名字在喜马拉雅、微信听书、蜻蜓FM、懒人听书等平台播放的音频节目，获得了大家的广泛认可。有网友评价说："一、还原真实历史，二、叙述诙谐幽默，三、独特思想体系，四、整体一气呵成。"这些赞美之词虽不敢照单全收，但心下甚慰，因为这也正是我追求的。

时至今日，经广州子非鱼传媒努力，蒙北京大学出版社垂青，这本中国史终于付梓，感谢出版社编辑们辛勤努力，把一部偏口语化的音频节目改编成相对严肃的图书，在自豪之余，也略有惶恐——此部通史是我在斗室之中，一人一桌一字一句敲击而成，其中难免有错误和瑕疵，还望方家不吝赐教。

在此序言的结尾，想多说一句的是，我们这个民族，在很久很久之前，敲响了它的定音鼓。这是一首延绵了五千多年，从未断绝的乐章，每一个朝代，每一个人物，都是那上面跳跃的音符。这乐章，时而激昂，时而悲鸣，有时豪气万丈，有时又低回沉沦……历史来到今天，何其有幸，我可以记录其中一二！在此，谨以这部通史，向先民献上我的温情和敬意，我更希望，千百年之后，这乐章依旧响彻在这星球，而那时的国人，如我们今天一样，也对我们有着他们的温情和敬意。

让我们共勉！

枫落白衣

2023，又是深秋

目录
CONTENTS

001　祖先与文明 001

002　八位老干部 010

003　夏商甲骨文 020

004　周人的革命 028

005　元圣周公旦 036

006　天子不灵了 045

007　春秋第一霸 053

008　宋襄空图谋 064

009　流亡十九载 070

010　侯伯晋文公 077

011　秦穆到楚成 084

012　楚庄王问鼎 093

013　夫差与勾践 101

014　孔子和子产 112

015　夫子游列国 121

016　分晋和代齐 128

017　改革自魏始 137

018　商鞅变秦法 146

019　天下我纵横 152

020　战国第一谍 161

021　燕赵起悲歌 169

022　公子和门客 178

023　远交而近攻 187

024　百家争鸣始 201

025　儒道法表里 208

026　周朝没有了 217

027	秦王灭六国 226	042	大漠逐匈狼 364
028	独尊始皇帝 236	043	史家之绝唱 374
029	祖龙陨沙丘 245	044	汉武的帝国 382
030	大秦失其鹿 253	045	道绝五柞宫 390
031	沛县出豪雄 262	046	执柄者霍光 398
032	巨鹿项霸王 270	047	孝宣好皇帝 407
033	刘老幺入秦 278	048	外戚始专政 417
034	西楚新霸王 289	049	王莽未篡时 424
035	楚汉争霸起 298	050	改制酿大祸 432
036	兵家韩神仙 307	051	光武的复兴 439
037	不肯过江东 316	052	虎父无犬子 448
038	诸王的谢幕 326	053	东汉老班家 456
039	吕后掌天下 337	054	纲常和边疆 465
040	文景的治世 348	055	清流与党锢 472
041	儒家始独尊 357	056	黄巾大起义 482

001. 祖先与文明

陕西省宝鸡市郊区，有一个叫贾村的地方，住过一位名叫陈堆的农民。陈堆常年在屋后的断崖根处取土，1963年一个雨后的上午，他一锄头下去，叮当一声，好像刨到了什么东西。陈堆把土扒拉开，挖出来一个脏脏的方形金属瓶子，看起来有些年头了。

当时陈堆并没有太在意，只是把这个30多斤、大概半米高的大瓶子弄回了家，让家里的婆姨擦洗一下，用来装本也不多的粮食。

一晃两年过去了，到了1965年8月，陈堆缺钱了，就把这个看起来没啥用的大瓶子拉到废品收购站卖了。超级幸运的是，没过几天，宝鸡市博物馆的一名员工偶然路过废品收购站，看见了这件东西，马上认出了这是一件古青铜器。这位尽职尽责的员工做了一件让我们无比庆幸的事情：他自己掏钱把这件东西买下，运回了宝鸡博物馆。

1975年，北京要办一个展览，陕西省的一批文物被送到了北京，这里面就有这个大瓶子。当时故宫博物院有一位古青铜器专家，名叫唐兰，他偶然发现，这个大瓶子里面有字，是在铸造的时候就刻上去的铭文，也就是金文。

什么叫金文？

金文也叫"钟鼎文"，一般指铸刻在青铜器上的文字，主要流行于商周到秦汉时期。

铭文的字数一共122个，简单叙述了这个瓶子的来历：距今3000多年前的一天，一个叫"何"的贵族子弟，被当时的君主周成王教育了一番之后，造了这么一个瓶子。不知道他是为了发泄被训诫的不满，还是为了表示恭敬，反正他把周成王的这番话刻在了酒瓶子里，天天用酒泡着。

这位贵族子弟3000年前的心情不是重点，重点是，这段只有122个字的铭文里，出现了"宅兹中国"四个字，意思是"定居在天下之中的国"。

这件青铜器就是现在的国宝"何尊"，翻译过来就是"'何'的大酒瓶子"。迄今为止，何尊是已知的"中国"两个字最早的出处。换句话说，大概3000年前，我们的老祖宗们已经开始使用中国这个称呼了。

那么，中国人的老祖宗是谁呢？中华文明在世界又处在一个什么样的位置？

一、来自东非大草原的智人

我记得上初中的时候，课本上清清楚楚地写着，在北京周口店，1927年发现了距今天70万—23万年的北京猿人头骨，这些在中华大地上土生土长的北京猿人就是我们中国人的祖先。

按照这个说法，我们的老祖宗就是土生土长的，可是根据最新的DNA（脱氧核糖核酸）检测技术，这个说法又有了一些争议。有很多科学家主张，北京猿人属于直立人，而现在世界上所有的人，包括中国人，根据线粒体DNA和Y染色体DNA测定，都是一种叫作智人的古人类后代。

那么智人又是哪里来的呢？答案很简单，非洲。更具体一点，东非大草原。最近的《人类简史》等书，都支持这种观点。

南方古猿：最早两足行走的原始人类（420万—100万年前）

↓

能人：能够制造和使用工具（200万—150万年前）

↓

直立人：能制造工具，直立行走（200万—20万年前）

↓

智人：人类演化的最近一个阶段（25万年前至今）

简略地说，在大概10万年前，非洲的智人开始向全世界迁移，这些老祖宗有一个不好的习惯——每搬到一个新地方，就消灭那里和他们差不多的同类。7万多年前在欧洲，他们取代了古老的尼安德特人；大概5万年前在东亚，北京猿人等本地直立人也消失了。

按照这个学说，无论是现在的中国人，还是欧洲人、美洲人，祖先都来自一个地方，就是东非大草原。这就是现在流行的"单一起源论"。当然，科学界对此还有争议，不过在任何人拿出可以驳倒DNA检测的证据之前，我个人的观点是，暂时相信这个结论。

你若是说，不对，如果都是一个祖宗，那为什么有人是黑皮肤的，有人是白皮肤的，而我们自己的肤色则有点儿发黄呢？其实，这些外在差别，并不是衡量是不是同种的关键证据。老虎的颜色外形也有差别，但是它们也都叫老虎。

关键是能不能孕育后代。你要知道，只要DNA差别超过0.8%，基本上就不会有后代了，比如人和猿猴，一定是不可能有后代的。可是现在黄皮肤的人和黑皮肤的人结婚，也会有健康的后代，这说明两者不太可能是分别进化而来的，而是同源同种。这不仅仅是一个历史问题，也是一个逻辑问题。

综上，我认为"单一起源论"是一个很靠谱的解释；同时，由于迄今为止，全世界只有东非发现了 20 万年前的智人痕迹，其他地区的都远远晚于这个时间，并且明显有按照时间顺序搬家的轨迹，所以我认为目前情况下，最靠谱的结论就是，我们中国人的祖先，是来自东非草原的智人。

二、文明的竞赛

智人老祖宗在全世界各地定居下来之后，就开始了一场轰轰烈烈的劳动生产竞赛。竞赛的内容也很简单，看谁先搞出来三样东西：成熟的文字、金属工具、完善的城市。有了这三样东西，这个地方的老祖宗马上就会戴上一顶叫作某某文明的帽子，比如说古印度文明、中华文明等。

这场竞赛最后的结果就是产生了人类历史上的第一代文明。那么，有几个地区的智人老祖宗们独立地完成了比赛，得到了第一代文明的称呼呢？现代学者有多种说法，最流行的是两种，一种是我们从小就学习过的四大文明古国：古巴比伦、古埃及、古印度和中华文明；另一种是六大文明摇篮，除了上面四个之外，还要再加上爱琴海的克里特文明和中美洲的奥尔梅克文明。

这里要说一下，网上有人说"四大文明古国"是中国人的提法，好像我们故意往自己脸上贴金。实际上，这个概念很早就在西方流行了，今天美国和日本的一些教科书还是沿用这种说法。几年前BBC（英国广播公司）有一个大型纪录片《文明的轨迹》，也是采用四大文明古国的说法。

第一代文明有一个显著的特征，就是它们是原创文明，或者叫原发文明。这些文明在没有受到别的文明影响之下，无师自通，自己学会了盖房子、穿上了衣服，最后达到了坐在城里吃着"火锅"唱着歌的境界。从大的地域上来看，原发文明大概就是上面那几个，无论是"四大"，还是"六大"，中华文明都是其中之一。

除了原创性这个特点之外，中华文明还有两个有意思的特性，我们来探究一下。

如果把第一代文明看作是劳动生产竞赛的结果，那么冠军无疑是苏美尔文明。不过我们比较熟悉的是它的另一个名字，来自它的继承者，叫"古巴比伦文明"，在今天的伊拉克一带。学术界习惯上把它称为"美索不达米亚文明"，因为从苏美尔到巴比伦，再到亚述，它们的文化风俗是一脉相承的。

大概在 5500 年前，美索不达米亚出现了完善的楔形文字、城市和青铜器冶炼。可惜在前 540 年左右，这里的文明被后起之秀波斯帝国彻底征服。从那之后，苏美尔人的子孙渐渐地被外族人异化了，古老的文字、文化和传统被遗忘得干干净净。到了今天，波斯也没了，伊拉克那块土地上流行的是后来的伊斯兰文化。

古埃及文明诞生于非洲尼罗河旁边，也就是今天埃及的位置。古埃及人建造的金字塔到现在都让人叹为观止。他们研究出来的文字叫象形文字，今天也断绝了，除了博物馆，你找不到使用它们的任何地方。但是，古埃及的象形文字生出了一个叫作腓尼基字母的"孩子"，这个"孩子"后来又生出了希腊字母、拉丁字母等。现在最流行的英语就是在这些孙子辈的字母之上创造出来的，说英文是第一代象形文字的"玄孙"，一点都不为过。

不过，尼罗河这块风水宝地给了埃及文明，也给了它灾难。后来崛起的几个强大的第二代文明，都是它的"邻居"，几乎轮番把它蹂躏了一遍。先是波斯人，然后是马其顿的亚历山大大帝，接着是罗马帝国，后来又来了阿拉伯人，折腾了一千多年之后，古埃及人终于顶不住了。1300 年前后，古埃及的语言、文字、宗教信仰、历史记录、政府和风俗等逐渐被遗弃，古埃及文明最终也彻底消亡，躲进了博物馆。现代的埃及，完全皈依了阿拉伯文化，全称叫作"阿拉伯埃及共和国"。

古印度文明诞生在 5000 年前的印度河和恒河流域，和今天的印度和佛教完全没有关系。在四大文明里面，古印度文明被称为"哈拉帕文明"，是断绝得最彻底的，它的印章文字到现在也没被破译。关于它到底是如何断绝的，到今天也没人能说清楚，可以说是神秘地消失在历史长河里了。今天的印度文明是前1500年雅利安人入侵之后的一种次生文明，包括种姓制度，都是那之后产生的。

六大文明里面的另外两个，爱琴海的克里特文明、美洲的奥尔梅克文明，和古印度文明差不多，曾经一度辉煌，但最后不知道什么原因，彻底终断，消失得无影无踪，今天你也只能从博物馆里看到它们的痕迹。

按照流行的西方学者的观点，中华文明起始于3700年前的商王朝，再往前的三皇五帝和夏朝，因为考古学证据还不充分，并未被承认。不过，近些年中国学者一直致力于商以前文明的探索，也有了不少成果。比如5000多年前出现的良渚文化，就毫无疑问地证明了中华大地上存在着漫长的文明史。

最神奇的是，中华文明的寿命超级长，一直活到了今天，这就是我们中华文明的第一个独特之处。中华文明从诞生之日起，经历了民族融合、宗教传入、外来入侵、无数次王朝更替，但文明主体一直没有改变。今天的汉字是从甲骨文演变而来的；今天的家国一体、祖宗崇拜是这个文明从一开始就确立的基调；今天中国的孩子还在背诵几千年前的"关关雎鸠，在河之洲"；今天陕西的华胥陵（伏羲与女娲之母华胥氏之陵）和黄帝陵依然是这个民族每年参拜的祖陵。

我在网上每次看到有人说中华文明断绝了，都很好奇地点进去，想知道是怎么断的，从哪里断的；可以说，迄今为止，我看到的都是瞎扯。所以，在第一代文明里，中华文明的第一个独特性就是：它是唯一奇迹一般地活到了今天的原发文明。

有人可能好奇，产生了现代欧洲文明的希腊和罗马不算吗？不好意思，它是美索不达米亚文明和古埃及文明在地中海上碰撞的产物，换句话说，它是次生文明，也可以说是第二代文明。

为什么这么说呢？前面说过，古希腊的字母来自腓尼基人，而腓尼基的字母来自古埃及的象形文字。再比如，古希腊基本上没有自己培育出来的农作物，都是外来的。这样看，无论如何它都不能算作是第一代文明。

不过，伴随着古希腊、罗马、拜占庭、伊斯兰等第二代文明迅猛崛起，除了中华文明，其他第一代文明都逐渐地退出了历史舞台。刚才我说过，除了独创性，中华文明还有两个特性，其中之一是寿命长，另一个就要和第二代文明比较一下才能看清楚了。

如果你读过希腊神话和罗马神话，就会发现，那里面有无数个神，宙斯、维纳斯、丘比特、阿波罗，等等；而且这些神和凡人一样，有着各种毛病，嗜酒、贪财、好色等等，不一而足。是的，这就是人类早期的多神崇拜传统，各个文明几乎都经历过这个阶段。山有山神，水有水怪，各司其职，这是比较自然的质朴的神灵崇拜。

自从2500多年前犹太人在流亡的路上写出了《圣经·旧约》，这种多神崇拜就逐渐转向了一神崇拜。这个转变以337年罗马皇帝君士坦丁接受基督教洗礼为重要节点，到公元7世纪穆罕默德创立后来横扫大半个世界的伊斯兰教为高潮，一神教信仰可以说是第二代文明的一个特征。

那么，二者有区别吗？有，区别巨大。崇拜可以不是唯一的，但信仰一定是坚定不移地相信一个唯一的存在；如果你今天拜上帝，明天去给佛祖烧炷香祈求保佑，那就不是信仰。

中华文明的第二个独特性就是，它不把宗教信仰作为自己文化的核心。我们有祖宗崇拜，可以崇拜玉皇大帝，可以崇拜如来佛祖、送子观音，现在高考的学生还流行拜文殊菩萨，但我们没有归附于任何一个宗教信仰。所以，当第二代的一些文明在全世界为了宗教信仰打得你死我活的时候，中华文明只是冷眼旁观。

这可以用中国福建的泉州做一个小小的注解。在那里，伊斯兰教的清真寺、佛教的庙宇、基督教的礼拜堂、道教的道观，比邻而居，互不干扰，大家都是邻居，没事串个门，聊聊八卦，百无禁忌。很多时候，旁边还立着孔夫子的孔庙、关二爷的神坛。

那么，为什么在全世界第二代文明兴起并转向一神教的宗教信仰之后，中华文明没有转型？不仅没有转型，而且还活了下来，甚至大唐帝国把中华文明这杆大旗举得更高，为什么？

这个问题并非一两句话可以说得清楚，涉及很多方面，比如早期的文化道路选择、制度规范、纲常伦理等，甚至因为历史的偶然性，无神的佛教早于一神教到达中国等。如果你非要一个简明扼要的回答，那就是三个字：不需要。至于说为什么不需要，我相信你读完这套书后就能找到答案。

三、未来会怎样

历史总是在不断前行。1321 年，意大利的但丁写出了批判天主教的《神曲》，随后，一大批后世赫赫有名的画家工匠们，或者用画笔，或者用刻刀，弄出了大量展示肉体之美的艺术作品，这就是文艺复兴时代。以此为标志，第三代文明闪亮登场。这就是"现代西方文明"，几个典型的标志就是文艺复兴、宗教改革、启蒙运动和工业革命。

毫无疑问，当第三代文明蓬勃向上的时候，中华文明开始茫然失措，无所适从了。像第二代文明崛起的时候那样，以长辈的姿态冷眼旁观？显然不行了。一百多年前，古老帝国被现代文明用枪炮敲开大门的那个时刻就注定，"作壁上观"这条路走不通了。

这个古老的文明随后开始了不断的挣扎和变革，力图适应这个新的时代。洋务运动、新文化运动、五四运动……这些改变有用吗？现在看来，也许有。不过最大的问题是，古老的中华文明是被第三代文明同化和征服，还是老树开花，做第四代文明的引路人？

很可惜，这个问题我回答不了，也没人能回答。"江山代有才人出，各领风骚数百年"，历史，终究是盖棺才能定论的。我们能做的，仅仅是回过头去，看看来时的路。"以古为镜，可以知兴替"，在这部作品里，我将试图把古老的中华文明做一个细致的梳理，用大白话告诉你，我们这个民族历史上发生过什么。

那么，中华文明的源头究竟在哪里呢？且听下回分解。

002. 八位老干部

随便哪一个中国人，都知道中华文明的母亲河是黄河。没错，几千年来，口口相传，我们的文明发源地是黄河，然后向周围地区扩散。这里面有个问题：中国的第一大河，长江，自然条件比起黄河一点不差，甚至更好，为什么没有成为中华文明的母亲河？

更加令人疑惑的是，如果你看一下非洲智人的迁徙路线，就会发现，从地理上来看，他们也应该是先到达长江流域，那为什么他们没停留在风景秀丽、物产丰富的这里，偏偏要北上到更寒冷的黄河地区呢？

一、为何独尊黄河文明

回答这个问题之前，我们先来看看考古发现。按照现代考古学的观点，距今五六千年前，在中华大地上，文明本来是一种遍地开花的姿态，黄河流域的仰韶文化不用说，北方的红山文化，长江流域的曲家岭文化、良渚文化，这些都是非常大的文化圈子。你要是拿过一张那时候的地图，把那些有了城市雏形、社会分工的地点标出来，就会发现，从今天内蒙古自治区向南，一直到湖南、湖北甚至更南边，当时的文明雏形如满天星斗般存在。

别的不说，就说位于今天杭州的良渚古城，在那时候就不输于黄河文化圈，建筑群落包括村庄、墓地、手工作坊、宫殿、农耕区、排水系统等。有些考古学家甚至说，就凭着一座良渚古城，我们就可以很自豪地宣布，中国至少有 5000 多年的文明史。

那么，从这样一个满天星斗的文明状态，到后来独尊黄河文明，这是为什么呢？在我看来，答案很简单，"历史是由胜利者书写的"。

发源于黄河边上的仰韶文化和紧随其后的龙山文化，在这场中国境内的"劳动竞赛"里脱颖而出。这群吃小米的人应该是中国最早进入国家状态的智人。随后的夏商周三代一脉相承，都继承了前一代的黄河文明，并且逐渐地吞并了周围其他文明。

吞并的过程一般是，先指责你为蛮夷，就是打击你的自信心；然后让你变革，和黄河文明保持一致。你说你偏不，那就动手，决一胜负吧。这个在后来汉朝刘向写的书里有一个精辟的总结，叫作"文化不改，然后加诛"，也就是用我的文明来教化你，你要是不改，那就动武。"文化"一词的出处就在这里，它的原始意义就是用文明来教化。

正因为这样，现在很多考古学家认为，长江边上的良渚文明 4000 年前消失的原因，很可能就是被黄河文明给"文化"了。在这场文明的征服和合并的过程中，长江一带的文明其实也不是完全没有机会，早期混战就不说了，即使到了春秋后期，南方的吴越两国，还有楚国，也都有机会。很遗憾的是，它们最后失败了。

二、三皇的传说

"三皇五帝"是口口相传的、对中华文明有巨大贡献的八位老祖宗。他们具体是谁，我们并不十分清楚。在历史上有多种说法，每一种说法都挺有道理，也都有了不起的历史学家支持，我在这里只能采用比较流行的一种说法。

话说四五千年前，在今天陕西省西安市蓝田县附近一个叫作华胥族的部落里，有一个叫华胥的女人。有一天，她到野外去玩，看见地上有一个非常大的脚印，出于好奇，就上去踩，然后就怀孕了，生下了一个男孩，这个男孩叫作伏羲。这个故事在西晋皇甫谧的《帝王世纪》里有记载："有巨人迹出于雷泽，华胥以足履之，有娠，生伏羲于成纪。"

你要是说，这不就是瞎扯吗？是的，这就是瞎扯。但是，你先别着急，根据一些远古的壁画，在母系社会的时候，的确有这样一种仪式，一个巫师在前面手舞足蹈连蹦带跳，后面一群少女小心翼翼地踩着他的脚印前行，仪式完毕之后，少女们挑选自己喜欢的男子去小树林里面，要是怀孕了，大家一起养孩子。

这也就是我经常说的，历史传说有它正确的打开方式，就看你找没找到钥匙。

无论如何，华胥生下了伏羲，后来又生下了一个女孩，叫女娲。伏羲和女娲，就是传说中三皇的第一、第二位，他们是兄妹，也是夫妻。这个叫华胥的妈妈就是各种古代典籍里面所说的中华之母，她的这个"华"字也成了后来我们中华和华夏名称的一部分。现在陕西省蓝田县，每年都有大量的中国人去参观和拜祭华胥陵。

那么，伏羲为什么后来被大家这么尊崇，成为三皇的第一皇呢？两个原因，第一个原因是中国随后的几千年都是男性社会，男人说了算，即使有人考证女娲应该是第一任领导人，后来的文人还是会把伏羲排在女娲前面。唐代司马贞在《三皇本纪》中认为，伏羲之后，要经历了几个时代，女娲氏才取代伏羲氏成为了氏族部落的首领。不过，我们如果思考一下就知道，很可能女娲应该早于伏羲，毕竟人类社会是开始于母系社会的。

第二个原因是伏羲教会了人们如何结网打鱼、驯养家畜，发明了文字，从各种动物身上抽离出不同部位创造了龙的图腾，后来成了整个中华民族的象征。据说他还发明了古琴。当然，最神奇的是他画出了中华历史上最了不起的一幅图画：八卦图。《尚书》里面说："伏羲王天下，龙马出河，遂则其文以画八卦，谓之河图，及典谟皆历代传宝之。"

你可能会好奇，伏羲怎么这么厉害，能干这么多事情？答案很明显，他不是一个人。换言之，伏羲是华胥部落很多位首领的一个统称。我个人的观点，不仅仅是伏羲，三皇五帝都不一定是某一个特定的人，而是一群领导人的化身。

女娲是三皇里面的第二位，传说她既是伏羲的妹妹，也是他的妻子，这说明那时候中国人还没走出近亲婚的误区。女娲补天的故事，我们中国人都耳熟能详。

三皇里面的最后一位是神农氏。"神农尝百草"的故事在中国家喻户晓，就不多说了，他让我们中国人的寿命大大地增加了；但他之所以被叫作神农，还因为他发明了两样东西，《易传》里说他"斫木为耜，揉木为耒，耒耜之利，以教天下"。

这里的"耒耜"，类似今天的锹，用来掘土耕地，只不过当时既没有青铜，更没有铁器，是木头做的，后来发展为犁地用的犁、锄。如果没有这种大大提高农活效率的发明，单单凭着天天吃草药，他也不好意思称自己为神农。

神农还做了一件事，就是把伏羲的八卦图发展了一下，形成了一本传说中的书，叫《连山》。故老相传，《易经》有三个版本，分别是神农的《连山》、商朝人的《归藏》、周文王的《周易》，这三本书都来自八卦。神农氏的《连山》早已失传了，后来的《归藏》还能看到一些，但是残缺不全。现在我们说起《易经》，往往指的是周文王的《易经》，简称《周易》。

三皇的故事，大概就这么多，他们都起源于陕西华胥氏，依次是伏羲氏、女娲氏和神农氏。必须指出的是，三皇的时代是传说时代。不过，传说并不等于是神话，神话大多出于想象，但是传说，一般是有很多历史痕迹在里面的，而且部分地被考古发现所支持。此外，三皇的版本有很多，人物不同，故事也不同，我这里采用的只是众多说法中的一个。

三、五帝的故事

大约 4000 年前，我们的老祖宗结束了单一氏族部落发展的三皇时代，随之而来的，就是部落之间联盟的岁月，称为五帝时代。

在司马迁的大作《史记》里面，第一卷就是《五帝本纪》。那么，五帝时代是怎么开启的？两个字：战争。

先看看司马迁是怎么说的："诸侯相侵伐，暴虐百姓……炎帝欲侵凌诸侯，诸侯咸归轩辕。"这两句话的信息量很大，第一句话说当时有很多部落，司马迁称他们为诸侯，这些部落常年打仗，祸害老百姓；第二句话提到了两个人，一个是炎帝，一个是轩辕。

根据现有的史料分析，这个炎帝应该是指神农氏部落的首领，但是"炎帝"这个称呼到底是当时神农部落首领的职位名称，还是其中一任首领的名字，我们就不知道了。这句话的意思就是神农部落的首领炎帝欺负人，结果大家都跑到一个叫轩辕的人那里去了。

轩辕是五帝里面的第一位，黄帝，姓姬，是另一个部落有熊氏的人。有人说司马迁的《史记》里说黄帝姓公孙，那只能遗憾地说，司马迁老爷子搞错了。

中国最古老的八个姓，即传说中的"上古八大姓"，妊、姬、姜、姒、嬴、妘、妫、姚，全都是女字旁，因为女生为姓，是母系社会最重要的标志。至于说公孙，要等到分封制确立之后，一个公爵的孙子，才得名"公孙"，你可以说它是氏，但绝不是原始的姓，这个我们后面还会讲。

所谓轩辕，是黄帝他老人家住的地方，叫轩辕之丘，后来人就用"轩辕"作为他的称号。这个词后来也经常代指中国，鲁迅先生就有一句著名的诗，叫"我以我血荐轩辕"，就是为了中国不惜流血牺牲的意思。

轩辕之丘就在今天的河南省新郑市。新郑这地方相当值得一提，因为在早期中国道教典籍里，它还有另一个威风凛凛的称呼，叫神州。"神州"后来也被用来代指中国。

按照司马迁的说法,炎帝是当时的当权派,而黄帝轩辕就是造反派的头头。战争的结果是,黄帝造反成功,炎帝在失败之后,归顺了黄帝。二人联合之后,异常强大,甚至几千年之后,他们的后代经常一激动就拍着胸脯说,俺们是炎黄子孙,这就是"炎黄子孙"的由来。

这还真不是吓唬人的,当时最出名的不服气的应该是现在山东地区的九黎部落集团,首领叫蚩尤。他看不惯炎黄两人,于是联合了炎帝一些不想归顺黄帝的老部下,开始对炎黄两位开战。然而炎黄的势力实在是太强大了,打得蚩尤的九黎部落落花流水。蚩尤最后在涿鹿之战中被砍了脑袋,剩下的残兵败将跑到了南方,传说成了后来苗族的先祖。

为什么会有蚩尤这么奇怪的名字?

蚩尤的名字是黄帝取的,据说是当时语言中发音最难听的两个字。由此可以看出,历史是胜利者书写的——你要是失败了,连本来的名字都留不下,也做不了主。像后来的隋炀帝、元顺帝,"炀"啊,"顺"啊这些字,也都是胜利者给他们准备的,你接受不接受不重要,历史接受了就行。

这场北方部落集体大混战的最后结果是,从今天陕西的东部,沿着黄河一路向东,山西、河北、山东以及河南的大部分地区组成了一个前所未有的部落大联盟,后来人给这块区域起了一个响亮的名字,叫中原。这个联盟的成员被叫作华胥人、华人,后来也叫作华夏人。很自然,第一任盟主是黄帝。

传说中黄帝也干了很多事情。但是和三皇中的伏羲不一样,他完成的这些事情不再被看作是他一个人干的,而是有明确记载,是很多人一起参与的结果。

比如说他手下的仓颉完成了汉字的整理和收集,创造了一套成系统的汉字，史称"仓颉造字"。据说轰轰烈烈的造字运动完成之后，鬼神们半夜起来，一起拍着大腿嚎啕大哭，因为文字是文明的载体，人类一旦有了文字，就可以一代一代地传承知识，那么"天地不能藏其秘，造化不能隐其形"，从此之后，人就可以胜过鬼神了。当然，信不信由你。

黄帝手下另一个大家熟悉的人物叫杜康，他是造酒的祖师爷，发明了酒，后来人们常用他的名字代指酒。曹操有"何以解忧，唯有杜康"的诗句，说的就是"借酒消愁"的意思。

如果你相信司马迁《史记》的记载，从黄帝开始，我们的大中华正式进入家天下的模式。按照《史记》上的黄帝家谱，黄帝和他的子孙们垄断了从他上台开始之后的2000多年华夏君主的地位，一直到前256年，最后一个君主周隐王姬延被秦始皇的祖爷爷秦昭襄王给灭了为止。

其间，五帝里面的后四位和夏、商、周三代的君主全是黄帝的后代。不仅仅如此，后来周朝的分封制，导致春秋时期很多国家的君主也都是他老人家的后裔。所以到了1911年，当孙中山等人提出"五族共和"和"中华民族"的概念时，还特意把黄帝抬出来，尊为中华民族的共同祖先。这个认祖归宗相当靠谱，如果我们非要挑一个人做祖先，无论从哪一个角度看，黄帝都是最合适的。

据说黄帝死在了今天的河北省张家口市这个地方，但是黄帝陵却建在今天的陕西延安市，号称中国第一陵，历朝历代，享受着帝王和名人们的拜祭。墓碑上注明了这里只是一个衣冠冢。不过这和他老人家死在哪里关系不大，因为大家都说他最后得道升天了，是骑着神龙走的，很自然地，要是再说他有遗体那就不合适了。

《黄帝内经》是不是黄帝写的？

答案是不知道。中华文明虽然是世界上古代文献保存得最详细和最好的文明，但几千年下来，有很多书也完全不知道作者和成书年代了，比如《山海经》《竹书纪年》。故老相传，中国最古老的记录有"三坟""五典""八索""九丘"等，据说《黄帝内经》可以算作是"三坟"里面的书籍，但是具体如何，没人知道，看其遣词造句，倒像是春秋时候的人编的。

黄帝死了之后，他的孙子颛顼上台，是为五帝里的第二帝。颛顼死了之后，他的侄子，也就是黄帝的曾孙喾即位，史称帝喾。帝喾这个人本身除了德行很好之外，没什么可说的，但是他有一个女儿，大大有名，那就是姮娥。

这个女孩子在汉朝之前，一直都叫姮娥；到了汉朝，汉文帝刘恒手下那群拍马屁的高手们，硬是要为难这个小姑娘，让姮娥改名字。这事儿在中国古代很常见，不能和长辈或者尊贵的人一个名字，叫避讳，或者说避尊者讳。这一点西方和我们有很大的不同，西方一般是谁厉害，大家就喜欢用他的名字，孙子用爷爷的名字更是一种常态，所以才有那么多威廉、路易什么的。

没办法，姮娥只好改了名字，新的名字大家特别熟悉，叫嫦娥。她是我们中国人的月亮女神。传说帝喾后来把她嫁给了手下一个擅长射箭的大臣，名叫羿。神话传说里，在稍后的尧时代，天上出了十个太阳，嫦娥的这位善射的丈夫替百姓出气，一口气射掉了九个太阳，人们把这个故事叫后羿射日。实际上，编这个神话的人太马虎了，因为嫦娥的老公叫平羿，或者大羿，他并不是后来很晚才出现的那个篡权夺位的后羿。所以，后羿射日实际上应该叫"大羿射日"，或者"平羿射日"。

当然，"后羿射日"和"夸父逐日"这样的故事，你可以信也可以不信，在我看来，那就是当年平羿领导的一场抗旱运动。

中国上古神话有什么特点？

世界各民族都有自己的神话故事，基本上都是一个套路：有那么一些很厉害的，天上的、地上的和河里的神仙，个个呼风唤雨，神通广大，老百姓或者被他们祸害，或者被他们拯救，这一点大家都一样；可是有一点不太一样，比起其他神话，中国远古神话里面有着更强的抗争精神。

和谁抗争？和老天爷，和神仙。这样的例子比比皆是，太阳多了，就有人拿起弓箭去射几个下来，这是"后羿射日"。地上发洪水，就有人领着大家治水，这是"大禹治水"。天漏了一个大窟窿，就有人烧两块石头去补上，这是"女娲补天"。就算这个大窟窿，据说也是因为两个凡人打架弄出来的，这是"共工怒撞不周山"。等等。

冯天瑜先生说过："在中国的上古神话里，竟出现了同太阳竞争高下的人物，这是一件非常了不起的事情。"这句话我深以为然。不仅如此，这些神话对我们还有一个很深刻的影响，那就是有神的无神论。也就是说，在这样的神话体系下，中国人很难产生对某一位或者几位神的顶礼膜拜，有用的不妨就拜拜，没用的就放在一边，要是没用还有害，那就要对不起了……

这就造成了一个后果，中国人看起来是信神，这个拜一下，那个跪一下，其实大多数都是无神论。那不信神信什么呢？信祖宗。自古以来，中国人经常说感谢老天爷，或者祖宗保佑什么的，不过真急眼了的时候，老天爷是完全可以骂的，但很少有骂祖宗的。不仅不骂，听见别人骂自己祖宗，那一般是要拼命的，并且我们厉害的祖宗们往往都胜过神仙，姜子牙手里就经常拎着一根打神的鞭子，哪一路神仙不服就一鞭子打下去。

在我看来，中国之所以在第二代文明崛起的时候，抵御了一神教的影响，就是因为这个神话体系产生的祖宗崇拜，和在此基础之上的儒家思想。

四、尧舜之间是禅让吗

帝喾之后,大名鼎鼎的尧和舜登场了。尧是帝喾的儿子,舜是颛顼的七世孙,这样一算,舜得管尧叫祖爷爷。不过当时舜的家道早已没落,穷人一个,勉强可以算是一个平民。

尧和舜,在大多数中国人那里,都是贤明得不得了的古代明君。你要是想夸一位君主,只要说出"尧舜之君"四个字,保证对方龙颜大悦,心花怒放。这个道理连不学无术的韦小宝都知道,经常拿出来夸康熙。

我这里主要想聊聊他俩之间交接班的问题。在儒家的大力宣扬之下,我们都知道,尧舜之间实行的是禅让制,也就是尧年纪大了之后,没有把位置传给自己的儿子,而是考察舜很长时间之后,把自己的两个女儿和天下一起交给了舜。在中国历史上,自汉朝之后,历朝历代都把这件事传为美谈,舜迎娶了两位贤淑的妻子,还继承了老丈人的所有财产,也就成了无数普通人心中最完美的逆袭形象。

可是在汉朝以前,很多书都记载了相反的一面,比如《荀子》《韩非子》《孟子》,或者你可能不熟悉的《竹书纪年》等。尤其是《竹书纪年》写道,尧老了之后,被权力越来越大的舜囚禁在一个地方,然后舜又假装立尧的儿子丹朱为帝,后来还是忍不住篡位了。《竹书纪年》的原文是:"昔尧德衰,为舜所囚。舜囚尧,复偃塞丹朱,使不与父相见也。"

不过,孔夫子坚定地认为尧和舜是和平交班的,由于他老人家最后成了圣人,他的话自然就成了大家信奉的真理。即使尧舜当年真的打得死去活来,也变成和平交班了,历史,本来就是这么写成的。

三皇五帝的故事,大概就这么多。在舜之后,三皇五帝的时代就结束了。前面说了,它开始的标志是战争,那么,它是怎么结束的呢?这些我们下面再谈。

003. 夏商甲骨文

三皇五帝时代以一场大洪水宣告终结。你要是放眼世界，看一下别人家的历史，就会惊奇地发现，几乎世界上所有民族都有大洪水的传说，比如古巴比伦、古埃及，最著名的当然就是《圣经》里诺亚方舟的故事。换句话说，各民族的老祖宗都曾经被洪水蹂躏，这就要问一下为什么。

答案有两个：一个是世界各民族祖宗们的看法，说是当时的神仙们对人类很失望，或者是对人类的好日子羡慕嫉妒恨，放出洪水想整死我们；另一个是现代科学家的研究结果，4000多年前，地球温度突然上升，导致很多冰川融化，进而引发了全球河流泛滥。

一、"华夏""九州"和九鼎

无论如何，当时中原各地一片汪洋。和其他民族不一样的是，在中国的传说里，我们最后不是被神给救了，而是自己治理了洪水。领头的这个人叫作禹，也叫大禹，是一个名副其实的劳模，老婆孩子全都当不存在，一心一意地和洪水较劲。

《史记·夏本纪》里面说他"劳身焦思，居外十三年，三过家门而不入"，整整十三年，不仅是不回家看春晚，就连经过家门，都不进去。说实话，这种事我自叹不如，做不到。辛苦奋斗是有回报的，前2070年，因为治水有功，五十多岁的大禹正式从五帝的最后一位帝王舜的手里接过权杖，成了中原新的统治者。

因为他曾经被封为夏伯，所以他的王朝就以"夏"命名，都城在安邑，也就是今天的山西省夏县，前有开启三皇时代的华胥氏，后有终结五帝时代的夏王朝，于是"华夏"的称呼正式形成。

中原劳模大禹继位之后，把天下划为九块，称作"九州"。他干这事应该是驾轻就熟，十几年的时间里四处奔波治水，各地山川地理是什么模样，他了如指掌。这九个州的名字甚至一直到今天还在用，比如扬州、徐州，位置基本也不会差得太远，当然管辖的范围肯定是不一样了。

按照《左传》的说法，接下来的事情是大禹用各州贡献上来的青铜铸造了九个大鼎，上面分别刻有每一个州的地理地形风土人情。鼎这东西，我们读古书的时候经常看到，其实开始的时候就是饭锅，煮肉喝汤，一家老小都用这玩意，后来才发展到祭祀、陪葬等多种用途。可以说鼎和我们祖宗们的日常生活息息相关。

不过，大禹的这九个鼎，就不能简单地理解为饭锅了，品位那是相当地高，是王权的象征。久而久之，它们也成了中国人心中的镇国之宝，以后的一些成语，比如"一言九鼎""问鼎中原"等都出于此。可是，非常让人遗憾的是，这九个宝贝在秦朝之后就神秘地消失了，不知道哪里去了。

细究起来，主流史学界对这事儿有三种说法。第一种是秦始皇最终得到九鼎，把它们和自己一起埋在秦陵里面，就是给他陪葬了。这个说法正确与否，等到技术条件允许，可以挖掘秦始皇陵的时候，自然就会揭晓。

第二个说法是被融化了，制成了兵器，这没有任何史书支持，但在秦末天下大乱的时候确实有此可能。

第三个说法最石破天惊，认为九鼎从来就没存在过。持这种说法的人也不少，主要有两个重要的论据：一是最早出现九鼎记录的是《左传》，而这本书是春秋末期才有的，较早一点的文献，比如主要记录夏商周三代历史的《尚书》却只字未提九鼎；二是大禹所在的 4000 年前，青铜冶炼技术不可能达到在鼎上刻什么山川地理风土人情，就算刻一只鸟，那也是很困难的事情。

真相如何，你可以有自己的结论。

二、夏王朝真的存在过吗

大禹建立夏王朝十五年之后去世。去世前，他也效仿尧舜，把位置禅让给一个叫伯益的人。不知道是他有意为之，还是疏忽了，他只给了伯益位置，却放任他自己的亲儿子启拉帮结派，加强权力。

结果他死之后，经过一系列的残酷斗争，启登上了王位。启死的时候，把王位又传给了自己的亲儿子。就这样，从大禹的夏王朝开始，一直到 1912 年孙中山就任大总统之前为止，中国政权的常规交接方式就变成了父死子继，或者兄终弟及。在那之前，虽说都是黄帝的后裔担任君主，但大家还是很谦虚的，实行推举和禅让，并不是"老子英雄儿好汉"的世袭制度。

夏王朝一共传了 14 代，存在了大概 470 年，中间经历了"太康失国""少康中兴"等事件，控制的区域基本就是前面说过的中原地区，不过其势力范围应该到了长江流域，也就是今天的湖北省。

夏朝的最后一个君主叫履癸，后来人都叫他夏桀，"桀"是残暴的意思。《史记》上说他"手搏豺狼，足追四马"，力气大，跑得快。不过这位天赋极佳的君主一点正事也不干，还非常残暴凶狠地对待老百姓。所以，当时的老百姓就诅咒他，让他早点死，他听了之后轻蔑地一笑：我是谁？我就是天上的太阳啊，太阳不死，我怎么会死？

中国老百姓连神仙都不放在眼里，还管你是不是太阳，就走上大道，指着天上太阳喊：你啥时候死，我们愿意和你一起死！这件事情被郑重其事地记录在《尚书》里，当时群众的口号是："时日曷丧？予及汝皆亡！"到了这个地步，就算是大禹重生，也救不了这个子孙了。

前1600年左右，履领兵在鸣条，就是今天的山西运城附近，干掉了夏桀，建立了中国历史上第二个王朝，商王朝。后世把他称为商汤，因为甲骨文上把他称为成，所以也叫成汤。

成语"桀骜不驯"是怎么来的？

这个成语是夏桀贡献的。"桀"指夏桀，"骜"指野马，意思是夏桀和野马是一个德行，都属于难以管教的动物。后来就用"桀骜不驯"来形容性情暴烈，不服管教。

在中国历史上，夏王朝地位比较尴尬。关于夏的历史文献典籍无数，历代君王的名字、脾气秉性，甚至后宫佳丽等等都有描述。一般来说，史学家们都愿意把夏朝视为中国的第一个封建王朝，但拿着小锤子的考古学家们不太同意，因为他们没找到具有说服力的夏都城遗址。最可能的夏都城遗址也许是河南偃师的二里头文化遗址，不过离被广泛承认还差那么一点点。此外，夏王朝同期的文字也没有发现，它不像商朝，有甲骨文作为铁证放在那里，谁也否认不了。

这样一来，夏王朝究竟是不是作为一个王朝存在过，现在在学术界还没有定论。不过在史书上夏王朝这段时间，也就是前2000年到前1600年，中国一定是有相当文明的王朝存在过的，否则没法解释后来商王朝高度发达的状态——它不可能是咣当一声，从天上掉下来的。

三、甲骨文的发现和价值

继夏之后崛起的商王朝,古人叫作"殷",司马迁的《史记》里关于商朝的部分就叫作《殷本纪》,而不说《商本纪》。除了"殷"和"商"两种叫法,也有连在一起称为"殷商"的,这在《诗经》里面有体现,比如《大雅·荡》说"文王曰咨,咨女殷商"。其实,后来我们就明白了,这完全是因为商王朝经常搬家,把都城建在哪里,就用哪里的名字称呼自己。一开始,都城在亳,叫"亳人";后来到了一个叫"商"的地方,就称自己"商人";后来又搬到殷,那就自然叫"殷人"了。

史书表明,商朝人崇尚一种叫作玄鸟的动物,有人说是燕子,也有人说不是,不过可以肯定,这是一种鸟类。他们之所以热爱这个玄鸟,和他们的祖宗有关。据说五帝里面的第三位帝喾有一个妃子叫简狄,她偶然吃了玄鸟的蛋,生下了商族人的始祖契,这在《诗经》里被写成"天命玄鸟,降而生商"。

在 20 世纪之前,商王朝也和夏王朝一样,不被西方学者承认,他们认为那都是传说,没有和商朝同时期出土的文字证明,然而有一些中国学者坚定地认为商王朝是存在的。

就这样吵来吵去,一直到了 1899 年,因为一件偶然的事情,全世界质疑商王朝是否存在过的声音一夜之间全部消失。大家一致认为,商王朝是千真万确、如假包换地曾经在中国这块大地上存在了几百年,并且创造了高度发达的文化。

1899 年的一天,北京城里一个叫王懿荣的清朝官员因为拉肚子,让家人去买药,等家人把药买回来,他就拿起来仔细看,因为他懂中药。结果他在一味叫龙骨的中药材上看到了一些类似文字的东西,凭着深厚的古文字学功底,他判断这是一种非常古老的文字。于是,他让家人去药店把这批龙骨全都买回来,细细研究。最终这位老人确定,这就是传说中商王朝的文字。

几经辗转，大家最后发现所有这些带字的龙骨都来自同一个地方——河南安阳小屯村。马上，被称为20世纪考古最大发现的殷墟遗址被挖了出来，这些刻在乌龟壳子，或者牛肩胛骨上的文字，就是我们现在熟悉的甲骨文。安阳小屯村也被确定为商王朝最大和最后的国都——殷，它作为商王朝的首都存在了270多年，一直到商朝灭亡。

其实，商朝首都迁到殷这件事，在中国的史书上是有记载的。它说的是商朝一个叫作盘庚的君主即位之后，力排众议，把首都迁到了殷，而且迁都之后，商朝经历了很长一段时间的繁华期。《史记》上说，盘庚"行汤之政，然后百姓由宁，殷道复兴"。只不过在甲骨文发现之前，这些历史一向都被认为是司马迁道听途说而已。

到今天为止，考古人员一共挖出了大概15万片甲骨，留在中国境内的有10万片左右，研究者已经破译了大概有将近2000个甲骨文字。

就在2016年，中国文字博物馆还在号召大家去破译甲骨文，一个字奖励10万元，这比吕不韦的一字千金还吸引人。可是我得先告诉你，这钱真的不好赚，因为剩下没破译的那些字都是地名人名等偏僻字。如果你实在缺钱，我建议你去应征之前，先去北大古文字的课堂上进修一下。

历史研究人员破译这些几千年前的乌龟壳上的文字时，惊奇地发现，小屯村甲骨文里记录的商朝历史，和司马迁《史记》里描述的基本一致。这为什么让人惊奇呢？要知道，司马迁所在的汉朝离商王朝有1000多年的跨度，而且所有已知的历史资料表明，他是不可能看到和认识甲骨文的。这只能说明，司马迁所处的时代对于上古的认识程度远远高于我们的想象，他写《史记》的时候，手里应该有我们现在还不了解的历史资料。

司马迁是一个很谨慎的史学家，他没有写三皇的事情，也没有写《山海经》里面描述的事情，这在他的《史记》自序里面说得很清楚："至《禹本纪》《山海经》所有怪物，余不敢言之也。"不过司马迁写了五帝、夏王朝，还写了商王朝。我们来做一个简单逻辑推论，如果司马迁写的商王朝被考古证明是可信的，那么他写的五帝时代和夏王朝，是不是也应该是可信的呢？这是一个值得深思的问题。

无论如何，因为甲骨文的发现，中国的信史时代被重新定义为从商朝开始。

什么是信史？就是可以相信的历史。

王懿荣的骨气

1900年，八国联军攻占北京，王懿荣自杀殉国。同时选择死亡的，还有他的夫人。有人说他迂腐，认为他古文字的学问如此高深，应该活下来继续研究甲骨文。但是他这种气节是应该得到高度评价的，这是一种几千年来沉淀在中国知识分子血液里的气节。

四、商朝的特点和它的灭亡

商朝的很多特点是令人惊异的，这里只说两点：

第一点，商王朝的妇女地位很高。资料表明，她们可以当官，可以做将军，甚至还可以有封地，婚姻也比较自由。小屯村有一座叫"妇好"的女人的墓，就显示这个商王朝第23位君王的王后很不简单，能打仗，还掌握祭祀的权力。这在随后的周王朝万万不行的，"国家大事，在祀与戎"，周朝妇女是绝对不能碰触战争和祭祀的。

第二点，商朝可以算作是农业和商业共同发展的社会。通过甲骨文可以了解到，那时候的古人把贝壳当钱币，虽然也有金属钱币，但用途不广，主要还是贝壳。他们把贝壳串在一起，两串贝壳就叫作"一朋"。专家们说，两串贝壳系在一起显得很亲密，所有后来可以表示"朋友"；不过我个人觉得，要是理解成因为古人实在，认为能够一起花钱的人，那就是朋友,或许也未尝不可。商朝的陪葬品里出土了大量的贝壳,说明那时候贸易已经很普遍了。

那么,商王朝的人在贸易和做生意这件事上厉害到什么程度呢?一句话你就明白了,我们现在把贸易活动叫商业,做生意的人叫商人,完全是因为3000年前的这群人。重视商业就必然导致重视契约和法治,这两方面,商朝比周朝也要强一些,后来春秋的百家争鸣中,墨家、道家和法家显然都是受到商朝的影响,这是后话。

从成汤灭桀的前1600年左右开始,商朝传了30位君王,经历了500多年的风风雨雨,一直到前1046年1月20日,姬发——后来被称为周武王——领着4万多人,在牧野之战中一举击败了号称70万大军的商纣王部队。

商朝末代君主纣王洗了澡,穿好漂亮衣服,戴上很多珠宝,在鹿台上点火自焚。商王朝灭亡,伟大的周朝登上了历史舞台。

这个精确到前1046年1月20日的日期,是中国1995年开始的夏商周断代工程研究的结果,可以说是综合了历史学家、考古学家、数学家以及天文学家的力量,通过大量文物和历史记载推断出来的结果。

商纣王死了,和夏朝最后一位君主桀一样,他的最大贡献也是留下了一个成语,叫"助纣为虐",就是帮着纣王做坏事的意思。两个朝代,上下千年,到今天能为大多数后世子孙熟悉的也就是"桀骜不驯"和"助纣为虐"这两个成语了。

那么,取代了商王朝的"周",是一个怎样的王朝?它又是如何打败商朝的?我们下面再聊。

004. 周人的革命

在夏商两代之后，伟大的周王朝走上了历史舞台。

周人是一个在陕北高原上世世代代种地的氏族部落，是黄帝后裔的一个分支，和黄帝同姓，也姓姬。

据说舜帝在位的时候，周人有一个祖先被舜指定为专门管理种庄稼的官，后来人叫他后稷。种地种出了官位，整个周族的人欢欣鼓舞，以这个后稷为荣。很自然地，后来的族人都把他当作了不起的祖宗来崇拜，传来传去，就成了周族人的始祖。

"社稷"为什么能指代"国家"？

"稷"的本义是中国北方的小米，也是五谷之一，所以后稷也被称为谷神。那么"社稷"为什么能指代国家呢？原来，"社"是土地神的意思，两个字连到一起，就是土地和粮食。老百姓要有地方住，要有粮食吃，这两样东西无论在古代还是在现代，都是相当重要的东西。所以，自古以来，"社稷"都被用来代指国家。

从后稷开始，周人一直都是老实孩子，只要别人一欺负，他们就搬家。到古公亶父当家作主的时候，他们已经搬到了今天的陕西岐山附近。古公亶父却不肯逆来顺受，不但不肯再受欺负，甚至还开始了积极的扩张。到他的孙子姬昌登上首领之位后，他们扩张得实在是太厉害了，《论语》说周人"三分天下有其二"。当然，中原还是商朝的，周人占据的地段都不怎样。但是周人的不断扩张，成功地吸引了商纣王的注意，商纣王就把姬昌给抓起来，关进了监狱。

精力旺盛的姬昌在监狱里也没闲着，传说他把伏羲画的八卦图改进一下，并且配上了解释各个卦象的话，就成了现在一些国学大师推崇的《周易》，也叫《易经》。传统上说"文王演易"，是因为后来姬昌被他儿子追封为周文王。

有一点这里也要说一下，在传统文化里，伏羲的八卦图叫先天八卦，姬昌改的这个叫后天八卦，两幅八卦的排列顺序是不一样的。当然，前面我们提到过的《连山》和《归藏》也是八卦演化而来。

监狱里的姬昌一边写《易经》，一边琢磨着如何把自己从监狱里捞出去。史书上说，他给商纣王献上了"有莘氏之女""骊戎之文马"，也就是赶紧用美女和毛色鲜亮的马匹等好东西孝敬商纣王，以此表示自己对纣王的忠心。

商纣王观察了一段时间，觉得姬昌好像没什么危险，就把他放了出来。出狱之后，姬昌一方面继续向商纣王示好；另一方面，背地里积极做灭商的准备。可惜的是，第二年他就死了，儿子姬发即位，这就是后来的周朝的第一个天子，周武王。

一、姜太公这个人

姬昌除了给姬发留下一个蒸蒸日上的周邦，还留下了一个八十多岁的老头，姜姓吕氏，所以可以叫他姜尚或者吕尚；不过他另一个名字更出名，那就是姜子牙。

之所以姜子牙这个名字更出名，是因为《封神榜》(也叫《封神演义》)这部神话小说太出名了。其实，司马迁的《史记》里，从来没有"姜子牙"

这个称呼。"姜子牙"是元朝和明朝以后的民间叫法。

那么,历史上的吕尚是什么样的呢?我们可以说他是最早的营销大师。他非常善于把自己卖一个好价钱,他到渭水边上钓鱼,却不下鱼饵,人人看了都很奇怪,说这老头莫非是一个疯子?其实当然不是。《史记》上说,他"以渔钓干周西伯",意思是说他用这种方式吸引周文王姬昌的注意,这就是俗语"姜太公钓鱼,愿者上钩"的来历。

那么他为什么又叫姜太公呢?这是因为周文王第一次见到他,就对他说:"自吾先君太公曰:'当有圣人适周,周以兴',子真是邪?吾太公望子久矣!"意思是,我家太公古公亶父曾经算出来有圣人帮助我们周人,伸着脖子天天盼望着,原来就是您啊!之后,周文王马上"载与俱归,立为师",恭敬地请这老头上车,一起回家,拜为军师。

就因为这个典故,姜子牙又被称为太公望,简称姜太公。这里的太公指的是周文王姬昌的太公古公亶父,他天天伸着脖子,盼望姜子牙来帮助周人复兴。

有了姜太公的辅佐,如前所说,周武王终于在前1046年的牧野之战推翻了商朝,商纣王自焚而死。

二、商朝灭亡的原因

关于武王灭商,有两件事要说一下。第一个就是商纣王的"纣"是周武王姬发给他起的谥号,意思是残暴。实际上,纣王的名字叫帝辛。司马迁在《史记》里对他的评价是"知足以距谏,言足以饰非",意思是他的聪明才智足以让他不接受别人的意见,而他的巧舌如簧又足以文过饰非,说明纣非常有才华。

根据现代史学家的考证,他的很多罪状都是后世加上去的,周朝的时候只有几条,春秋时期再加上几条,战国再来几条,最后到东晋的时候变成70多条，等到小说《封神榜》一问世，他就彻底不是人了。这件事就连孔子的学生子贡当年都有点看不下去，说："纣之不善，不如是之甚也。是以君子恶居下流，天下之恶皆归焉。"意思是说，人可千万不能身染污行，否则就像纣那样，什么坏事儿都扣到他的头上去了！

第二个是关于狐狸精的。想获得这个称号，首先要长得漂亮，其次要善于迷惑男人，缺一不可。历史上第一位获得狐狸精头衔的就是纣王的宠妃妲己，据说她长得倾城倾国，干的事儿是祸国殃民。那么，有没有妲己这个人呢？这个就很有意思了。出土的商代甲骨文中没有对妲己的任何记载，但是所有的史书，包括《史记》和《竹书纪年》这两本在价值观上完全对立的史书，都描写了妲己是有苏氏的女儿，在纣王征伐有苏氏后，有苏氏把她嫁给纣王为妃，而且都认为妲己是造成商王朝灭亡的原因之一。

对这个我只能这么说，商纣王晚年好酒好色是真的，甲骨文里面已经证实了，但是关于妲己亡国，更可能是后世读书人捣鬼。也许他们觉得，只说一句女色害人，给人印象不深，达不到教育目的，所以虚构了妲己这么一位美如天仙，心如蛇蝎的美女，把祸水都泼给她。

实际上，商朝灭亡，和女人关系不大，主要的原因有三个：一是商王朝内部各种势力你争我斗，商纣王统治力相当薄弱；二是周文王、周武王准备已久，以有心攻无心；最后一个就是当时东夷也正在造反，纣王把主要精力和兵力都放在东边的这些少数民族身上，当周武王带兵从西边杀到的时候，商朝都城朝歌已经是十分空虚了。《左传》上说："纣克东夷，而陨其身。"纣王打败了东夷的少数民族，却害得自己把命送到了周武王手里。

三、周人的"革命理论"

无论如何，来自黄土高原的一群农民，现在成了整个中原大地的主人。对于这件事,原来的商朝人无论如何是想不明白的。在他们心里,谁当老大那是由老天爷决定的,而商朝人平时最注重的一件事就是拜祭神灵和祖宗。

据出土的甲骨文记载,为了向各种神和祖宗表示顺从,他们经常一次性杀死几百上千人作为祭品,这些被杀的人叫人牲。"牺牲"的本意是祭祀用的动物,"人牲"就是用人来祭祀,那是完全不把人当人看了。

另外,为了表示对鬼神的尊重,无论大小事情,他们都要先烧几块龟甲牛骨,问一下神灵的意思,然后才能去做。这么好的顺民,这么虔诚的祭祀,怎么就不被鬼神保佑,让一群种地的农民给灭了呢?他们想不通。

从周武王姬发的角度出发,必须让这些人想通,否则的话,一个小小的周邦,是绝对应付不了商朝遗民的反扑的。那么,怎样才能让他们想通呢?这事儿和现在的创业者去大资本家那里拉投资一样,要讲故事。

周武王首先指出,我们周邦很弱小,但还是打败了你们,这只能解释为老天爷把你们抛弃了,废掉了对你们的任命,你们商朝的天命被革除了,而老天爷派来革你们天命的,就是我们周邦。

这就是"革命"一词的出处,"革命"也就是"革除天命"的意思。周武王的这个天命说很符合逻辑和事实,道理也很好理解;但是不好理解的是,为什么商朝人对老天爷和祖宗这么虔诚,最终老天爷还是要革他们的命?

周人对这个问题的回答,可谓十分经典。我们来看两句话,都是周人说的,第一句是"皇天无亲,唯德是辅",这是《尚书》里面的话——老天爷是没有偏袒的,谁有"德"就辅助谁。那么,谁来评判、怎么评判是不是有道德呢?那就看第二句话,叫作"天视自我民视,天听自我民听",出自周武王姬发在牧野大战之前动员会上的发言,也记载在《尚书》里。意思就是老天爷是通过老百姓的眼睛看这个世界的,是用老百姓的耳朵听这个世界的。这就给出了答案,老天爷判断你有没有"德",是老百姓说了算，老百姓的日子好，他就认为你有"德"，让统治者的天命时间长一点，否则，那就革命伺候。

周朝人的这两句话，意义相当重大，它把以前模棱两可的"天意""天命"这些商朝统治者的宣传，直接与老百姓、民意挂上了钩。等于是告诉商朝人，你们敬畏老天爷是对的，做得好，但是别忘了老天爷和老百姓本来就是一家人，你们这些家伙欺负老百姓，就等于是变相地欺负老天爷，连老天爷你们都敢欺负，那不革你的命，革谁的命？这个理论基础太了不起了，相当于托马斯·潘恩的小册子《常识》对美国人造反的意义。

四、三监之乱

虽然理论宣传搞得不错，可是由于周人本身并不是十分强大，骤然之间得了天下，还是忧喜参半。周武王打下了商王朝的朝歌，宣布天下姓周之后，回到了周邦原来的都城镐京，也就是今天的陕西西安附近之后，就整晚睡不着觉，史书上说他"自夜不寐"。他担心啊，既担心商朝人造反，也担心自己治理不善，别的部落再造他的反。没过多久，他就去世了，你可以说他是操劳过度死的，也可以说他是担心过度忧虑而死的。

马上发生的事实也证明，新的天命观对于老百姓也许有效果，但是对于以前商王朝的贵族，甚至周朝自己的一些野心家，作用不是很大。周武王刚死，他年幼的儿子周成王还没把椅子坐热乎，东方就造反了。

造反派来头很大，牵头的是商纣王的儿子武庚和周武王的三个亲弟弟。本来周武王没杀纣王的儿子武庚，是想显示自己宽容大度，仅仅是派了自己的三个弟弟管叔、蔡叔和霍叔看管他，称为三监。万万没想到，武王刚死，武庚就鼓动三寸不烂之舌，说动了管、蔡和霍三人一起造反。再加上东夷各国，比如奄国、徐国等，也就是山东一带的部落，一大票人马，可谓来势汹汹，史称"三监之乱"。

这一年是前 1043 年。

古人把中原之外的地方叫什么？

古人认为大地是一个四四方方的正方形，天就像一口大圆锅，扣在大地上。你想象一下，一口圆锅扣在正方形面板上，那面板和圆锅的边缘肯定有四个半月形的空隙。这四个空隙就叫作四海。所谓四海之内，也就是那个正方形，就称之为天下。我们华夏人住在天下正中的地方，这里就叫中原，后来叫作中国。那些边边角角都被认为是荒凉不开化的地区，南边的叫作蛮，东边的叫作夷，北边的叫作狄，西边的叫作戎，南蛮东夷北狄西戎，又称四夷或者蛮夷。

在这生死存亡的关键时刻，周王朝出现了一个千古神人，他就是周武王的另一个弟弟，也是他死之前的托孤大臣，辅佐周成王的周公旦，简称周公，他本来的名字是姬旦。周公用了三年时间，不仅平定了这场叛乱，而且进一步开疆扩土，把今天山东和东北的大部分土地也纳入了周的版图。

这里有一件小事要说一下，武庚、管叔、蔡叔、霍叔四个人被抓住之后，武庚这个前朝余孽自不必说，被咔嚓一刀剁了脑袋，但蔡叔只是被流放，霍叔只是被废为庶人，管叔的脑袋却搬了家。

一样是周文王的儿子，一样是造反，为啥有的能活下去，有的却要死？史书里没说，但是原因也不复杂，和兄弟之间的排序有关系。这几个人都是周武王的弟弟，管叔排名最靠前，排第三，周公排第四，而蔡叔是老五，霍叔是第八。前面说过，从大禹和他儿子开始的世袭制度有两种，父死子继和兄终弟及。在周朝以前，兄终弟及还多一些。现在周武王死了，虽然儿子周成王已经上位，不过要是有一天武王的弟弟跳出来说，自己才是哥哥指定的合法继承人，那也是很危险的，而管叔排名最靠前，他就最危险，无论于公还是于私，周公都必须杀他。于私来说，他死了，下面顺位就到了周公，他就会成为兄终弟及这种情况下，最有资格继承天子位置的人；于公来说，杀掉管叔，等于是为武王的儿子周成王清除了一个隐患。

我想，周公还是为公的成分可能更大一些，而且这件事也刺激到了周公，他在深思熟虑之后，还做了一项影响几千年的变革，这个后面再说。

005. 元圣周公旦

周公平三监之乱，这是救国于危难之际。接下来他做的第二件事就是在东边为周朝建造了一个新的首都，即成周洛邑，在今天洛阳附近。周朝原来的首都镐京，比今天陕西西安还要靠西边，这个地方以前在黄土高原上种地的时候作首都还可以，现在周已拥有了广袤的领土，那位置作为首都就太偏西了。

那时候不像现在，买张票上了高铁，早上还在西安吃羊肉，下午就可以在青岛的海边游泳。别说那时候，就是到了秦朝，出门旅游一次也很费劲，秦始皇出巡两次就累死在路上的故事，很能说明古时候交通是个大问题。

周公新建的成周，不仅在当时部分解决了领土控制问题，还让几百年后的周朝在镐京被少数民族占领之后，靠着这个新首都硬是又撑了500多年。当然，这个附加的功能周公当时是想不到的。

平乱和建新都是了不起的大事，不过，若只是这两件事，孔子应该不会成为周公的忠实粉丝。我们都知道孔子全称是"大成至圣先师"，"至圣"就是至高无上的圣贤，可是在孔子眼中，周公是"元圣"。"元"字的意思是"开始""第一位""位居中央"等，"元圣"就是第一位的、最了不起的圣人。孔子对周公的崇拜在《论语·述而》里有描述："甚矣吾衰也！久矣，吾不复梦见周公。"我最近老得真厉害啊，做梦都梦不见周公了。这也是后来俗语里把睡觉称为"梦周公"的原因。

实际上，周公完善和制定了周朝的四大制度，对后世影响深远，这才是孔子眼中最了不起的事情。当孔子无比向往地说出那句"郁郁乎文哉，吾从周"的时候，他指的就是这件事。

一、宗法制

四大制度中的第一个是宗法制。这是周公为了解决王位继承的隐患，深思熟虑之后，搞的一项改革。宗法制不仅对周朝有影响，毫不夸张地说，它影响了中华民族几千年。

什么是宗法？我们经常把"祖宗"二字连起来讲，其实，"祖"一般是指家族的第一代，比如唐高祖李渊；"宗"一般指第二代之后的家长，比如唐太宗李世民。所以，"宗"是"祖"的接班人，宗法制，就是确定谁是接班人的法规制度。

在周公看来，以前那种领导人快去世时指定某个儿子或者弟弟做继承人，甚至死了之后大家再集体推荐的办法会导致混乱，不如制定一条规则，早早地确定接班人，大家谁也别争。按照这个思路，他的宗法制的核心思想就是嫡长子继承制，也就是嫡长子是接班的第一人选。

什么是嫡长子呢？正房妻子生的第一个儿子。正房妻子生的所有孩子都被称为嫡出，其他老婆生的孩子，只能叫庶出。而且严格地说，中国古代执行的不是一夫多妻制，而是一夫一妻多妾制，男人可以娶多个女性，但是正房妻子只有一个，被称为嫡妻。

周朝最高统治者的名称不是"皇帝"，而是"天子"，也叫作周王，比如说周武王。在没有计划生育政策和重婚罪的年代，这个最高统治者可能有很多儿子，因为这些儿子都是王的儿子，所以都被称为王子；以前大家都是平等的，但周公确立了新的宗法制度之后，这一大堆王子里，嫡长子就和大家不平等了，只有他是合理合法天经地义的继承人。

同样的道理，天子之下，公侯的儿子，也就是公子们，也只有正房妻子生的第一个孩子是合法继承人，在父亲死后可以继承他的土地、财产和爵位。推而广之，一个卖豆腐的农民家庭，死了之后也由嫡长子继承他的财产，要是嫡长子先死了，那就是嫡次子，也就是正房妻子的第二个儿子来继承。如果正房妻子没生儿子，那就由庶子里面年纪最大的儿子继承，这就叫"有嫡立嫡，无嫡立长"。

周公的这个制度决定，能不能接班只看一件事，就是你投胎的技巧，算好时间，跑得够快，当上嫡长子，出生就可以接班；投胎的时间错了，就只能自认倒霉。既然这是老天爷决定的事儿，那大家只能认命，避免了很多纷争，这其实和周朝的天命论是暗中契合的。

二、封建制

你要是问，除了天子的嫡长子，其他的王子、公子们就没有好处吗？当然有，虽然人家在投胎的时候不够快，但大的方向没错，怎么能没好处？这就是周公的第二个制度，封建制。

什么叫封建？"封建"就是"封土建国"的简称，也就是在出生竞赛里失败的王子和公子们可以从老爹那里得到一块土地，进而在这块土地上建立一个国，然后获得一个爵位。爵位分五等，分别是公、侯、伯、子、男，统称就是公侯，也叫诸侯，比如齐桓公、晋文公等。

这些公侯的没有继承权的儿子们，也就是公子们，也可以从老爹那里得到一块地。这块地就不能叫"国"了，要叫"采邑"或"家"，他们也不是公侯了，而是卿大夫。

《左传》上说，"天子建国，诸侯立家"，天子所建为诸侯，他们的土地称为国，诸侯所立为卿大夫，他们的土地称为家，合起来就是国家。

卿大夫们的儿子们，除了嫡长子可以继承土地和爵位，其他儿子就没什么可封的了，只能自己去学门手艺干活养活自己。但这些人也算是贵族，他们是最低一级的贵族，而且有一个响亮的名字，叫士大夫，简称"士"。学算卦的叫"术士"，学武的叫"武士"，学文的叫"文士"，等等。

不必替士大夫们感到委屈，在孔子提出"有教无类"之前，周朝只有贵族子弟才能进学校学习。换句话说，这些士大夫虽然没有物质遗产，但他们有受教育的特权，而且就因为他们在物质上没有继承权，反而更加激发了刻苦学习的热情。

《论语》写道："士不可不弘毅，任重而道远"，这绝不是普通的鸡汤，而是这些人真实的感受。后面我们会说到春秋和战国时期兴起的诸子百家，那基本上都是这些"士"。

事实上，"修身齐家治国平天下"这句话，原本也是针对这些士大夫阶层说的，他们学习的过程是修身；帮助卿大夫治理采邑，是齐家；干得好了，能够帮助诸侯治理国家了，是治国；最后帮助周天子管理天下，即为"平天下"。

现在你看到了，在封建制下，诸侯是天子的哥哥弟弟，卿大夫是国君的弟弟哥哥，大家都是血亲关系，那自然就天下一家，这就是为什么古人说"四海之内皆兄弟也"。很可惜，三代之内，这个亲戚关系还好，时间长了，血亲淡漠，该翻脸的时候可能比仇人都快。

必须指出的是，周朝分封的公侯里，除了王子王孙们，还有很多功臣，甚至还有原来商朝的遗老遗少，这种事用现代的词来说，叫统战。

比如姜子牙得到了山东地区，封了一个大国叫齐国。再比如原来商纣王的弟弟微子启因为叛变得早，周朝人很喜欢他这个投降派，就把他封到新首都也就是洛阳附近，叫宋国。据《孟子》这本书说，周公一共封了71个诸侯，其中18个不是王子王孙，叫异姓国，剩下53个都是他们老姬家的人，名副其实的家天下。

商朝王族的后代

商纣王的弟弟微子启很早就投降了周武王,他的后代子孙中,有一个人叫墨翟,是春秋百家里墨家创始人。和微子启一起投降周武王的商纣王的另一个弟弟微子仲,也有一个后代,就是孔子。百家争鸣里最重要的两个学派,居然都是商朝王族的后代,实在令人惊奇。

三、礼乐制

制定了宗法和封建制度,用什么来保障它们的顺利执行呢?你可能会说,用法律;制定刑律,不服从的一律砍了脑袋。周公想的不一样。《尚书·召诰》里面记载了周公说的一句话:"我不可不监于有夏,亦不可不监于有殷。"意思就是我们要以夏朝和商朝为鉴,不可重蹈它们的覆辙。商朝重鬼神,周朝就说天命;商朝用酷刑来管理人民,周公就决定放弃刑罚,用一种新的制度来治理天下,这就是礼乐制度。

周公定下的礼乐制度相当复杂。《礼记》说:"经礼三百,曲礼三千。"也就是大的礼仪有三百种,小的礼仪有三千种。

你可以这样认为,早上起来洗个脸这种事它都规定到了。这绝不是瞎说。

据说,春秋的时候,晋文公重耳在外面流浪,到了秦国,娶了秦国的公主,第二天早上起来洗完手,就随便甩了甩,估计是流浪的日子过久了,还当是在野外呢。他的新婚老婆,秦国的公主当场就指责他不守礼仪:我是你明媒正娶的妻子,你怎么能当着我的面甩手?这是一种违反礼仪的举动。重耳只好对老婆赔礼道歉。这里自然有他寄人篱下的原因,但也反映了周礼的规定细如牛毛,深入社会的各个层面。

礼乐制度影响了我们三千多年,甚至今天依然可以看到它的身影,下面举两个例子。

我们都知道，人死了，亲人要披麻戴孝，这个中国人几千年来的习俗，起源就是周公制定的周礼，简单地说，叫五服之礼。就是根据死去的人和你的亲属关系，来决定穿什么衣服，穿多长时间。这五种服装都是用麻制成的，所以叫披麻。这个可以理解，亲人去世了，你穿着亮闪闪的绫罗绸缎去了，就不合适。

五种服饰各有各的名字，最高的一级叫斩衰，拿那种最粗的生麻，不用剪刀裁剪，而是用刀来"斩"，砍出来乱七八糟的线头都不能剪掉，然后披在身上。除此之外，腰外面还要系一根麻绳，表示悲伤得吃不下去饭，瘦得原来的裤腰带都不能用了。手里还得拿一根哭丧棒，表示悲伤得站不起来，只能拄着棍子站立。

那这个最高级别的斩衰是谁死了的时候穿呢？四种情况：君主死了臣子们要穿；父母死了，儿子和没有出嫁的女儿要穿；丈夫死了，老婆要穿；儿子死了父母要穿——这不是瞎扯，不过，这个儿子不能是一般的儿子，而是嫡长子，也就是这个家族最合法，最正统，最嫡系的继承人死了，父母也要用最高级别的丧礼来表示悲伤。

从这个小细节上，你可以看出，周公的礼乐制度，就是为了维护他的那个宗法制度，继而巩固他的封建制度。

斩衰一般要服丧三年，也叫守丧三年，这里的三年是25个月，并不是真的三年。

五服里面的其他四类服装，感兴趣的朋友可以去了解一下。我们中国人现在经常说，出了五服就不是亲，正是这个缘故。所以五服的制度也是定亲疏远近的一种制度。隔壁邻居死了，你就不能穿五服，最多去拜祭一下。

这里顺便再提一句，古代丈母娘死了，女婿要穿五服里面最轻的一种，叫缌麻。古时候，岳父岳母没那么重要，远远比不上其他亲戚，不像今天中国的丈母娘，那地位是相当高。

除了五服丧礼，另一个关于礼乐制度的例子，就是成年礼。它规定男子到20岁要举办加冠礼，把头发束起来，戴帽子，表示成人；女子15岁要举办及笄礼，梳好头发，插一根簪子，表示可以嫁人了。

成年时除了烦琐的仪式，还要由父亲或者尊贵的客人给取一个"字"。我们今天说"名字"，"名"和"字"总是连在一起，古代不是这样的，名是名，字是字。"名"出生就有，张三李四，随便起，但是成人之后，必须要再取一个"字"。"名"是长辈或者自己称呼自己的，"字"是平辈之间交往的一个尊称。关羽关二爷姓关名羽字云长，他可以自称关羽，但别人一定要叫他云长，你叫他关羽等于是骂人。

女孩子的"字"有点特殊，一般来说，只有在她定了亲，找到了婆家时才会被长辈赐予一个字。没找到婆家，即使成年，大多数时候也没有字，所以中国有一句成语"待字闺中"，就是说这丫头已经成人了，但是还没找到婆家。

周公制定的礼乐制度，除了这些烦琐的礼，还有乐。我们现在都知道"四书""五经"，"五经"原来应该是"六经"，据说是孔子花了好大力气整理出来的。但一直到汉代以前，孔子的地位都不高，也不知道是因为秦始皇焚书坑儒，还是项羽火烧咸阳，反正"六经"里面的《乐经》就失传了，变成了"五经"。《乐经》也就是周公为了和礼相匹配而制定的音乐。

周公为什么要音乐？原因并不复杂，一群人来参加婚礼，各个等级的都有，总得找点东西让大家都高兴；如果是葬礼，那就一起悲伤一下。什么能起到这个作用呢？音乐。三千多年前的周公已经认识到，音乐可以调节每个人的情绪，让大家和谐。

"礼者为异，乐者为同"，用礼来区分贵贱亲疏，用乐来保证大家在一起和谐相处，这就是周公的目的。从那之后，中国历朝历代都以礼乐之邦自居。

以上关于宗法制和封建制，部分参考和借鉴了易中天老师的讲座和著作，在此表示感谢。

四、井田制

周公的最后一项制度和今天的关系不是很大，那就是井田制，是周朝的经济制度。简单来说，就是把一块大概边长是 400 多米的正方形土地划为 9 块，就像在里面写了一个井字，找来 8 户人家，每家分 1 块，算是私田，中间剩下那 1 块就是公田。大家先耕种中间的公田，养活贵族老爷们，然后再种各自的私田，养活自己和家人。

井田制不复杂，也容易操作，但到了春秋后期基本就废除了，只给我们留下了一些像"井井有条""井然有序"这样的成语。

五、周公与国学

今天很多人都提倡国学，或者说汉学，我们也都知道，他们指的是以儒学为基础的传统文化和学术。儒学也就是孔老夫子的学问，那么孔老夫子的学问又是继承谁的？我相信读到这里，你已经知道了，他的学问来自周朝。

《论语》里说得很清楚了，孔子是"述而不作"，他只是传授、整理周朝的文化，而没有自己创作。所以，某种程度上，国学和周公有很深的渊源，甚至可以说周公姬旦就是我们国学的奠基者。

在周公执掌政权七年之后，前 1037 年左右，周成王举行了成人礼，然后周公就把政权还给了周成王。史书上说他"还政成王，北面就臣位"。又过了三年，周公去世，去世之前，他要求以臣子的身份把自己安葬在新的都城洛邑，意思是死后还要服侍周成王。周成王坚持把周公葬在原来的首都，长眠在周文王、周武王旁边，表示自己不能把周公当作臣子对待。

虽然周公以绝对的智慧和魄力为周王朝打下了坚实的基础，但几百年后，周朝还是由盛转衰，最终灭亡了。不过周王朝的覆灭不像商朝和夏朝，在短短一个月内就烟消云散，它从衰落到最终消失用了五百多年的时间。

这五百多年在中国历史上称为东周。东周本身又分为两段，那就是中国历史上群雄并起，百家争鸣，精彩纷呈的春秋和战国。

006. 天子不灵了

在中国神话里，有一个很有名的角色，那就是王母娘娘。她还有另一个名字，西王母。据说她在昆仑山搞了一块"宅基地"，起了一个名字叫瑶池，建了一个"大别墅"，逍遥自在。

民间传说她是玉皇大帝的妻子，这只能算绯闻；正经的道教经典，甚至《西游记》这样的小说，都没有明确这样说过。但西王母和周王朝一位天子的浪漫故事，却被记录在《穆天子传》和《列子》这样的战国书籍里。

这位周天子就是穆王姬满，周朝的第五位天子，传说在位时间大概是前976—前922年，一共55年。据说他不喜欢喝酒吃肉，也不喜欢后宫成群的妻妾，就喜欢驾着由八匹传说中的骏马拉着的大车，四处游玩，到处征伐，就是在四处游玩的路上，他认识了西王母。

在我来看，这件事可以这样解释：周朝西边有一个少数族人群，里面漂亮的女酋长可能接待过周穆王，后来经过各式各样的演绎，这位女酋长就变成了神话里的西王母。

一、犬戎灭西周

周穆王和西王母的关系不是我们讲历史的重点，我想说的是，周穆王应该为周朝后来的衰亡负一定责任，因为在他当政期间，无缘无故地对西北的少数族动用武力。前面介绍过，这些少数族有一个统称，叫西戎。

本来，周朝实行以礼治国，以德治国，周边的少数族也服气，酋长们也经常来周朝朝拜，该进贡的礼品也不少。但周穆王不知道是不是想在西王母面前显摆一下，没有任何理由，他就决定攻打西北的一些少数族。

这件事两面不讨好。打败了，损兵折将还丢脸，即便打胜了，那也落下一个以大欺小的话柄。其他臣服的小国怎么看？他们就会想，会不会有一天这个周穆王也会毫无理由地来打我？战争的最终结果是，周穆王兴师动众，最后没胜也没败，因为他根本就没找到大一点的西戎部落，仅仅抓了几只白狼回来。

这件事的后果却是很严重的。从周穆王开始，西北的少数族再也不来朝贡了，而且开始不停地攻打和骚扰周王朝，最终在两百年后，周朝的镐京，被西戎少数族攻破。

这事儿发生在周幽王执政期间。周幽王姬宫湦，是周朝的第十二位天子，也是西周的最后一位天子。他上位的时候，周王室就已经有些衰败了，甚至在他之前，他的爷爷周厉王还被京城里的人造反赶下了台，跑路了。

纪元的开始

公元前841年，周厉王跑路。这一年在历史学家眼里相当重要，因为这是中国历史上的共和元年，史学家称为"纪元的开始"。从这个时间点开始，我们的历史就不仅仅是靠谱和可信了，而且要加上"时间准确"这四个字。也就是说，前841年以后的2800多年的历史事件，几乎都可以准确说出来发生在哪年哪月。这个成就相当地了不起，环顾世界，我们可能是独一无二的。

周幽王当了三年天子之后，得到一个美女，叫褒姒，褒姒还给他生了一个儿子叫伯服。周幽王喜欢得不得了，总想着把最好的东西给母子俩。对于拥有整个天下的人来说，还有比天子这个位置更好的吗？那就立伯服为太子好了。可是这事儿很麻烦，因为在褒姒之前，周幽王有一个王后，也有一位太子，根据周朝的宗法制，必须立嫡长子。

周幽王不顾一切把王后和太子宜臼都废了，把褒姒立为王后。这样一来，褒姒成了嫡妻，她的儿子马上就有了立为太子的资格。让周幽王万万没想到的是，太子宜臼的姥爷是一个不好惹的狠角色，他是西申国的国君，号申侯。申侯一看女儿哭哭啼啼地被赶回来了，后面还拖着一个当不成周天子的外孙，一怒之下，勾结西北的犬戎，杀到镐京里，把周幽王斩于骊山之下。

就这样，西周灭亡了。司马迁的《史记》中的描述多了一个细节，说是美女褒姒天生不喜欢笑，周幽王为了让美人一笑，最后想出的办法是跑到骊山顶上，摆上酒肉，演起歌舞，点燃了烽火台。这个动作原本是告诉周朝控制的大大小小国家，这里有敌人，赶紧来解救。等到诸侯们气喘吁吁地赶来时，看见的却是周幽王和美女褒姒在喝酒跳舞，一个个只好沮丧而去，冷美人褒姒终于哈哈大笑。这样的事情后来周幽王又做了好几次，结果等到申侯和犬戎打过来时，点燃烽火也没人来救了。

关于这个著名的烽火戏诸侯的故事，国学大师钱穆在他的名著《国史大纲》里认为，是假的。他有三个理由：第一，这事儿不好笑，诸侯赶过来一看没有外患，早早地就回去了，等于是军队演练，这有什么可笑的？第二，司马迁说诸侯齐至，也就是一起来的，在山下乱哄哄，所以好笑，这一听就是假的。那个时候，没有飞机高铁，诸侯根本不可能一起来到，前后差上一两个月都正常。第三点最关键，烽火台的使用一直到五百多年后的西汉时期才开始。我信服钱先生的结论，"烽火戏诸侯"应该是司马迁道听途说来的，不靠谱。

二、周平王迁都

无论如何,周幽王死了,他小儿子伯服也很无辜地死了,美女褒姒据说被抓走了,发展了几百年的都城镐京也被一把火烧成了平地。但犬戎也没有在镐京常驻,因为申侯虽然勾结他们干掉了周幽王,但内心里还是不愿意让蛮夷来统治中原的,于是他联合了几个诸侯,把这些西北的少数族赶了出去,扶立自己的外孙宜臼为新的周天子,就是周平王。

周平王上位之后才发现,王宫里连一张完整的床都没有,而且犬戎也没走远,就在城外面晃荡。他和姥爷申侯一商量,决定搬到祖先周公姬旦在东边建的另一个都城去。

这一年是前 770 年,在诸侯国里的晋国和郑国的支持下,周平王带着家眷老小,从一片废墟的镐京搬到了洛邑,这之前的周朝历史,称为西周,之后的周朝历史,就叫作东周。

虽然从此时开始的之后 514 年都叫东周,但从周平王迁都的前 770 年到前 403 年,这 367 年的历史,历史上还有一个称呼,那就是春秋。

春秋是怎么得名的?

秦始皇统一中国之前,所有诸侯国记载历史的书籍都叫作春秋,因为那时候春季和秋季是诸侯朝见周天子的日子,很多大事都发生在这两个季节。后来,各诸侯国的史书失传或残缺了,鲁国的史书因为和孔子关系密切,被保存了下来,于是《春秋》就变成了鲁国史书的代名词。这部《春秋》是"五经"之一,记载了鲁国从前 722 年到前 481 年的历史。因为周平王搬家之后的这段历史和《春秋》描述的时间恰好差不多,于是就把这段历史称为春秋。

书归正传。周平王从镐京搬到洛邑的过程中，除了晋国和郑国，还有一个姓嬴的西部部落帮了大忙，周平王一感动，就封了他们的首领为秦伯，并且大方地把当时被犬戎占领的岐山以西的地方都给了这个部落。这自然是属于空头支票，意思是有本事你们就自己打回来。这个嬴姓部落也真争气，用了21年的时间，硬是把犬戎彻底赶出了这块地盘。

按照后世一些人的迷信说法，这块地方是周王朝的龙兴之地，周平王就这样随随便便地给了别人，不是相当于把气运给了人家吗？果不其然，五百多年后，秦伯后代中的一个猛人消灭了所有诸侯，统一了天下，他就是秦始皇，这是后话了。

周平王搬家之后的镐京，破碎荒芜。一个西周的贵族路过此地，十分伤心，写下了流传千古的句子："彼黍离离，彼稷之苗。行迈靡靡，中心摇摇。知我者谓我心忧，不知我者谓我何求。悠悠苍天，此何人哉！"这首《黍离》历来被认为是《诗经》里面最具苍凉意境的佳作，它不仅仅是对西周的追忆，还有对东周现状的深深忧虑，因为春秋期间的社会现状，可以用八个字概括：天子无能，诸侯纷争。

天子为什么无能？原因很多，根本的原因是土地和人口都少了。《大学》说过："有土此有财。"有了土地才有财富，对于古代中国，更是如此。周朝开始的时候天子的土地并不小，它虽然是分封制，把土地分给诸侯，但是留给天子直接控制的土地一定是最大的，叫作王畿。西周开始的时候，周天子的王畿有两块，分别是围绕着今天西安纵横八百里和围绕今天洛阳纵横六百里的两大块土地，而且是连在一起的，比任何诸侯国都大。

等到周平王东迁的时候，把西边大部分被犬戎占去了的土地都给了秦伯，等于是只剩下了东边洛邑的六百里土地，差不多只有原来的40%，人口更是只有原来的1/5。那自然地，财富和实力就大打折扣。

此外周平王还背着一个弑父的罪名。无论周幽王多么糟糕，毕竟是他父亲，他和姥爷勾结犬戎砍了父亲的脑袋，按照周礼，这是大罪，是要受到谴责的。很多诸侯国就开始瞧不起他这个天子，并且开始挤占他的地盘，导致周王室控制的地区是越来越小。

土地小了，税收钱财就少了，能养活的兵也就少了，那这个老大就当得很勉强。第一个跳出来挑战他的权威的，是护送周平王来到洛邑的郑国。

三、周郑互质和繻葛之战

郑国这个封国，是周平王爷爷册封的诸侯国，一开始的时候只有靠近镐京的一座城，小得不能再小了。到了犬戎入侵的时候，第一代郑国君主郑桓公为了表现，争取上进，就和犬戎玩命，结果被杀死了。他的儿子郑武公化悲愤为力量，和申侯里应外合，一起赶跑了犬戎，之后摇身一变，变成了周王朝的卿士，类似后来王朝的宰相。郑国也和周王朝一起东迁，来到了洛阳附近，占据了一块新的，更大的土地作为自己的封国，这就是新郑，位置在今天的河南省新郑市。

郑武公死后，他的儿子郑庄公即位。郑庄公仗着自己是天子的卿士和祖辈留下来的实力，开始东征西讨，欺负周围的诸侯国，侵占人家的土地，还经常打着周平王的旗号——我代表天子讨伐你！这可能是最早的"挟天子以令诸侯"。周平王对此很是郁闷，想削弱郑庄公的权力，分一半卿士的权力给另一个诸侯。郑庄公听说这事之后，就跑去问周平王，这是啥意思？周平王立马退缩了，说我没有分你权力的打算，是谁在造谣？最后这两人居然达成了一个协议，把自己的儿子派到对方身边去做人质。当然，协议书上写的是周平王的儿子去监督郑国，郑庄公的儿子是做人质。

这就是春秋时期第一件轰动性的大事件，叫"周郑互质"。在这件事上，郑庄公几乎和周天子平起平坐了，周王室一时之间声名扫地。

周平王死后，孙子周桓王即位，年轻气盛，心里想的是，我是周天子啊，你郑国应该对我客气点；可是郑庄公都欺负周王室十几年了，心里想的是，我这么强大，你一个乳臭未干的小伙子，总得对我客气点吧。结果就是，两人谁都不客气。周桓王率先发难，强行罢免了郑庄公卿士的封号，不让他参政议政了。郑庄公一气之下，干脆连朝见这种基本礼节也免了，不仅如此，他还派军队去周天子的庄稼地里抢粮食。

这下就撕破脸了，前707年，周桓王亲自率领联军讨伐郑国。这个行动实在过于冒失，周桓王既不了解自己的实力，也不了解郑庄公是一个什么样的人。

郑庄公是一个什么样的人呢？引用毛泽东对郑庄公的评价就是，"此人很厉害"。这个厉害不是张牙舞爪的厉害，而是那种轻易不出手，出手就要命的厉害。

郑伯克段

郑庄公名叫寤生。因为他妈妈武姜生他的时候难产，备受折磨，所以就不喜欢他，而是喜欢小儿子段。郑庄公即位之后，她居然和小儿子段合谋想把大儿子害死，并为此整整准备了23年，慢慢控制了郑国的北部和西部。

在这23年里，郑庄公除了在外面打仗，就是对母亲尽孝，对弟弟段退让。可是等到公子段的部队刚起兵反叛，郑庄公的军队就马上将他击溃，公子段跑到共国，最后被砍了脑袋，武姜直接被郑庄公囚禁。

上面这段故事就是《左传》和《古文观止》里的第一篇文章《郑伯克段于鄢》讲述的内容。历史上大多数人都认为郑庄公一直装傻充愣，阴险地诱导他弟弟和母亲反叛自己，最后一击致命。

周桓王如果真的了解郑庄公，就应该知道，对方既然敢割他的麦子，抢他的粮食，肯定就做好了充分准备。甚至可以这样说，郑庄公因为卿士的地位丢了，早就有意教训一下周桓王，顺便震慑一下周围看他丢了卿士位置而蠢蠢欲动的诸侯们，只不过于情于理，都不能先动手，所以隐忍不发。现在周桓王先发兵了，正中下怀，他马上率兵迎战。就这样，两方发生了"缟葛之战"。

战争的结果是周天子大败而归，周桓王被对方一箭射在了肩膀上。当然，郑庄公见好就收，也没追赶；不仅如此，晚上还派人去看望周桓王，送来伤药……周桓王毫无办法，伤好之后，垂头丧气地回去闭门思过了。

前有"周郑互质"，后有"缟葛之战"，两件事之后，周天子的权威彻底丧失，已经完全没有力量管束诸侯；诸侯们也都知道了，周天子只不过就是一个摆设。

历史学家一致认为，前707年的缟葛之战是一个转折点，它意味着以前那种天下一家，按周天子的命令行动的时代结束了，一个诸侯争霸的大舞台拉开了帷幕。

007. 春秋第一霸

前 707 年的繻葛之战,让周桓王觉得特别没有面子,此后他就什么也不做了,躲到深宫里,一直到死,且死了七年之后才下葬。按照周礼规定,天子死后,七个月就应该下葬了。可是周桓王躺在那里等了七年,才被埋进墓里。史书上没写原因,不管怎样,这都说明周王室已然每况愈下,无法再号令诸侯。

这时候,谁有实力有威望,能让大多数诸侯听自己的,谁就有可能成为诸侯的老大,也就是侯伯、霸主。

春秋时期大大小小的霸主有很多,约定俗成的说法是相继有五位霸主登上历史舞台,号称春秋五霸。一般来讲,齐国的齐桓公、晋国的晋文公和楚国的楚庄王是公认的三霸,剩下的两位,流行的看法是秦穆公、宋襄公、吴王阖闾和越王勾践这四位里的两位。

为什么郑庄公那么厉害,连周天子都敢射,却没被列入五霸?原因很多,最主要的一条恰恰是他"连周天子都敢射"。毕竟春秋时期的霸主一直都把周天子当作祖宗牌位供着,这叫"尊王"。就像今天英国一样,国王虽然一点权力也没有,但还是要作为一个图腾存在,甚至各种法律还要他们签字才能生效。中国历史从汉朝开始,一直强调"君君臣臣",也就是国君的行为要像国君,臣子的行为要像臣子,像郑庄公那样和周天子对着干的臣子,写历史的人是不会,也不敢把他列入五霸的。毕竟,春秋五霸只是诸侯的老大,而不是造反派的代名词。

春秋五霸的故事，要从第一霸齐桓公讲起。不过，在齐桓公出场之前，必须先讲讲他那个不靠谱的哥哥齐襄公的事儿。

一、齐桓公传奇上位

齐襄公没当上国君前，曾经和他同父异母的妹妹文姜私通。后来文姜嫁给了鲁国国君鲁桓公，十五年后，携丈夫回齐国，和已经当上国君的齐襄公旧情复燃。两人的事被鲁桓公知道了，鲁桓公人在齐国，不能采取什么行动，私下里恶狠狠地对文姜说，回去要好好收拾她。

文姜吓得找齐襄公商量对策，齐襄公立刻派大力士彭生杀死了鲁桓公。一国国君在出访的国家暴毙身亡，这在任何时代都是大事，鲁国当时就要求齐国给一个交代。齐襄公只好杀了彭生，可是他做了这件亏心事之后，闹出了心病，整天疑神疑鬼，总觉得鲁桓公和彭生都要找他复仇，无心政事，国家搞得一团糟。最后在前686年，被手下大将连称造反杀掉。

齐襄公的堂弟公孙无知即位成了新国君，在位一年后也被谋反的大臣杀掉了。这样一来齐国境内就没有人可以立为国君了，因为齐襄公被杀的时候，几位公子觉得在齐国做公子实在危险，纷纷跑路了，其中最有资格继承王位的是两个人：在莒国的公子小白和在鲁国的公子纠。

公子小白和公子纠一听公孙无知被杀，齐国缺少国君，立刻丢下老婆孩子，一路狂奔回齐国，目的只有一个——继承君位。他们都知道，谁先回到齐国，谁就是齐国的下一任君主。

公子纠想到，如果对手死了，那就算他速度再慢，也是赢了。所以就让一个叫管仲的手下，去路上截杀公子小白。管仲带人骑上快马去埋伏，结果还真碰上了小白的队伍。

远远看见公子小白后，管仲张弓搭箭，嗖的一箭射过去，只听对方大叫一声，翻身掉下了马。管仲觉得事成了，马上带人往回跑。公子纠听到消息大喜，心里放松下来，一路游山玩水。等他快到齐国首都的时候，前方却传来消息，小白已经在临淄登上了国君的宝座。原来管仲那一箭射在了小白的衣服挂钩上，就好像今天有人用刀刺你，结果被你口袋里的手机挡住了。

这位腿脚利索，运气够好的公子小白，就是我们现在公认的春秋第一位霸主，"九合诸侯，一匡天下"的齐国国君齐桓公。

齐桓公即位的这一年是前685年，公子纠听到他即位的消息后，和护送他的鲁国军队商量了一下，就想硬抢，结果被齐国的军队打得大败，只好灰溜溜地回到了鲁国。

年轻的齐桓公霸道地给鲁国的国君写了一封信，大意是，公子纠是我的兄弟，杀他我下不了手，您帮我把他的脑袋砍了吧；他手下有一个叫管仲的，前两天射了我一箭，我必须亲手报这个仇，把他千刀万剐，您把他给我送过来；如果这两件事你做不到，我将亲自带兵去鲁国。这封信除了霸气，还给后人留下了"一箭之仇"这个成语。

当时的鲁国没有齐国强大，鲁国国君觉得没必要为了公子纠得罪齐国，便把公子纠杀了，把管仲也捆成了粽子，交给了齐桓公。

大家都以为管仲必死。可是让他们大跌眼镜的是，管仲不仅毫发无伤，而且马上被齐桓公提拔为相国，在随后的几十年时间里，辅佐齐桓公成就了霸业，也成就了他自己的千古传奇，名列中国六大政治家之一。三国时候的诸葛亮经常自夸，说自己的学问可以和管仲相比，由此可见，管仲的本事确实是不小。

中国六大政治家

"中国六大政治家"的说法是梁启超先生在1911年提出来的。按照出场的时间顺序，管仲排第一位，剩下五位分别是商鞅、诸葛亮、李德裕、王安石和张居正。

管仲为什么能大难不死，被齐桓公看上？如果用一句话来回答，那就是，管仲是一个会交朋友的人。齐桓公能不计较一箭之仇而任用他为相国，也是因为他会交朋友。

二、管鲍之交和管仲的治国之道

管仲一开始是给公子纠跑腿的，齐桓公身边也有一个这样的人，叫鲍叔牙。鲍叔牙恰恰就是管仲从小一起长大的好朋友。小时候，鲍叔牙家里富，管仲家里比较穷，就经常接受鲍叔牙的救济。后来两人一起当兵，管仲经常一听到该冲锋的鼓声响了，就往回跑，找个地方躲起来；鲍叔牙替他抵挡敌人，回来还负责对别人解释，管仲不是怕死，是因为他家里有老娘需要照顾。

两人退伍回来一起做生意，赚了钱管仲经常偷偷地给自己多分一点儿；别人告诉鲍叔牙，他反而说，我的好兄弟管仲家里穷，多分一点不是应该的吗？

这些事情司马迁都写在《史记》里，他还记载了管仲一句流传千古的感慨："生我者父母，知我者鲍叔牙。"

后来管仲投奔了公子纠，鲍叔牙投奔了公子小白。等到小白变成了齐桓公，鲍叔牙就对他说，您要是想治理好齐国，我一个人就行了；但是您要是想在诸侯之间称霸，让大家都听我们的，管仲这个人，你绝对值得拥有。这样的话他不止说了一遍，齐桓公终于心动了。就这样，前685年，齐桓公拜管仲为相，开始了他的经济、政治和军事的全面改革。

管仲改革最重要的思想就是以经济建设为中心，换句话说，"发展是硬道理"，国家要富裕，人民也要有钱。他有一句特别有名的话，"仓廪实而知礼节，衣食足而知荣辱"，老百姓吃饱了饭，穿暖了衣，才会去考虑礼义廉耻这样的道德问题。

管仲又说:"凡治国之道,必先富民,民富则易治,民穷则难治也。"就在这样的思想指引下,管仲在经济上采取了一些突破性的措施,鼓励农民去开荒,开了荒这块地就归你了,国家给你产权证,承认土地私有,然后顺便收点税,这等于是两千六百多年前的"包产到户",间接地废除了周公姬旦的井田制。

管仲认为,农业是根本,商业是聚敛财富的手段。这个思想现在大家觉得稀松平常,不过周朝是农业立国,对于商业一向不太重视,管仲在那时候就能看到商业的重要性,不仅在当时很了不起,即便是跟后来大多数古代政客的重农抑商相比,他的眼光也可谓超前。

对于商人,他提出"虚车勿索,徒负勿入,以来远人",意思是赶着空车来的,或者把货物背在身上徒步来的小商贩,一律不收税。人家空车来自然是要买我们齐国的货物,对我们有好处啊;把货物背在身上的都是小本经营者,本来的利益就很薄,收税也收不了几个钱,那为何不利用他们活跃经济,吸引更大的商户呢?能够吸引商人,让他们愿意到我们这里做生意,是第一重要的。

这些手段几千年后被他的子孙继承,并且创造出一个名词,叫"招商引资"。同时他实行的也并不是绝对的自由经济,很多重要行业比如盐和铁就不放开,完全由国家掌控,产量价格都由国家控制。

在管仲要政府经营的行当里,有一个是你想不到的,那就是妓院,当时叫女闾,完全由政府统一管理,政府收税,让这些女人为远道而来的士子和商人服务。所以,中国古代的妓院,一般都把管仲看作是祖师爷,供着他的像。

历朝历代,以宰相的身份开妓院,他管仲可能是唯一的一位;不过他能干出这种事,那是一点都不稀奇。从前面的描述你就知道,管仲是一位实干家,所谓道德礼仪他并不是十分在乎。

军事改革上他最主要的方案是军政一体,国君是全国军队的总司令,下面的大夫、乡长等也都是军官。在最基层的老百姓那里,5户人家组成1轨,每家出1个士兵,5个士兵合在一起就是1伍,200个士兵就是1连,2000个士兵就是1旅,10000个士兵就是1军。全国共设3个军,齐桓公就是军队最高统帅。管仲认为:"君有此士也,三万人可以横行天下,以诛无道,以屏周室。"

除了军事和经济,管仲在法律和社会方面也有一系列的改革措施,比如说最早的户籍制度,士农工商四个阶层分开了住,你是什么职业,你儿子也必须是什么职业,永远不变。

三、尊王攘夷和分沟礼燕

管仲的改革很快就使齐国兵强马壮、国富民强,不过强大也并不是自然而然就能成为"天下霸主"。那么,要怎么办呢?中国有个成语是"恩威并施",具体到齐桓公身上,那就是用恩惠拉拢追随者,用武力干掉不服的。

在管仲的建议下,齐桓公归还了一些以前侵占的土地给周围的邻居们,史书上说"四邻亲善"。可是想要立威却不容易,主要问题是对象的选择,人家如果是远近闻名的大善人,你上去抢夺人家的土地,那不合适;对方如果相当贫弱,像一个5岁的孩子,你一脚踢翻,拿着人家的糖葫芦扬长而去,那也不是老大应该做的。因此,立威的对象最好是大家都不喜欢,而且自己打得过的。

于是,管仲非常及时地提出了"尊王攘夷"的口号。"夷"就是周围的少数族,南蛮东夷西戎北狄,简称都是夷。

据史书上说,这些夷人和中原人很不一样,披头散发,衣冠不整,住洞穴,吃生肉,等等;最关键的是,他们经常来中原抢掠,几乎所有的诸侯国都被抢过,比如卫国、邢国、晋国、郑国等,而且很多国家不止被抢一次，鲁国被抢过 6 次之多。可以这样说，打周边的蛮夷，是中原这些国家的一致愿望，也是最快的一条通往老大宝座的道路。

前 663 年，北方的山戎又一次攻打燕国，燕国招架不住，向齐国求救，齐国马上出兵相救。山戎退兵之后，燕国当时的国君燕庄公感激涕零，亲自送齐桓公回国，一路上两人聊得高兴，一不留神，燕庄公就进入了齐国的国境。

这下麻烦了。按照当时的礼仪制度，两个诸侯国相互来往，一个国君去邻国串门儿、拜访都没问题，但只有周天子来家里面做客时，国君才能送出国境。燕庄公光顾着拍马屁了，直接送齐桓公出了国境五十里，这是违反周礼的。

就在这时候，齐桓公做了一件很仗义的事情——他大手一挥，说我们地位平等，我不能对你无礼，齐国的这五十里土地就送给你们燕国，这样你就不算送出国境了。历史上把这件事称为"分沟礼燕"，这事让其他诸侯很是赞叹了一番。这事儿应该是真的，但你要是问我，是不是齐桓公和燕庄公事先商量好了，为齐桓公在诸侯之间树立形象，那我就不知道了。

后来在前 661 年和前 658 年，齐国又出兵从北方少数族的攻击之下救了邢国和卫国，这些行动最终让齐国获得了中原各诸侯国的广泛拥戴。有钱有兵有实力，现在还有了威望，齐桓公美滋滋地当起了中原诸侯的老大。

四、召陵之盟和葵丘之会

前 657 年的一天，齐桓公和小妾蔡姬坐船游玩。蔡姬自幼在南方长大，在船上跳来跳去让船摇摇晃晃，她感觉有意思，齐桓公是五六十岁的北方老头，十分害怕船翻了，就让她老实点。

不过，至亲无威望，拿破仑的夫人从来不认为拿破仑是英雄，蔡姬也一样。在她眼里，齐桓公只是一个老头子，她自以为得宠，你越说，我就晃得越厉害。齐桓公一怒之下，让人把蔡姬送回了她的娘家蔡国。当时蔡国正在和南方大国楚国勾勾搭搭，蔡国国君一转手就把蔡姬送到楚国，讨好楚国贵族。

齐桓公被激怒，于公元前 656 年发兵攻打蔡国。老大哥要打仗，小弟们自然要跟着，一起出兵的有鲁宋等七国。蔡国赶紧向楚国求救，楚国于是出兵救蔡。

齐桓公和诸国联军毫不迟疑，枪口一转，对准了楚国。面对气势汹汹的联军，楚国也不敢硬抗，于是派出使者去打探消息。使者代表楚王问齐桓公："君处北海，寡人处南海，唯是风马牛不相及也，不虞君之涉吾地也，何故？"

这就是成语"风马牛不相及"的出处。管仲回答，周武王在位的时候，我们齐国祖先姜子牙就被授权，可以讨伐诸侯，维护周天子权威。今天我们来收拾你们的原因有两个：三百多年前，天子周昭王到你们国家巡游，结果没再回来，我们现在来问问他老人家的下落；你们楚国应该给周天子进贡一种祭祀用的茅草，你们这两年没进贡吧？

什么叫强词夺理？这就是。周武王授权姜子牙可以随便讨伐诸侯？这事你说它有就有，说没有就没有。三百年前，周昭王掉水里淹死了，和现在的楚国无关，也来问罪？至于说给周天子进贡，自从周平王东迁之后，诸侯还有几个按照要求进贡的？郑庄公甚至连天子的粮食都要去抢，你齐国怎么不去问罪？

当时楚国使者的回答是：是的，不进贡是我们错了，马上就进贡；周昭王的死，我们确实不知道，要不你们去问问汉水？这个回答表面上看起来不卑不亢，实际上已表露了臣服的态度。对于齐桓公来说，这就足够了。后来双方又对峙了一段时间，齐国觉得楚国很强悍，楚国觉得齐桓公称霸的道路自己也挡不住，于是齐国联军和楚国签了一个召陵之盟，各自撤兵。

可能你会觉得，这也没打起来，不过瘾。其实，这正是春秋时期打仗的一个特点——战争的目的不是为了杀人，像战国时候那样动不动就死几十万人的战争，是不会发生在春秋的。一般都是某国举起大棒，另一国看了看自己手里的铅笔，稍微比画一下，然后再稍稍后退一步，这就算完事。大家都知道输赢，彼此还留有面子，输了的该朝见就朝见，该上贡就上贡，赢了的也不会对对方赶尽杀绝。

召陵之盟的最大意义就是齐桓公带着中原的小弟，阻止了南蛮子楚国人的向北扩张。

楚国也算蛮夷吗？

楚人早先应该跟着周武王一起打过商纣王，还被封为子爵，这个爵位不高。熊渠当上楚国君主之后，公开声称："我，蛮夷也，不与中国之号谥。"自称野蛮人，不理会中原人那些称号，开始封自己儿子为王。不过正式使用王的称号，是从熊彻开始的。熊彻的称号是楚武王，等于篡夺了周武王姬发的称号，从他开始，楚国历代君主都称王，这就是明目张胆地和周朝对着干，直到今天楚人的故地湖北一带，还有一句俗语"不服周"，就是从那时候开始流行的。

在中原各国看来，既然你祖宗说自己是蛮夷，你现在又喊"不服周"，那你不是蛮夷谁是蛮夷？进入春秋之后，楚国的行动也的确很野蛮，吞并了汉水流域的很多周朝诸侯国，并且数次入侵郑国。齐桓公阻止了楚国北上侵扰中原各国，当时确实是被看作攘夷的。

注意一下，楚国的国姓是芈，熊是他们氏族的称呼。熊渠、熊彻也叫作芈渠、芈彻，电视剧《芈月传》中芈月的原型就是从楚国嫁到秦国的宣夫人。

前651年，齐国主持召开了著名的葵丘之会。北方的诸侯鲁宋许卫曹等等都参加了，尤其令齐桓公得意的是，周天子派人给他送来了祭祀祖先的祭肉。这在当时，那可是莫大的荣耀，意味着天子承认了齐桓公诸侯老大的地位，因此葵丘之会也被后世认定为齐桓公称霸的标志。

《论语》记载，齐桓公一共主持召开了9次这样的诸侯大会，还平息了周王室的一次动乱，所以叫"九合诸侯，一匡天下"。实际上，他一生干了十多次这样的事情，有明确记载的就有16次。不管怎样，齐国天下霸主的地位在他的手里确立下来。

遗憾的是，齐国的霸业只维持了齐桓公这一代，而且齐桓公最后还是被活活饿死的。

这事还得从前645年，管仲去世之前的一次对话说起。齐桓公问，先生一旦有什么不测，谁能接替你？鲍叔牙能吗？管仲说，不行！鲍叔牙这个人是非太过分明，不能居高位。

齐桓公想了想，又提出三个人，易牙、开方和竖刁。易牙是厨师，因为齐桓公偶尔说自己没吃过人肉，易牙就把自己刚出生的儿子做熟了献给齐桓公；开方是文官，为了侍奉桓公，十几年都不回家看一眼父母；竖刁为了能够进宫陪伴在齐桓公左右，直接把自己阉割了。齐桓公认为这三人对自己忠心耿耿，病床上的管仲却坚决认为不能任用这三个人。理由是，爱子女、侍奉父母和爱惜自己的身体，这都是人之常情，这三个人做事不合人情，必有图谋。

事实证明，管仲目光如炬。他去世后，齐桓公很快就被这三人哄骗得迷迷糊糊，把国家大权交给了他们，这三人马上各自找到齐桓公的一个儿子投靠，拉帮结派，把齐国搞得乌烟瘴气。

前643年，齐桓公病重在床，五个儿子在易牙、开方、竖刁的鼓动之下，各率党羽，开始争夺君位。他们封锁了宫门，在外面打来打去，没有一个人想到老爹还在里面的病床上躺着。一代霸主齐桓公被活活饿死，而且死了 67 天之后，外面的争斗才结束。据说当时齐桓公尸体上的各种蛆虫爬得满屋都是，史书上说"身死不葬，虫流出户"。

后来，公子无亏在易牙和竖刁的扶持下，登上了齐国君主的宝座，而齐桓公原来立的太子昭失败了。这个倒霉的太子一刻也没停留，直接奔宋国去了。因为当年管仲曾经告诉过他，万一有事，可以去宋国，那里有可以帮助他的人。

这个人就是宋国的国君宋襄公，我们下一节再讲。

008. 宋襄空图谋

宋国是商纣王的弟弟微子启的封地,在今天河南和安徽交界的地方,那时候就算是天下的中心位置了。周武王当年封给微子启的爵位是公爵,是最高一等的爵位。西周当年分封的诸侯里面,只有五个公爵,宋是一个;其他四个分别是虢、刘、虞、州,但在春秋大戏里,它们连龙套演员都不算,顶多算道具。

我们今天熟知的诸侯国,包括姜子牙的齐国、周公姬旦的鲁国,都是侯爵,第二等的爵位;它们的国君,比如齐桓公,严格说来,应该叫齐桓侯,司马迁的《史记》上就是这么叫的。不过,按照周朝礼法,诸侯死了之后一般都可以称某某公,所以叫他齐桓公也没错,而且现在这已经是约定俗成的一个叫法了。

宋国这个公爵的封号,却让其他各国心里有点不舒服——你一个商人叛徒,啥功劳没有,怎么就能当上公爵呢?大家都瞧不起宋国,再加上宋国人一直沿袭商代的一些风俗,显得有些另类,所以,那时候各国的段子手们,就经常编造一些故事来讽刺他们。这些故事开头往往就是"来来来,我给你讲一个故事,从前啊,有一个宋国人",当然,都是取笑宋国人的,比如说大家熟悉的"拔苗助长""守株待兔"的主角,全都是宋国人。

偏偏宋国自己也不争气,虽然是大国,但在东周的国际舞台上,基本属于打酱油的存在,唯一可以拿出来说一说的,就是宋襄公,也是春秋五霸的候选人之一。可是你也别忙,听完他的故事,你可能觉得,宋国还不如一直打酱油呢。

一、宋襄公的称霸梦

话说落难的齐国太子昭跑到宋国，找到宋襄公一番哭诉，宋襄公立刻决定，送他回齐国继位。一方面是因为同情太子昭，另一方面，当年和齐桓公葵丘会盟的时候，管仲曾经郑重地拜托过他，一旦将来齐国有事，请他照顾太子昭。估计那时候管仲比较欣赏宋襄公的一身正气。

宋襄公掂量了一下宋国的实力，觉得还是要再联合其他一些诸侯才保险。于是，前642年，宋国和曹卫邾三国一起，派军队护送公子昭回到了齐国。

齐国有很多贵族都同情公子昭，也不喜欢新的国君公子无亏，再加上也不知道宋国来了多少军队，就联合起来，把刚立的国君无亏和他的支持者竖刁给杀了，在首都临淄把公子昭推上了国君的宝座，这就是齐孝公。

宋襄公办成了这件事，心里得意得很。一夜之间，他就觉得自己很了不起了，于是决定仿效齐桓公，把诸侯都叫来开会，自己当老大。

前641年，宋襄公邀请曹、邾、滕、鄫四个小国在曹南会盟。这些国家你没听说过？那就对了，因为它们的领土也就是一些村子，或者一座城池大小。不过，不是说小国历史就一定短，有时候恰恰相反，比如还不如半个县城大的鄫国，就奇迹般活了1600多年，历经夏商周三代。

当然，生存的技巧那一定是"闷声发小财"，默默无闻，谁也不得罪。可是鄫国这次就被想要立威的宋襄公盯上了，以鄫国国君来得太晚为理由，直接命令邾国国君把鄫子拎到河边给杀了，说是为了祭天。

鄫国国君因为开会迟到了几分钟，就丢了脑袋，这有点过分了；而且用人来祭祀天地是商朝人的不良习惯，周武王一上台就给废了，号称仁义的宋襄公现在还要来这一手，而且是用一国的国君来祭祀，这是为什么呢？宋国是微子启的封地，宋襄公是商人的后代，有历史研究者认为，宋襄公争夺霸主的真实目的，是要恢复商朝。

这不是瞎猜的。几年之后，在他决定攻打郑国的时候，他的哥哥子鱼就说过："天之弃商久矣，君将兴之，弗可赦也！"意思是商朝被老天爷抛弃已经很长时间了，你现在还要恢复它，你有毛病吧？子鱼肯定比我们任何人都了解宋襄公，他既然这样说，宋襄公想要恢复商朝的想法，也许是真的。

前639年，宋襄公再次邀请齐楚两个大国秋天的时候一起来，在盂地和诸侯们一起会盟，而且事先告诉人家，我们谁也别带军队，君子动口不动手。

临走之前，子鱼对弟弟说，楚国是蛮夷，一向不怎么讲信用，你还是带点军队吧。宋襄公一口拒绝，认为以宋国的实力和自己的智慧才能，去了就是当盟主的，有没有军队无所谓；再说，规矩是自己定的，怎么能破坏？

他没有想到，楚国人之所以愿意来聚会，就是想当老大的。他们事先埋伏好了军队，只等着谁反对就把谁当场放倒。结果开会时，宋襄公和楚国人为了当老大争吵，楚国人直接上去把宋襄公捆成了一团。

宋襄公人生最大的幸运，就是有一个好哥哥。他被抓之后，子鱼帮他管理国家，妥善地处理了楚国的威胁，联合鲁国一起做外交努力，最终让楚成王把宋襄公给放回来了，而且等这个不省心的弟弟一回来，子鱼马上就把国家交还给了他。

按道理说，吃一堑长一智，宋襄公经过这次大难，该老实点儿了。可他偏不，把怒火转向了上次开会时支持楚国的郑国。这在心理学上讲，是心理防御机制里面的"转移"，把一腔怒火转移到弱者身上。

前638年，宋襄公不听子鱼劝阻，起兵伐郑。郑国立刻向楚国求救。楚国自然不能坐视不理，楚成王二话不说，派出大将子玉攻打宋国。宋襄公老窝被抄,只能从郑国撤兵,回来和楚军死磕,两军在泓水——今天的河南省柘城县附近相遇,春秋历史上有名的泓之战随之爆发。

二、"蠢猪式的仁义"

泓之战之所以有名,不是因为惨烈,也不是因为计谋迭出,而是因为一方统帅莫名其妙的指挥艺术,毛泽东称之为"蠢猪式的仁义"。没错,这位统帅就是宋襄公。

当时的情况是,楚军人多,宋军人少,但是宋军先一步到达战场,占据了有利地形。楚军匆匆忙忙赶到之后,需要先渡过泓水。子鱼就劝宋襄公,我们人太少了,趁着楚军渡河时,我们发起冲击,一定可以胜利,这叫"半渡而击之"。宋襄公不同意,说我们是仁义之师,怎么能趁着人家渡河偷袭人家?这事不能干。

等到楚军过了河,子鱼又说,现在总可以了吧,趁着他们刚过河,我们杀过去。宋襄公把脑袋摇得如同拨浪鼓——你没看见人家正在整理湿衣服,擦拭兵器乱哄哄的吗?这时候打人家,称不上仁义。结果,等楚军最后慢条斯理地列好队形冲过来时,宋军完全不是对手,一个照面就全军溃败,宋襄公也被对方一箭射在大腿上。

宋襄公在病床上呻吟了半年,第二年夏天便死了,史书上说他"重伤而薨"。

哪些人可以用"薨"字?

"薨"是古代诸侯去世的专用词,《礼记》上专门有规定:"天子死曰崩,诸侯曰薨,大夫曰卒,士曰不禄,庶人曰死。"意思是,天子(皇帝)死了,叫崩;诸侯或后来二品以上的高官死了叫"薨";卿大夫或者其他中级官员死了要说"卒";士大夫或者有功名的学子死了叫"不禄",就是再也不能领薪水了；剩下的像你我这样的普通老百姓死了才叫死。

三、怎么评价宋襄公

看完宋襄公的故事，我们会觉得他实在是没有一点霸气，最多只能说他是图霸。可是为什么两千多年来，还是有大量的知识分子把他也算作五霸之一呢？其中原因在我看来，也许有两点：

第一，宋襄公是少有的在春秋阶段依然坚持周礼的诸侯。泓之战中，他等楚军渡过河列好队才攻击，这倒不是他独出心裁，而是周礼里面对军礼有规定，这叫作"不鼓不成列"，也就是对方没有列好阵势，你不能擂鼓进攻。还有比如不攻击白头发的士兵，不攻击受伤的士兵，等等。

我们都知道有一个成语叫"五十步笑百步"，说的是战场上逃跑五十步的士兵笑话那些往回跑一百步的士兵。其实，按照春秋时的军礼，跑五十步的完全有资格笑话那些跑一百步的。因为规定上写着，一方败退，只要跑了五十步，另一方就不能继续追杀了。换句话说，打了败仗，跑了五十步就绝对安全了，大可以把刀一扔，倒头睡觉了。这样一来，那些跑了一百步还在狂奔的，确实是胆子小，应该被笑话。

后来历代的知识分子，基本都是儒家学子，周朝的礼乐制度在这些人心里是神圣的，像宋襄公这样宁可失败也严守周礼的，在他们心里自然占有一席之地。历史往往就是由这些知识分子写成的，他们拥有历史话语权。自然而然，很多时候，宋襄公在历史上的地位就高那么一点，只是到了近代，他这样坚守周礼才被大家嘲笑。

第二，宋襄公也并不是一无是处。至少，他曾经成功地把齐国公子昭扶上了君位，还两次成功地组织了会盟，虽然都是一些不太重要的国家，但那也确实是会盟。此外，他还是有些眼光的，晋国公子重耳曾经流浪到宋国，面对这个像要饭叫花子一样的落难公子，他没有嫌弃，而是送给重耳二十辆马车，因为他认为重耳将来必然能回到晋国做国君，那就一定要提前把关系搞好。后来，重耳回国后果然做了晋文公，是春秋五霸里面最名副其实的一位，而且后来对宋国一直都不错。

有了这两点，宋襄公也就有了霸主候选人的资格，不过我个人觉得他只能算另类的霸主，我比较赞同他哥哥后来批评他的话。

那是在宋襄公中箭，但还没死之前。宋国举国上下都埋怨他，宋襄公很是不解，说我按照周礼行事错了吗？他很郁闷，也很困惑，就问他哥这个问题。子鱼回答道，你要是认为楚军没过河就攻击人家是不仁义，不公平，而对方过了河你又打不过，那你开始的时候就不应该去和人家争斗。随随便便去争霸，你这不就属于没事找事吗？没实力去争霸，还假模假样地仁义，死了那么多本国人，那你对本国老百姓的仁义和公平在哪里？这话很实在，也很在理。

宋襄公死后，他的儿子宋成公即位。给老爹报仇这事，他是做不了的，没那个实力，也没那个魄力和胆量；但他也不能像其他诸侯国那样，投入楚国的怀抱，因为他老爹宋襄公留有遗言："楚，吾仇也，世世勿与相通好。"

这样一来，对于楚成王来说，宋国自然就成了扩张的绊脚石。于是，四年之后，前633年，楚国大举攻伐宋国。宋成公自然抵挡不住，不过他运气不错，此时的中原大地又崛起了一位新的霸主，足以和楚国抗衡。宋成公毫不犹豫，马上向这位新霸主求救。

009. 流亡十九载

前633年,楚国大举进攻宋国,宋国国君宋成公马上向一个新崛起的北方大国求救。这个新崛起的大国就是晋国,国君就是后世赫赫有名的晋文公重耳,货真价实的春秋五霸之一,没有任何水分。

一、晋国的内乱

晋国横跨今天的山西省和河北省,大部分在山西,所以今天山西的简称还是晋。它是一个很老牌的诸侯国,是周武王的儿子虞的封地,开始的时候叫唐,后来才改为晋。

按照投胎的技巧和速度,晋文公重耳原本是当不上君主的,但是和齐桓公一样,投胎不行,可以用运气来补上。齐桓公小白是因为不靠谱的哥哥齐襄公和同父异母的妹妹乱伦,引来杀身之祸,他才有机会上位的;而晋文公能上位,完全是因为他有一个不靠谱的爹。

晋公子重耳的老爹叫晋献公,和周幽王一样,也想把自己原来的太子废了,让宠爱的夫人的儿子上位,他宠爱的这位夫人叫骊姬,据说也是倾国倾城。为了让自己的儿子能继位,骊姬亲自上阵,诬陷当时晋国的太子申生调戏她。这自然是大罪,可怜的太子申生,因为老爹明显偏向小老婆和小儿子,他连分辩的机会都没有,只能逃跑,最后自杀。他的两个弟弟夷吾和重耳也跟着被迫逃亡。

五年之后，晋献公死了，骊姬的儿子奚齐在大臣荀息的辅佐下当上了晋国国君。可是这种来路不正的君位激起了大臣们的不满，权臣里克发动政变，杀掉了奚齐。荀息只好又立了晋献公另一个儿子卓子为晋国国君，卓子的出身也不好，他是骊姬亲妹妹的儿子——这姐妹俩是一起嫁给晋献公的，一起生了儿子。斩草当然要除根，里克随后又杀死了卓子。荀息觉得两个公子都死了，自己有负晋献公之托，随后自杀身亡。

这样一来，晋国和齐国当年一样，出现了权力真空，这是前651年的事情。不一样的是，这次没有出现两位公子争位的场面，因为重耳根本就没去争。据说里克本来是想拥立重耳的，但被重耳拒绝了。原因不太清楚，史书没说。但我个人的想法是，一连两个新国君都被里克杀了，重耳应该是担心自己的脑袋。

不过另一个逃走的公子夷吾，却不是这么想，他另有计划。此人在秦穆公的帮助和里克的默许下，回国继位做了晋惠公。晋惠公上位之后的第一件事就是用计杀了里克，这叫作先下手为强。原因不难猜：第一，里克权力太大；第二，里克已经杀了两个君主；第三，里克想拥立重耳。这三个原因中任何一个都可以让里克去死了。里克临死前说了一句话，流传至今："欲加之罪，其无辞乎！臣闻命矣！"这就是成语"欲加之罪，何患无辞"的来历。

二、秦穆公为何愿助重耳夺位

秦国的秦穆公帮助夷吾继位的原因有两个。首先，秦穆公的一个夫人穆姬是夷吾的亲姐姐，两个人是姐夫和小舅子的关系。秦在今天陕西一带，和晋国比邻而居，两国一直通婚。据说秦国的女人比较漂亮，而晋国是真正的贵族，这样的通婚两边都满意。这也产生了后来的一个成语"秦晋之好"，专门用在婚姻上。

其次，晋惠公夷吾特别能说会道。他对秦穆公许诺，如果秦国帮助他当上国君，他就给秦穆公河西之地的八座城池。

等秦穆公实现了诺言，让夷吾当上国君之后，夷吾却想赖账了。不久，晋国发生饥荒，秦穆公不愧一代雄主，不计前嫌，给晋国送去了很多粮食。很不巧的是，第二年，秦国也发生饥荒了，自然就向晋国求援，结果晋惠公这个既不守信用又目光短浅的人居然拒绝了。

秦穆公勃然大怒，直接带兵打进了晋国，抓获了晋惠公，带回秦国关了起来。后来晋惠公的姐姐穆姬不断地求情，周天子也托人说情，秦穆公才把他放回去了。当然，不能白放，他要求晋惠公把自己的儿子太子圉送去秦做人质。

等到太子圉来秦国做了人质，秦穆公对他其实也很不错，没有任何歧视，而且把女儿怀嬴嫁给了他。但太子圉和他爹一样不可靠，没过多长时间，就抛弃新婚老婆，偷偷跑回了晋国。等到晋惠公死后，太子圉当上了晋怀公，第一件事居然是和秦国断绝了往来。

晋惠公、晋怀公父子俩都受过秦穆公的恩典，却都不知道知恩图报，这就让秦穆公很是愤恨。所以，当在外流浪了十九年的重耳来到秦国之后，秦穆公的第一个念头就是，晋国应该再换一个君主了。

秦穆公产生这个念头一点都不奇怪，因为重耳这个人游历了狄、齐、卫、曹、宋、郑、楚，最终才到达秦国。在漫长的游历过程中，齐桓公、宋襄公和楚成王等一代人杰，都认为他能成大器。秦穆公也是有眼光的，对他刮目相看。

你可能会问，秦穆公难道是真心实意希望晋国强大起来吗？其实这是不可能的，秦人扶持有能力的重耳上位，也是有自己的考虑。秦国是周平王东迁才封的诸侯，到秦穆公这一代，才一百多年，在中原人眼里，和蛮夷差不多。可以说，秦人被中原这些所谓的文明人瞧不起已经很长时间了，对于他们来讲，找到一个中原大国支持自己，是首要任务，而晋国自然是首选。无论秦晋之好，还是秦穆公三番五次地帮晋国，基本都是如此考虑的。不过很快他们也就知道了，朋友再好，也不如自己有实力好，这是后话。

前 636 年，秦穆公护送重耳回晋国争夺国君之位，刚刚做了一年多国君的晋怀公还算有自知之明，马上撒腿就跑，晋国的卿大夫马上就接受了重耳做他们的国君。由此也可以看出，晋惠公父子俩确实是内外都不得人心。

三、介之推真的割肉侍君吗

重耳顺利抢班夺权的另一个原因，是他有一批忠心耿耿，誓死跟随的臣子，而且这些人还都来自原来晋国的卿大夫之家，比如说狐偃、先轸、贾佗和赵衰等。这些人大多是春秋时期赫赫有名的文臣武将，很多人我们后面还会提到。

这里先说一个忠心耿耿的臣子，名字叫介之推。

据说重耳在卫国的时候，有一次断了口粮，吃不上饭，介之推就把自己大腿上的肉割下来熬汤给他吃。后来回到晋国，介之推却不肯做官领赏，和老母亲一起躲到深山里不出来。重耳没办法，就放火烧山，意思是兄弟你别躲了，赶紧出来受赏吧，可是介之推够犟的，大火都灭了，还没出来。

后来重耳带人进去一看，介之推和他老妈都抱着一棵槐树烧死了。重耳伤心之余，就用这棵槐树的木头做了一双鞋，每次穿上这双鞋，他都要流着泪喊"足下足下"，怀念介之推。这就是为什么后来把"足下"用作对一个人的尊称。

此外，晋文公还规定，介之推被烧死这一天，全国不能点火，要吃冷食剩饭，以表纪念，这就是寒食节的来历，后来逐渐和清明节合二为一。

故事很感人，甚至很多现代的出版物都把它当作历史事实来对待。很可惜，这段故事很可能是假的。无论是《左传》还是《史记》，都没有记录介之推割肉侍君和最后被烧死的事情，而且后世的任何一本正经史书，都没有这样的记录；"足下"和寒食节，据考证，也好像和介之推没关系。

最早记述这个故事的是《庄子》杂篇，但是且不说大多数人认为杂篇根本不是庄子写的，就算是，那也说明不了什么。因为庄子他老人家是思想家、哲学家、文学家，但他不是史学家，他的文章充满了比喻和寓言故事。

后来民间的很多杂书不断重复这个故事，包括《艺文类聚》《异苑》等，那就更是胡扯了，听名字你就知道，这些书可谓古人的"网络小说"。

其实，真实的历史是，介之推在重耳当上国君之后，就辞官不做了，隐居山林。《左传》上说他"不言禄"，《史记》上说他"至死不复见"，如此而已。

我们略加思考也能推断出传说的不可信。当时重耳都饿得走不动，他的手下居然有人能手起刀落，割下大腿一块肉，然后施展厨艺做好了，伺候他吃完，还能跟上大部队，这事儿，在没有创可贴和消炎药的年代，几乎就是神话。你别忘了，我们刚说完那个宋襄公大腿上中了一箭，在精心照料下，尚且呻吟半年下不了床，最后也死了。

无论如何，这个故事的流传还是侧面反映了重耳手下的人对他的忠贞和他流亡路上的辛苦。好在辛苦有回报，重耳最后在秦穆公的帮助下，成了晋文公。

这一年是前 636 年，这一点确定无疑，不过关于他那时候的准确年龄却有争议。

司马迁在《史记》里说，重耳生于前 697 年，那他上位的时候就已经是 60 多岁的老头了。虽然说国君这职业没有年龄限制，多大岁数都可以，不过这却非常可疑：按照这个推算，他是40多岁才开始流亡的，那么为什么史书上没有任何关于他流亡之前结婚生子的记录呢？这对于一个贵族来说是不太可能的。

此外，太子申生一定是比他大的，但从当时很多人物之间的关系来推算，申生自尽的时候是20岁左右的小伙子，这也说明上面的推算不可靠。所以，尽管史学家们还在吵架，我个人还是决定根据《国语》和《左传》上的记载做出判断，认为重耳生于前671年，继位这一年35岁，正值年富力强。

四、晋文公相助周天子

春秋历史上唯一一位饱尝民间疾苦，睡过野地要过饭，也吃过山珍海味的霸主就这么诞生了。苟富贵，不相忘，他上位之后，几乎所有一起流浪的难兄难弟都得到了重用。这些人在外面吃了十九年的野菜，憋着一肚子气，这时候同心同德，挽起袖子拼命干，只用了一年时间，就整顿了晋国内部，稳定了局势，国家迅速强盛起来。

第二年，周天子也给他们送来了一个好机会。

当时的周天子还是周襄王，就是前面送给齐桓公一块肉的那位。他和郑庄公一样，有一个弟弟叫王子带，长得帅，武艺好，可是飞扬跋扈。

加尊号

春秋战国时期，称呼有身份的人都会在前面加上尊号，比如商鞅也叫公孙鞅，实际上他的名字就是"鞅"，加上"公孙"是因为他是公侯的孙子。王子带的名字就叫带，他是周惠王的儿子，也就是王子，在"带"字前面加上"王子"变成了"王子带"。这和今天我们把"查尔斯"与"王子"连起来叫是一样的，只不过顺序相反。

周襄王摊上这么一个弟弟也是倒霉，对他没有任何办法。后来王子带胆子大到什么程度呢？居然明目张胆地和周襄王的王后隗后有了越轨之事，贵为天子的周襄王能做的事情，也仅仅是把隗后废掉。王子带不接受这个结果，和隗后一起联合北边的狄人发动了政变，周襄王狼狈地跑到了郑国。这时候郑庄公已经死了，现任郑国国君没什么能力，除了给周襄王一口饭吃，没别的办法，周襄王只好向诸侯求救。

诸侯里面反应最快的就是秦穆公，他马上就意识到，这是老天爷给他的一个挟天子以令诸侯的好机会。

就在秦国大军准备出发的时候，晋文公在赵衰的提醒下，也醒悟过来，马上给秦穆公写了一封信，信的大意是：我和周襄王两个人都姓姬，我们晋国离王城还近，现在他有难，我救他那是责无旁贷，这事就不麻烦您了，我不行了，您再上。

这封信的潜台词就是，这是我们姬姓家族内部的事情，您这个外人就别掺和了。不过信说得相当客气和委婉，秦穆公没有拒绝的理由，只好暂不发兵，让晋国先上。

前635年，晋师东出，晋文公率军队打败了北狄和王子带，护送周襄王回到王畿洛邑，继续当他有名无实的周天子。周襄王除了感激涕零地表示感谢，还从自己越来越少的土地里拿出河内、阳樊等地赏给了晋文公。晋国一时之间，声名鹊起，诸侯们都伸出大拇指，因为这件事里，包含了扶危、救困、尊王和攘夷四层意思，而这八个字恰恰是春秋霸主称号的标准配置。

想来秦穆公心里肯定不痛快：这份荣誉本来应该是我的，现在被你抢走了。

不过霸主也不是那么好当的，很快晋文公就遇到了棘手的事情，这个我们下面再聊。

010. 侯伯晋文公

前 633 年,楚国攻打宋国,宋成公马上向晋国求救。

晋文公很为难,一是晋弱楚强,实力不如人。楚国经过楚成王的多年经营,兵强马壮,再加上中原地区的鲁、曹、卫等国纷纷投降,可谓是来势汹汹。万一打不过,刚刚到手的国君宝座就可能没了,弄不好掉了脑袋,想再去流浪都不可能。二是当年重耳一穷二白的时候路过楚国,楚成王对他很不错,现在不太好意思直接对着人家开战。该怎么办呢?

一、先轸的谋略

这时候,晋文公身边的一个人站了出来。他叫先轸,也叫原轸,是跟着晋文公一起流浪的老臣,其见识和谋略在春秋时期可以算作是第一流的。在他之后一百多年,有个叫孙武的人,写了一本书叫《孙子兵法》,里面有一句话:"兵者,诡道也",说打仗这事变化无常,一定要会玩阴谋诡计,先轸在这方面可以说是太会了。

他对晋文公说,我们流浪在宋国的时候,宋襄公给了我们 20 辆车,这个恩我们一定要报;而且楚国围攻宋国,宋国现在很危急,报恩和救危这两件事,完全是正义的,所以,这一仗我们一定要打。但我们不必直接去打楚国,曹国不是刚刚投降了楚国吗?另外卫国刚刚和楚国通婚,我们先打这两个国家,楚国是他们的老大,应该会出手相救,宋国自然就解围了。

晋文公一听，这主意不错，晋军打楚军也许有点费劲，但收拾曹卫两国，那还是轻松愉快的，定会很快拿下。可是，等晋国攻打曹国和卫国时，楚成王却没有按照先轸的套路出牌，根本不管两国的死活，玩了命地死攻宋国。

先轸还有后招：他把曹国和卫国的一些土地财宝送给宋国的使者，让他们去秦国和齐国游说，不需要他们出兵，只要他们派人劝楚国讲和就行。

这点小事齐秦两大国还是愿意干的，就算不看宋国的面子，还要看送来的礼品的面子。但先轸事先算计好了，楚国正在骄横的时候，这个面子是一定不会给秦国和齐国的。

果然，齐秦两国去向楚国劝和的时候，楚国人说，让我们讲和，从宋国撤兵，门儿都没有！这样一来，秦国和齐国开始怨恨楚国：怎么这点面子都不给？人家送的礼我都收了。

于是，这两国就加入了晋国对付楚国的联盟，先轸一分钱没花，给晋国找来两个帮手。不过晋文公一直等到第二年，也就是前632年，才会合了齐秦两国，从容地向宋国进军。

楚成王马上感受到了压力，他对自己手下的主帅子玉说，晋文公重耳在外面流浪了很长时间，什么世面没见过？现在他和齐秦两国铁了心要救宋国，看来这是上天的意思，宋国不该亡，咱还是回家吧。

子玉不想撤军，对楚成王说："非敢必有功，愿以间执谗慝之口也。"意思是，我不是贪图功劳，只是您身边有些小人挑拨离间说我一定失败，我只是想证明自己。这话其实就是赌气，楚成王一听之下也挺生气，可是因为子玉的家族在楚国有一定势力，他也没办法，就自己先带了一部分军队回楚国去了。

子玉虽然脾气大，但是人不傻，他也不想和晋齐秦的联军死磕。所以，他也想了一条计策，派一个叫宛春的人去晋国军营，对晋文公说，你们让曹卫两国复国，我们楚国也不继续攻打宋国，两家都撤军，你看怎么样？

晋文公手下的大臣们强烈反对，认为楚国用一个没打下来的宋国，换晋国已经收入囊中的曹卫两国，这太傲慢了。晋文公也不想答应，就打算拒绝宛春，让他回去复命。

这时候，先轸又站了出来。他猜到了子玉这条计策的阴险之处，对晋文公说，我们打着救宋国的旗号而来，现在你拒绝楚国，等于是放弃了救宋国，况且子玉一句话等于是救了三个国家，而我们一句不同意，等于是害了三个国家，以后这三个国家的人会怎么看我们呢？甚至都不用以后，他们如果现在知道了，很可能马上就会和楚国一起来攻打我们了。

这话说得相当有道理。子玉这条计策的妙处就在这里——晋国如果同意我的要求，那么等于是间接承认我楚国的霸主地位，而且曹卫两国还会感激我；你要是不同意，那曹卫宋三个国家都会恨死你。

仅仅是指出问题还不行，还必须有对策。先轸的计谋是，扣留宛春，封锁消息，然后快马加鞭派使者去曹卫两国，告诉他们，晋文公愿意帮他们复国，但是他们要和楚国断交。

曹卫两国本来就是墙头草，谁强大就跟谁，现在被晋国打得正在那里等死，听晋国说，可以不灭国，将来还保护他们，要求仅仅是去和原来的老大说一句断交，那当然一点问题都没有；至于说将来楚国再打过来怎么办，好办，到时候再降楚就是了。

子玉这边坐在中军帐里，左等右等，使者宛春没回来不说，反倒是曹卫的使者来了，扔下一封绝交信转身就跑，被气得破口大骂，随即命令军队，全面发动进攻。

就在这时，晋文公命令大军向后撤退一段距离。他对众人的说法是：我原来流浪的时候，楚成王对我不错，他曾经开玩笑问我将如何报答他，我那时候很穷，就告诉他，我实在是没什么可以报答您的，以后万一我们在战场上相见,我一定要避让"三舍"的距离。

这就是成语"退避三舍"的来历。

"三舍"是多远?

古时候行军,每走三十里路一般都要休息一下,喂喂牲口,喝口水,这叫作"一舍",三舍就是九十里。

晋文公的这个故事讲得相当精彩,全军将士都说,你看看我们国君,对一句玩笑话都信守诺言,将来对我们那还会差吗?为他拼命绝对值得!其实,这又是先轸的谋略。

楚国子玉的手下一看晋国撤军了,都劝子玉也退兵。子玉却不愿意,他督促全军一口气追了九十里,来到了城濮,历史上有名的城濮之战一触即发。

二、城濮之战

城濮在今天山东西南的临濮集,这里是晋文公精心为楚军挑选的坟墓。前632年,晋、齐、秦、宋的中原联军,同以楚国为首的包括陈、蔡两国的南方军团在此展开大战,史称"城濮之战"。

当时双方的军团都分为左、中、右三军,战争开始之后,晋国联军在先轸的指挥之下,用自己最弱的左军,死死地拖住楚国军团最强的右军,然后集中所有力量在自己的右军,一举击垮了对方战斗力最弱的左军。最后胜利的右军再和左军会合,共同对付楚军的右军。这个战术非常高明,后来被很多军事名家所采用,包括解放战争中的辽沈战役,还能看到先轸这一招的影子。

战争的结果是楚军彻底溃败,晋国联军大胜,这个结果并不意外。

我一直都认为，功夫在战场之外。当子玉骄傲地喊着"今天灭晋"，带着人马狂追到城濮的时候，胜负已经注定。《孙子兵法》云："多算胜，少算不胜，而况于无算乎！"子玉的每一步都在晋文公和先轸的计算之中，他怎么能胜得了？

最后，子玉只能收拾好残兵败将，垂头丧气准备回国。楚成王早就认为他势力太大，一心想铲除他，马上抓住这天赐良机，给子玉写了一封信，信上就一句话："大夫若入，其若申、息之老何？"你有什么脸面见楚国的父老乡亲呢？

无论子玉多么骄横，他毕竟是贵族，有着春秋时期贵族的傲骨和自尊，看完这封信，他啥也没说，自杀了。

其实子玉在当时是赫赫有名的战将，楚国和宋国之间的泓之战，就是他指挥的。晋文公重耳对他是很害怕的，司马迁在《史记·晋世家》中，详细记录了晋文公在城濮之战后的表现，可以作为参考。当时晋国的将军们都喜气洋洋的，唯独晋文公愁眉苦脸，还叹气连连。手下的人就很奇怪，说我们赢了，您怎么不开心？晋文公说，子玉还活着，我随时担心他会打回来，怎么能安心？

等到子玉自杀的消息传来，晋文公乐开了花："我击其外，楚诛其内。"意思就是，我从外面攻打楚国，楚成王在内部配合我一起干，真是太爽了。

三、践土之盟

挟城濮之战余威，同一年的冬天，晋文公也效仿齐桓公，搞了一次诸侯会盟。这次大会在郑国践土这个地方召开，也就是在今天的河南省原阳县，史称"践土之盟"，参加的国家有齐鲁陈宋蔡郑卫等国。

这次会盟对于中原各国和晋文公来说，意义重大。

首先，对于中原各国，甚至周天子来说，当时最大的威胁确实是楚国这个半蛮夷。楚国人也毫不掩饰自己想要扩张的野心，城濮之战算是暂时阻止了楚国北上的步伐。而践土之盟相当于建立了一个组织，大家商量好了，共同尊重周天子，谁要是被欺负了，大家一起上。所以，对于中原地区抵抗楚国，这次会议可以说是意义重大。

其次，晋文公在这次大会上大出风头，因为他很会来事，按照周礼，给周王室送上了很多俘虏和缴获的兵器，意思很清楚：我是为了天子您和楚国开战的。周襄王感动得老泪纵横，很久没有诸侯这么高看自己了，一高兴，就亲自来到践土，并且当场封晋文公为侯伯。

对比一下当年齐桓公的葵丘之会：周襄王只是派人给齐桓公送了一块肉，晋文公得到的待遇可以称得上是超高规格。所以，在春秋五霸里，晋文公是最名副其实的一个。"城濮之战"打败楚国，有战功；"践土之盟"有诸侯国来朝见，这是有小弟的拥护；周天子亲自册封侯伯，这叫有证书。

不过后来孔子很不高兴，他认为，晋文公怎么能把周襄王叫到践土去一起开会？这不是属于尊卑倒置吗？

四、烛之武退秦师

践土之盟中还有一个小插曲。当时郑国本来是没资格参加这场聚会的，因为它和楚国人是一伙的。楚国攻打宋国，它就跟在后面摇旗呐喊，等到看见楚国失败了，郑文公赶紧和晋国联系，临阵倒戈，倒向了晋国联盟这一边，然后就以战胜国自居。

晋文公当时正意得志满，也就没和郑国计较，但心里面应该是有数的。两年之后，前630年，他秋后算账，起兵讨伐郑国。

除了郑国墙头草的行为让他不爽之外，他心里还有一股怨气：当年他流浪路过郑国，郑文公不仅不给他送吃的用的，甚至连见都不见一面。

当时郑国的叔詹说重耳是个人才，我们要好好款待他，郑文公说："诸侯亡公子过此者众，安可尽礼！"意思是，跑路的公子太多，我没空搭理这个重耳。当时这件事对晋文公刺激很大。

虽然如此，晋文公并不打算独自去教训郑国，他还邀请了秦国加入。秦穆公一琢磨，这事自己没什么损失，说不定还可以借机向东扩张一下，便答应了，跟着晋国一起来打郑国。

两路大军把郑国都城团团围住之后，郑国悄悄派出一个70多岁的老爷子去秦国军营游说，而且是半夜的时候从墙头上用绳子放下去的。这老爷子的名字叫烛之武，这个过程我们上中学的时候都学过，那就是《左传》里面的千古名篇——《烛之武退秦师》。

烛之武见到秦穆公之后，只说了三件事。第一是灭了郑国对秦国一点好处也没有，因为秦郑之间隔着一个晋国，郑国投降了，得到大便宜的是晋国，秦国得不到什么好处；第二是保留郑国对秦国大有好处，原话是"若舍郑以为东道主，行李之往来，共其乏困"，你们要是出差到郑国，我们肯定吃好喝好玩好地服务（这也是"东道主"一词的来历）；第三是晋国贪得无厌，而且势力膨胀，你们秦国早晚也得被惦记上，那现在为什么要帮助它加速强大呢？

这番话非常有力量，原因就是烛之武看见了事情的本质。他不仅了解晋国，还了解秦晋联盟的那种微妙关系，以及秦穆公心里那层隐隐约约的担心。如果我是秦穆公，听完烛之武这番话，一定撤军。事实上，秦穆公也是这么做的，不仅如此，他还留下了几位将军帮助郑国守城，其中一名叫杞子。也就是说，一夜之间，秦国就叛变了。

一起盟誓伐郑而来，结果说翻脸就翻脸？晋文公手下的大臣们被秦国这个举动气得要发疯，发誓要和秦郑联军决一死战！那么，两国最后打起来了吗？秦晋之好最终结局如何？且听下回分解。

011. 秦穆到楚成

秦国本来和晋一起伐郑,被烛之武一番劝说,就叛变了。关键时刻,晋文公显示出了一个霸主的胸怀。他对手下人说,要不是秦穆公,我还在野地里面要饭,如果不能报恩,再把同盟转变为死敌,那就太傻了,我们也撤兵吧。

伐郑这件事就这样虎头蛇尾地过去了,可是,所谓的秦晋之好,基本也就到头了。

一、顺手灭滑国

两年后,也就是前628年,一代霸主晋文公去世,他的儿子公子欢继位,这便是晋襄公。晋文公活着的时候,感激秦穆公扶持他上位,对秦国不计较,可是他儿子却不这么想,下面这件事最后彻底地破坏了秦晋的联盟。

晋文公去世不久,秦国留在郑国的将军杞子给秦穆公发回信息,说郑国现在很信任我,让我守北门,您要是有什么想法,赶紧来,我替你开城。秦穆公一听就心动了,想趁着晋国国君刚死,内部混乱,先把郑国这个东道主灭掉,好处都是秦国的。

于是秦穆公派了孟明视、西乞术和白乙丙三员大将去攻击郑国。按照他们的想法,这是偷袭,郑国北门有咱们的人,去了叫一声"芝麻开门"，就可以进去抢劫了。可是大将白乙丙的老爹蹇叔觉得这事非常不靠谱，百般劝阻秦穆公说，咱们赶着马车、牛车，一路尘土飞扬，奔袭一千里，这么大动静郑国怎么可能不知道？郑国要是知道了，我们肯定偷袭不成，说不定偷鸡不成还要蚀把米。

秦穆公听不进去，前 628 年的冬天，秦国军队按时出发。可是第二年春天，他们还没到达郑国，郑国的新任君主郑穆公已经从商人弦高那里得到了消息，于是派人偷偷去驻扎在北门的秦国军队那里察看，发现他们果然"厉兵、秣马矣"，一副要大打出手的样子。

郑穆公没敢公开翻脸，派了一个叫皇武子的人假惺惺地对这些秦国人说：各位，你们把兵器磨得这么亮，咱们是不是去野地里打几只野鹿来打打牙祭啊？杞子等人一听，知道事情败露，等皇武子一走，马上就撒丫子开溜。郑穆公自然是网开一面，放他们逃出了郑国。

还在路上的秦军主帅孟明视听说这件事之后，知道偷袭郑国是不可能的了；真要去打，能不能打下来不知道，反正自己带的粮食肯定不够吃就是了。但是这么大的队伍出来一次，也不能空手而归，怎么办呢？有句俗语叫"下雨天打孩子，闲着也是闲着"，他们当时正好行进到滑国（在今天的河南省安阳滑县），就顺手把这个存在了几百年的小国直接给灭了。

春秋期间，像滑国这样的小国被大国顺手灭掉的事情，可以说是屡见不鲜。很多时候，就像是刘慈欣在《三体》里说的那样："毁灭你，与你何干？"根本就不是因为你做了什么，或者没做什么，只是大国的一时兴起，一个或者几个小国就没有了，运气好的国君还能活命，运气不好的直接一刀毙命。

司马迁在《史记》里就说，春秋期间"弑君三十六，灭国五十二，诸侯奔走不得保其社稷者不可胜数"。这些被砍了脑袋灭了国的小国国君，现在大多数都不被后世知道了，滑国的遭遇之所以被记载下来，主要是因为随后的一场大战。

二、秦晋崤之战

秦国军队灭了滑国之后，趾高气扬地打道回府，将士们心里想的是老婆孩子热炕头，没有人意识到，晋国的军队已经在崤山给他们挖好了坟墓。

这是晋国"诸葛亮"先轸的策划。先轸认为既然老天爷有意要把秦国军队送给晋国，违背老天爷的意思那还了得？必须干掉他们。有人劝阻说，秦国对我们刚薨了的晋文公有恩，能不能别这么干？先轸的回答是："秦不哀吾丧而伐吾同姓，秦则无礼，何施之为？"意思就是我们死了国君，秦国人不来吊唁就已经很差劲了，反而去攻打和我们一个姓的郑国，这些人是把我们当仇敌了，还哪有什么恩？

我觉得，有时候真的是能者全能，先轸这口才比起美国总统候选人也一点不差。他说得好像晋国和郑国真的是兄弟一样，完全忘了两年前，他们和秦国还一起欺负过郑国呢。

总之，春秋历史上另一场有名的战役发生了，这就是崤之战。这场战役也记载在《左传》上，我们的中学课本上也有。

战争过程省略，结局就是晋国在崤山把秦国军队一窝端，几乎无人生还，三位秦国大将都做了俘虏。但这三人比较幸运，晋襄公的母亲，也就是秦穆公的女儿文嬴找到了自己的儿子，一顿劝说和威胁下，晋襄公就把他们放了。

等先轸听到消息连忙赶到的时候，三位秦国大将已经被放走了。先轸对着晋襄公一顿大骂，还对着他吐了一口口水。晋襄公也马上也醒悟过来，连忙派人去追，但是来不及了，三位将军已死里逃生，一路狂奔回了秦国。

先轸吐了晋襄公一脸口水，这已经不是失礼的问题了。就算两个人是平辈，在春秋时期，这也是一种巨大的侮辱。不过晋襄公很有他爹晋文公的风范，宽宏大量，拿袖子擦擦脸，不仅没责怪先轸，还一个劲儿道歉，承认自己不该放人。

世上的事情就是这样，当国君的越是道歉，先轸事后就越后悔，觉得自己做得过分了，于是他也想道个歉。不过他道歉的方式可谓是惊天地泣鬼神：在随后一场和少数族的小规模战役里，他恭恭敬敬地写好了遗书，脱了盔甲，光着膀子，冲进了成百上千的敌人中间，最后壮烈牺牲。

春秋时期，为了道义和信念选择死亡的人不计其数，但像先轸这样，即便决定了以死殉道，也要死在自己的工作岗位上，血染沙场，如此刚烈的，也确实不多；而且，像他这样文武双全的，也不多，愿他安息。

死里逃生的三位秦国将军回到秦国之后，并没有因为崤之战的失败而受到惩罚，反而是秦穆公向他们道歉，说不该不听蹇叔的话。

据《左传》记载："秦伯素服郊次，乡（向）师而哭曰：'孤违蹇叔以辱二三子，孤之罪也。'"态度相当诚恳。

说到这里，我们就要来细说秦国，细说这位胸怀宽阔的秦穆公了。

三、破釜沉舟，称霸西戎

秦国是周平王东迁的时候封的国家，算是诸侯里面的小字辈；某种程度上，它还算是半个蛮夷，和中原的文化不太一样，大家也瞧不上它。一直到秦穆公上台之前，秦国的策略都是自保，横跨今天甘肃和陕西两省，在疆域上算一个大国，却不怎么和中原的诸侯国来往。

秦穆公是一个有野心的国君，他不像祖宗们那样，对中原敬而远之，只经营自己的一亩三分地；相反，他开始积极增强国力，向东扩张。

秦穆公采取的策略是招贤纳士，比如说百里奚、蹇叔等人，都对秦国发展做出过突出贡献。同时，对外和中原国家加强联系，比如和晋国通婚，有了秦晋之好；不但掺和晋国的家务事，而且跟在晋国后面去打楚国,打郑国。总之,秦穆公既有野心,也有能力,总是想着把秦国加到中原诸侯国的朋友圈里。

这一切在晋文公逝世之后戛然而止。崤之战之后,秦晋之好基本上不存在了,虽然依旧是姐夫大舅子这样的关系,但只剩下了仇恨。秦穆公向孟明视等三位将军道了歉之后,继续重用他们,秦国上下也集体发誓,要报仇雪恨。可惜的是,两年之后,前625年,这三位将军再一次败给晋国人。

这一下秦穆公坐不住了,前624年,他亲自率兵讨伐晋国,渡过黄河以后,将渡船全部焚毁,等于是切断自己后路,表明宁愿死在晋国也要打赢。这就是最初版本的"破釜沉舟",楚霸王项羽后来也是学他的。

这一招果然好使。俗语说,"硬的怕横的,横的怕不要命的",晋国军队一看,这是要同归于尽啊,那还怎么打?本来春秋时期的战争就是大侠之间切磋,点到为止。玩命?坚决不干!于是晋军拒不出战,秦军从茅津渡渡过黄河,到南岸崤山,在当年的战场上为战死的将士们堆土,做好标记,然后扬眉吐气地回国了。

实际上,秦穆公也是一身冷汗。他知道,这只是一时之勇,自己的国家和晋国还是有差距的。从那时候开始,秦国就转变了策略:既然从晋国进入中原这条路被堵死了,那就只能退回来,转而向西方发展,也就是开始扫荡附近的少数族部落。《韩非子》说秦国"兼国十二,开地千里",史称"称霸西戎",秦国自此在函谷关以西一带称霸。

与此同时,晋国也继续它的霸业。我们说晋文公和齐桓公都是霸主,但两者的不同在于,晋文公的子孙们争气,在他死后,晋国的霸业并没有终结。严格来说,晋文公是在城濮之战一战而霸的晋国霸业开创者,在随后的一百多年里,晋国一直和南方的楚国进行霸业的反复争夺,这些我们后面还会讲到。

三年之后,前621年,秦穆公死了。秦国当时有一个很不好的,沿袭自商朝的习俗，就是用活人殉葬。为秦穆公殉葬的人数高达177人，这极大地影响了后世对他的评价。孔子是遵守周礼的，强烈反对殉葬这种行为。他认为，别说用活人殉葬，就是用泥土烧成的陶人来殉葬都不行，"始作俑者，其无后乎"这句话据说就是孔子说的，意思是，开这个风气，用这些特别像人的陶俑来殉葬的人，实在是应该绝后啊。

孔圣人都这么说了，后世的儒家学者自然就对秦穆公这种用活人殉葬的做法嗤之以鼻，所以，秦穆公在春秋五霸名单上就属于候补成员。其实，秦穆公在秦国国君中还不是最残忍的，他孙子的孙子秦景公死时，殉葬的人数达到了186人，而且陵墓也比秦穆公的豪华得多，是中国发掘过的先秦最大的一座陵墓，名字叫"秦公一号大墓"，感兴趣的读者可以去看看。

当然，造成秦穆公在后世没有被评为正牌"五霸"的另一个原因是，秦穆公和中原诸侯的接触时间很短，也从来没主持过会盟，这不像一代霸主的样子。司马迁在《史记》里把他认作正式的春秋霸主，原因是他攘夷，兼并了西方十二个少数族地区，将秦国版图扩大了一千多里。

四、楚王不服周

前626年，南方有一位大人物去世了，那就是楚成王。此人也是一个传奇，和第一位霸主齐桓公订立召陵之盟的是他，泓之战中把满嘴仁义的宋襄公打得半死的是他，和晋文公对垒，因为手下不给力在城濮之战失败的还是他。严格来讲，他绝对有资格列入春秋霸主之一。可惜的是，在他之后，楚国又出了一位更了不起的君主，按照一个国家最多只能有一个霸主的评比规则，楚成王自然就落选了。

楚国最开始的位置应该是在今天河南省南阳市附近，后来不断地向南扩张，根据地就转移到江汉一带，也就是今天的湖北省中南部。它的版图在整个东周时期一直是最大的,全盛时期的势力范围包括了今天的湖北、安徽、河南、湖南、浙江、上海、重庆、贵州、山东的部分地方,是名副其实的超级大国。

前面说过,楚国早期也是被周朝分封的一个小国,爵位是子爵。到了楚成王的爷爷楚武王的时候,他感觉自己很强大,就让一个被他征服的诸侯国——随国的国君去对周天子说,能不能把楚国的子爵往上提提,给个侯爵也行。原话是"请王室尊吾号",结果被当时的周桓王拒绝了。他一怒之下,自立为王,同时追封自己的祖先都为王,也是自此开始,历代楚国国君都称王。所以,和前面说过的齐国、晋国、宋国,甚至秦国都不一样的是,楚国并不尊重周天子。

楚武王的儿子楚文王也是一个有故事的人。他在位的时候,从一位被砍断了双脚的人那里得到一块美玉。此人费尽千辛万苦才见到他,对他说,我的左脚是你爷爷楚厉王砍的,我的右脚是你爹楚武王砍的,因为他们都不相信我手里这块石头是宝玉。您这次能不能先别动刑,咱有话好好说,把这块石头破开,要不是宝玉,你千刀万剐了我都行。

楚文王让人把这块大石头打开一看,里面果然是宝玉,就把它命名为和氏璧,因为这个没了双脚还对国君忠心耿耿的人名叫卞和。和氏璧和中国历史的关系很大,它后来流落到赵国,有了完璧归赵的故事;更重要的是,据说秦始皇得到它之后,把它做成了玉玺,上面刻着由丞相李斯写的"受命于天,既寿永昌",这就是传国玉玺,国宝中的国宝。

这件东西经历汉、三国、两晋、隋、唐等一千多年的传承,都在皇帝老子的手里。可惜的是,它在五代十国的时候失传了,和大禹的九鼎一样,再也找不到了,以致后来明代的朱元璋说,平生有三大恨事,其中之一就是"少传国玺"。

前675年,楚文王去世,他的大儿子堵敖继位。四年之后,也就是前672年,也不知道什么原因,堵敖要杀他弟弟熊恽。熊恽腿脚利索,先一步跑到了随国，然后借助随国的力量回国，反而把堵敖杀掉了，自立为王，这就是我们前面反复提到的楚成王。

这个残忍的故事是《史记》上写的，但是那时候这哥俩最多十岁，怎么可能兄弟相残？真相应该是，楚国权臣们在利用这两兄弟来达到争权夺利的目的。

楚成王虽然是背着一个莫名其妙的杀兄夺位罪名走上楚国君王宝座的，但正如上面我们所说，他的一生也恰恰是楚国国力迅速增长，开始引导长江文明向黄河文明学习和挑战的过程。

五、楚成王之死

楚成王这样一位和齐桓、宋襄、晋文都掰过手腕的猛人，死得却非常窝囊，他是被儿子活活逼死的。

前626年，楚成王想废掉太子商臣，另立公子职，商臣就去问老师潘崇该怎么办。

潘崇问："能侍奉新的君主吗？"商臣说："不能。"潘崇再问："能流亡到别的国家吗？"回答依旧是："不能。"潘崇最后问："能做一件大事吗？"商臣说："能。"潘崇和商臣商量的这件大事，就是干掉楚成王。

于是，商臣领兵包围了王宫。楚成王面对亲生儿子明晃晃的钢刀，可怜兮兮地说："儿啊，我就喜欢吃熊掌，能不能让我最后吃一个熊掌再死？"商臣就像回答老师潘崇的问话一样，简单明了："不能。"楚成王老泪纵横地上吊自杀了。

根据周礼的规定，天子、诸侯死了之后，必须根据其生前事迹及品德，给予一个称号，这叫作谥号。换句话说，盖棺定论。楚成王非常在乎这个谥号，在他最后咽气之前，儿子商臣给了他一个谥号，叫"灵"。谥法上说，"不勤成名曰灵"，也就是不好好干活，也不能用人为贤，这是一个不太好的称号。楚成王躺在那里，也不知道听没听到，反正就是不闭眼睛，好像在说，熊掌没吃上，谥号就不能给个好点儿的？商臣只好给他换了一个"成"，"安民立政曰成"，这是比较好的称号，楚成王这才满意地闭上了眼睛。

中国的帝王都有谥号吗？

帝王、诸侯去世之后要有一个谥号的做法，是从西周时开始流行的，据说是周公制订了谥法，也就是如何颁发谥号的规定。谥法定义了很多谥号的内在含义，比如说，经天纬地曰文，克定祸乱曰武，所以像晋文公、汉武帝等都是好的谥号。

这个谥法系统贯穿整个春秋战国，"齐桓公""晋文公""宋襄公"等称呼都是他们去世之后的谥号，是继位者给他们的称号。

秦始皇统一中国之后，把谥法制度给废了。汉朝一建立，就又恢复了，从此一直使用到清末帝制结束，所以除了秦始皇这一家，中国曾经的皇帝几乎都有谥号。

所谓的恶有恶报，在楚穆王商臣这里不灵了，这个杀父夺位的人无病无灾地过了12年的舒坦日子，中间还吞并了江、六、蓼等小国。一直到前614年，他才去地下见他爹；而他的继位者，儿子熊侣，就是春秋历史上另一位战功赫赫，当之无愧的霸主。

关于他的故事，且听下回分解。

012. 楚庄王问鼎

楚庄王熊侣是春秋五霸之一，不过，即位之初，他曾经也很有几分败家子的风采，终日和美女们饮酒作乐，不理朝政，而且下命令，凡是有规劝他上班做事的，一律处死。

一时之间，谁都不敢进谏。大臣伍举比较聪明，对熊侣说：大王，您说怪不怪，我们城外的山上来了一只大鸟，三年了，这只鸟也不飞，也不叫，请问大王，您知道这是什么鸟吗？

熊侣顺口回应道："三年不蜚，蜚将冲天；三年不鸣，鸣将惊人。"伍举一听，熊侣不糊涂啊，就下去了。

和伍举对话几个月之后，熊侣突然就像变了一个人一样，远离酒色歌舞，整顿内政，厉行法治，并且处死了上百个三年来帮他及时行乐的大臣，任用了很多当初劝诫他的人，这里面包括伍举、苏从等。楚国很快出现了百姓安居乐业、兵力日益强盛的景象，比起楚成王时代，更上了一层楼。

这就是成语"一鸣惊人"的出处。这位超级会聊天的伍举也不是普通人，他的一个孙子，是中国历史上鼎鼎大名的伍子胥，后面我们会单独讲到他。

一、问鼎中原

从楚庄王三年，也就是前611年开始，熊侣一路凯歌，分别讨伐庸、麇、宋、舒、陈、郑等国，都取得了胜利。楚国开疆扩土，不断地挑战黄河文明的中原霸权。

到了前606年，楚庄王率领军队讨伐一个叫陆浑的少数族，一路追赶，来到了洛水附近，也就是王畿洛邑的旁边。这时候的楚庄王，可能是突然想起了他爷爷的爷爷楚武王当年为了和周朝分庭抗礼而称王的历史，雄心突发，豪情万丈，就开始在周王室的都城附近搞军事演习，用我们今天的话说，叫秀肌肉。意思就是，周天子，你出来比一比，咱俩谁力气大。

当时周王室在位的是周定王，长于深宫之中，成于妇人之手，哪里见过这阵仗，吓得不轻，赶紧派了一位叫王孙满的大夫，去看看楚庄王想干什么；表面上的说辞是，因为楚国击败了陆浑，周天子特意派人来犒劳楚国军队。

楚庄王见了王孙满，不按照套路出牌，问问晚上想吃点啥，看点什么歌舞这类和劳军相关的问题，而是直接问：听说当年大禹制造的九个鼎在周王室手里，这些玩意到底有多大，有多重？

从夏朝开始，九鼎一直是天子权力的象征，现在楚庄王认为自己有资格问问这些东西的大小轻重，那就是把自己当作天子了。据《左传》记载："楚子问鼎之大小轻重焉。"这就是成语"问鼎中原"的出处。楚子就是楚庄王，因为他虽然自称为王，但周天子当年封他们的就是子爵，一直也没给他们升爵位。

王孙满也不是平凡之辈，虽然心下吃了一惊，却不动声色。他对着楚庄王大谈"在德不在鼎"，"周德虽衰，天命未改。鼎之轻重，未可问也"，通篇都是周朝如何仁义，讲道德，爱民如子，没事绝对不搞军事演习吓唬别人，等等。楚庄王听后沉默良久，无话可说，带兵回去了。

有人因此觉得王孙满本事好大，楚庄王那样的霸主在他面前都要屈服。在我看来，楚庄王之所以领兵退回楚国，并不是因为王孙满这番言论，而是知道楚国还没有那个实力挑战周王朝。主要原因就是周王室有一个同姓诸侯国，实力和楚国差不多，楚国屡次进犯中原都被打退，就是因为这个诸侯国的存在。

这个国家就是晋国。

实际上，整个春秋的历史可以说主要是晋楚争霸的历史。虽然晋文公已死，但晋襄公和晋成公也都是一代雄主，加上跟着晋文公流浪的赵衰和赵盾父子相继担任晋国相国，晋国的霸业实际上还在继续。楚国可以问鼎中原，但是要想入主中原，那几乎是不可能的。

二、晋楚邲之战

前598年前，晋国的晋成公、赵盾和元帅郤缺相继去世，晋国国内不稳。楚庄王认为时机已到，于第二年春，率军讨伐与晋国结盟的郑国。

郑国这个春秋早期的霸主，现在夹在晋楚两个大国之间，成了倒霉蛋，每次一个大国想要挑衅另一个大国，基本都先拿它练手。郑国能做的就是谁强大我就先听谁的，另一个国家打过来再说。

这种左右不是人的日子让郑国的一些大臣经常感到屈辱无比，有一位郑国的大夫就曾经满怀悲愤地质问晋国，处大国之间，难道是我们的过错？可惜，这个问题没人可以回答。自古以来，有一些国家或地区就是四战之地，大国的战略缓冲区，除非你自己强大，否则等待你的命运就是被几方势力挤压。

书归正传。楚军攻郑，郑国这时候和晋国是盟友，赶紧向晋国求救。晋国三军齐发，以荀息之孙荀林父为主帅，准备救援郑国。谁知刚到黄河边，就听说郑国已经和楚国结盟了。

荀林父一边骂郑国墙头草，一边琢磨着打道回府，以先縠为首的一批年轻将领却反对这样做。先縠是先轸的儿子，实打实的名将之后。年轻人年轻气盛，先縠更是直接让自己的军队渡过黄河，向郑国进发。

荀林父没有办法，总不能让先縠的军队被楚军包了饺子，只好命令全军渡过黄河，准备战斗。

从这一点上可以看出，晋国确实出了大问题。当时晋军分为上中下三军，每军设将、佐，先縠当时担任"中军佐"，其上还有"中军将"。他居然明目张胆地违反军令，而主帅却毫无办法，只能迁就，这样带出来的军队，要是能打胜仗，那才是怪事。

楚国这边是楚庄王亲自带队，郑国投降之后，他也没撤退，仅仅是后退三十里，因为他想要看看晋国的军队到底实力如何。

等到两军真的对垒之后，毕竟都听说过对方的名号，有点儿忌惮对方，没有人想先进攻，就又磨磨唧唧开始和谈。谁也想不到的是，这场本来有极大可能打不起来的战争，因为一个突发事件，最后变成了一场大战役，从而载入史册。

事情是这样的：

晋军主帅荀林父不能服众，有两个手下对他心怀仇恨，原想趁着打仗干掉他，或者让他因战败而受辱，一看仗好像打不起来了，有点着急，就带着部下去楚军队伍面前骂街。楚军被激怒了，就派人追杀。

荀林父并不知道他俩的心思，还以为他俩真的是国家的栋梁，如假包换的勇士，敢去千军万马之前骂大街，就派另一名下属智武子去接应，可是智武子的兵车也许是太长时间没洗了，一跑起来就尘土满天，好像是千军万马来袭。

楚国军队当时也没有飞机和卫星，根本看不清对方来了多少人，以为晋国大军杀过来了，马上全军出动。晋军傻眼了，因为他们内部意见不合，军队根本就没什么准备，被楚军一番猛攻，全线溃败。最后在黄河边上，还因为抢船过河而自相残杀。

这一战以楚军大获全胜告终。

这场晋楚之间和城濮之战差不多的战争，史学家称之为邲之战，邲是当时战场的地名，在今天河南省荥阳市的东北。

邲之战后，楚国彻底崛起，开始称霸于诸侯，晋国只能暂避其锋芒。随后楚国大举进攻宋国的时候，晋国也不敢去营救，听任宋国最后臣服于楚国，做了楚庄王的小弟。

三、夏姬传奇

关于楚庄王，有一个桃色故事，必须在这里说一下。这并不是为了讲一个八卦，而是这个桃色事件间接地改变了历史的走向，并且引出了另外两位春秋霸主。

这个桃色故事的主角，便是春秋四大美女之一的夏姬。在我看来，夏姬比起古希腊那位给特洛伊带来十年战争的海伦一点也不逊色，甚至更加令人惊奇。海伦只是引起了一座特洛伊城的毁灭，而夏姬，按史书记载，"杀三夫一君一子，亡一国两卿"，她的三位丈夫、一个儿子，再加一位国君，都因为她丢了性命；同时也因为她，一个国家彻底灭亡，两个卿大夫身首异处。

春秋四大美女

春秋四大美女的讲法，正经史书上是没有的，这个说法是从一些喜欢八卦的后世读书人中间流传开来的，一般指的是，齐国的文姜、楚成王的母亲息夫人、夏姬、西施。

当我们说美女的时候，经常用"倾国倾城"来形容，对于夏姬，如果按照史书的记载，还要加上"青春不老"四个字。她四十几岁时的容貌还和少女一样。

夏姬本是郑国人，最初嫁给了子蛮，没多久子蛮死了，便又嫁给了陈国一位叫夏御叔的卿大夫，生了一个儿子叫夏征舒。因为是夏家的媳妇，后来人们就叫她夏姬。儿子十岁的时候，夏御叔又去世了，之后夏姬和陈国国君陈灵公，以及他的两个大臣，都有了不正当关系。这事陈国人基本都知道，一首叫《株林》的诗描述了这些事情。这首诗还被收录在《诗经》里，用来劝诫后来的君主。

前599年的一天，陈灵公和这两个大臣一起在夏姬家里喝酒，喝得差不多的时候，开始讨论夏姬的儿子夏征舒长得到底像谁。君臣之间互相开着玩笑，都说可能是对方的儿子，结果被夏征舒听到了。夏征舒积累了很长时间的怒火终于爆发，在陈灵公回去的路上埋伏好，一箭射死了这个陈国的最高统治者。

两个随同的大臣一路小跑逃出了陈国。夏征舒这时候做了一件无比愚蠢的事情，他自立为陈侯。春秋时期，不是国君的后代而自立为君，那只能有一个后果，就是被各大霸主集体灭掉——打打杀杀可以，但周礼规定的秩序，绝对不能乱。夏征舒弑君篡位，挑战了固有的秩序，这还得了？当时陈国是楚国的小弟，楚庄王二话不说，马上发兵陈国，抓住了夏征舒，处以车裂极刑，也就是我们所说的五马分尸。

杀了夏征舒之后，楚庄王发现了美艳的夏姬，马上就不淡定了，想要得到这个女人。手下大臣巫臣对他说，您这样不妥，我们讨伐陈国是为了道义，您现在杀叛贼而纳其母，人们会说您是为了女色去的，这有损您的形象啊。

楚庄王听了，长叹一声，放弃了。

楚国的元帅子反马上举手，说想要明媒正娶夏姬。巫臣又劝阻道，不行，你看看这个女人的历任丈夫都是什么下场？子反一听，也放弃了。

楚庄王和子反都没想到，一脸正气劝他们不要娶夏姬的巫臣，其心里的真实目的也是夏姬。换句话说，这位四十几岁的女人，被俘之后，只轻轻地瞟了一眼，超级大国楚国最杰出的君臣三人就彻底缴械，心里的欲望如烈火一样燃烧起来，这该是何等的美貌，何等的风韵。

当然，巫臣内心的真实想法，楚庄王和子反是不知道的，巫臣也不敢说出来。

夏姬最后归了谁呢？为了这个美女，楚国君臣也算是操碎了心，在朝堂上正儿八经商量的结果，是把夏姬给了刚死了妻子的大臣襄老。史书上没有写他们是不是结婚，是不是明媒正娶，那都不重要；重要的是，第二年，襄老就在晋楚的邲之战里被人一箭给射死了。

《左传》和《史记》里都说是晋国的将军荀首（荀林父之弟）射死他的，可是野史里众口一词，都说是巫臣捣的鬼，甚至说他从后面给了襄老一箭。这事儿我们在没有其他证据的情况下，也没办法轻易地下结论。

夏姬又一次没有了老公。这时，巫臣偷偷对她表露了爱意，表示会娶她，并让她借口郑国可以要回襄老的尸首，请求楚庄王放她回娘家郑国。

夏姬是如何看上巫臣的，我们不知道，我们知道的是，她听从了巫臣的安排，回到了郑国，没有再嫁人，安静地等了巫臣六年。

六年之后，也就是前591年，楚庄王去世。巫臣趁着出使齐国的机会，绕道郑国，然后把什么大使的证书、带给齐国的礼品等，统统交给副手，自己带着已经快五十岁的夏姬，一溜烟儿逃亡晋国。

楚国元帅子反听到他俩私奔的消息，怒不可遏，捶胸顿足之后恍然大悟——原来如此，不让我娶夏姬的原因是你自己想娶。一怒之下，子反把巫臣当时在楚国的家族满门抄斩。

这件事他做得太过分了。无论是春秋还是战国，当时各国之间人才流动是不受限制的，喜欢去哪个国家上班领工资，基本随意，你不能因为人家跳槽了就把人家灭族，这种做法相当不地道。但从这里也可以看出来，几年过去了，子反对夏姬还是念念不忘，对巫臣那是妒火中烧。

远在晋国的巫臣听到家人被灭族的消息，写了一封信给子反，最后一句话发誓要报复："余必使尔罢（疲）于奔命以死。"

巫臣随即向当时晋国的晋景公建议，既然我们和楚国谁也干不掉对方,那就要拉着盟友一起干;可是郑国、宋国这些国家都是反复无常之辈,我们要培养一个楚国的死敌,真正敢和楚国玩命的。

对于这个建议,晋景公深以为然,接下来,被他俩挑中,并且刻意培养起来对付楚国的,就是吴国。

013. 夫差与勾践

春秋时期吴国大概的位置在今天的江苏省，最早可能在常州、无锡一带，后来开疆拓土，面积大了，领土中也包括今天的南京、扬州、苏州这些地方，姑苏古城（现在的苏州）就是吴人的都城。

关于他们的祖先并没有确切的说法。比较流行的说法是，最早是古公亶父的大儿子和二儿子，来到这块区域，并教化了当地的野人。其实，前584年，巫臣带着一群人来到吴国的时候，发现这里的人仍处在披发刺青、茹毛饮血的野蛮状态。

当时吴国的君主叫寿梦，是一个有战略眼光的君主，你也可以叫他酋长。寿梦和巫臣一拍即合，晋国人开始帮助吴国训练士兵，包括布阵、使用战车、射箭、使用矛戈等。巫臣待了一年多之后，估计是实在想念夏姬，就回晋国去了，把儿子留下来在吴国当官，继续帮助吴国。

巫臣的这个儿子不是夏姬生的，他和夏姬后来生了一个女儿，史书记载，也是倾国倾城。这从一个侧面佐证了夏姬的不老传奇——那个年代，五十多岁还能生孩子的女子，实在是少之又少。

有了巫臣父子的帮助，吴国很快强大起来，在晋国的怂恿下，把矛头对准了楚国。史书上说，"吴始伐楚，伐巢、伐徐"，巢、徐都是楚国的附庸国。

小弟挨打，楚国自然要救。问题是，吴国这群野蛮人打仗也不讲究什么规矩，往往都是抢了一把就跑，让楚国的军队到处救火，狼狈不堪。

史书上记载："子反于是乎一岁七奔命。"为了对付吴国，楚国元帅子反一年之间，要出兵七次，简直就是活活累死的节奏，由此还诞生了一个成语叫"疲于奔命"。

就这样，地处偏僻的吴国因为一个女人和一段爱情故事而迅速崛起。你要是问巫臣和夏姬之间能算爱情吗？我觉得应该算。简单地说，所谓爱情，就是和你在一起仅仅是因为你这个人，而不是别的因素。你要是疑惑，说巫臣不就是为了夏姬的美色吗？那我的回答是，为了容貌，总比为了钱财和官位更接近爱情。

在讲述吴国的称霸之路，以及卧薪尝胆等故事之前，我们先来看看中原各国在这段时间又发生了什么。

一、晋楚战与盟

巫臣逃离楚国五年之后，晋楚之间实在是打得有点累了，在宋国的卿大夫华元的调解下，双方坐在了一起。前579年，晋楚两国签订盟约，不打了，盟约上写着，"无相加戎，好恶同之，同恤灾危"，意思是有人打楚国，晋国就去救，反过来也一样。

当然，这种盟约一般是没什么效果的，因为就在盟约签订之时，晋国的巫臣父子正在吴国如火如荼地训练士兵，目标只有一个，攻打楚国；而楚国也在帮助另一个小国厉兵秣马，并且和晋国的死敌秦国勾勾搭搭。

这个表面一团和气，暗中钩心斗角的盟会，史称"第一次弭兵之会"。"弭"就是休止的意思，"弭兵"就是不打仗了。

很可惜，这个盟约只维持了四年。四年之后，楚国首先按捺不住好战的心，派出使者以土地为诱饵策反了郑国，让它背叛晋国。投靠了新老大就要有表现，这在《水浒》里叫投名状，郑国开始讨伐宋国。

当时郑国和宋国都是晋国的同盟，这种自己小弟打另一个小弟的事情，晋国肯定不能忍。前575年农历五月，晋军渡过黄河，开始伐郑。郑国只能向楚国求救，楚共王派出子反、子重带兵救郑，终极目标当然是晋国。

两国军队最后在鄢陵，也就是今天的河南省鄢陵县相遇，这场史称鄢陵之战的晋楚第三次大战，以楚军大将子反自杀，楚军半夜偷偷撤军宣告结束。

不过，鄢陵之战除了把那一纸盟约撕烂外，并没有改变晋楚之间的平衡，晋国也没有把郑国夺回来。在随后的三十年里，两个国家又进行了几次战斗，谁也奈何不了谁。美国人有一句著名的谚语"打不过的敌人就是朋友"，前546年，以晋楚为首的十四个国家在宋国西门口又签订盟约，不打了，史称"第二次弭兵之会"。

这次弭兵大会的盟约除了强调和平，对细节有了进一步的规定："晋、楚之从，交相见也。"意思是晋的仆从国要朝贡楚国，而楚的仆从国也要朝贡晋国。换句话说，以后各个小国送礼都要准备双份，从一个主子变成了两个主子。即便是这样，那些小国家也都捏着鼻子认了，因为送双份钱总比大国天天在自己地盘上打仗好很多。

值得一提的是，齐国和秦国这两个国家不用进贡。齐是晋的盟国，秦是楚的哥们，一句话，它们不是小弟，而是二当家的。

第二次弭兵之会比第一次要有成效得多，随后几十年，晋楚之间没有爆发大的战争；小国们虽然牺牲了一些钱财，但真的买来了平安，中原地区的争霸基本上停止了。以这次大会为转折点，争霸赛转移到了南方，原因很简单，吴国在晋国和巫臣父子的帮助下，迅速崛起了。

二、伍子胥复仇

就在吴国野心勃勃地想和楚国争一争南方老大的位置时，老天爷又给他们送来了一个人才；更加幸运的是，这个人居然来自楚国，他就是伍子胥。

这事儿要从楚平王说起。楚平王想给太子建找媳妇，最门当户对的是秦国，秦哀公也恰好有一个叫孟嬴的女儿想出嫁。楚平王就派了大臣费无极去秦国办迎娶孟嬴之事。谁知费无极是个小人，他把孟嬴从秦国接入楚国国境之后，不去送给太子，而是一路小跑到楚平王面前说，孟嬴是小人这辈子从来没见过的美女，我建议您自己留着。

楚平王是一个好色之徒，被费无极这么一说，就同意了，另外从秦国陪嫁的女孩子里挑了一个给了自己的儿子太子建。对这样奇葩的事情太子建倒也无所谓，反正那时候贵族都不缺女人，但是费无极随后心里却又不踏实起来——万一楚平王死了，太子上位，我还能有好果子吃吗？

于是，他开始罗织罪名陷害太子建谋反。历代君王对谋反这事多半是"宁可信其有，不可信其无"的，楚平王和费无极就把太子的老师伍奢抓来，审讯他，让他指认太子谋反。伍奢就是前面说过的伍举的儿子，伍子胥的爹。

伍奢是个硬骨头，坚决不指认太子谋反。楚平王就想干脆杀了他得了，费无极反对，他说杀掉伍奢没问题，可是他还有两个儿子在外地，如果不一起杀掉，将后患无穷。楚平王就让人给伍奢的两个儿子传话，劝他们回楚国王城，说你们父子团聚了，我就不杀你们，否则就砍了你们父亲的脑袋。

这是一个大坑，而且上面没有任何伪装，傻子都知道，两兄弟回来之日，就是父子三人见阎王之时。

伍奢的两个儿子分别叫伍尚和伍员，伍员就是伍子胥，子胥是他的字。接到信之后，伍尚对弟弟说，我们回去就是大家一起死，但是如果一个都不回去，那就是不孝，不如我回去陪父亲一起死，尽孝；你快跑，将来给我们报仇。史书上记载的原话是："我能死，尔能报。"

就这样，伍尚回到了楚国都城郢都，和老爹一起被杀，伍子胥费尽千辛万苦，来到了吴国。民间有一句谚语叫"伍子胥过昭关，一夜白头"，就是形容他逃亡途中的痛苦和艰辛。

当时吴国国君叫僚，吴人处处与楚国作对，既然楚国的国君称王，他们要是称自己为公侯，那岂不是先矮了一级？所以吴国的君主也自称为王，这个国王就叫吴王僚。

前515年，已经逃到吴国三年的伍子胥，终于找到了一个机会，派了一个叫专诸的刺客杀死了吴王僚，帮助自己结交的吴国公子光登上了王位。这位公子光就是第六位春秋五霸候选人——吴王阖闾。

当时的吴国在巫臣父子的帮助下，经过将近七十年的发展，已经完全是一个可以和楚国抗衡的大国，所缺少的就是一个军事统帅，或者说一个能把这份实力转化为战果的人才。

接下来的故事就有点意思了，司马迁《史记》上说，深受重用的伍子胥给吴王阖闾推荐了一个知识分子，叫作孙武，阖闾拜此人为军队的最高统帅。孙武写的书现在相当有名，叫《孙子兵法》，不仅仅是在中国，在全世界都很受推崇。我曾经参加一个世界五百强企业的培训，资料发下来，翻开之后，第一页上面是八个大大的汉字"知己知彼，百战不殆"，下面是一行小字英文翻译，接着就是作者的名字：孙子。

可是，这个故事问题很大。因为除了《史记》外，汉代之前的权威书籍中找不到这位孙子的任何事迹，比如《左传》，详详细细地记载了伍子胥如何帮助吴国打败楚国，却只字没提这位后世鼎鼎大名的孙武；不仅是权威书籍，先秦诸子百家的著作里，也找不到孙武或者孙子的记录。

这到底是为什么呢？后代史学家对此有不同结论，我支持钱穆先生的观点，孙子在历史上并不存在！此外我还支持另一种说法，孙武就是伍子胥，伍子胥就是孙子。换句话说，《孙子兵法》的真正作者应该是伍子胥。当然，这是我个人看法，仅供参考。

九年之后，也就是前506年，吴王阖闾以伍子胥为将，联合唐、蔡二国攻楚。当然，《史记》上说的是以孙武是主将，我这里不采用司马迁的说法，而把功劳放在伍子胥身上。

吴军五战而破楚，楚国庙堂因为费无极的瞎搞，早就失去民心。吴国打进楚国都城郢都时，楚国老百姓居然端着煮鸡蛋，打着横幅，站在街道两旁欢迎了！

楚平王这时候已经死了，伍子胥一口怨气无处发泄，憋得难受，最后发疯一样地干了一件事。按《史记》的说法，他把已经死了十年的楚平王从墓里面拉出来，用鞭子一顿乱抽，抽得骨头渣子四处飞溅，这叫鞭尸三百。《左传》则说伍子胥仅仅是鞭坟，也就是对着楚平王的坟头抽了几鞭子。不管是哪种，都足见伍子胥十年来的痛楚之深。

三、与子同袍

伍子胥做了这事之后，他原来在楚国的朋友申包胥看不下去了，原本已经逃到深山里的他，写信责备伍子胥做得太过分了。伍子胥回信说：“吾日暮途远，吾故倒行而逆施之。”我太老了，没时间了，只能做这些不合乎常理的事情，给我那死去的老爹和哥哥报仇。这就给后世留下了两个成语：“日暮途远”"倒行逆施"。

申包胥用行动做了回答，他跑到秦国，求秦国出兵救楚。秦国一开始不想救，因为从吴国打楚国的过程中可以看出，那是真正训练有素的虎狼之师，虽然和楚国是盟友，但是死道友不死贫道，何苦自惹麻烦？

后来的两件事改变了秦哀公的想法。

一是吴王阖闾很不地道，攻破楚国首都之后，他强占了楚平王后宫的女人，甚至楚平王的老婆，也就是秦国的那位漂亮的公主孟嬴也受到了威胁，这大大激怒了秦哀公。

二是申包胥在秦国连续哭了七天七夜，据说最后眼睛里流出来的都是鲜血。这件事感动了秦哀公。

有了这种激愤和感动，秦哀公最后答应出兵救援楚国，他还为申包胥赋《无衣》之诗，其中写道："岂曰无衣？与子同袍。修我戈矛，与子同仇！"这些慷慨激昂的句子，历来被认为是《诗经》里面的经典之作。

在同一时间，楚国的内部环境也发生了变化，虽然费无极这类占据楚国高位的官员鱼肉百姓，但是在吴国大军来到之前，大家的日子还能过下去，可是夹道欢迎了这批外国"解放者"之后才发现，国一旦破了，家真的就亡了。

吴国上至阖闾、伍子胥，下到普通士兵，根本就没把楚国人当人看，国君的妻妾都难逃被强占的命运，小老百姓的遭遇可想而知。在已经逃到深山里的楚昭王的号召之下，楚国人开始奋起反抗，吴军陷入了人民战争的汪洋大海。

外有秦国增援，内有楚国游击战，这已经让吴军焦头烂额了，而在他们后面，另一个正在崛起的野兽之国也对吴国亮出了爪牙，这个国家就是越国。

越国的发源地在今天的浙江省绍兴市，看一下地图就明白了，越人和吴人是邻居。就像当年齐国和鲁国所在的地方今天叫齐鲁大地一样，吴国和越国所在的地方，今天被称为吴越之地，也就是江浙一带。

越人最早的祖先现在已经不能考证了，有人说他们是大禹的后代，也有人说他们属于完全不同于中原的另一种文化，还有人说他们和楚国人同源同种，都姓芈，就是《芈月传》的那个芈。

不过这些已经无关紧要了。我们只需要知道，当巫臣帮助吴国训练士兵的时候，楚国人也找到了越国，帮着越人迅速进入文明社会，目标自然是对付吴国。因此，在吴国大举进攻楚国的时候，越国军队在国君允常的带领下，从后方开始骚扰吴国，并且攻势猛烈。

在秦越两国加上楚国反抗军的集体努力之下,吴国开始顶不住了,内部马上就有了分歧,迫使吴王阖闾最终全军撤出了楚国,回到吴国,楚国最终得以保全。

四、夫差败亡

回到国内的阖闾心情还是不错的,能够拿下超级大国楚国的都城,虽然最后没有吞并楚国,但自己全身而退,对方也不敢追击,足以自豪。从此之后,他开始享乐,基本不干正事了。不过对于越国,他倒是也没忘了。前496年,越国国君允常去世后,他率军报仇,不过他并不知道他将要面对的越国新一任国君有多厉害——此人便是后来的春秋五霸候选人之一,越王勾践。

享受了十年美女醇酒的一代霸主阖闾在这场战争中,被勾践带领的越国军队打败,本人的脚趾头上中了一箭,估计是得了破伤风,那时候没有青霉素,于是阖闾去世了。

阖闾在临死时,拉着儿子夫差的手反复嘱咐,儿啊,你一定要给我报仇啊。夫差继位之后,励精图治,每天就想着一件事,替父报仇。他只用了两年时间,就在前494年打败了越国,最后越王勾践带着剩下的几个大臣一起跑到了都城会稽山,在今天的浙江省绍兴市。

为了活命,越王勾践把身边值钱的宝贝都拿出来,重金贿赂夫差身边的大臣,主要是太宰伯嚭,乞求能够"委国为臣妾"。地位低贱服侍他人的,男的叫臣,女的叫妾。话说到这个分儿上,吴王心动了,既忘了他老爹是如何嘱咐他报仇的,也不听功臣伍子胥对他的劝告。

他保留了越国的宗庙,仅仅把勾践两口子带回了吴国,天天百般侮辱。勾践和妻子对此没有表现出一点怨恨,看上去对夫差忠心耿耿,只要能让夫差开心,奴仆不干的事情,他们照干不误,甚至不是人干的事儿,他们都干。

三年之后，夫差做了一个让他后来后悔不已的决定——放勾践夫妇回越国。剩下的事情大家都很熟悉，勾践从此睡草席、舔苦胆，在范蠡和文种两位大臣的辅佐之下，历经二十年的苦难，最终在前473年，彻底打败吴国，吴王夫差自杀，吴国灭亡。这就是著名的卧薪尝胆的故事。

关于这个故事，有两件事情要说明一下：第一件，历史上是否真有西施这个人？西施不仅仅是春秋四大美女之一，还有中国四大美女之一的称号。我们常说的成语"沉鱼落雁"中"沉鱼"指的就是西施，说是她到溪边浣纱的时候，溪中鱼儿见了她的美貌都会自愧不如，沉下水去。

据说西施名叫施夷光，外号叫西施，本来是一个河边的洗衣女，后来被勾践和范蠡送到了吴王夫差的身边，专门吹枕头风。伍子胥后来被夫差逼迫自杀，据传就是这个小女子下的黑手，可谓是功劳巨大的女间谍。奇怪的是，西施在正经史书上从来没出现过，《史记》《左传》和《国语》都没有对她的描述；可是春秋战国诸子百家的著作里，几乎每一本都有她的影子，墨子、庄子、孟子的作品，还有《战国策》等，都有对西施美貌的描写。

所以，关于西施，我的回答是，这个人大概是有的，确实是春秋时期一个比较出名的美女，但是和越王勾践应该没什么关系，是后来一些人在《吴越春秋》这类书里面把她生拉硬套地放到了吴越争霸这场大戏里。至于说她和范蠡之间的事情，大概率也是没有的。

第二件，我想说明的是，夫差败亡的原因不仅仅是他自己的骄奢淫逸，还有他的雄心壮志。我们可以看一下他在打败越国之后干了些什么。

前487年，夫差讨伐鲁国，与鲁定盟后离开。前486年，夫差在今天江苏扬州附近筑城，又开凿邗沟，连结了长江、淮河，然后在艾陵之战中与十万齐军会战，全歼对方。前485年，夫差又一次北伐齐国。前482年，夫差亲自带领大军北上，与诸侯再一次盟会于黄池。如此等等。

在这样短的时间里,进行这么多次战争、会盟还有开凿运河,以吴国的国力,是很难支撑的。孔子的学生子贡就说过:"(吴国)国家敝以数战,士卒弗忍;百姓怨上,大臣内变。"

士兵忍无可忍,老百姓天天怨声载道,大臣们也都心里发慌,这些归根结底,都是因为夫差个人的雄心壮志。不仅是他,后来的秦始皇、隋炀帝差不多都是这个模式,后面我们再说。

五、范蠡成了陶朱公

勾践灭了吴国之后,他手下的大臣范蠡马上就离开了越国。范蠡是春秋时期的一个奇才,他是楚国人,后来应勾践手下另一个大臣文种的邀请,来到越国辅佐勾践。打败吴王阖闾,投降吴王夫差,一直到后来勾践卧薪尝胆,积累力量复仇,处处都有他的身影,可以说是功劳极大,勾践甚至和他说要把越国分给他一半。

那么,成功了之后,他为什么要走呢?这从他在齐国给文种写的信里可以找到答案。他劝文种也逃走,说勾践这个人只能一起患难,不能一起富贵。信上有一句著名的话叫"蜚鸟尽,良弓藏;狡兔死,走狗烹",由此留下"鸟尽弓藏"和"兔死狗烹"两个成语。

换句话说,他看出了勾践是一定会杀功臣的。可惜文种没有听从范蠡的话。后来勾践赐给文种一把宝剑,说您曾经说讨伐吴国有七种策略,我击败夫差只用了三种,剩下那四种,您能不能去黄泉之下教教我老爹,免得他被刚死的夫差欺负?文种只好自杀。

由此看来,范蠡确实是十分高明。不过,勾践之所以杀文种,不仅仅是兔死狗烹,主要原因还是两个人在越国的发展道路上产生了严重的分歧。勾践坚持要北上称霸诸侯,史书上说,勾践灭吴之后继续北上,与齐国、晋国、鲁国等中原大国会盟于徐州。当时的周天子周元王亲口承认勾践是华夏诸侯的伯，就是侯伯，也就是霸主。文种却主张偏居一隅，不要去和中原争霸，他甚至以不上朝为要挟，但勾践不听。

在任何时候，朝廷官员里面都不缺小人。他们对勾践说，文种这是要造反啊。本着"宁可错杀，不可错过"的原则，本来就对文种十分忌惮的勾践，最后终于对文种下手，赐他一死。

范蠡幸运得多。他到了齐国之后，在海边经商，取得巨大成功，后来甚至连齐国国君都请他去做相国。但范蠡做了三年官之后，极端厌恶官场，不仅辞去相国职位，连财富都不要了，散尽家产，又跑到曹国一个叫定陶的地方。结果他又一次通过经商发了大财，后世称之为陶朱公，尊为财神。

到这一节为止，春秋霸主们的故事基本就说完了。怎样记住春秋霸主和他们的称霸顺序呢？我教给你一个方法：先在脑子里想一张中国的地图，确认好山东的位置，然后以那里为起点，在地图上写一个英文字母C。按运笔顺序，分别是山东的齐桓公、河南的宋襄公、山西的晋文公、陕西和甘肃的秦穆公、湖北和湖南的楚庄王、苏州的吴王阖闾，最后是绍兴的越王勾践。

那么，春秋时期除了诸位霸主，还有值得说一说的人物吗？当然，还有一位相当重要，讲历史不讲他，等于没讲。他是谁？我们下面再聊。

014. 孔子和子产

前492年，当越王勾践夫妻俩在吴王夫差的马棚里打扫卫生时，遥远的郑国都城里，一群人正在焦急地寻找一个人。一个郑国人告诉他们：我刚才在东门看见一个老头，一副穷困潦倒的倒霉样，就像一条流浪狗——"累累如丧家之犬"。

这伙人相互看了看，异口同声地说：就是他。他们来到东门，果然看到了要找的人，其中一个人就把刚才郑国人说的话转告了这位老人。老人笑道："形状末也，而似丧家之狗，然哉！然哉！"意思是说长相的事儿不重要，可是他说我是丧家之犬，说得真是太对了。

这个被人称呼为丧家犬，自己还欣然同意的人，就是我们现在熟知的孔老夫子，那一年他59岁，那一群人就是他的弟子，当时他们师徒正在周游列国的路上。

一、孔子的出身和早年遭际

孔子的先祖是殷纣王的弟弟微子仲，也是宋国的第二位国君。后来在宋国内乱的时候，他们家的这一支失败了，就逃到了鲁国。到他老爹叔梁纥这一代，家道已经中落，勉强做了郰邑大夫，是一个小官。叔梁纥的嫡妻生了九个闺女，后来他娶了一个妾，好不容易生了一个儿子，可是这个儿子腿还有残疾。

叔梁纥不甘心，就在 72 岁这一年，又娶了一个叫颜徵在的 18 岁小女孩。这个颜徵在就是孔子的亲生母亲，孔子出生的那一年是前 551 年。

孔子姓什么？

孔子名叫孔丘，老爹叫叔梁纥，那么这一家子到底姓什么？这要从中国古代的姓氏系统说起。我们现在说"姓"和"氏"的意思都是在说姓什么，但这是秦汉之后逐步演变过来的，在秦朝之前，"姓"和"氏"是两个概念。

最早的"姓"就是用来区分母亲的，"姓"字拆开来是"女"和"生"，一个妈的孩子就是一个姓，妈不一样，姓就不一样。后来孩子越生越多，一个地方的资源不够了，就要分出去，形成一个部落，这个新的部落还是用原来的姓，不过为了区分，就要有另一个称呼，这就是"氏"。

孔子姓子，不过他们的氏族称号是孔，而且春秋时期，姓氏有时候并不在一个人的名字里出现，比如孔子的父亲叔梁纥，从这个名字上，你看不到他的姓或者氏。孔子名孔丘，这个名字虽然不是他的姓，却反映了他的氏族身份。

当然，我们叫他孔子，并不是因为他姓子，"子"是古代对贵族的一种尊称，比如赵宣子、秦武子等，后来就演变成对老师的一个尊称，墨子、孟子、韩非子等先秦诸子中的"子"，你都可以理解为老师的意思。

如果孔子要去派出所上户口，他应该说：我姓子，孔氏，名丘，字仲尼。至于有人叫他"孔老二"，那是因为他有一个同父异母的哥哥，他排第二，而且这个称呼开始于五十多年前的"文化大革命"，有故意贬低的意思，以前可没有人这么叫孔老夫子。

秦汉之后，中国人的姓氏逐渐合二为一，有些人仍然使用原来的姓作为自己的姓，另一些人就抛弃了原来的姓，使用氏族称号作为新的姓，比如孔子的后代，就全都用了"孔"，而不是用他们本来的"子"姓。

孔子3岁的时候，父亲去世，母亲颜徵在就被父亲的正妻赶出来了，孤儿寡母，生活艰难。孔子17岁的时候，母亲也去世了，他一个人孤零零地生活了两年；19岁的时候，在族人的帮助下，娶了一个老婆。根据历史记载，孔子当时为鲁国贵族季孙氏做一些抄抄写写的书记工作，还有管理仓库，放羊之类的体力活儿。

没办法，圣人也要吃饭。但孔子这个1.9米的大个子显然精力充沛，工作之余，他还有业余爱好，那就是努力学习，包括了周礼、音乐、射箭、驾车、书写、算数，这六样东西叫"君子六艺"，也是当时贵族要学习的六种技能。六艺里面，孔子最喜欢周礼。后来他自己总结这段生活时，说过一句话："吾少也贱，故多能鄙事。"

照这样看，孔老夫子应该会干农活，可是后来他的弟子樊须想跟他学习种地，他板着脸说不会；樊须又说，那学种菜也行，他依旧板着脸说不会。等樊须出去了，孔子大发雷霆，怒喝道："小人哉，樊须也！"樊须这个家伙就是一个小人！这就奇怪了，人家就是想学学种地，也不至于直接被归入小人的行列吧？

你要是这样说，那是你不了解"小人"的定义。

今天我们提起"小人"，往往是道德低下的代名词，他的反义词就是"君子"，是指那些道德高尚的人。但在古代，"君子"本义是君之子，这里的"君"多指诸侯，也就是国君，或者卿大夫、家君。一言以蔽之，开始的时候，"君子"就是指贵族。他们即使偷鸡摸狗，欺男霸女，那依旧是君子，因为这是由血统决定的，而平民和奴隶就是"小人"。

孔老夫子这里说樊须是小人，并不是说樊须道德低下，而是说樊须要做那些平民和奴隶做的事情，是小人的思维。

徒弟想做老百姓干的活儿，也不至于是什么大过错吧，为什么孔子会大发雷霆了呢？因为孔子的观点是，读书就是为了做官，只有做官才能让更多的老百姓得到更多的好处，才能让社会变得更好。我教了你那么多学问,难道是让你做老百姓也能做的事情吗?你居然还想去种地?没出息,没理想,没抱负!这样的"三无"青年是不能称为君子的。

所谓"君子喻于义,小人喻于利","君子谋道不谋食,小人谋食不谋道",意思是,君子一定要干大事,只有小人才惦记着种田的那仨瓜俩枣。

在《论语》里面,关于君子和小人的不同,至少有十几条语录。平心而论,孔老夫子当初只是想让自己的学生有道德,有理想,有作为,才经常用君子和小人对比来说事,并没有太多鄙视小人的意思,但你要是说他老人家一点也没有瞧不起劳动人民的思想,那也不客观。

不过后来他的徒子徒孙们渐渐地越跑越偏,君子和小人慢慢变成道德上的比对。更有甚者,一些自命清高的知识分子天天拿着小人的帽子乱扣,站在道德的高度上指责别人,凡是他们看不顺眼的,一律归为小人。对于这样的人,我建议再回去读一下《论语》,里面有句话是这样说的:"君子求诸己,小人求诸人。"人家君子都是要求自己如何如何,而只有小人,才总是要求别人怎样怎样。在孔老先生看来,这些挥舞着道德大棒子打击别人,自命为君子的家伙,那都是纯粹的小人。

到了23岁的时候,孔丘当起了老师。那时候也没有什么教师上岗证书,你在村子的东头儿大喊一声,有要学习的没有?有人愿意来,你就可以开始教课。所以,孔子从走上教师岗位那天起,教的学生就什么人都有,这也正是他所提倡的"有教无类",只要你来,带几条干肉,给我行个礼,你就是我学生了。

除了这个,他老人家还"因材施教",不统一课本,讲课的方式就是聊天,我怎么教育你,要看你是什么样的人。

这一点在《论语》里体现得淋漓尽致,不同的学生去问孔子,什么是仁,孔子的回答完全不一样。比如,颜回来问什么是仁,孔子说,克己复礼,克制自己讲究礼仪就是仁;樊须来问时,他就说,爱人,爱别人就是仁,让世界充满爱就是仁;子牛来问的时候,孔子告诉子牛,你说话谨慎一点儿就是仁。为什么这样回答呢？因为子牛这个人平时没事就爱吹牛。

在孔子一系列的头衔里，最名副其实的就是伟大的教育家。两千多年过去了，"有教无类"我们差不多做到了，九年制义务教育，谁都能上学；但是"因材施教"这句话，不客气地说，很多老师都没做到。

前522年，三十来岁的孔子已经是有名的老师，据说这时候齐景公和国相晏婴来到鲁国，还专门拜访了他。这说明孔老师那时候已经有了成熟的思想和主张，并且已经声名在外了，所以他老人家后来才说自己"三十而立"，立的是思想，是三观，具体到孔子身上，就是以周礼为中心的一套价值体系。

就在这一年，郑国有一个人死了。消息传到了鲁国，孔子一把鼻涕一把泪地说："古之遗爱也。"这个有记载的让孔子第一次痛哭的人，就是郑国的子产，清朝的王源把他称为春秋第一人。

二、孔子和子产思想的同异

《左传》是记录春秋历史最权威的书籍，在这本不到20万字的书里，有1.1万多字是用在子产身上的。子产做了些什么，让孔子和后来的历史学家这么佩服呢？限于篇幅，本书只简单谈一下孔子和子产思想的同异。

子产在郑国执政的时候，有人说要发生火灾了，要赶紧拿几个猪头拜一下神仙。子产说："天道远，人道迩，非所及也！"意思是赶紧搞好"消防工程"是正经，拜什么神？有一次，有人说城外面的湖泊里有两条神龙在打架，得赶紧摆上供桌，烧香磕头。子产说，我们打架的时候，这个神龙看不看？不看。那么人家打架我们为啥要去看？当然也不看！

我相信这些事儿孔子都应该听说过，他老人家后来的"子不语怪力乱神"和"敬鬼神而远之"的思想，和子产这些思想一脉相承。这两人对待老天爷、神仙和鬼怪的观点用一句话就可以总结：我不知道，也不关心那些事情有没有,我只要做好我自己的事情就好了。

孔子和子产在治理国家的理念上比较一致,都主张四个字:宽猛相济。子产临死之前对儿子说,只有那些非常有德行的人才能够仅仅用"宽大"来使百姓服从,比"宽大"低一个档次的就是"严厉"。"严厉"就好像是火,烧起来很猛烈,百姓看着就害怕,所以很少有人死于火。"宽大"就像是水,看起来就懦弱,百姓轻视并玩弄它,很多人就死在水中。所以,"宽大"是很不容易实行的政策,如果掌握不好,老百姓会接二连三地掉水里淹死。

言下之意,儿子啊,你没那个德行,治国就不能太宽宏大量了,你要严厉一些。

他儿子后来执政没听他的,一个劲儿地对老百姓宽大,结果郑国很快就盗贼四起,反正犯错了也没有太大的惩罚。到这时候他儿子才后悔,赶紧用严厉手段杀了一批人。马上,社会就安定下来了。

孔子对子产这段论述非常赞同,他总结道:"宽以济猛,猛以济宽,政是以和。"这应该也是他的政治纲领,可惜,他老人家的政治手腕不如子产,一辈子也没当上什么有权势的官,没有实践的机会。

不过孔子和子产也有不一样的地方。孔子更注重礼制和德治,不看重甚至不喜欢法制。请注意,不喜欢法制不代表他不去严惩犯罪分子,只是他不喜欢建立明确的法律条文,惩罚还是奖赏,由君主说了算。

孔子曾经说过:"道之以政,齐之以刑,民免而无耻。"就是用法制管理国家,用刑法条文来约束百姓,百姓就千方百计地避免法律条文的规定,但没有什么廉耻之心。这也是"无耻"一词的来历,是孔夫子形容以法治国的后果的。

子产也强调礼制,但是同时他也推崇法制。中国历史上第一个把法律条款公布于众,刻在一个大鼎上让所有老百姓都看到的,就是子产,这就是著名铸刑鼎。这是中国历史上第一部成文法,这件事发生在前536

年，当时就引起了轰动。

晋国的一位上卿叔向给子产写了一封信，引经据典，论述把法律公布于众的坏处。其中有一句很有名，就是"锥刀之末，将尽争之"，意思是从你公布法律的这一天开始，老百姓就会一字一句地研究这个法律，每一条每一款都会让他们不停地争论，争取找到你法律的漏洞，从而逃脱法律制裁。

客观地讲，这位叔向说的，有没有一点道理呢？从某个角度来说是有的。一个典型的例子就是，美国历史上著名的辛普森杀妻案，几乎所有的人都知道是他干的，但就因为他雇用了最好的律师，找到了法律条文上的漏洞，从而大摇大摆地走出了监狱。

言归正传，收到叔向的信之后，子产只是礼貌地回了一封信，并没有辩论，而是埋头默默地干活儿。这态度很简单，不管黑猫白猫，抓到耗子就是好猫，礼制也好，法制也罢，在子产这里其实都是一种手段，目的就是一个，就是郑国老百姓过上好日子。

事实证明，子产在郑国相当成功，他执掌相权期间，对外，避免了郑国被晋楚两个大国欺负；对内，让郑国人民安居乐业，丰衣足食。史书上记载，前522年，子产死了之后，郑国青壮年号啕大哭，老人也都哭得像孩子一般。刚才说过，千里之外的孔子，也是哭得稀里哗啦的。做人做官做到这个地步，那才算是真正的成功。

三、孔子的学说为什么不被诸侯采用

前517年，孔子34岁，鲁国发生了动乱，鲁昭公被三个权势很大的卿大夫孟孙氏、叔孙氏和季孙氏联合起来驱逐出鲁国。这三人是以前鲁桓公的三个儿子的后代，所以历史上称他们为三桓。前面说过，从十几岁开始，孔子就给这三桓里面的季孙氏打工赚钱养家。这一下老板权力大了，虽然孔子只是管仓库、放羊，但至少工资应该是能多一点。可是孔子显然不像我们这么想，他带着学生跑出了鲁国，来到了齐国，再一次见到了齐景公。

齐景公还是挺喜欢孔子的，就问他怎样能治理好国家。孔子提出了他的著名主张："君君臣臣父父子子"，翻译成大白话就是，有权力的国君和父亲要有做国君和父亲的样子，被统治的臣子和儿子也要有做臣子和儿子的样子，做到这一点，天下大治。

齐景公听了之后很高兴，心想，你说得对，如果君不君臣不臣，有米饭也喂不到我嘴里，就想提拔重用孔子，还想给他分一块地。这时候，《晏子使楚》这个故事的主角晏婴站出来反对。

在春秋战国，甚至整个中国历史上，既有智慧，又有道德，活着的时候当大官吃好的穿好的，死了还留下一个好名声的人并不多，身高只有1.4米的晏婴就是其中一个。司马迁在《史记》里对他的评价很高："假令晏子而在，余虽为之执鞭，所忻慕焉。"要是晏子还活着，我司马迁给他当马夫赶车都心甘情愿。

晏婴反对重用孔子的理由有两个：第一个是，孔子只会虚伪地空谈，那些烦琐的、学一年都学不会的礼乐制度只是花架子，治国是不行的；第二个是，晏婴认为在当时的国际环境里，礼乐制度已经完全无法恢复了，周天子龟缩到王畿洛邑里不出声，诸侯们成天打来打去，齐国自己恢复礼乐制度有什么用呢？有那个工夫，还不如多种几亩地，大家多吃点饭是正经。

晏婴说得对不对呢？其实很多人都和晏婴抱有相同的观点。后来相继崛起的墨家、道家和法家，都把矛头对准了儒家的这两个弱点，墨子和庄子的书里，嘲讽儒家虚伪的寓言和故事比比皆是，法家对儒家的批判可以简单到一句话：一点用没有。

除了上面两点，孔子的学说当时不被统治阶级采用还有一个利益问题。这个可以用孔子后来周游列国时在楚国的遭遇说明一下，楚昭王当时想要用他，但是楚国令尹子西对楚昭王说，孔子是严格遵守周礼的，我们楚国现在的国土面积是千里之地，按照周礼，应该是多少？楚昭王一听，马上就一身冷汗，很快就冷落了孔子。原因很简单，楚国是子爵，按照周礼规定，它只能是一个方圆五十里的小国。我采纳你的学说有失去土地的危险，那为什么要采纳？

齐国也是一样，齐景公听从了晏婴的话，开始冷落孔子。一年之后，前515年，孔子只好离开齐国，回到鲁国。这时候的鲁昭公虽然结束了流亡又回到鲁国继续做国君，但是实际政权完全被把持在三桓手里，孔子只好继续他一边打工一边教学的苦日子。

如果他就这样走完一生，那几乎可以肯定的是，后来不会有儒家，即便是有，也和他孔丘没有什么关系。那么，孔子的下半生经历了什么？我们下回分解。

015. 夫子游列国

从齐国回到鲁国的孔子，一边继续给季孙氏打工，一边继续教学，这样的日子一过就是 11 年。到了前 504 年，鲁国的政权更加败坏，孔子的老板季孙氏也大权旁落，季孙氏原来的家臣阳虎把持了鲁国的国政。

这一下，孔子彻底伤心了，在他看来，底层的人翻身执掌政权，是对现有秩序的最大破坏，是不符合周公制定的封建和礼乐制度的。孔子是最想维护封建制度的那个人，更何况这个原本是家奴的阳虎还是一个残暴不仁的家伙。所以，他嘟囔了一句"陪臣执国命"，就开始不上班了，回家专心致志地教学生，变成了一个纯粹的教书匠。

一、孔子编"五经"

从这时候开始，在教书之余，孔夫子的大部分时间，都花在改编修订六本书上，这六本书的名字分别是《诗》《书》《礼》《乐》《易》和《春秋》，其中的《乐》后来失传了，其他五本在今天有一个响亮的合称，叫作"五经"。

首先必须说明，这几本书都不是孔老师写的，在他之前，就已经存在了。只是他用这几本书当教材，教那些给他送腊肉的学生的时候，经常觉得古人写得不好，就不断地改编，用他自己的话说，叫"述而不作"，传达前人的思想，不去做新的学问。他认为这才是他的使命，但很自然地，在编著的时候，孔老师把自己的理念也加了进去。

这五本书里，《书》指的是《尚书》，记录了夏商周三代君王的政治事迹；《礼》是《仪礼》，是孔老师根据当时的礼学编出来的，前面说过，他最擅长这个；《易》就是《周易》，据说他对这本书下的功夫最深。《史记》上说他："读易，韦编三绝。"那时候的书都是竹简，中间用牛皮带串在一起，孔老师把《周易》翻来覆去地看，不停地总结，写注释，结果那些牛皮带断了好几次。"韦编三绝"后来就变成了一句形容刻苦读书的成语。

《春秋》这本书前面说过，是记录鲁国历史的书。有人说是孔子写的，我认为当然不是，只是他对鲁国史官的史书重新修订而已。

最后一本要详细说一说的，就是《诗经》。现在提起中国文学，我们开口就是唐诗宋词，但要知道，唐诗宋词都不是一天就形成的，它们都是在漫长的历史长河里，逐渐沉淀下来的艺术。如果我们追根溯源，《诗经》就是中国文学的源泉，中国第一部纯文学作品。

同样，这本诗集在孔子之前就一直存在，分为"风""雅""颂"三部分。"风"就是民间创作的，老百姓写的作品，比如说"齐风"，那就是齐国的老百姓写的；再比如说"周南"，那就是周公所在的洛邑之南，一直到汉水之间这一地区的民间歌谣。

现代学者都认为，《诗经》里"风"这部分是精华，很多我们熟悉的句子，都出自这一部分，比如说"一日不见，如三秋兮"，再比如说"窈窕淑女，君子好逑"，还有"执子之手，与子偕老"这种最适合形容夫妻同生共死的句子。

后来楚国屈原写过一篇《离骚》，是战国时期楚辞的代表作。人们把"风"和"离骚"合在一起，创造出一个形容文学水平很高的专有词汇，那就是"风骚"。

《诗经》里的"雅"指的是周天子或者贵族请客喝酒时候吟唱的诗歌；

"颂"就是歌功颂德的作品,开始时是在宗庙祭祀祖宗和鬼神的时候用的,后来发展到赞美活着的统治者。

据《史记》记载,孔子一开始接触这本诗集的时候,其中有3000多首诗歌。可是孔子一看,其中有重复的,还有很多乱七八糟,足以把学生都教坏了的作品,就删掉了十分之九,只剩下305篇他满意的,认为正气的作品。这就导致我们现在看到的《诗经》,只有这三百多篇了。

《史记》上的原话是:"古者诗三千余篇,及至孔子,去其重,取可施于礼仪者……三百五篇,孔子皆弦歌之。"剩下的这305篇,是孔老师都会唱的。贵族有君子六艺,"礼、乐、射、御、书、数","弦歌"是必备技能。

从汉武帝开始,孔子修改的《诗》《书》《礼》《易》《春秋》这五部书的重要性就被提到了至高无上的地步。政府专门设立"五经博士",这五部书也逐渐成为天下读书人必读的书籍。

此后一千多年,"五经"一直占据至高无上位置。到了南宋,儒家大学者朱熹把记录孔子言行的《论语》、记录孟子言行的《孟子》,还有孔子的孙子子思写的《中庸》和孔子另一位学生曾子写的《大学》四本书修订一下,和"五经"合在一起,称为"四书五经",历来是天下读书人信奉不二的教科书。

总体说来,宋代之前只有"五经",宋代之后开始重视"四书"。很多人对于"四书"倒背如流,对于"五经",只要求理解意思就行。毕竟,"四书"一共才五万多字,可是"五经"大概有几十万字,背起来累死人。

二、孔子的官运

孔子以为自己躲起来教学编书,就能获得清净。可是酒香不怕巷子深,由于他的教学质量实在是太好了,名气越来越大,阳虎就想让他出来做官，给自己站台。

孔子躲来躲去，最后还是没躲过。有一天在路上碰到了，阳虎开口就说："来，予与尔言。"在春秋时期，两个贵族之间这样讲话是非常不客气的，这句话如果形象地翻译，等于是说："小子，过来，我和你说两句。"可是人家手里有刀，孔子只能走过去。阳虎就说，你不是天天想着做官吗？现在我给你官，怎么不做？你都这么大岁数了，怎么一点出息都没有啊？孔子这时候也只好唯唯诺诺地说，好吧，我出来做官。

上面这个故事不是史书上的，而是《论语》上记载的。刚刚说过，《论语》这本书，是孔子弟子们记录他的言行的，孔老师如此丢脸的糗事，就这样被记录在案了。我个人认为，这至少说明两个问题：第一，这件事是真的；第二，相比于其他诸子百家，《论语》这本书有一个优点，就是"瞎说"大实话，有很多孔子不那么光彩的事情，或者说他和别人辩论输了的事情，《论语》也照记不误。

其他像《墨子》《孟子》《庄子》等书记录下来的都是自己和别人辩论赢了的事情，输了的完全不写；甚至根本就没有的事情，也编出来用来提高自己的形象。

那么，阳虎说孔子想做官是不是真的呢？是真的。从某种程度上，你可以说孔老师是一个官迷。甚至他六十多岁的时候，有一次晋国一个叫佛肸的县官造反，派人找孔子去当官，他老人家马上跃跃欲试，收拾行李准备去做幕僚。他的弟子子路很生气，就说，老师以前说过君子不帮助坏人，现在佛肸就是一个反贼，您为啥要去？这话很不客气，做不了官你就不做呗，为啥去帮佛肸这样的反贼？

孔子辩解说，我是说过那样的话，但君子不会因为对方是一个坏人就变坏的。最后他长叹一声说："吾岂匏瓜也哉？焉能系而不食！"我不能像一个葫芦瓜那样，只挂在墙上当摆设啊。这是他的无奈，也是他的心里话，他一心想做官，小官也行，就为了实现他的政治理想。

不过子路说了这话之后，孔子想了想，最后还是没去佛肸的县衙门报到，因为他心里也明白，这个造反派应该不会让他去搞什么仁义礼智信的。

阳虎这一次也一样，孔子虽然被迫答应阳虎出来做官，但他知道自己和阳虎完全不可能一起共事，所以后来又是找各种借口，一直拖到阳虎被三桓铲除。

阳虎被铲除后，孔子的职位也得到了提升，升为大司寇，官儿不小了。就在这个时候，出现了一件后世被广泛争论的事情，那就是孔子杀少正卯。

《史记》里只有一句话，"诛鲁大夫乱政者少正卯"，本来是小事一桩；但民间图书里，少正卯也是一个教书办学校的，和孔子是竞争关系，而且很多孔老师的学生最后都跑到少正卯那里听课去了，所以这件事就闹得沸沸扬扬。

孔子杀少正卯的理由有五个，"心逆而险，行僻而坚，言伪而辩，记丑而博，顺非而泽"，大意就是少正卯是一个隐藏在人民群众之中，外表看起来很有学问，人品很好，思想坚定，举止得当，但内心极其邪恶的两面派。

如果按照一些民间的说法，这件事怎么看都像是孔老师以权谋私，嫉贤妒能。那么，实际情况呢？很可惜，按照现在的史料，我给不了你一个确切的答案。不过我个人的观点是，这应该是一个寓言故事，因为它最早出现在几百年后的《荀子》这本书里。最大的可能就是，荀子用这个编造的故事来带节奏，表明自己的观点，而司马迁后来又采用了《荀子》等书的说法，只是觉得那五条理由不靠谱，就没写而已。

三、夫子游列国

言归正传，孔老师在新的岗位上只干了几个月，就因为想对三桓动手而被迫又一次离开了鲁国。事实上，孔子虽然在季孙氏手下做事，但是对三桓控制鲁国的不满已经很久了，他不是不满意三桓对老百姓的政策，而是不满意这三个家族对鲁国国君的态度。

有一次，季孙氏掌门人季平子在自己的院子里观赏64个人演奏的歌舞，孔子气得回来对学生说："是可忍孰不可忍？"按照周礼，64个人的歌舞乐队是周天子才有资格享受的，季平子这样的卿大夫最多能用16个人唱歌跳舞。所以，在孔夫子看来，这是严重的僭越，违反了他的君君臣臣的治国之道。

于是，作为大司寇，他居然想去拆除三桓的城墙。结果自然是没干成，不过三个大家族也没为难他，只是把他晾到一边，甚至祭祀的猪肉都不分给他了。孔子感觉这事很丢脸，只好辞职，带着学生去外国找机会，这一年是前496年，也就是吴王阖闾被越王勾践打败的那一年，孔子55岁。

从这一年开始，他带着越来越少的学生开始了周游列国。有些国家根本就不理会他，比如宋国。有些国家对他很差，甚至围困他不给他吃的，差一点把他饿死，比如陈国、蔡国。还有些国家对他忽好忽坏，有时候把他捧为座上宾，有时候对他很厌恶，比如卫国和楚国。

他和弟子们这场穷游可以说是百味杂陈，我们上一节说的"累累若丧家之犬"，就是这段时间他们在去陈国的路上，经过郑国时候的一段插曲。

十多年之后，前483年，68岁的孔子回到了鲁国。这时候鲁国的权贵们已经把他当作老师来敬仰，但敬仰归敬仰，就是没有人用他，反倒是他的一些学生当上了大官。

你可能会问，孔子为什么当不上官，他到底差在哪儿呢？我个人觉得，一是他在人际关系和政治手腕上比较一般，比如前面说的，面对阳虎，他根本没有任何反击之力，除了嘴里嘟嘟囔囔，啥也做不了；二是可能老天爷对他另有安排。这一点孔子自己也知道，他曾经面对黄河慨叹道:"丘之不济此,命也夫!"没办法,他只好专心致志地做教学和整理文献的工作,那才是老天爷给他安排的正经事。

前479年4月11日,孔子病死在鲁国,葬在曲阜北面的泗水岸边。回首一生,他总结说:"吾十有五而志于学,三十而立,四十而不惑,五十而知天命,六十而耳顺,七十而从心所欲,不逾矩。"今天很多人都引用这句话,但"四十不惑"是人家孔老夫子自己说自己的,我们这些肉体凡胎,就算四十岁了,是不是真的不惑,那也要打一个大大的问号。

纵观孔子的一生,除了小时候那几年,没受到太大的苦(但也没享到什么福)外,一直奔走劳累,也没实现他的政治抱负,唯一可以欣慰的就是他教出了很多学生。在他逝世前,他对学生子贡流着眼泪说:"天下无道久矣,莫能宗予。"天下乱成这个鬼样子,可还是没人听我的主张。

他没想到的是,几百年后,他被抬到了圣坛上,成了圣人。司马迁说"高山仰止",又说"虽不能至,心向往之",而且在《史记》里,他用"世家"给孔子作传,这是诸侯才能享受的待遇。

到了2500年后的今天,孔子成了大成至圣先师,连很多不说汉语的地方都开设了孔子学院。在美国联邦最高法院的房檐上,他和摩西、梭伦并肩而立,分别代表人类社会的道德、宗教和法律三大文明面貌,可以说足以含笑九泉了。

至于说他当年的主张还有多少没变样的,那只有天知道了。

016. 分晋和代齐

孔子去世 26 年后，也就是前 453 年，位于山西的晋国发生了几大家族的内斗。当时的晋国，被韩、赵、魏、智四大家族把持，掌门人是四位卿大夫，分别是韩康子、赵襄子、魏桓子和智瑶子，晋国的国君晋出公基本被晾到一边。

一、血腥内斗，三家分晋

权力被分摊而不出问题有一个前提，那就是实力均衡，比如美苏"冷战"没有演变成"热战"的一个重要原因就是大家军事实力差不多。可是晋国这四大家族实力并不对等，其中以智瑶子的势力最大，他的先祖就是前面提到过的，因为有负晋献公遗托、没当好保姆而自杀的荀息，所以有些史书也把智瑶子叫荀瑶，指的是同一个人。

根据《资治通鉴》的记载，智瑶子有五大优点：长得帅、武艺好、文采好、口才好、性格坚毅果敢。有一天，已经当上家族长的智瑶子对另外三家说，你们看看兄弟我的实力和对晋国的功劳，是不是应该把你们的土地再给我一点？面对这种明目张胆的勒索，韩康子和魏桓子想了想自己的实力，叹了口气，各自给了他一万户的土地。

赵襄子却一口回绝，我家的土地虽多，但一寸都不是多余的，不给！智瑶子勃然大怒，联合韩魏两家，起兵攻打赵家。

《赵氏孤儿》讲述的是真的历史吗？

赵襄子的先祖，是跟着晋文公流浪过的赵衰，家在晋国是响当当的金字招牌，名门望族。赵家还给后人贡献了一部著名的戏剧，名字叫《赵氏孤儿》，说的就是赵襄子的曾祖父赵武在赵家被冤枉灭族的时候，被仆人用自己的孩子换出来，后来长大复仇的故事。

其实，赵氏孤儿这段历史或许是司马迁在《史记》里犯的一个错误，他采用了后来赵国自己的史料，说赵家被灭门的原因是奸臣屠岸贾陷害。实际上，根据《左传》《国语》和其他历史资料来看，历史上根本没有屠岸贾这个人，司马迁的记录属于孤证。赵家当年的灾祸是赵武的老妈庄姬私生活不检点而引发的一场血案，只是后来的赵国人不好意思如实写，才凭空创造了一位奸臣屠岸贾，并把所有的脏水都泼到了他身上。

赵襄子很快就抵挡不住，只好领着族人退守晋阳，也就是他们赵氏家族的老巢，城坚墙厚，赵襄子坚守了两年。

到了前453年，智瑶子忽然想到了一个计策，他让人掘开附近的晋水和汾水，让这两条河的水直接对着晋阳城冲下去。晋阳城里马上变成一片汪洋，《史记》上形容当时城里老百姓的惨状，用了八个字："悬釜而炊，易子而食！"把锅高高架起来才能煮饭，而锅里面煮的，就是用自己的孩子交换来的邻居家的孩子。

智瑶子还得意洋洋地对韩康子和魏桓子说，我现在终于知道，可以用河水来毁灭一座坚固的城池。说者无意，听者有心，那两位听到这句话之后结结实实地吓了一跳，因为他们两家旁边恰恰都有一条河，河水还很急。

就在此时，赵襄子派人来联络韩魏两家，来人第一句话就是："唇亡齿寒"的道理你们听说过没有？我们马上就要城破身亡了，这是我们的命，可是您二位想一想，我们完蛋了之后将会轮到谁？

韩康子和魏桓子这些天心里也一直担心这件事。智瑶子的性格和能力他俩是了解的,看他现在这嚣张的气焰,拿下赵襄子之后,回头就对他俩动刀子的概率绝对小不了。韩康子和魏桓子商量了一下,决定接受建议,反戈一击,攻打智氏,然后和赵氏和平共处。

当天夜里,韩魏两家派人掘开堤坝,引河水倒灌智瑶子的大营。赵襄子乘乱带人杀出,韩魏赵三家兵合一处,一举击败智家军队。智瑶子在乱军之中被杀,智家的土地财产,马上被三家瓜分一空。

胜利之后,赵襄子做了一件令人毛骨悚然的事情,他把智瑶子的脑袋挖空,刷上油漆,每次请客吃饭的时候就拿来喝酒。

晋国四大家族的内斗,现在终于消停下来,剩下三个最有权势的卿大夫,就是韩、魏、赵。这三家最终却没有满足于自己卿大夫的身份,而是演出了历史上有名的一幕:三家分晋,把中国历史从春秋拉入了更加混乱不堪的战国时代。

前403年,周天子周威烈王正式册封晋国的韩、魏、赵三个家族为诸侯。从这一年开始,在中华大地的版图上,又多出了三个国家。从诸侯的家臣卿大夫一跃而成为诸侯,对于这三家也许是一小步,但对于中国历史,那可是相当大的一步,这个事件后来被称为"三家分晋"。分晋的意思就是把晋国像切蛋糕那样一切为三,每家分一块。

宋朝的时候,司马光被王安石从朝廷里排挤走后,编了一部叫作《资治通鉴》的书。那部书就是从这一年和这一件事开始写的,后面我们的叙述里会交替引用司马迁和司马光两位司马大人的大作,并且彼此印证。

那你要是问,原来的晋国呢?三家还算是有良心,给当时的晋幽公留了曲沃和绛两块土地。所以,严格说来,三家分晋之后,晋国还在,只不过管辖的地方严重缩水,连原来百分之一都不到。苟延残喘几十年后,前349年,就连剩下的这块地方也被韩赵两国瓜分干净,春秋历史上赫赫有名的晋国不复存在,这也就是为什么在战国的历史里听不到晋国的故事。

那么,晋国的这次分裂对谁的好处最大?当然是敌人。不过最高兴的却不是它最大的敌人楚国,而是秦国。前面我们在介绍秦穆公的时候说过,秦国一直在函谷关以西称霸,它进不了中原的一个重要原因,是晋国挡住了它东进的脚步。现在这个大家伙咔嚓一声,自己碎成了三块,相当于是给秦国松绑了。所以后来就有人评论说,三家分晋这件事间接地促成了秦国的一统天下,这个评论还是比较靠谱的。

二、窃国者侯,田氏代齐

相对于韩魏赵三个小弟大张旗鼓地瓜分了自己老大的地盘,另外一个小弟就低调得多,在不声不响之中就把春秋时期另一个大国齐国的国君赶下了台,自己搬进了齐国王宫,还让周天子册封自己为新的齐侯。

此人就是田和,发生在齐国的这件事历史上叫"田氏代齐",就是田氏取代了齐国的姜氏,自己当上了齐国国君,时间是前386年,和三家分晋相差十几年。

事情要从春秋第一位霸主齐桓公说起。他在世的时候,齐国旁边有个小国,叫陈国,有一年发生了动乱,有一个名叫完的公子就从陈国跑到了齐国。齐桓公觉得他是个人才,就想封他为卿大夫,结果公子完不想接受齐桓公的施舍,只接收了工正这个职位,也就是一个管理手工业者的小官,然后把自己的姓改成"田",这一年是前672年。

从田完到他的曾孙田须无,这中间史书上没有多少田氏的记录,可是这个田须无死的时候,史书上记载了他的谥号,叫田文子。前面说过,谥号是有地位的贵族死后才能享有的一个称号,这足以说明,不管田完当年多么谦虚,田氏毕竟不是等闲之辈,最终还是走上了齐国的政坛,变成了贵族。

从那之后，他们就一发不可收拾，势力越来越大。等到田桓子这一代，田氏已经控制了齐国庙堂，而且还在不停地收买人心。齐国的公子哥们钱不够花了，他们就给钱给地；借给老百姓的米都是用大斗往出借，小斗往回收，专门干赔本儿的买卖。

有句俗语说，事出反常必有妖，你这种明显亏本的生意是为了啥？有识之士几乎都能看得出来。

齐国当时的国君是齐景公，就是和孔子关系不错的那位。他有一次和大臣晏婴聊天，无意间感慨了一句：我的这些宫殿别墅这么漂亮，将来是谁的呢？晏子毫不客气地说，恐怕是田氏的吧。齐景公当时叹息了两声没说话，他也知道，田家势力越来越大，恐怕没安什么好心。

田桓子的儿子田成子继位之后，公然杀掉了齐景公之后的齐简公，以及很多不服从他的齐国贵族，另立齐平公。他对齐平公说，您看老百姓都喜欢封赏，讨厌刑罚，我们可以分工合作，给钱给官这种大家愿意接受的事您来干，而我专门做大家不喜欢的，比如把犯法的人关进监狱、杀头等这种招骂的事儿，这样一来，大家肯定都喜欢您，拥戴您。

齐平公一听，这是好事啊，就答应了。他哪里知道，官员和老百姓虽然喜欢奖励，但是他们更怕惩罚，拼命赚的钱，难道不是有命才能享受到吗？结果就是大家因为害怕，都开始巴结田成子，齐国政权到这时候，已经彻底地落入了田氏的口袋。

到了前386年，经过将近300年的努力，陈国的落难公子田完的十世孙田和，把齐国最后一位君主齐康公流放到了东海的一个小岛上，自立为齐国君主。

同一年，当时的周天子周安王，居然承认了田和这个篡政夺权的乱臣贼子为齐国的国君。虽然那时候周天子也仅仅是一个牌位，但田和这也等于是获得了最高当局的任命书，他对齐国的统治变得合理合法起来。

一般来说，前403年的韩赵魏"三家分晋"和前386年的"田氏代齐"

这两件事情，被后世史学家认为是春秋和战国两个时期的分界线。换句话说，从那时候起，中国历史进入了一个新的时代，战国时代。

关于春秋和战国有什么不同我们稍后再说，先来看一个问题，为什么周天子要册封这几个乱臣贼子？我认为，这是略带欣喜的无可奈何之举。无论是三家分晋或者田氏代齐，他这个名义上的天子到那时已经根本就管不了了。而新上位的这几个实力派出于稳固自己地位的需要，对他这个傀儡非常尊重。比如此前齐国发生了内乱，这韩赵魏三家就对当时的周威烈王说，我们替您去讨伐；周威烈王说，你们虽然有实力，但没诸侯的名分啊，那三家表示不要名分，只要周天子把命令下给晋国，他们以晋国名义出兵。这事儿让周威烈王很感动。打完仗，赵襄子、韩康子、魏桓子还面见天子，献上俘虏，仪式无比隆重，搞得周威烈王怀疑自己是在做梦。所以，当韩魏赵委托鲁国国君表示出封侯的意思时，周威烈王一刻也没犹豫。

后来的庄子在评论这两件事的时候说过八个字："窃钩者诛，窃国者侯。"偷一个铁钩子，要被处死；篡夺了整个国家，封为公侯。这话是一点也没错。中国历史上最轰轰烈烈和波澜壮阔的战国时代，就是以"窃国者侯"四个字为起点，缓缓地拉开了它的大幕。

三、春秋落幕，战国开启

和春秋的得名来自《春秋》一样，"战国"的说法也是来自一本历史书，这就是汉朝历史学家刘向所编的《战国策》。《战国策》主要描写的是三家分晋之后，一直到秦始皇统一中国这段时间，诸侯之间混战和谋略的故事。后来人觉得"战国"这两个字实在是太贴切了，就拿来称呼这段时间为战国时代。

我们为什么要把东周这段历史分为春秋和战国两个时期呢？主要是

因为这两个时期的差别实在是太大了，比如说战国时期铁器得到应用，干农活的效率翻了几番；井田制在战国时期基本被废掉了，变成了私田；人口在战国时期急剧增加；等等。

不过，春秋和战国最主要的区别，我认为有两个：

第一个是旧的社会秩序瓦解了。春秋时期虽然有些称霸的国家吆三喝四，完全不把周天子放在眼里，但对于天子、诸侯、大夫和士这个等级制度还是严格遵守的。前面讲过，夏姬的儿子夏征舒杀了国君之后，自己坐在了国君的宝座上，结果诸侯共讨，最后他被五马分尸。

到了战国，韩魏赵三家都是乱臣贼子，分了国君的土地，结果不仅没事，周天子还封他们为诸侯，平民百姓只要有本事，也可以一步登天，成为新的贵族。

战国时代旧秩序瓦解的最明显标志就是各国的国君纷纷开始称王。根据周公制定的周礼，普天之下，只有一个人，也就是周天子能称王，可这个规则一到战国就被打破了。魏国在魏武侯之后就开始称王，第一个王叫魏惠王，也叫梁惠王。我们翻开《孟子》，第一篇就是《梁惠王上》，写的就是孟老夫子和魏惠王的对话。

到了战国中期，诸侯们纷纷称王，你不称个王都不好意思出门，甚至齐国和秦国还曾经称帝，当然很快就改回去了。从侯国到王国，只说明一件事，周朝秩序彻底乱套，人人都可以和周天子平起平坐了。

第二个是国家和战争的性质彻底改变。春秋时期的国，差不多就是一座或者多座城池，城池以外的地方都叫作野。基本上，这些称为野的地方虽然也属于这个国，但无论是国君，还是卿大夫，都很难控制它们。早期人类的国家都是类似这样的城邦国家，比如古希腊。

原因很简单，生产力上不去，交通不便，自然地，就控制不了周围的荒野。但是到了战国之后，更加锋利坚固的铁器开始大量使用，生产效率提高了很多，生产力上去了，野地也就逐渐和城市连起来了，城邦国家逐渐地变成领土国家，国君实际控制的地方和能驱使的老百姓以几何速度增长。

这导致战国时期各个国家能使用的兵力迅猛增加，打仗不再是贵族阶级的特权，也不再温文尔雅了，目的也不是为了让对方屈服，而是攻城略地，抢夺资源。

战国七雄里军队数量最少的韩和燕两个国家，各自的兵力居然也有30万之多。对比一下当年齐桓公称霸的3万军队，你就知道这个数字是很恐怖的，打起仗来惊天动地，一次战争死几万，甚至十几万人都是常事。

孟子说："争地以战，杀人盈野，争城以战，杀人盈城。"和这种阵仗一比，春秋时期打仗，那就是小孩过家家，所以，春秋和战国大不相同。

四、七雄角力

春秋有五霸，战国有七雄。春秋五霸是五位君主，战国七雄指的是七个国家。

韩赵魏楚燕齐秦，是战国七雄的名字，也是这七个国家灭亡的时间顺序。战国的历史基本围绕着这七个国家展开。其中，山东的齐国、湖北的楚国和陕西的秦国，在春秋历史的讲述里，我们已经大概有了一个了解，这三国都曾经当过春秋霸主。

齐国虽然还叫齐国，但是主人已经换成了田氏，以前姜子牙和齐桓公的子孙现在被赶到海岛上钓鱼去了。韩赵魏是从晋国一分为三的，居然还都能称雄，由此可见当年晋国是多么了不起的存在。

燕国位于今天河北省的东北部，包括北京，还有辽宁省的西南部。北京有一个别称叫燕京，就是因为两千多年前，北京的房山是燕国的都城。

燕国最早是周武王封给召公奭的，不过召公没去，估计是嫌那个地方式冷了；他的儿子后来成了第一任燕国国君，也没有留下多少历史资料；不仅仅是他没有留下什么资料，一直到他的十五世孙燕庄公才有了一件记载比较详细的历史事件，而且还是丢脸的事情，那就是前面我们提过的燕国被北方的少数族进攻，不得不求助于齐桓公，被后者救了的事情。

从这个历史资料匮乏的事实，至少可以得出两个结论：第一，燕国人当时确实没啥文化；第二，他们那儿的人和中原各国几乎没有交往。

那么，这么一个和蛮夷没啥区别的大老粗怎么就成了战国七雄之一呢？开始原因是地处偏僻，还老实，春秋末期中原打成一片的时候，大家基本都忘了它，所以没被吞并掉。后来的原因就是两个字：改革，这才是重点。

战国七雄之所以称雄天下，有一点是共同的，那就是都经历了一番时间长短不一，效果大小不同的改革，就是因为有了改革，才成就了战国七雄的地位。

战国的故事，必须要从改革讲起。

017. 改革自魏始

如果你和张三去法院打官司，高高在上的法官说，来，你俩掰手腕，谁力气大我就判谁赢，你会不会当场指着法官的鼻子骂他？可能会的，对吧？当然，这样另类的家伙现在也当不上法官。可是2400多年前，在陕西洛河东边，有一个叫上地郡的地方，还真就有这样一个另类的郡守。他规定，如果一个民事案件不能简单判断是非，就由当事双方比试射箭的技巧，谁射箭的本事大，射得准，谁就赢了官司。更奇怪的是，当时制定这条法律的人非但没有被撤职，反而被火速提拔为相国。

这个郡守所在的国家，就是魏国，战国七雄中最早举起改革大旗的国家。

上地郡在魏国和秦国的交界处，当时秦国人经常进入魏国境内掠夺一番，扬长而去。历任郡守都很头疼，因为这里的老百姓生性孱弱，在秦军面前就像绵羊一样，敌人来了，只会撒丫子跑路。

新上任的郡守看到这样的情况，就出台了上面的那条法令。效果很明显，很快这里就掀起了轰轰烈烈的学射箭运动，再加上郡守提供各种练功秘诀、射箭诀窍等，不久之后，过境掠夺的秦国土匪们发现，事情不对，原来任凭欺负的上地郡人，现在射箭又准又狠，只能换个地方去抢了。

这位制定另类法律的郡守，名叫李悝。他在上地郡的成功，引起了魏国国君魏文侯的注意。

一、李悝变法

前422年,三十多岁的李悝被任命为魏国相国,全面主持魏国变法图强运动。这时候,离最终周天子封魏国为诸侯还有19年,严格说来,魏国当时还不算诸侯国,但已有了事实上的土地和人民。

李悝在魏国是如何变法的?我们来听听魏文侯和他的对话。

魏文侯问李悝怎么治理国家,李悝答道:"赏必行,罚必当。"魏文侯问,我们赏罚很分明,国家为什么还是不富强呢?李悝说是因为"国有淫民"。"淫"是过分的意思,什么是过分的人民呢?李悝说:"其父有功而禄,其子无功而食之。"父亲因为有功劳获得高官厚禄,可是儿子什么功劳也没有,却出门坐好车,进门吃美食,这样的儿子就是淫民。

按照今天的理解,李悝是把官二代和富二代全算作淫民,要拿他们开刀,这就是李悝变法的核心思想。他的第一个举措,就是废除贵族世禄制,按照个人能力来提拔和奖赏。在他之前,没人这样做过,因为周朝的根基是宗法和世袭,可是李悝认为这是国之大害,必须动一动。

他的第二个措施是废掉井田制,允许私人土地买卖,鼓励老百姓开荒种地,他称之为"尽地力之教"。这事不是他首创,管仲几百年前在齐国就实行过,不过没有李悝做得这么彻底。

第三个举措是"平籴法"。在丰收之年,政府多从老百姓手里买米,存起来,在荒年的时候再按照平价卖给老百姓,也就是政府干预物价。这一招在任何年代任何国家都挺管用的,美国小罗斯福的新政也用过,效果极好。

这三个举措在当时是石破天惊的大改革,反对者们马上就跳了起来,最反对的人当然是魏国的贵族们。为了让自己的理念彻底得到执行,李悝在魏文侯的支持下,出台了中国第一部成系统的法典。从当年子产铸刑鼎很多人反对,到现在李悝订立法律条文,可以看到,从春秋到战国,社会确实在不断地进步。由于李悝这部法律在中国法制史上的重要地位,后世往往称其为《法经》。

古代重要的文字资料为什么被称为经?

这和老祖宗们织布有关系。古代的织布机上有横线和竖线,横线叫纬,竖线叫经。"经纬"这两个字都是绞丝旁,说明本来就是织布这个活动的专有词汇。老祖宗们发现,织布的竖线,也就是经线,是一开始就固定好的,不动的,织布时是以经线为准绳,一点一点地增加纬线。于是,他们就用"经"来比喻一些不变的、恒定的、常识性的东西,比如儒家的"四书五经",道家的《道德经》,后来佛家《金刚经》《心经》等。

《法经》现在已经失传,但是从后来的《晋书》和出土的秦简,还是可以一窥端倪。这部法经对战国历史影响特别大,后来商鞅在秦国的变法,就参考了这部《法经》。商鞅所制定的《秦律》,也是在李悝的《法经》基础上改进的版本。

事实也证明,李悝的变法是成功的,魏国财富迅速增加,整体国力也很快变强。

就在这时候,一个了不起的军事人物也来到了魏国,此人的名字叫作吴起。

二、吴起武卒制

如果从道德的角度,尤其是按儒家道德来评判吴起,只有两个字可以形容他:人渣。据《史记》记载,早年他曾散尽家财想要当官,结果没当上,同乡好些人笑话他,他竟然把他们都杀了,然后跑到孔子的弟子曾子的儿子那里拜师,准备放下屠刀立地成儒。

过了一段时间，吴起的母亲去世了，他又做出了当时惊世骇俗的举动，不回家给老妈奔丧守孝，气得曾老师把他赶出了学堂。吴起最终还是没回家，一转身又在鲁国拜兵家为师，学习兵法。

齐国攻打鲁国的时候，吴起想去带兵打仗。当时的鲁穆公琢磨着吴起的老婆是齐国人，担心他会战场反戈，便很犹豫。一般人遇到这种事，应该是去解释表白，或者说说老丈人家的坏话，表明自己的态度，可是吴起却回家把老婆杀了，然后对鲁穆公说，这下您还有什么不放心的？这就是"杀妻求将"的故事。

鲁穆公不知道是吓着了，还是被感动了，最终让吴起当上了统帅，把进犯的齐国打得落花流水。但是胜利之后的吴起在鲁国这个最注重礼仪的国家也待不下去了，街头巷尾的老百姓议论纷纷，对"吴起是不是人"这个问题做了深入持久的探讨，最后吴起只好来到了魏国。

魏文侯问李悝，这个吴起我们能不能用？李悝的回答是："起贪而好色，然用兵司马穰苴不能过也。"司马穰苴当时是齐国最著名的军事天才，李悝的意思是吴起用兵比他还厉害。魏文侯并不是看重道德的人，前409年，吴起被拜为主将。

吴起在魏国做的第一件事就是训练"武卒"。前面说过，春秋时期，打仗是贵族的特权，贵族上战场都是乘坐几匹马拉着的战车，但上万人的军队，光有他们还不够，后面还要跟着拿着装备的步兵。这些步兵都是平民，平时种地，发生战争了就被组织到战场上。他们主要起到呐喊助威的作用，真正决定战场胜败的，还是坐在战车里的贵族子弟。吴起改变了这种打法，他从那些农民步兵中挑选优秀的加以训练。

怎么训练呢？全身套满三层盔甲，配着长剑，扛着长矛，背着十二石的强弩和50支箭，一个上午跑大概40公里，也就是一个马拉松那么远的距离之后，还能马上投入战斗的，这才能算是合格。这基本上就是训练特种部队的标准。

这就是吴起的军事改革,把原来战场上无足轻重的农民,改造成了特种部队。他把这些杀人机器叫作"武卒",凡是能通过武卒训练的,免除全家徭役,优秀者提拔为军官,成为新的贵族。

就这一条,就让农民们像疯了一样地训练。从那时候起,相当长的一段时间里,"魏国武卒"四个字,就相当于杀人机器。各国士兵只要看见他们的旗帜,那都是转身就跑,可以说是无敌于天下。

当然,吴起的本事远远不仅仅是训练士兵。他是一个军事天才,不仅可以当元帅,还可以当军师,行军打仗的各种细节他全都很了解。他写了一本书,叫作《吴子兵法》,一直流传到今天。

李悝和吴起在魏国的这套改革方案,可以概括为一句话:从经济、政治上双重打击既得利益者,让底层老百姓有上升空间。古今中外,大的、成功的社会改革基本都是这个模式。

西门豹革除陋习

魏文侯任用吴起变法的同时,还任命西门豹等人加强农业治理,兴修水利。当时邺这个地方的官员和巫婆、地痞勾结起来,制造了"河伯娶妻"的骗局,经常把少女们扔到河里,说是给河伯当老婆,父母若舍不得女儿嫁河伯,那就要出钱。

面对这么明显的骗局,西门豹没有第一时间揭穿,而是捏着鼻子说,这新娘子也实在是太丑了,然后下令,把巫婆和他的弟子们都扔到河里,说你们先去告诉河伯大人,让他老人家先忍几天,我这就给他找更漂亮的新娘子。

这一招,吓得地痞官员们魂不附体,一个个跪地磕头求饶。就这样,一个延续了上百年的陋习马上就废除了。之后西门豹带着魏国百姓建造了无数大型水利工程。从此之后,邺城就成了天下粮仓,后来袁绍和曹操都曾以此为据点争霸天下。

三、孙膑的报复

有人有兵还有粮,魏国很快就横行天下,先是对一直欺负魏国的秦国动手,直接夺取了黄河以西秦国的大片土地。

前409年,魏国在原来秦国的地盘上,建立西河郡,吴起任郡守。前408年,魏国大将乐羊吞并了中山国——乐羊有个后代叫乐毅,后来投奔了燕国,也是一代名将,诸葛亮经常把自己比作管仲、乐毅。从前405年到前391年的十五年间,魏国还多次和赵、韩两国联手东进南下,打得齐国和楚国节节败退,可谓是盛极一时。

可以说,战国早期,经过变法的魏国,真的是隐约之间有吞并天下的气势,而且他们把诸侯第一强国这个称号保持了一百多年,一直到前340年左右,因马陵之战败给了齐国的孙膑,河西之战又败给了秦国的商鞅,才开始衰落。

那时,其他诸侯国看见魏国强大之后,纷纷抄袭它的改革,许多魏国的人才,也外流到各国。

吴起后来跑去了楚国;魏国大将乐羊的后代乐毅后来成为燕国的军事家;齐国的孙膑和秦国的商鞅这两位天才人物,最早本来也是去魏国混饭吃的,结果魏国人有眼无珠,才导致他们跑到了齐国和秦国。

先说孙膑。关于他的生卒年和真正的名字,史书上都没有明确记载。有人说他是春秋时代吴国孙武的孙子,这个无可考证。前面说过,连孙武本身都很有可能不存在,更别说他孙子了。

据说孙膑曾经和庞涓一起在鬼谷子那里学习。鬼谷子这人也是一个谜,具体有没有这个人,谁都说不清楚。据司马迁说,后来纵横天下的苏秦和张仪也都是鬼谷子的学生。

不管鬼谷子是不是真的存在过,庞涓在魏国当上了将军是事实,孙膑这个老同学去投奔他也是事实,庞涓对这个老同学相当地"关心"更是事实。他伪造了孙膑的信,然后向当时魏国国君魏惠王告发孙膑私通齐国。

相比刚来到魏国的孙膑,魏惠王自然是更相信他的大将庞涓。就这样,孙膑因为间谍罪,被砍了双腿,脸上刺字,扔到了猪圈里。

到了这个地步,孙膑只能装疯,经常往自己嘴里填点猪粪和泥巴,最后成功地骗过了庞涓和魏惠王,逃到了齐国。

他为什么叫孙膑呢?"膑"这个字,本是古代的一种刑罚,指剔去膝盖骨。他就是因为受了这种刑罚,现在才被我们称呼为孙膑,至于他真名是什么,没人知道。

孙膑逃到了齐国之后,投靠到田忌门下。田忌是齐国国君家族的公子,经常和齐威王赛马,因为齐威王的马比田忌的好,田忌就经常输掉比赛。孙膑看过一次比赛之后,对田忌说,您要是真心想赢的话,我可以帮你,我有必赢之术。

田忌自然是不信的,但是孙膑趴到他耳边如此这般说了一番之后,田忌连连点头,喜出望外,就和齐威王约定再赛一次,不过赌注加大,赌一千金。齐威王马上答应了。比赛那天,当齐威王的头等马牵出来之后,田忌的奴仆牵出了无足称道的下等马;等齐威王的中等马出来之后,田忌这边牵出来的却是神骏异常的上等马;最后一轮,田忌的中等马又赢了齐威王的下等马。

这就是孙膑的策略:"今以君之下驷与彼上驷,取君上驷与彼中驷,取君中驷与彼下驷。"三场比赛下来,第一场输得相当难看,剩下两场赢得极其漂亮,总成绩就是田忌赢了。齐威王一点也不糊涂,他先给了田忌一千金,然后就问,谁给你出的这么高明的主意?就这样,孙膑被齐威王看中,拜为军师,统领齐国军队。

随后就发生了前354年的桂陵之战和前341年的马陵之战。两场战争都是魏国首先生事,进攻别的国家,齐国去救援。桂陵之战是魏国进攻赵国，田忌和孙膑打着救赵国的旗号出兵，攻打魏国都城大梁，然后在半路上设伏，抓住了急忙回来解救都城的庞涓，著名的成语"围魏救赵"说的就是这次桂陵之战。

后来庞涓又被齐威王放回魏国。十三年之后，魏国又派庞涓攻打韩国，孙膑故伎重演，还是去打魏国首都大梁；前方的庞涓没办法，只能叹了口气，回兵去救，最后在马陵兵败，自刎而死。

从此之后，魏国由盛转衰，扩张的脚步基本上就停下来了。所以说，庞涓和魏惠王挖掉了孙膑的膝盖骨，孙膑回头砍下了庞涓的脑袋和整个魏国的脚，这样的报复确实令人胆寒。至于说孙膑对后世的贡献，只需要一句话：中华历史上不仅有一部《孙子兵法》，还有一部《孙膑兵法》。

如果你问，当年魏惠王要是留下孙膑，或者干脆杀了孙膑，历史会怎么样？很可惜，历史从来都不允许假设，我回答不了这个问题。不过我觉得魏惠王真的要好好反省一下，因为这种错误他不是第一次犯，相比而言，孙膑的这个错误还不算大，因为上一次他犯错的时候，那人的名字叫商鞅。

魏惠王是怎样完美错过商鞅的呢？前360年，魏国相国公孙痤要死了，魏惠王去看望他，问公孙痤，要是您去世了，谁能帮寡人治理国家呢？公孙痤说，我手下的公孙鞅年纪虽小，但是个奇才。魏惠王不说话，公孙痤马上让奴仆们回避，然后对魏惠王说，您要是不想用这个公孙鞅，一定要把他杀了，否则他跑到别的国家去，我们魏国就危险了。

等魏惠王一走，公孙痤随后又把公孙鞅叫了进来，说你赶紧跑路吧，我刚才向魏王推荐你，并且说如果不用你就把你杀了，看样子他不会用你，你马上就大祸临头了，你也别怨我，我这是先公后私，先君后友。

公孙鞅淡然地说，感谢您对我说了实话，但魏王既然不肯听您的话重用我，又怎么会听您的话把我脑袋砍了呢？

于是，公孙鞅该吃吃该喝喝，结果还真的就是啥事没有。再说魏惠王，他出了公孙痤的门，对着左右长叹一声道，公孙相国这么好的一个人，怎么病得这么厉害呢？居然让我用一个小年轻为相，还说不用就杀了。赶紧让医生再来看看他，是不是脑子烧坏了？

几十年后，魏惠王终于明白了，临死之前的公孙痤一点也不糊涂，脑子烧坏了的恰恰是他魏惠王，不过那时候已经太晚了。

这个公孙鞅就是后来的商鞅。

018. 商鞅变秦法

公孙鞅后来被称为商鞅,是因为他在秦国改革成功之后,秦王把一块叫作商的土地封给他。

商鞅为什么从魏国跑去了秦国呢?原来,公孙痤死后,商鞅虽然没被魏惠王杀掉,但基本上算是失业了,为了混一口能吃饱的饭,他只能去别的国家想办法。

就在这个时候,秦国新上任的国君秦孝公发布求贤令,向天下进行招聘。招聘广告最后一句是这么说的:"有能出奇计强秦者,尊官,与之分土。"换成现在的话就是,只要你干得好,职位、薪水待遇很高不说,还给股份。

商鞅看见这个广告之后,一刻也没犹豫,起身打包去了秦国,锅碗瓢盆可以少带点儿,但是李悝制定的《法经》是一定要带的。商鞅把《法经》抄了一份,带在身上。他到了秦国之后,受到了秦孝公的宠臣景监的赏识,他和公孙痤一样,无比坚定地认为商鞅是一个千年不遇的人才。

一、商鞅变法为什么能成功

据司马迁《史记》记载,在景监的强力推荐之下,秦孝公先后见了商鞅三次,第一次商鞅讲帝道,就是尧舜治理天下之道,秦孝公听得昏昏欲睡;第二次商鞅讲王道,也就是周文王、周公如何治理天下的,孝公觉得这家伙就是瞎扯，然后对景监说，你推荐的都是什么人？

在景监的坚持下，孝公又见了商鞅一面。这一次商鞅开始讲霸道，就是齐桓公、晋文公等是如何称霸天下的。秦孝公终于觉得商鞅这人还可以，出来对景监说："汝客善，可与语矣。"意思是你这个朋友还不错，和我聊得挺开心，但还是没说要提拔商鞅。

景监回来和商鞅一说，商鞅笑了，说现在我知道大王需要什么了。等商鞅第四次见到秦孝公时，他不再谈论道，什么帝道、王道、霸道都不谈；直接谈术，富国强民之术、开疆扩土之术。

术和道有区别吗？有。道可以比作是长远规划、战略目标，短时间内是看不到什么好处的；术就是政策和法规，短时间内效果显著。秦孝公对商鞅说，你前几次讲的道虽然好，但是我活不了那么长时间，有什么用？还是你现在说的这些看起来有用一些。

就这样，在得到秦孝公的支持之后，商鞅开始在秦国变法。现在我们提起商鞅变法，可谓尽人皆知，只要是中国人，受过一点教育，基本都知道。

实事求是地说，商鞅变法的基本思想并不是他的，而是抄魏国李悝的，并且融合了其他国家的一些先进经验，比如说在楚国已经推广很久的郡县制。

这就是为什么商鞅之前的李悝和他之后的韩非子，头上都顶着法家学者的帽子，而商鞅，我们就只能称之为政治家。不过商鞅这个政治家不是一般的政治家，而是中国古代六大政治家之一，按时间顺序他排第二，前面是管仲。

具体来说，商鞅的变法内容大概是五项：第一废井田制，土地私有；第二废世袭制，实行军功制；第三废封建制，行郡县制，建立户口制度；第四重农抑商，奖励种田和织布；第五明法令，赏罚分明。

这五项内容，没有一条是商鞅的独创。废井田、废世袭是李悝变法的主要思想，甚至管仲时代就有了；废封建行郡县是楚国先开始搞的；至于说重农抑商，这是周王朝的传统项目；最后一个赏罚分明，还是李悝的思想。

不过事实是商鞅成功了，而且不是一般的成功，他把一个落后的边陲中等国家，一下子提升到一流强国，最后还兼并了天下。

这里面有很多原因，最重要的一条就是，秦孝公和商鞅在前人的基础之上，改革之路走得更彻底，更高效，更全面。

比如说世袭制，李悝在魏国只是废除了这个制度，但具体用什么制度来提拔和封赏官员，李悝没有明说，只是说根据才能来决定是不是让你当官。这就麻烦了，有没有才能这事没法量化，一个老贵族颤颤巍巍地说另一个贵族有才能，你是封还是不封？结果就是，魏文侯死了之后，魏国又渐渐地变成了贵族统治。

商鞅在这一点上没有犯同样的错误。他废除了官员爵位世袭之后，马上采用军功制度和农功制度。军功制度就是按照军功，设立20个爵位等级，一个普通士兵只要在战场上干掉一个敌人，把对方的脑袋带回来，马上就可以进入爵位的第一级，给你一座房子、一个仆人和一项田地。所以后来中国人就把战场上砍下来的敌人脑袋叫作首级，"首"就是脑袋，"级"就是级别，意思就是这能保证我进入爵位的第一级。后面的19个爵位基本都是按照砍掉敌人脑袋数量来决定的。

这样一来，秦国的士兵上了战场，眼前晃动的，那就不是敌人的脑袋，而全都是大个的金元宝、房子、车子等等。同时，商鞅对于秦国人私下的打架斗殴严格禁止，无论谁对谁错，一旦发现私下里打架，一定严惩不贷。

司马迁在《史记》里总结得很好。他说变法之后，秦国人"勇于公战，怯于私斗"，他们为国家打仗的时候嗷嗷叫，和隔壁邻居绝对是只动嘴不动手，也就是只为爵位、官位打架，不为蝇头小利和邻居斗殴。商鞅这个新的军功制度，为秦国造就了一批虎狼之师，也可以说是杀人机器。

至于说高效，除了秦孝公的大力支持，最重要的是让老百姓相信。只有大家相信新的法律，才会敬畏这个法律，然后全国人才会乐意执行，效率才能高起来。

商鞅在颁行新法前为了让老百姓相信，派人在国都后边市场的南门竖起一根三丈长的木头，对老百姓说，谁能把木头搬到北门，立即获得赏金十两。百姓们很奇怪，这活儿太简单了，和白捡钱差不多，是不是有陷阱？就没人去搬。随后商鞅将赏金逐步上升，一路追加至五十两，终于有人忍不住了，将木头搬到北门。商鞅二话不说，马上就给了五十两。这一下老百姓就知道了，这个叫公孙鞅的人说话是算数的。

等到后来新法颁布之后，有些贵族反对，也有些人赞同，天天跑到商鞅面前，要和他辩论，或者来恭维他。反对的不用说，商鞅直接就把他们关起来。赞同的，也不优待，同样关起来。他用这种方式告诉大家，国家法律不是你能议论的，你只能做一件事，就是按照法律去做事。

据说他为了推行新法，曾经在一天之内，砍了七百人的脑袋，并且一视同仁，不管你是老百姓还是贵族，除了秦孝公父子两个，其他任何人触犯了法律，一律治罪。太子的老师因为教导太子无方，触犯了他的新法，他居然把他的鼻子割了下来，这位老师从此闭门不出。

总的来说，商鞅在秦国的变法有三个特点：一是采众家之长，二是执行得更彻底，三是铁血推行新法。我也不和你讨论，反正你同意要执行，不同意也要执行，敢于对抗的，一律镇压。

关于这一点，商鞅在和秦孝公的一次对话里说得很明显："民，不可与虑始，而可与乐成。"意思是，和愚昧的老百姓商量着怎么改革，那就是浪费时间，到时候和他们一起享受改革成果就行了，谋大事者不谋于众。自信之心跃然纸上。

那么变法的效果如何？《史记》上的记载是："行之十年，秦民大说，道不拾遗，山无盗贼，家给人足，乡邑大治。"商鞅和秦孝公成功了。

二、商鞅的结局

商鞅后来被五马分尸，因为他在改革过程中施行铁血政策，不讲情面，和很多秦国的贵族结下了梁子，这里面也包括了秦国的太子，秦孝公的儿子。

前338年，秦孝公魂归天国之后，那些对商鞅恨得咬牙切齿的秦国贵族们马上就开始反攻倒算，对商鞅下手。千古以来，想要弄死一位大臣，最合适的理由就是谋反。"商君欲反"，这四个字，马上就摆在了同样对商鞅有刻骨仇恨的新秦王秦惠文王的茶几上。

什么叫欲反？就是你现在没造反，但是你马上就要反了。商鞅一听就知道坏了，因为说你造反你还可以用事实来反驳，说我没造反；可是说你想造反，那还怎么反驳，总不能真把心挖出来给人家看吧？

商鞅只能选择逃离。他一路逃到秦国边境，天色已晚，想找个旅店住宿。店老板说，阁下请出示"身份证"。商鞅哪里敢暴露身份，就说忘了带了。店老板马上说，我们秦国的商君制定了规矩，要开房，必须有身份证，否则您要是逃犯，查出来我和你同罪。据说商鞅只好仰天长叹："为法之敝一至此哉！"这就留下了一个成语"作法自毙"。

没办法，走投无路的商鞅只好回到自己在秦国的封地，正儿八经地对抗政府军。换句话说，他真的造反了。很可惜，他是政治家，不是军事家，一败涂地之后被乱军杀掉，死了之后尸体还被拉回咸阳，处以车裂，也就是五马分尸，并且全族被灭，满门抄斩。

不过，那个对商鞅一点儿好印象也没有的秦惠文王虽然杀了商鞅泄愤，但却相当有眼光，对于商鞅的改革措施，他全都当作珍宝一样留了下来。这就是秦国最后能统一中国的一个非常关键的法宝：政策有连续性。

三、各国改革潮

政策连续性的重要程度，我们可以对比一下同时期的楚国吴起变法。吴起在魏文侯去世之后，和魏国继任的魏武侯搞不好关系，最后只能离开魏国，投奔楚国。

当时楚国的楚悼王非常欣赏他，任用他在楚国实行了变法。从前386年到前381年，吴起的变法经过了五年，内容基本上和商鞅的差不多。我们应该知道，不是吴起学商鞅，而是商鞅学吴起，因为吴起楚国变法比商鞅秦国变法早了二十几年，像前面那个搬木头给金子的办法，就是吴起在楚国发明的，被商鞅原封不动地搬到了秦国，又用了一次。不过归根结底，他俩都是学李悝的。

这些不是重点。重点是，前381年，楚悼王去世后，和商鞅一样，吴起马上被反对改革的势力整死了；但是和秦国不一样的是，吴起一死，楚国尽废他的新法，开历史的倒车，走了回头路。结果是老太太过年，一年不如一年，就此衰败。

这件事，后来法家集大成者韩非子有一个总结："吴起之后，楚不用吴起而削乱；商鞅之后，秦行商君而富强。"

最后总结一下，这两节只是简单地说了魏、秦、楚三国的变法和相关人员，实际上，在整个战国期间，先后出现过三轮变法浪潮：第一轮是魏国李悝变法与楚国吴起变法，第二轮是齐国邹忌变法、韩国申不害变法、秦国商鞅变法，第三轮是赵武灵王胡服骑射和燕昭王变法。

前面说过，战国最大的特征就是改革，变法图强，而且各国的变法措施都涉及了经济、政治、军事、文化四大基本方面。看看战国七雄，有一个没干过改革这事的吗？没有，而且大改大受益，小改小受益。

019. 天下我纵横

前 329 年,一个穿得破破烂烂的人走进了秦国首都咸阳。

不知道他用了什么方法,得以见到秦惠文王,提出了一个策略,之后就被秦惠文王拜为客卿,不久又被拜为相国。"朝为田舍郎,暮登天子堂。将相本无种,男儿当自强。"战国时代,各国急需人才,这种旦夕之间一步登天的事并不少见。

这个人名叫张仪。

一、张仪的连横

张仪提出的策略是,秦国要和魏楚两国保持睦邻友好关系,然后进攻韩国,进而可以和洛阳的周天子联手,再回来攻打魏楚两国,最后吞并天下。

张仪把自己的策略叫作连横。因为,秦国在西边,无论和魏、楚,甚至和六国里面任何一个国家交好,都像是在地图上画了一道横线,当然,对于别的国家,这是一条致命的横线。

张仪也是魏国人,这又一次证实了魏国是货真价实的"战国人才库",人才都是它培养的,然后拱手送给其他国家。不过张仪在魏国的时候一点儿也看不出来是人才,整日游手好闲,无所事事。他在楚国的遭遇也很不妙。当他在楚国某一位贵族门下当食客的时候,有一次去参加楚国相国的晚宴，吃完了饭，这位相国发现丢了一块宝玉，参加宴会的众人认为张仪"贫而无行"，一致认定张仪是盗贼。张仪被打了个半死，扔回了家。老婆哭着说，让你不要读书，不要到处乱说话，好好种地，你如果听我的话，今天怎么会受此屈辱？张仪艰难地把嘴张开，问老婆："舌尚在乎？"老婆破涕为笑，说还在。他长出一口气说，那就好，舌头在，将来就有荣华富贵。

经过多年苦读和思考的积累，张仪确信了两件事：第一，秦惠文王有统一天下的野心；第二，连横对秦国是最好的策略。接着就出现了上面说的一幕，他成功地游说了秦惠文王，成了一名新的贵族。

稍微对历史有些了解的人都知道，与连横相对的就是合纵。什么叫合纵呢？打开战国的地图可以看到，相对于秦，燕、赵、齐、韩、魏、楚这六个国家是南北，也就是"纵向"分布的，那么，合六国之力对付西边孤单却很强大的秦国，就是合纵。后来延伸到六国中任何一两个国家的联合，也叫合纵。

连横和合纵，合起来就是纵横，提倡并且实施这两种策略的，就叫纵横家，纵横家也是百家争鸣里面的一家。实际上，这些人现在有另一个称呼，叫外交家。

是的，除了改革家，纵横家也是战国时期决定天下局势的重要力量之一。张仪是连横的代表，和张仪对抗的合纵家，主要有两位：惠施和公孙衍。

二、惠施和公孙衍

惠施，尊称惠子，和张仪差一两岁。有关他的故事，你也许都知道。中国有句俗语，形容别人很有才，叫"才高八斗，学富五车"。"才高八斗"指的是曹操的儿子曹植，"学富五车"指的就是惠施，据说他家的藏书多到要五辆车才能装下。

有一次庄子在桥上感慨,河里的鱼可真是快乐啊,旁边一个爱较真的人马上就反驳他:"子非鱼,焉知鱼之乐?"抬杠抬得这么有水平,堪称杠精的这位,就是惠施,庄子最好的朋友,合纵策略的首创者。

惠子本是宋国人,但他主要活动的国家还是那个"战国人才库"魏国。从他在魏国任职的第一天就坚持一点,一定要和齐国、楚国搞好关系,一致对抗秦国。所以,严格来说,惠子是提出合纵抗秦的第一人。

前322年,已经取得秦王信任的张仪代表秦国游说魏惠王,提出秦魏联合攻打韩国,然后秦国得三川地区,魏国拿走南阳。这明显就是张仪主张的连横策略,对秦国的好处是大大的;但魏惠王目光短浅,居然就同意了,他还十分欣赏张仪,任命他为魏国相国。

可是张仪已经在秦国领工资了,还能在魏国当官?这在战国时期是可以的,后面你还会看到更令人惊奇的——有个人担任了六个国家的相国。

惠子苦劝魏惠王不听,只能黯然神伤地离开魏国。

就在张仪的连横计策快要成功的时候,一个从秦国跑出来的人直接来到了魏国,对魏惠王说,您不是就想要南阳这块地方吗?不用和秦国联手,我给您拿过来。之后他来到韩国,对韩王说,如果秦国和魏国联手攻打你们韩国,你们招架得住不?韩王一听急了,说韩国怎能打得过秦魏这两个强国联手?来人就说,如果招架不住,到时候您就会失去三川和南阳两块地方;不如您现在就和魏国讲和,把南阳给他们,然后两家一起对付秦国,这样,您能保住三川,还能长治久安。

韩王认为他说得对,决定照办。于是张仪的计策彻底破产,韩魏两国变成了同盟,连横一下子就成了合纵。

这个计策巧妙极会游说的人,叫公孙衍,战国时期合纵的另一位倡导者。他本来是个秦国将军,张仪到了秦国,得到了秦惠文王的信任之后,发现公孙衍深受秦王的敬仰和喜爱,就使出了各种计谋,陷害公孙衍，最后硬是把他给挤走了。

公孙衍憋了一肚子的火，从此就盯着张仪，一看他去魏国鼓吹连横，紧跟着就也来到了魏国，破坏他的好事。眼瞅着没费一兵一卒就拿到了南阳地区，魏惠王也是相当高兴，就重金奖赏公孙衍，疏远了张仪。

到了前 319 年，魏惠王死了，魏襄王即位，此人极其讨厌张仪，就把他赶回了秦国，接着又召回了惠子，让他和公孙衍合作，一起领导合纵抗秦的工作。随后就发生了"五国相王"的事件，惠子和公孙衍联合了韩、魏、赵、燕和中山五个国家，大家约定取消原来的称呼，都改称王，而且互相承认对方的王号，热闹一番之后，撸胳膊挽袖子准备和秦国开战。

"五国相王"标志着诸侯们已经不满足于偷偷摸摸在自己家里当"王"过瘾了，而是集体蔑视了周天子的权威。

前 318 年，在公孙衍和惠子的主持下，韩、赵、魏、燕、楚五国大军实行合纵策略，开始伐秦。一开始很顺利，一路横扫过去，到了函谷关却吃了一个大败仗。一看要吃亏了，谁也不想先吃亏，大伙儿很一致地集体向后转跑路，合纵失败了。

就这样，从前 329 年左右张仪入秦开始，基本上合纵和连横一直都是处于平衡状态。秦国稍微强一点，其他六个国家就组成合纵对付秦国，那秦国就只能连横，勾引其中一家或者几家，合纵就被瓦解了；然后秦国变得强势，大家又再合纵，周而复始，不断循环。六国彼此勾心斗角，干不掉秦国，而张仪也没什么好办法替秦国真的破除了六国的合纵。

三、秦吞巴蜀

秦国东进的路不太顺利，却意外地得到了南边的一块大肥肉，那就是巴蜀。我们都知道，今天的重庆市和四川省的另一个称呼就是巴蜀，古时候这里有两个国家，东边的叫巴国，西边的叫蜀国，也叫古蜀国。

虽然挨着，看起来像好朋友，实际上不一样：巴国是周王朝封的一个子国，蜀国则是完全不同于中原周文明的另一种文化，而且是独立发展出来的，著名的三星堆文化就在古蜀国。有些人甚至认为，这应该是来自古代美索不达米亚文明的一支，从西边而来，定居在四川盆地而已。

那么当年周王朝统一天下的时候，为什么没把蜀国给灭了？原因也很简单。早在周文王还很弱小的时候，古蜀国就帮着周人打天下了。后来群雄争霸，它又在偏远地区，大家也顾不上它；而且古蜀国交通不便，一千多年后，诗仙李白还抱怨那里路况太差，为此写了《蜀道难》这首诗。

前 316 年，蜀国开始进攻巴国。巴国是中原文化圈子里的，和秦国关系一直不错，而且这时候合纵连横正好处于胶着状态，秦国军队正好闲着，秦惠文王就让张仪和司马错带兵去看看。这一看，就直接把蜀国给灭国了。

在班师回秦的路上，张仪觉得没打过瘾，顺便把巴国也给灭了，巴国国王变成了秦国的"君长"。从此之后，巴蜀就变成了地区的名字，被秦国收入囊中，秦惠文王还设置了一个汉中郡，就是后来刘邦的大本营。

秦国吞并巴蜀是不是小事一桩呢？可以这样说，当时看起来，就是小事一桩；可是现在看起来，那意义不是一般的大，你想有多大它就有多大！

第一，巴蜀又名天府之国，是粮仓，秦国自此以后，后勤保证不是问题了；第二，秦国统一天下最大的障碍是齐和楚两国，占据巴蜀之后，秦从侧翼包围了楚，要不然，楚国绝对没有那么快就完了。

四、张仪骗楚

前 313 年，吞并了巴蜀之后的秦国又准备东进，想去打齐国。可是齐国和楚国那时候是合纵国，打齐国会招来楚国的攻击，张仪就对秦惠文王说，我去楚国走一趟，看看能不能把它们给拆散了。

当时楚国的国君是楚怀王，他手下有个大臣，叫屈原。屈原并不是大家想象中的只是一个诗人，他二十来岁的时候就当上了楚国的左徒，比宰相仅仅低一个等级，而且深得楚怀王的信任；只不过他继吴起之后在楚国搞第二次改革，得罪了一批权贵和楚怀王的宠妃郑袖，渐渐地被边缘化了。张仪来的时候，屈原正好靠边站，所以，两人没什么交集。

张仪到了楚国，一见楚怀王就说，我给大王贺喜来了！我们大王说了，愿把商於一带的六百里土地给楚国，条件只有小小的一个，您得和齐国分手，和我们结盟。

楚怀王一听，觉得不错，反正和齐国的联盟，正经历七年之痒，前几个月两国还狠狠地吵了一架，于是就很高兴地答应了张仪的要求。

有一些讲历史的人，评价说楚怀王背信弃义，其实在战国时代，各国最大的特征就是朝秦暮楚，早上还为秦国做事，晚上就变卦了。六百里土地，对当时任何一个国家的君主来说，都是有诱惑力的。当时楚怀王手下的大臣都觉得楚怀王的决定很划算，只有一个叫陈轸的大臣反对，而且他不是反对和齐国断交，是反对张仪这个人。

陈轸来自陈国王族陈氏，也是一个纵横家——当我们说某个人是战国纵横家，你应该要会心地一笑，因为我们都明白，纵横家是没有国籍的，我不好意思说他们有奶就是娘，不过也差不多。

陈轸和公孙衍一样，本来是在秦国混饭吃的；后来张仪去了，几个人在秦惠文王面前争风吃醋，打得不亦乐乎。《史记》写道："俱事秦惠文王，皆贵重，争宠。"陈轸和公孙衍溜须拍马、见风使舵的功夫不行，败下阵来，公孙衍去了魏国，陈轸来到了楚国。

陈轸知道张仪是什么德行，所以他就对楚怀王说，大王您可千万别信张仪，他一肚子坏水，这事儿里面肯定有鬼。当时的楚怀王，虽然也知道尔虞我诈，但是他也不相信一位堂堂的秦国相国，会在大庭广众之下公然欺骗他。所以他不听陈轸的劝告，最后听烦了，还呵斥陈轸：闭嘴，看寡人拿地！

陈轸吓得立马闭嘴，不敢再说话。顺便说一句，中国有两个成语，"画蛇添足"和"卞庄刺虎"都和这位陈轸先生有关，感兴趣可以去查一查。

那楚怀王拿到这六百里地没有呢？自然是没有。他乐呵呵地写好了断交信，让人送去齐国，然后就派人跟着张仪回秦国拿地。可是张仪回到秦国就病了，整整三个月，就像大姑娘一样大门不出，二门不迈。

楚怀王以为秦国在怀疑他，担心他不能真和齐国断交，所以拖着不给地，就做了一件很愚蠢的事情，派了一群嗓门奇大的壮汉，借道宋国，跑到齐国边境骂齐宣王。啥难听骂啥，齐国国君祖奶奶文姜的那点儿事也被翻出来炒作一番。是可忍孰不可忍，齐宣王立马就昭告天下，和楚国断交。

这时候，张仪的病终于好了，他一出门就看见楚国使者可怜巴巴地等在外面，立刻做出很惊奇的样子说：哎，你怎么又回来了？楚国使者是一脸无奈，相国啊，我就没走，你不把商於六百里土地给我，我回不去啊。张仪这时候把脸一变：什么六百里，我当时说的是六里，要就要，不要拉倒。顺便告诉你，我们秦国刚刚和齐国建交。

楚国使者终于领教了无赖两个字是什么意思，回去告诉了楚怀王，后者差点儿气疯了，马上调集军队，进攻秦国。可是在秦齐两国的夹攻之下，楚国毫无悬念地大败而归，损兵折将，丢了一些土地不说，还要割让两座城池给秦国。我觉得，楚怀王没被活活气死，说明他真的心很大。在这个回合，张仪的连横策略大获成功。

两年以后，秦惠文王突然又觉得黔中这地方不错，就又给楚怀王写信说，我用武关换你的黔中如何？楚怀王的回信很快，只有一句话：我不要武关，你把张仪给我就行。由此可见，楚怀王虽然心大，但两年过去了，对张仪的恨却丝毫也没减少。

秦惠文王就有点儿犹豫，估计是良心上有点过不去。张仪劝道：咱秦国比楚国强大，我做秦国的使者，楚国怎么敢杀我？就算他把我杀了，能给您换回黔中这块地，那我情愿去死。

于是秦惠文王就又派了张仪去楚国。很自然地，张仪一到楚国就被抓起来，扔进监狱，等着下油锅。不得不说，张仪虽然是一个大骗子，但这次的表现确实很有勇气。他的勇气有很大一部分来自楚国的内线——靳尚，当时楚国的相国。

靳尚私下里对楚怀王的宠妃郑袖说，您知道吗，您也许就要失宠了。张仪被我们大王抓起来了，听说秦国要用很多土地和美女来换回张仪，我估计大王一定会答应交换的，到时候一大群美女来了，大王怎么会还喜欢你？趁着现在大王还不知道秦国的计划，您想想办法吧。

郑袖一听，跑去哭哭啼啼地对楚怀王说，张仪只不过是奉命行事，有什么错？现在你还没把黔中的土地给秦国，张仪就过来了，对您实在是太尊重了，您却要杀掉张仪，那样的话，秦国一怒之下攻打我们，我们还怎么活？

结果，张仪毫发无损地从楚国监狱里走了出来。不仅如此，在他一番辩解之后，居然重新成为楚怀王的座上宾，又把楚怀王变成了秦国的盟友。

屈原这时候已经回到了楚国中央，劝说楚怀王不能相信张仪和秦国，难道以前的教训还不深吗？结果直接被流放了。

总的来说，从前313年，一直到张仪去世这段时间，连横占了上风。张仪像打了鸡血一样，一个国家一个国家地溜达，所到之处，合纵基本就会瓦解，韩、齐、魏、燕相继都背叛合纵同盟，转身和秦国交好。

五、如何评价张仪

前 310 年，秦惠文王死了，秦武王即位，这一下张仪有麻烦了。因为秦武王做太子的时候就不喜欢张仪，等到他当上秦王之后，一群对张仪不满已久的大臣借此机会纷纷上书，说张仪是大骗子，不讲信用，反复无常，秦国用这样的人，会被各国瞧不起。

张仪马上就陷入了和商鞅差不多的境地，下一步就等着别人告他谋反了。不过他毕竟不是商鞅那种一心只想变法的死脑筋，他会自救。他对秦武王说，自己可以去魏国，劝说魏国和齐国打仗，到时候秦国就可以坐收渔翁之利。秦武王觉得这件事不错，就放张仪去了魏国。

一年之后，张仪死在了魏国，这一年是前 309 年。

历史上对张仪的评价基本上都差不多，诸葛亮说："长于驰辞，不可以结盟誓。"阴谋诡计玩得很好，但是做朋友就免了吧，怕被骗。

有意思的是孟子的学生景春和孟子的对话，景春问孟子："公孙衍、张仪岂不诚大丈夫哉？一怒而诸侯惧，安居而天下熄。"他的意思是张仪和公孙衍只要一发怒，诸侯国王们都畏惧害怕，他们一消停，大家都平安无事，所以，这样的人应该算大丈夫吧？

孟子的回答是，他们那样的人怎么可能算大丈夫呢？他们只是顺从主子的意思，就好像一个妇人、小妾顺从自己丈夫一样，这叫妾妇之道，不值一提。那什么才算大丈夫呢？孟子的答案是："富贵不能淫，贫贱不能移，威武不能屈，此之谓大丈夫。"千古以来，这句话激励了无数仁人志士。

战国时期另一个赫赫有名的纵横家评价张仪："张仪，天下贤士，吾殆弗如也。"张仪是天下的贤德之人，我赶不上他。

这个人叫苏秦。

020. 战国第一谋

早期的苏秦，和张仪差不多，也是混了一段时间江湖之后，钱都花完了，也没找到一个老板，很凄惨地回到了家乡，洛邑旁边的一个村子。村里人都笑话他，说你就是一个农民，不种地却想着一夜暴富，做梦吧？

苏秦没有张仪那样的幽默感，也不解释。结果就是他媳妇儿也特别烦他，招呼都不打，和没看见一样。这事搁到现在，那也是一个男人最大的羞辱了。当然，更过分的就是他大嫂，不仅不给他饭吃，还用各种话语羞辱他。

苏秦痛定思痛，找来一本手抄本，开始阅读。这个手抄本叫《阴符》，据说是姜子牙所著，上面都是如何玩弄阴谋诡计的，现在已经失传了。

他读书刻苦到什么程度呢？当他读书累了困了，打瞌睡的时候，"引锥自刺其股，血流至足"，拿着锥子自己扎自己大腿，血一直流到脚面上。有句话叫"头悬梁锥刺股"，头悬梁说的是汉朝的孙敬，锥刺股说的就是苏秦。

一、燕昭王求才

苏秦起家的地方公认是燕国。为什么他能在燕国得到重视呢？因为这时候燕国刚刚经历一场大乱，一个年轻有为的君主刚刚登上历史舞台，向天下发出了求贤令。

前面说过，燕国一直没啥存在感，可是前321年上位的燕王哙让它在诸侯间大大地出了一次名，这事儿是这样的：

燕王哙自视甚高，他把自己看作是尧舜。你要是说这事有啥稀奇，历史哪位君王不把自己看作尧舜？韦小宝不是也天天夸康熙是"尧舜禹汤"，而康熙也龙颜大悦吗？问题是，别的君王吹牛的时候就是吹牛，办事的时候就是办事，可是燕王哙把吹牛和办事混在了一起。他想学尧舜，觉得国王这个位置不能留给他儿子，要禅让给他手下的大臣子之。

权力不世袭了，不搞老子英雄儿好汉那一套，选贤任能，当然很美好；可惜，下面发生的事情一点都不美好。前314年，痛失国王宝座的太子平和大将市被反叛，燕国大乱。邻居齐宣王一看燕国内部打成一团，马上打着解救燕国的旗号冲了过去，抢地抢人抢牲口。

燕国的百姓倒了大霉，无数燕国男儿像牲口一样死去，无数燕国女人像牲口一样继续活着。当然，始作俑者燕王哙，刚当上燕王没几天的子之、太子平还有大将市被也全都被杀，子之更是被齐军直接剁成了肉泥。从这时候起，齐国在燕国人心里埋下了仇恨的种子。

齐宣王本想借此机会占了燕国，可是剩下那五个国家怎么可能让这样的事发生？于是一齐讨伐齐国。齐宣王最后也没办法，灰溜溜地撤军了。后来在赵国赵武灵王的主持下，燕国的公子姬职即位，这就是上面说的年轻有为的燕国君主，后世赫赫有名的燕昭襄王，也叫燕昭王。

燕昭王清醒地认识到，有了人才，国家才能发展，实力才能增强，于是就颁布了求贤令，四处寻找治国的良才。

一开始的时候，并没有人来。原因不太清楚，可能是因为北方的冬天实在是太冷了，那时候又没有暖气，大家都怕冻着。

燕昭王就很着急，问一个叫郭隗的下属，说怎样才能招来人才？郭隗就讲了一个故事，说从前有一个富商，非常喜欢千里马，愿意用一千金买一匹千里马，买了三年都没买到。这时候有一个人自告奋勇，果然，几天的工夫，此人就花了一千金，拉回一匹千里马，不过是死的，而且只剩下了骨头架子。富商气坏了，那个人就说，您用一千金买回一副千里马的骨头架子，还怕没有人给你送真的千里马吗？果然，只用了一年，这位富商就买到了三匹货真价实的千里马。

讲完这个故事，郭隗说，我就是那匹只剩骨头架子的千里马。燕昭王马上就明白了——来人啊，给郭先生升官。就这样，其他国家的人一看，就姓郭的那种人都能当官，我比他差啥呢？纷纷投奔燕国。很快，燕昭王网罗了很多人才，这里面就有从魏国来的乐毅、齐国来的邹忌，当然，还有我们正在说的，一贫如洗的苏秦。

二、"秦兵不敢窥函谷关十五年"

接下来的事情，应该就是《史记》上记载的，苏秦开始去各国游说，提倡合纵抗秦的光辉历史。只不过司马迁原来写的是从前334年开始，现在看来是从前310年开始，从这一年到前296年，诸侯攻入秦国的函谷关，正好是十五年，而这符合了《史记》自己说的，苏秦使"秦兵不敢窥函谷关十五年"。

《战国策》上记载了苏秦和各国君主的详细对话，看完对话，你会觉得苏秦真是天才中的天才。那里面展现出来的辩论水平，就算拿到今天去美国选总统，也是绰绰有余。不过，就是因为水平实在是太高了，我高度怀疑是后人伪造的。

在这期间，已经做了六个国家的相国，号称纵约长的苏秦，衣锦还乡了一次。据说他嫂子用五体投地的标准姿势表示欢迎。苏秦把她扶起来，然后问："何前倨而后恭？"以前你不给我吃的，还尖酸刻薄地讽刺我，现在咋就这么恭敬了？成语"前倨后恭"就出自此。

她嫂子面色平静，十分坦然地说出了一句话："以季子之位高而多金！"

季子就是苏秦的字。这句话的意思就是，我这么客气，还不是因为您现在高高在上的官位和口袋里满满的金钱。

在这位大嫂看来，你以前落魄，我瞧不起你，鄙视你，那很正常；今天你当官了，有钱了，我自然就要讨好你，巴结你，这也是天经地义的。我这里不得不感慨一句，人类历史几千年，古今中外，英雄豪杰无数，才子佳人很多，但是像苏秦大嫂这样诚实直接的人，还真是屈指可数。

说句不客气的话，那些指责她势利小人的，对"位高多金"四个字的崇拜和羡慕可能并不比她少，只不过这位大嫂是真"小人"，其他基本就是伪君子。

苏秦听了之后，也感慨了一句，人生啊，没有钱连亲人都瞧不起你，更何况别人呢？原话是"富贵则亲戚畏惧之，贫贱则轻易之，况众人乎？"与此同时，他也收起了狂傲之心。是的，人家对我态度好，只不过因为我是六国的宰相和纵约长，我苏秦比穷的时候更有才华了，还是更帅了？都没有！就算是一头猪，挂了这一串的相印，他们也会对着那头猪下跪膜拜的。既然如此，我苏秦和猪有啥区别，又有什么可以骄傲的呢？不得不说，现在我们有些人的思维境界，确实比不上两千多年前的古人。

在苏秦的合纵策略下，秦国和六国过了十几年大体安稳的日子，这中间除了春秋霸主越国被楚国灭掉算一件大事，还有两件事值得说：一个是秦武王把自己给砸死了，另一个就是赵武灵王的胡服骑射改革。这个我们下一节再讲，现在我们继续观看苏秦作为战国第一谍的精彩人生。

三、苏秦搅动五国伐齐

前面说过，在燕王哙禅让引发的危机中，齐国趁火打劫，差点让燕国亡国灭种。燕昭王即位后，无时无刻不在想着报复，他和乐毅、苏秦等几位心腹大臣商量的结果，是"与天下共图之"。换句话说，会合其他国家的力量一起干掉齐国。

如何让其他国家都同意出兵攻齐呢？他们觉得，帮助齐国吞并宋国是最好的主意，到时候燕国振臂一呼，大家肯定会响应。为什么要选宋国？因为宋国这只羊足够肥，还强弱适中。因为它很肥，说服贪婪的齐闵王去吃掉它就比较容易；可是因为它实在太肥了，齐闵王把它吞下去之后，周围的魏韩赵三国必然十分不甘心，而且愤怒。

那为什么还要强弱适中呢？因为太强了的话，齐国就没有能力单独干掉它，齐闵王就不会动手；但如果太弱了，齐国不费吹灰之力就拿下它，就不能起到伤害齐国的作用，那样一来，大家想整死它就比较费劲。

这个损招的关键之处，是要有一个人帮助齐闵王下定攻打宋国的决心，并且尽量离间齐国和其他各国的关系。这时候，苏秦挺身而出，为了报答燕昭王的知遇之恩，他主动要求去齐国做间谍。

于是就有了这一幕：前295年，一队由一百多辆马车组成的庞大车队，浩浩荡荡地驰入了齐国国都临淄的高间门，车里面坐着苏秦。这是他第二次从燕国来到齐国，表面的目的，是促进两国友好往来，共同进步，把合纵事业推向另一个高潮。

苏秦到了齐国后，和齐闵王相谈甚欢。齐闵王一心想在燕国或者苏秦的帮助下灭掉邻居宋国，很快就将苏秦封为齐国的武安君。

就这样，苏秦静静地在齐国潜伏了八年，他用这段时间完美地证明了，他就是那时候天下最出色的搅局者，成功地破坏了齐国和任何一个国家可能的长时间联盟。

到了前288年，西边的秦昭襄王鸿雁传书，给齐闵王来了一封信，说我尊称你为"东帝"，你也称呼我为"西帝"，咱们一起从王升级到帝，然后一起把赵国干掉，平分它的土地人口，你看咋样？这就是历史上有名的"齐秦互帝"。不过秦昭襄王还没有狂妄到像他后世子孙嬴政的地步，三皇五帝，他只敢和五帝比肩，不敢称皇。

接到秦昭襄王的倡议书之后，齐闵王挺高兴，就接受了。不过苏秦一琢磨，这事不对啊，现在的形势是秦国和齐国最强大，如果这两家联手，削弱甚至干掉了赵国，那对他和燕昭王的计划是大大的不利。他就跑去对齐闵王说，称帝这事儿，天下人都讨厌，如果您现在取消了帝号，就会让天下人憎恶秦国而喜欢您，如果您再和赵国联手去攻打秦国，那您的声望就更高了，顺便咱们还能把宋国灭了。

齐闵王想了一想，觉得让天下人认为自己比秦昭襄王高尚，是一件比得到赵国土地更美好的事情，于是只当了两天东帝，就放了秦昭襄王的鸽子，昭告天下，自己去除"帝"号，改回"王"的称呼，然后大骂秦昭襄王不要脸，联合韩赵魏楚一起攻打秦国。秦昭襄王气得跳脚大骂，但也没办法，也只能跟着放弃了西帝的称号，两边这才罢兵。

成功地搅黄了齐秦联盟之后，苏秦又去找赵国的相国李兑，说您今年的岁数也很大了，等到退休的时候在哪里养老啊？你们赵国这儿这么冷，您的老腿能受得了吗？我们齐国准备把宋国打下来，到时候送您老一块风景秀丽，四季如春的养老之地，您意下如何？李兑说苏大人您这个建议真是太暖心了，我接受。

就这样，前286年，在赵国的默许之下，齐国趁着宋国内乱，突然出兵伐宋，顺利攻破宋国都城。在这之后，宋国最后一位君主，康王偃出逃魏国，最后死在了那里。一个延续了将近800年的老字号诸侯，当年周武王亲口封的宋公国，就此彻底消失。

其实宋国之所以这么容易就被齐国给灭了，有一半的原因要归罪于宋康王。他在位这些年对外穷兵黩武，不断欺负周围的两个小国；对内骄奢淫逸，胡作非为。此人有一个外号叫"桀宋"，那他是什么德行，你基本就知道了，宋国在他手里被消灭掉，也不算冤枉。

可是齐闵王还没来得及欢庆胜利，早有准备的燕国就号召大家一起伐齐。这时候的齐国刚刚经历一场大战，国民疲惫，其他诸侯国既看出了齐国现在的虚弱，又怕它喘息之后消化了宋国，变得更加强大，于是正如燕昭王和苏秦谋划的那样，秦、赵、魏、韩四国对于讨伐齐国，让齐闵王把吃到嘴里的蛋糕吐出来这件事，是举双手双脚赞同。

这一年是前285年，攻打齐国的主将就是燕国大将乐毅。

四、关于苏秦的两个谜团

五国伐齐这场大战，我们下一节再讲，这里说一下史学界关于苏秦的两大谜团。

第一个谜团是，他到底是怎么死的。

根据《史记》的说法，在五国联军攻打齐国的第二年，也就是前284年，那些和他争宠的齐国大臣派刺客暗算他。苏秦在弥留之际，请求齐闵王在自己死后，把自己五马分尸，然后宣布自己为燕国的间谍，因为这样可以使得那些刺客前来领赏，从而给自己报仇。果然，这方法很管用，刺客们全部落网。

在我看来，司马迁的这个说法有很大的问题。苏秦被齐闵王宠信了十年，早不争宠晚不争宠，偏偏等五国联军都快把齐国灭了的时候，齐国大臣们才去争宠，这说不通。我赞同另一种说法，就是齐闵王那时候终于醒悟过来，苏秦这家伙原来是特务，于是直接把他五马分尸了。换句话说，苏秦不是被刺客刺死的，而是作为燕国的烈士，壮烈牺牲的。对于这件事，史学界还没有定论，你自己可以选一种相信。

第二个谜团是，他和张仪是不是同一时代的人。

根据《史记》《资治通鉴》和《战国策》这三种最最权威的史料，他和张仪是同一时代的，而且据说他受燕文侯的礼遇和信任，说服六国进行合纵，共同抗击张仪的连横，甚至张仪能到秦国去，都是他暗中操纵的。百家讲坛上也是这样说的。

我相信另一种说法,那就是苏秦要比张仪晚。这不仅是因为他比张仪晚去世将近三十年(而且还不是自然死亡),还有其他三个重要的佐证。

一是1973年长沙马王堆出土的《战国纵横家书》,证明了苏秦和张仪不是一个时代的人。二是《史记》上和张仪斗法的一直都是公孙衍、惠施和陈轸等人,很少看见苏秦的影子。苏秦如果在那时候就身佩六国相印,怎么会看不到活动迹象?三是上一节讲过的和张仪同时期的孟子师徒的对答,景春问的是,张仪、公孙衍是不是大丈夫,却没有问,张仪、苏秦是不是大丈夫。很显然,张仪的主要对手是公孙衍,不是苏秦。

有了这三条,再加上时间线的整理,我认为苏秦应该是比张仪晚一个时代的人。当然,现在史学界没有定论,我姑妄言之,你姑妄听之。

021. 燕赵起悲歌

苏秦死后，乐毅率领五国联军进入齐国境内，势如破竹，一路连下齐国七十余座城市，包括首都临淄。这时候，开始没有跟着五国伐齐的楚国，终于派出了军队，打出的旗号是"抗五援齐"，抵抗五国，援助齐国。

这一下把走投无路的齐闵王感动得眼泪与鼻涕横流，以为终于是有救了。谁知道楚国军队在占领了齐国淮北的大片土地之后，就把投靠他的齐闵王给杀了，然后宣布，楚国两边都不掺和，你们请继续。按照《战国策》的说法，齐闵王恐怕是历代君王里死得最惨的，他是被活活抽出筋挂在房梁上，疼了一夜疼死的，史书上说他"宿夕而死"。

当齐国被打得只剩下两座城池莒和即墨的时候，除了燕国之外的各国得到自己应有的好处，于是都撤回了国；而燕国的目标是彻底灭掉齐国，那自然是不能撤军，要死磕到底。主将乐毅这时候决定围而不打，同时约束士兵，不得骚扰齐国百姓，尽最大努力帮助齐国恢复生产，他要收买人心，让齐国人心服口服，彻底并入燕国版图。

一、燕国为什么没能灭了齐国

可惜的是，历史没给他足够的时间。三年之后，燕昭王死了，他儿子燕惠王即位，接着又是一个一朝天子一朝臣的俗套故事。燕惠王从小就看乐毅不顺眼。上台之后，周围人和他说乐毅可能要造反，自己做齐王。

燕惠王马上抓住这个谣言大做文章，派了大将骑劫代替乐毅任燕军统帅，把乐毅撤职了。

齐国即墨城里这时候带着大家抵抗的统帅叫田单。此人本来是首都临淄的一个市掾，也就是市场的管理员，临淄城破的时候，他仗着年轻腿快，跟着大家跑到了即墨城。即墨太守战死之后，他因为一直积极抗战，而且头脑灵活，被大家推举为新的城守。此人是一个军事天才，即墨城就是因为有他，才能坚守三年而不被乐毅攻破。

当知道乐毅被撤职之后，田单觉得机会来了。他把城里的牛都集中在一起，然后把它们的尾巴绑上浸了油的干草，晚上偷偷地牵出城外，一起点燃干草，一千多只屁股后面着火的大牤牛顿时就疯了，哞哞叫着冲向燕军阵地，后面跟着五千名杀气腾腾的齐国敢死队员。

一夜之间，燕军溃不成军，新上任的大将骑劫也被屁股着火的大牤牛给踩死了。

即墨城解围之后，田单趁势号召齐国全国反抗。不到一个月，当年齐国丢掉的70多座城市就回到了齐国人手里，燕军全部退回燕国国境，齐国神奇复国了。不过，经此一战，它也算是残废了，从此一蹶不振，再也没办法和秦国争雄。

这场战争只是成全了一个叫田单的市场管理员，他亲自在莒迎回了新的齐王齐襄王，自己被封为安平君、万户侯。

乐毅这时候来到了赵国，他前段时间被撤职之后，根本就不敢回燕国。想想也知道，那时候要是直接回燕国，最后的下场只能是以谋反罪被燕惠王砍了脑袋。所以他只好亡命赵国，因为他爹叫乐阳，本来就是赵国人。

等到燕国军队彻底失败之后，燕惠王的肠子都悔青了，就给乐毅写信，委婉地道歉，同时希望他回燕国继续统领燕军。乐毅思前想后很长时间，没敢答应，写了一封回信。这封回信在中国文学史上大大有名，叫

《报燕惠王书》，信写得哀婉悲愤，悱恻感人。信中有流传千古的名句诸如"君子交绝，不出恶声""善作者不必善成，善始者不必善终"，等等，感兴趣的可以找来看看。

"五国伐齐"这件事，如果从苏秦和燕昭王的角度来看，那是挺成功的，报了大仇。苏秦可以说是当之无愧的战国第一间谍。但如果你问谁从这件事上获利最大，那绝对不是燕国，而是秦国。原因很简单，东方大国齐国在这一战之后，完全丧失了和秦国争雄的资格，导致秦国后来的远交近攻策略可以顺利实施，最终一统天下。

二、秦武王举鼎

讲到秦国，我们需要把时间倒回一点，补讲一下之前逼走了张仪的秦武王。他当上秦国国君之后，设立了丞相一职，分为左丞相和右丞相，从那时候开始，丞相这个名称在中国持续了一千六百年之久，权力的大小经常变化，大多数时候是高官，最低贱的时候只不过是一个边城小官，丞相的称呼一直用到明朝，才被朱元璋废掉。

丞相和宰相有什么区别？

丞相是官职的名称，宰相是历朝历代最高行政长官的一个统称，比如汉朝丞相、太尉、御史大夫都是宰相，而唐朝时中书令、同中书门下平章事等也都是宰相。在中国两千多年的帝制历史上，从来没有一个官位叫宰相的。

前307年，秦武王到洛邑去观看九鼎，就是大禹建造的那九个鼎。如果你还记得前面讲的春秋时期楚王问鼎中原的故事，那应该知道，春秋时，像楚庄王这样的大霸主，仅仅是问问鼎的轻重，就被王孙满臭骂了一通，还得道歉，然后灰溜溜地回去了。

可是到了战国这个时候，秦武王去洛阳看鼎，周赧王不仅连声说可以，还派了鼓乐队出城去迎接。这种事要是被孔老夫子知道，他一定气得从棺材里爬起来，指着周赧王和秦武王的鼻子破口大骂"是可忍孰不可忍"。

当秦武王看见代表西方雍州的"龙文赤鼎"之后，很高兴，说这就是我们秦国的鼎啊，个头真大啊，有人举起来过没有？左右的人都说，没有，从来没有。秦武王当时二十来岁，血气方刚，一向以力气大闻名于秦国。这时候蛮脾气发作，谁劝也不听了，一定要举一举试试。结果他举到一半，没力气了，鼎掉下来，把一只脚砸得稀巴烂。那时候既没有特效的止血药，也没有消炎药，秦武王哀号到半夜，断了气。

秦武王死后，秦国国内已经找不到可以做君主的了，于是赵国帮秦国接回在燕国做人质的秦武王的弟弟嬴稷，让他回国做了新的秦王，这就是大名鼎鼎的秦昭襄王。

当然，在某些国人的眼里，他老妈更出名，那就是电视剧《芈月传》中芈月的原型、中国历史上第一个有太后头衔的、秦惠王的妾、外号芈八子的宣太后。

关于他们娘俩的故事，我们后面会有更多的介绍。这一节重点讲一下那个帮助秦昭襄王上位的赵国国王，他就是赫赫有名的赵武灵王。

三、胡服骑射

1903 年，时年 30 岁的梁启超发表了一篇文章，名字叫《黄帝以后第一伟人》，副标题是《赵武灵王传》。换句话说，梁先生认为，在黄帝之后，什么尧舜禹汤，什么齐桓晋文，都比不上这位名字叫赵雍的赵武灵王。那现在就让我们看看这位赵国君主都干了点儿啥。

三家分晋之后，新诞生的赵国在最北边，这里除了冬天比较冷之外，国际环境也不太好。当时周边有多个游牧族群，林胡、楼烦、东胡，等等。这些人你也许没听过，但他们的后代你肯定听说过，匈奴、鲜卑之类，都是他们的子孙。

中原政权在几千年的历史上，除了近150年从海上来的强盗，剩下的大部分时间，都是在和这些游牧族群作斗争；中原政权两次被征服，也都是因为这些北方来客，甚至为此还建了一个叫万里长城的大围墙保护自己。

关于这些游牧族群的历史，我们会在相关章节讨论，现在你只需要知道，这些人的老祖先们正在不断骚扰中原诸国，没事就去赵国抢一把。

除了这些人，赵国还经常被南方的兄弟欺负一下。比如前面说过的前354年，魏国大将庞涓攻打赵国，后来幸亏孙膑用"围魏救赵"的策略打败了庞涓，赵国才解围。但是你以为"救护车"都是白叫的？那怎么可能！赵国是割了地给齐国，齐国才答应出兵的。

总之一句话，在战国初期，别人家里轰轰烈烈改革变法，打成一团的时候，赵国还在为了生存而苦苦支撑。

这种情况到了赵武灵王他爹赵肃侯时期略有改观。这位老爷子一辈子励精图治，奋发图强，到前326年他去世的时候，称雄一百多年的魏国已经衰落，赵国隐约之间，已经具备和诸侯分庭抗礼的实力了。

就在这一年，不到20岁的赵雍即位，这就是赵武灵王。他上台的时候，正好是张仪、公孙衍、惠施合纵连横斗争开始的时候。三年之后，也就是前323年，就发生了前面我们说过的公孙衍主持的"五国相王"，赵国也是其中之一，但只是个小配角，赵武灵王也是从那个时候开始称王的。

到了前318年，五个国家一起去打秦国吃了大败仗，赵武灵王就有点灰心，说："无其实，敢处其名乎？"意思是五个打一个都打不过，这么窝囊，还有什么脸称王啊？

从秦国回来，赵雍就让赵国人重新称呼他为君，等于是自己去了王号。所以，严格来说，赵雍称王只有五年时间。但我们今天依旧称呼他赵武灵王，是因为他活着的时候虽然谦虚，但是死了之后的谥号还是王，依照惯例，我们称呼他为王。

接下来比较重要的两件事，一是前 314 年他扶持燕昭王即位，二是前 306 年他把秦昭襄王推上了秦国国君的宝座。

这两件事的意义很大。秦昭襄王和燕昭王从此对赵武灵王充满了感激，三个国家接下来将近二十年没有战争，这也为赵武灵王争取到了时间来打蛮夷。他决心干掉北边的林胡、楼烦和中山国，彻底解决赵国边患问题。

从前 307 年，赵武灵王就对这三个敌人用兵，也正是在这段时间，发生了著名的"胡服骑射"改革。这事儿也简单，就是让大家穿上裤子去打仗，而且要学会在奔驰的马上射箭。

你要是问，难道中国人以前打仗没穿裤子吗？那你还真说对了，别说春秋战国时候不穿，就是一直到元朝甚至明朝初期，普通中国人穿裤子的也不多。传统的汉服是宽袍大袖，上下一体，即便是上下分开，下面的也只是一条裙子，叫作裳，上面的叫作衣，合起来就是衣裳。裙子里面没有裤子，更没有内裤，男女都如此。

这就是为什么中国古代的礼仪会规定，箕踞而坐是最失礼的动作。箕踞而坐就是一屁股坐到地上，双腿分开。你想象一下，穿着裙子这样坐下来，那肯定是极不礼貌的。

此外，这样的穿着，夏天还可以，冬天就有点难受，尤其是北方的冬天。为了保暖，大家就都穿长筒袜——没错，和今天女生穿的长筒袜基本一样，那时候叫"绔"，男女都穿。但是有钱人家的孩子就娇惯一些，穿的都是用丝织成的，贴着皮肤穿在里面，保暖效果更好，也更舒服，这种精细的丝织品叫作"纨"。"绔"和"纨"加起来就形成了后世形容富二代的一个词，叫"纨绔"，原意就是穿长筒丝袜的熊孩子。

在赵武灵王之前，中国人打仗都是兵车加步兵，很少用骑兵，一个重要原因就是传统汉服不适合骑马。兵车虽然不怕游牧民族的骑兵，但也追不上骑兵。步兵就更惨了，人家在马上"来如飞鸟，去如绝弦"，你只能在旁边干瞪眼。思考了很长时间之后，前306年，赵武灵王下令，"易胡服，改兵制，习骑射"，士兵一律去除长袍，穿上裤子，还有袖口窄小的短衣，扎上皮带，学习在马背上射箭的本事。

过程就不说了，虽然有阻力，但效果是立竿见影的。保守顽固的老家伙们开始的时候嘟囔了几声"易古之道，逆人之心"，后面马上就闭嘴了，因为赵武灵王说，再唧唧歪歪的话，立刻派你穿着裙子上马去打林胡。

这项改革的后果就是，前304年，赵国灭林胡。前297年，楼烦举国投降。前296年，赵国灭中山国。至此，北方大部分边患基本铲除，赵国的国土面积扩展了一千多里，都是肥沃的平原，向北到代郡，向西到云中，就是今天内蒙古自治区的呼和浩特。

当然，你要是问是不是就平静了，那肯定不是。那时候北方的游牧民都不种地，也不生产，锅碗瓢盆，衣服被褥基本都靠抢，就算剩下一个人，他也必须去抢。所以，赵武灵王虽然消灭了以国为单位的敌人，他还是要修长城。

梁启超之所以很推崇赵武灵王，就是因为他和随后的秦始皇、汉武帝、唐太宗、明成祖一样，是少数可以取得对北方游牧民族战争胜利的人。从这个角度上看，他是对的。毕竟中国历史上的大多数君主，都是用银子向北方买和平，硬碰硬消灭对方的，还真的差不多就是上面这几位。

四、赵武灵王的谥号

赵武灵王这么了不得,为什么他的谥号里面有一个"灵"字呢?这可是非常差劲的谥号。

这件事的剧情也非常老套,赵武灵王因为宠爱小老婆,就废掉了原来的太子赵章,把小老婆生的儿子赵何立为太子。前298年,赵武灵王把赵王的位置传给了赵何,随即给自己改了一个称呼,叫"主父",也就是太上皇,又把原来的太子赵章封在代郡,称安阳君。

他的本意是让小儿子赵何管理国家的政务,大儿子赵章管理北方,而他自己手里抓着军权,雄心勃勃地想干掉秦国,一统天下。

这样的安排太天真了。因为这个安排是基于一个假设,即他的两个儿子会永远相亲相爱,可是我们都知道,在绝对的权力面前,那是非常困难的。

前295年,也就是三年之后,赵国群臣一起朝见赵何,也就是新的国王赵惠文王,赵武灵王看到大儿子赵章对着弟弟恭恭敬敬三拜九叩,心里一酸,老泪纵横,觉得亏待了这个憨厚老实的大儿子,就产生了一个想法,想把赵国一分为二,两个儿子一人一半。

有这个想法已经很要命了,他还把这个想法透露出去了,和群臣商议这件事。赵何那边马上就紧张起来自不用说,而赵章阵营这边,野心一下子就爆棚了——原来主父对我们大公子如此地喜爱,那么万一赵何暴病身亡呢?

双方都是行动上的巨人。赵何那边马上进入一级战备,防备对方下手,而赵章和他手下的田不礼也立刻就制订了在沙丘这个地方诱杀赵何的计划,结果就是,想杀人的一方失败,田不礼被杀,赵章逃进了赵武灵王的宫殿。

当时赵国相国李兑是赵何的人,直接带兵进去杀了赵章,然后围住了赵武灵王的宫殿，把宫里所有人都赶了出去，唯独留下了赵武灵王。三个月后，一代雄杰赵武灵王把宫里树上的鸟蛋都掏出来吃完之后，活活地饿死在自己华丽的宫殿里。

他死之后，那个封锁了宫殿，饿死赵武灵王的李兑被封为大司寇，成了赵国权势熏天的权贵。所以，饿死赵武灵王到底是谁的主意，那是清清楚楚的。因为这场父子兄弟之间的自相残杀，赵雍的谥号就变成今天这样了，一个字非常好，"克定祸乱曰武"，另一个字特别差，"乱而不损曰灵"，合起来就是赵武灵王。

022. 公子和门客

在五国伐齐的队伍里，魏国军队的统帅比较特殊。他是魏国的相国，叫田文，和齐闵王应该是堂兄弟，绝对的齐国人，而且是齐国大贵族。那么，一位齐国人，舍生忘死，积极拼命地想打倒齐国，这是为什么呢？

这事儿说来话长。田文有一个大家耳熟能详的名号，孟尝君。

战国时期有一些人，从来没当过任何一个国家的君主，但是其影响力和号召力一点都不比君王差，甚至可以说更高于各国的君王。这些人里面，有四个尤其鹤立鸡群，齐国的孟尝君田文就是其中之一，另外三个是楚国的春申君黄歇、赵国的平原君赵胜、魏国的信陵君魏无忌，他们号称"战国四公子"。

名望很高的孟尝君为什么帮着燕国打自己的祖国齐国呢？原因很简单，还是他的名望引起的。当初，齐闵王攻下宋国之后，洋洋自得，觉得自己马上就可以取代周天子了，可是经别人一提醒才发现，原来自己在诸侯中的名气，还比不上自己的堂弟孟尝君田文。这还了得！齐闵王马上就准备找个理由，杀了田文。后者又不是傻子，怎么能站在那里等死？田文一转身就跑到魏国当上了相国，等到燕国号召讨伐齐国，他马上跳出来响应。

现在我们要问一个问题：为什么战国四公子，他们的名望甚至比当时的君王还高？原因有多个，最主要的就是养士，也叫养门客或者养食客。你来我这里，免费吃喝加玩乐，然后遇到事情需要你的时候，你也得出力。前面说过的商鞅，在他到秦国之前，在魏国公孙痤手下时，就是一个标准的门客。

历朝历代，愿意养门客并且能够养得起的，一般都是富豪、高官或是黑社会，虽然有时候名字不一样，比如后来叫幕僚或者打手，甚至狗腿子，但无论叫啥名字，都是一类人。但若是论规模和正规的程度，肯定要以战国的这些公子们居首。就拿孟尝君来说，他家世豪富，豢养的门客经常达到三千多人，这么多人替他鼓吹，那声望自然是高的。李白就曾经有一句诗"门前食客乱浮云，世人皆比孟尝君"，说的就是这群人。

《史记》和《战国策》上记载了很多四大公子和他们门下食客的故事，限于篇幅，我们不可能一一介绍。不过，我想在这里通过孟尝君和他门客之间的两个故事回答一下，什么样的人能被"豢养"，一般会怎么样"豢养"，还有就是被"豢养"的人都能做什么。

一、冯谖客孟尝君

第一个故事的主角叫冯谖。《史记》上说他叫冯欢，《战国策》上说是冯谖，我采用后者的说法，因为《战国策》上记载的故事比较全面、丰满。

冯谖是一个又老又穷的人，他有一天来到了孟尝君的府上，开口就是，请求成为门客。

孟尝君就问他："先生远来，何以教文？"您有什么可以教导我的呢？古人说话都很客气，潜台词就是问你有什么本事，能做些什么。冯谖回答道："闻君好士，以贫身归君"，我没什么本事，听说你这里可以白吃白喝，我就来了。

对于这样一个底气十足的要饭花子，孟尝君也表示了欢迎，虽然把他安排在最低等的传舍，但终究是养了起来。过了几天，孟尝君忽然想起来了这个人，就问手下的管家，那个新来的冯谖怎么样了？

管事儿的说，这个冯先生吧，实在是太穷了，除了一柄佩剑，其他什么物件也没有，他天天弹着那把佩剑唱歌，歌词也很简单，就一句："长铗归来乎！食无鱼！"翻译成现代话就是，宝剑啊，咱们回家吧，这里没有大鱼大肉。

孟尝君想了想，就说给他搬家，让他住进高级一点的地方，吃饭有鱼有肉。结果过了两天，管家来报告说，冯先生吃了两天鱼肉又开始唱了，这次的歌词是："长铗归来乎！出无车！"意思是出门没有宝马，靠两条腿走路，很不方便。孟尝君这次也没犹豫，说把他弄到最高级的住所，配辆车。

之后，根据《战国策》的记载，冯谖开上宝马后，就四处兜风看朋友，对大家吹嘘自己混得特别好。可是回到高级宾馆之后还是啥事不干，接着唱，这次的歌词是："长铗归来乎，无以为家！"宝剑啊，这里啥都好，可是我还是惦记家里啊。

孟尝君就问管家，冯谖家里还有什么人？管家调查了一通说，还有一个母亲。孟尝君马上说，把他老母亲养起来，别让她冻着饿着。从这以后，冯谖才闭上嘴，不再唱了。

过了一年，孟尝君感觉钱不太够花，就想起薛地的老百姓还欠他很多高利贷没还。管家说那个天天大鱼大肉的冯先生看起来能说会道的，派他去要债肯定行。冯谖也没推辞，马上就答应下来，然后问孟尝君，回来的时候要不要给你捎点儿东西？孟尝君顺口说道，你看我家里缺什么就买点什么。

冯先生到了薛地之后，那些能还上钱的人家还好，直接还钱还利息；还不上的，基本都是人去家空，不见踪影。冯谖考察了实际情况后认为，有一些家庭确实是还不上，就算是把他全家都卖了，也还不上。他就当众一把火，把那些债券全烧了，然后说，孟尝君之所以借钱给你们，是因为他想让大家共同富裕,讨要一些利息,也是为了供养像我这样吃白食的;既然你们有些人命不好,已经沦为赤贫了,那孟尝君岂能再苦苦逼债?结尾一句话是,"有君如此,岂可负哉?"这样的老板,你们可千万不要辜负他啊。

可以想象,孟尝君听说这件事之后气得不行:你吃我的饭,还要砸我的锅?马上召回冯谖责问。

冯谖说,这事是我干的,可是我先解释一下:那些烧了的债券都是您再给他们十年时间也收不回来的死账,如果继续逼迫他们,那些人只能从您的封地上逃出去,最后自然是您钱没收到,又损失了干活的,还落下一个逼债的骂名。现在只是烧了一些永远收不回来的债券,却给您留下了好名声。再说了,我走的时候,您说让我买一些家里没有的东西,我看您家里山珍海味、绫罗绸缎啥也不缺,就给你买了一点仁义和爱心回来,我认为这正是您需要的。

孟尝君被说得哑口无言,只能拱手说我谢谢您,您继续唱去吧。

又过了一段时间,孟尝君得罪了齐闵王,人生第一次被罢免了相国的职务,很多门客离开,可冯谖还拎着一把破剑跟着他,一行人只好回到薛地暂时居住。离得还很远,就看见薛地老百姓扶老携幼来迎接孟尝君。这时候他才感慨地说道,冯先生给我买的仁义,我今天终于看到了。

冯谖这时候又说了:"狡兔有三窟,仅得免其死耳。"身在政坛,我们必须向兔子学习,你要想不死,我还得给您弄两个窝去,这就是成语"狡兔三窟"的来历。

于是冯谖带着人到了秦国,对秦昭襄王说:大王,齐国和秦国现在是天下两大强国,一个强大了,另一个就虚弱,这叫雌雄不两立。您是愿意当那个雄的呢,还是愿意当雌的?

秦昭襄王马上就回答,我当然不想当雌的,先生有什么办法可以教我？冯谖说，齐国把孟尝君罢免了，这事儿您听说了没有？齐国之所以强大，是因为孟尝君治理得好，况且他手里有很多齐国的秘密，您要是马上派车子去请他来秦国当官，那以后齐国对您就只能甘拜下风了。

秦昭襄王一拍大腿，你说得对啊，我马上就派人去。

冯谖忽悠完了秦昭襄王，回到宾馆马上就结账走人，连夜快马加鞭赶回齐国，进宫见齐闵王，把上面那套话重新又说了一通。然后说，据我了解的情况，那个秦王已经派人来迎接孟尝君去秦国当相国，您要是也不想雌伏于秦，那我劝您把孟尝君再聘回来，让他继续在齐国当相国，这样他就去不了秦国了。

齐闵王派人去边境一打听，还真有这事，秦国派了十辆车子，带着黄金珠宝来迎接孟尝君。于是他一刻也没犹豫，马上重新起用孟尝君。

孟尝君重新登上了齐国相位，很感激冯谖，对他就很敬重，可以说言听计从。这时候，原来散去的门客听说孟尝君这里的伙食又好了起来，就慢慢都回来了。

孟尝君对冯谖说，这些家伙还有脸回来，我真想朝他们脸上吐口水。谁知道冯谖一听，扑通一声就跪了下去，吓了孟尝君一跳，说您这是要给他们求情吗？

冯谖说，不是，我是为您的不当言论向老天爷请罪。您要知道，富贵的人朋友自然多，贫贱的人连亲戚都不愿意搭理，这叫作"富贵多士，贫贱寡友"，是人世间恒久不变的道理，有什么好计较的呢？就好像是人们早上熙熙攘攘地走进市场，晚上太阳下山了，掉头就走，绝不留恋，不是因为大家喜欢早上的市场而讨厌晚上的市场，而是因为早上的市场有他们需要的东西，晚上的市场里空空荡荡啥也没有。您要是明白了这个道理，就应该像以前一样对待那些宾客。

到了此时此刻，孟尝君是真的佩服冯谖了，感叹地说了一句话："闻先生之言，敢不奉教？"我们在这里要说一句，冯谖是真的看透了人性，但是比看透人性更难能可贵的，是他对人性的宽容。我个人认为，这才是儒家仁恕精神的精髓。

二、鸡鸣狗盗

讲完了冯谖的故事，我们接着讲第二个和门客有关的故事，也是和孟尝君相关的。

前298年，孟尝君出访秦国。秦昭襄王觉得他实在是太有才华了，想重用他，但左右的人提醒他，孟尝君是齐国人，能真心实意地为我们秦国出力吗？秦王想想也是，可是就这么放他回去又便宜了齐国，于是孟尝君就被软禁起来了。

孟尝君的门客们很着急，人为刀俎我为鱼肉，要是某天秦王忽然心里不痛快，说不定就把孟尝君给宰了。

有人献了一计，说秦王有一个宠姬，很得秦王的宠爱，我们去让她帮忙求求情。于是就找到秦王的这个宠姬。宠姬说，让我帮忙可以，听说你们带来了一件纯白的狐狸皮袄，你们若是把它送给我，我就帮忙。

麻烦的是，这件皮袄已经交给秦国的外交部门，早就入库了。这时候，孟尝君手下的一个门客说，小事一件，我去去就回。一会儿的工夫，这个人就带着那件皮袄回来了，原来撬门开锁是他的老本行，他去库房里把皮袄偷了回来。宠姬很帮忙，晚上吹了吹枕头风，秦昭襄王就把孟尝君放了。

众人赶紧连夜跑路，可是还没走出函谷关，秦昭襄王就后悔了，派人出来猛追。这时天还没亮，按照秦国法律规定，不到鸡鸣天亮，函谷关关门不开。正在着急的时候，队伍中一个人学起了鸡叫，相当地逼真，周围村子里睡得迷迷糊糊的大公鸡们以为天真的亮了，竞相跟着打鸣，函谷关关门大开，众人顺利脱险。这就是成语"鸡鸣狗盗"的出处。

孟尝君一行人离开函谷关之后，路过赵国，赵国的平原君赵胜对他也挺客气，请他吃了一顿饭。随后经过赵国一个县城时，老百姓因为都听说过孟尝君的大名，就跑出来想看看真人，结果大失所望。他们本以为孟尝君是一个身材高大仪表堂堂的男人，谁知道他五短身材，长得还丑，就纷纷嘲笑他。

这一下事情大了，《史记》上的原话是："孟尝君闻之，怒。客与俱者下，斫击杀数百人，遂灭一县以去。"也就是说，就因为人家觉得他不好看，嘲笑他，孟尝君生气了，他的门客们就下车杀了几百人，灭掉了整个县城，然后扬长而去，而且这还是在外国，如果是本国，那会如何？这霸道的程度远超黑社会，就算是中外历史上的暴君，都很少有人比得上。

上面两个故事在《史记》和《战国策》上都有记载，细微之处不同，但大略一致。

三、门客是一群什么样的人

说完了两个故事，就可以回答我们的三个问题了。

第一个问题，什么样的人可以被收下做门客？

那首先肯定是有本事的人，比如"鸡鸣狗盗"的那两个人，只要你能做别人之所不能，就可以被招至麾下。孟尝君开口就问冯谖："何以教文？"也说明本事是第一位的。

为什么又老又穷，说自己一点本事也没有的冯谖也能成为门客？这个问题曾困惑过我。后来我想明白了，孟尝君看到冯谖的时候，这人可不是啥也没有，至少，他有一把剑。

周朝的宗法制规定，男子在二十岁有一个加冠礼，除了要改发型之外，贵族家庭还要给孩子一把佩剑。冯谖身上的这把剑，让孟尝君明白，他也是贵族出身，应该受过贵族的培训，也就是前面说的君子六艺，包括音乐、书法、礼仪、射箭、驾驶和数理等。冯谖后来用佩剑给自己唱歌伴奏，说明音乐造诣还不低。间接地说明，此人肯定是一个有本事的。

孟尝君食客三千，他也肯定是一个识货的人。如果像很多人说的那样，战国四公子如同收破烂一样，来者不拒，谁来了都好吃好喝地招待，那么在那个很多人颠沛流离食不果腹的时代，他们就算家业再大，也难免破产。

养士，这个士字本来就是贵族的意思。天子、诸侯、大夫、士，四等贵族，虽然士是最低一等的，但也是贵族，和平民、奴隶是有严格界限的。

多说一句，古往今来，古今中外，包括此时此刻的今天，这世界上真正的贵族子弟，从小受的教育都是非常严格的。很多时候，所谓的快乐教育和他们是无缘的。

第二个问题，怎么样养门客？

冯老先生的经历说明了一切。除了要负责门客的吃喝拉撒睡，还要尽量满足他的要求，比如提供舒适的生活，供养他的家庭，免除他的后顾之忧，等等。除了物质上的，还有精神上的。冯谖把孟尝君的债券都烧了之后，孟尝君虽然不理解，很生气，但是也只能不搭理他，最多把他赶走。如果这是一个仆人甚至管家干的，那孟尝君一定会按照家法治罪，几十鞭子抽个血肉模糊是跑不了的。所以，门客和仆人是两个概念，在精神和人身自由上，门客几乎和主人是一样的。

最后一个问题，这些门客一般要为家主做什么？

简单来说，主人的需要就是门客的任务，至于是不是道德，是不是违法，不在他们考虑之中。在"鸡鸣狗盗"的故事里，没有口技表演者和那个江洋大盗，孟尝君可能就死在秦国了。在赵国，主人受到讥讽，门客一怒而杀人，这简直就是残暴的黑社会老大甚至暴君的行为，别说违反法律，那简直就是反人类。但门客们只需要对家主负责，让主子欢心，其他不在他们考虑范围之内。

这里再顺便说一下孟尝君的结局。在打败了齐闵王之后，他回到了原来在齐国的封地薛地，然后宣布金盆洗手，退出江湖，从此不和任何国家的人来往，一直到死。可是他死了之后，几个儿子争夺继承权，打成一片。齐国和魏国一看，真是好机会，马上打着救民于水火的旗号冲了过来。孟尝君的所有儿子都被"不小心"干掉了，齐魏还把薛地一分为二，各自占一半。威名赫赫的孟尝君不仅死后马上就失去了封地，连子孙也没剩下一个。

023. 远交而近攻

就在齐国复国的这一年，前 279 年，秦国和楚国之间即将展开另一场大战。现在就让我们回过头来，看看秦国这些年发生了什么。

前面说过，秦武王举鼎把自己砸死之后，秦昭襄王在赵武灵王的扶持下于前 306 年即位。那时候秦昭襄王还没举行成人礼，秦国的朝政把持在他老妈宣太后和他舅舅魏冉的手里。看过电视剧《芈月传》的都知道，宣太后芈八子是楚国人。但真实的她不一定是电视剧里说的那种楚国贵族，所谓八子，其实是秦王后宫姬妾里面一个非常低的品级，如果真是楚国贵族，不至于嫁给秦惠文王之后封了一个这么低的品级。

虽然地位低下，但她一连生了三个儿子。要知道，在古代，女人能生儿子，那就是最大的本事。当然，也可以看出来，芈八子肯定也挺漂亮，秦惠文王还是挺宠她的，其中的大儿子就是现在的秦昭襄王。

一、精明的宣太后

母以子贵，作为历史上以太后身份主持朝政的第一人，她在位的头两年干了两件大事，先是和弟弟魏冉一起，诛杀了秦惠文王的大老婆以及公子壮、公子雍，并且把秦武王的后代都赶到了魏国，这相当于清除了所有威胁她儿子王位的敌人；接着拉拢了秦国西北最大的少数族头领义渠王，据说后来还和他生了两个孩子。

这样一来，秦国在接下来的三十多年时间，没有任何边患问题，边境相当安宁；并且在几十年之后，宣太后七十多岁时，还用一纸情书把义渠王骗到了秦国后宫，没等义渠王老泪纵横地诉说相思之苦，就让人一刀把他给杀了，因为她那个已经成年的儿子秦昭襄王，想开疆扩土了。

义渠王死后，秦国趁机发兵，尽占义渠之地，这一下，就彻底没有边患了。

顺便说一下，电视剧《大秦帝国》里面说义渠是游牧民是不对的，义渠在商朝末年就已经定居和种地了，和周朝是一样的，也是农耕文明，只不过人比较老实，没像周武王那样造反而已。

宣太后所处的那个年代，秦国还比较落后，一方面旧的条条框框正在被打破，另一方面，新的制度道德规范还没形成，这就造成了有时候秦人的行为看起来相当奇葩。

有一年，楚国攻打韩国，韩国向秦国求救，宣太后因为娘家是楚国的缘故，就不想去救。可是又不能直接说，于是她召见韩国使者，当众说了这样一番话：想当年，我晚上伺候先王的时候，他把大腿放在我身上，我就觉得很累，可是当他把整个身子都压在我身上的时候，我反而觉得一点都不累，你知道是为什么吗？你不知道啊？那我告诉你，是因为我有好处啊。《史记》上的原话是"以其少有利焉"。

就这样，宣太后用她能想到的最委婉的方式，含蓄地告诉了那位韩国使者，救你们对我秦国没啥好处，所以不救。这番话不仅仅让韩国使者目瞪口呆，就算是几千年之后的今天，也是惊世骇俗的。

虽然如此，秦国最后还是出兵救了韩国，因为左丞相甘茂对刚刚即位的秦王说，如果不救韩国，韩国必然要和楚国结盟，然后正在和我们打仗的魏国迫于形势，也只能和韩楚两家结盟，这是我们秦国希望看到的吗？

秦昭襄王马上醒悟，把老妈的建议扔到一边，发兵救韩，随着秦国大军浩浩荡荡地开赴前线，楚国也马上就撤军了。

这里，我要纠正一个流传很久的说法，即秦昭襄王一直被宣太后和舅舅穰侯魏冉架空，一直到三十多年后范雎入秦，才听了范雎的话夺回权力。这个并不是事实。

你看一下上面的事儿就知道，他的母亲在众人面前用香艳的比喻说不让秦国有好处，秦国就不去救，结果没两天的工夫，他就打了亲娘的脸，发兵去救。这是没权力、被架空的状态吗？要知道，那是他即位的第二年，20 岁，才刚刚举行了成人礼。

所以，作为历史上第一个走上政坛的女人，宣太后也许干政，也许提拔了很多亲戚，也许还很霸道，但是并没有把持朝政；包括她的弟弟穰侯魏冉，在外面飞扬跋扈，却也绝没有像后来汉朝的霍光和曹操那样，把皇帝彻底架空。

前 265 年，宣太后薨，当时至少 75 岁了，可是还放不下她的男宠魏丑夫，想让他殉葬。魏丑夫吓得魂飞天外，马上用重金央求大臣庸芮为自己说情。

庸芮收了钱之后，就进宫问宣太后：人死之后有知觉吗？宣太后说这事我不知道。庸芮就说，假设死了没有任何知觉，那就是你看不见，摸不着，也不能卿卿我我了，为什么非要置心爱的人于死地呢？假设死了之后还有知觉，那您的正牌夫君秦惠文王正在下面等着您呢，您带着魏丑夫下去，他怎么能饶得了你？宣太后一听，就打消了让魏丑夫殉葬的念头。

这件事同样说明这老太太一直到死都不糊涂，利弊好坏分得清楚。正是在她和她同样精明的儿子秦昭襄王执政的这几十年间，秦国形成了对其他六国的绝对优势，为后来的秦王嬴政统一天下打下了坚实的基础。

经常有人讨论，为什么当年是秦国一统天下。这个问题可能有无数个答案，但我觉得其中有一个答案是显而易见的：秦国从秦孝公开始，一直到秦始皇嬴政，160 多年，7 位君主，不仅没有一个败家子，而且个个都精明能干。前面讲过秦孝公任用商鞅进行变法，他儿子秦惠文王用张仪进行连横，秦武王虽然在位时间很短就把自己砸死了，但是他还是任用甘茂拿下了宜阳，为秦国打开了东进的大门，从那时起，秦国军队就可以出函谷关，直扑洛阳了。

二、秦楚鄢郢之战

现在，轮到了秦昭襄王，我们来看看他干了些什么。

自从张仪把楚怀王骗了两次之后，秦楚两国的关系一直都不太好。秦昭襄王上台之后的第六年，前299年，他忽然给楚怀王发了一个邀请函，说我们俩见个面吧，联络一下感情。这时候屈原正好在楚怀王身边，劝阻道，大王，秦国人都是张仪那样的大骗子，您不能去。可是楚怀王的儿子说，爹，为了楚国的脸面，您必须去。

楚怀王这辈子，坏就坏在啥事都听老婆和儿子的，结果就去了。去了之后，楚怀王直接被秦国给扣下，要求他签署一个割地赔款的所谓盟约。这时候的楚怀王还是很令人佩服的，要杀要剐随便，坚决不签。

秦王也没办法，就把他囚禁起来，三年之后，楚怀王忧愤而死，遗体运回楚国，楚国老百姓自发地悼念，史书上说"皆怜之，如悲亲戚"。

接替楚怀王的就是那个劝老爹身入险境的儿子，楚顷襄王，我们可以叫他楚襄王。《史记》用"淫乐无度"来形容他。楚国宋玉写的《神女赋》，描写的就是楚襄王和宋玉一起游玩时，梦见一位美女，把楚襄王羡慕得口水流了一地。《神女赋》这样的文章，属于文学史上的瑰宝，可惜，对当时的老百姓，对当时的楚国，那是一点好处也没有。

反过来看看秦国，秦昭襄王虽然暂时在楚怀王身上没占到便宜，但对其他国家，开始逐渐掌控局面，其中一个重要原因就是白起。

白起在战国四大名将里面排第一位，外号"杀神"。此人在前293年第一次担任主将时，就以少胜多，打败了韩、魏和东周王室的联军，战后一清点战果，斩首敌军24万人，占领伊阙等五座城池，史称"伊阙之战"。秦国自从商鞅变法之后，就按照斩获敌人脑袋的数量来计算功劳，战后白起直接被升为国尉。

楚襄王被秦国吓得不轻，派人找到秦国想要议和。这个举动，正合秦昭襄王心意，为了先攻打韩赵魏三家，他满口答应。

就这样，在随后的十三年里，楚国完全不顾其他各国的求救，始终按兵不动；而秦国大将白起对韩赵魏三国发起了猛烈的攻击，不断蚕食对方的地盘，白起自己也一路高升，最终升到了秦国的最高军事长官，大良造。

楚国大臣屈原特别反对秦楚议和这种鼠目寸光的举动，他上书楚襄王，说您现在应该联合其他国家一起对抗秦国，而不是看见人家秦国强大富有，就一个劲儿地想着苟安求和。可能话说得过了头，被恼羞成怒的楚襄王直接赶到江南地区。

那时候的江南可不是"腰缠十万贯，骑鹤上扬州"的江南，还是一片蛮荒。不过我们应该感谢这次流放，屈原从此没回楚国中央，在民间十几年，一肚子的牢骚、愤懑和委屈，最后都化成了诗歌，这里面著名的有《离骚》《天问》《九歌》等等。

楚襄王当缩头乌龟，对秦国攻打其他国家袖手旁观了十三年，到了前280年，忽然又觉得，楚国这么大，怕你秦国干啥？准备和秦国断交，加入合纵的大怀抱。

秦昭襄王此时正为了和氏璧和赵国闹掰。这件事我们大家都很熟悉，那就是有名的完璧归赵，说的是赵国的大名人蔺相如，挫败了秦国的花招，保护国宝和氏璧平安回到赵国。我很遗憾地告诉你，这只是历史的一部分；历史的另一部分是，秦昭襄王虽然没有杀蔺相如，但马上就以此为借口对赵国发动了总攻，并且拿下了几座城池，杀了几万赵国人。

现在楚襄王忽然要对秦国动手，解救赵国，秦昭襄王匆匆地和赵举行了一个让蔺相如大出风头的渑池会，大军掉转头对准了楚国。

前279年，秦军大举进攻楚国，"杀神"白起率军数万沿汉江东下，他命令秦军烧毁所有船只，断了自己的归路，明白无误地宣告，自己要玩命了。接下来细节不用说了，秦军长驱直入，迅速打到了鄢城，也就是楚国的第二大城市。和当年的智瑶子一样，白起采用了水攻，掘开蛮河河水冲灌鄢城，楚国军民被淹死数十万，最后河里面的尸体垒成堤坝，直接堵住了河水，才算完事。

第二年，白起乘胜追击，攻克楚国国都郢城，一把火把夷陵的楚国列祖列宗的祖坟烧了个干干净净，逼得楚襄王狼狈迁都到陈县，这场战争被称为"鄢郢之战"。

诗人屈原在南方听说首都沦陷，祖庙被辱，写下了千古名篇《怀沙》，之后投汨罗江而死，给我们留下了一个吃粽子的端午节和一天假期，这一年是前278年。

楚国被人打成这个样子，战国四大公子里最有才华的楚国春申君黄歇坐不住了，他连忙跑去向秦国求和。他对秦昭襄王说，我们大王现在已经在调动十五个城市的军队，如果你苦苦相逼，秦楚两个大国势必两败俱伤，而秦国周围的韩魏赵正虎视眈眈地看着您，保存楚国，还是和楚国同归于尽，您看着办吧。

秦昭襄王觉得他说得有道理，穷寇莫追，就给白起下令，班师回朝，放了楚国一马。不过鄢郢大战之后，楚国一蹶不振。

三、秦赵决战

前271年，老天爷又给秦国送来一个人才。此人叫范雎，又是来自"战国人才库"魏国。

范雎最早是魏国大夫须贾的门客，有一次和须贾去齐国出差，结果齐襄王认为范雎很有才华，就给他送了一些酒肉和十斤黄金。

古书上说的金子一定是指黄金吗？

古书上说的金子，不同时期有不同的意思。春秋时期说的黄金其实是黄铜；从战国到东汉，黄金指的就是现代意义的黄金，不过计量单位和现在不一样。范雎得到的十斤金子，相当于现在的五斤左右。

须贾十分嫉妒范雎，回去之后就向魏国宰相魏齐告密，说我的门客和齐襄王勾勾搭搭，可能要当叛徒。魏齐便把范雎打得皮开肉绽，昏死过去，然后扔到厕所，让宾客们喝完酒朝范雎身上撒尿。

范雎只能装死逃过一劫。后来在朋友帮助下，化名张路来到了秦国，费了一些周折之后终于见到秦昭襄王，随即他就提出了著名的"远交近攻"策略。简单地说，就是把韩国、魏国这些离秦国近的国家作为兼并的目标，和远的国家，比如齐国和燕国，要搞好外交关系。

范雎提出这个策略，当时主要是为了反对穰侯魏冉攻打齐国的主张。从后面的发展来看，范雎是绝对正确的，远交近攻这个策略，秦国一直用到秦始皇统一天下。

前266年，在范雎的建议下，秦昭襄王收回了宣太后的权力，并流放了他的两个舅舅和两个弟弟，任命范雎为秦国相国，此人终于爬上了人生的顶峰。

如果你问，以前被人扔到厕所那事他还记得不？那我可以告诉你，"睚眦必报"这个成语就是因为范雎而创造出来的。《史记》上的原话是："一饭之德必偿，睚眦之怨必报"，落魄时你给我一顿饭，我发达了要报答你；你曾经瞪我一眼，瞧不起我，我有机会也一定要报仇。

范雎想找魏国的相国魏齐报仇，魏齐听说之后，第一个反应就是辞职，一溜烟儿地跑到了赵国，躲在平原君赵胜的家里。秦昭襄王直接把赵胜叫到秦国，扣下他当人质，让赵国交出魏齐。

魏齐赶紧离开赵国，可是再也没有国家敢收留他，最后他在魏国信陵君魏无忌的门口，含恨拔刀自刎，秦王和范雎才心满意足地收手。

上面这个故事说明，秦国到了这时候，已经一家独大。其他国家，魏国强盛了一百多年后已经彻底衰落；齐、燕在五国伐齐事件中实力大损；韩国一直都很弱，况且伊阙之战中，大量军队被秦国歼灭，元气大伤；楚国在鄢郢之战被白起打得半残废；还剩下一点儿实力，能勉强和秦国一战的，就是刚刚在魏齐事件中让步的赵国。

秦赵之间的决战因为一个偶然事件，很快就来到了。前262年，秦国武安君白起攻占了韩国的野王，切断了韩国上党郡17个城市和首都之间的联系。韩惠王决定不打了，反正打不过，割一块地，苟且偷安一段时间，这种事韩国一直都在做，于是把上党郡拱手让给秦国。史书上叫"割地以饲秦"。

谁知韩国上党郡守冯亭不愿意按照韩王的命令投降，私下决定，把上党郡交给隔壁的赵国，看看能不能和赵国合力抵御秦国。

赵国这时候的国王是赵武灵王的孙子赵孝成王，是一个没主意的人，就问平原君赵胜怎么办。赵胜说，有人送礼还犹豫啥？收。于是，赵国和韩国站在了一起。

到嘴的鸭子飞了，秦昭襄王自然不会善罢甘休。第二年，他派了大将王龁攻打上党。赵国派出了战国四大名将之一的廉颇，带领二十万军队迎敌。中国战争史上最为残酷的一场大战——长平之战缓缓地拉开了大幕。

廉颇这时候大概四十岁，和秦军打了两次遭遇战之后，他决定沿着一百里左右的石头长城据守，无论秦军如何挑衅谩骂，就是坚守不出。

范雎一看强攻和诱敌都不行，那就只能使用第三招，反间计。他派人到邯郸散布言论，说秦国怕的赵国人只有一个，那就是赵括，廉颇这个老家伙根本不行，被我们打得龟缩不出，而且他已经准备投降了。

赵孝成王这时候心里也对廉颇不满，带着二十万大军每天只吃粮食不出击，被动挨打还天天死人，这不是个事儿啊，所以坚决起用赵括。这里我要为赵孝成王说句话，流行的说法是他就应该让廉颇一直坚守，坚持防守就是胜利。可是大家不知道的是，当时赵国的后勤已经跟不上了，向齐国借粮食齐国也不借，史书上说赵"请粟于齐而齐不听"。

为什么齐国不借？自然是因为范雎远交近攻的策略，齐国就像一个热恋中的少女，觉得秦国和自己才是真爱，当然不借粮食给赵国。所以，赵孝成王也是没办法，僵局持续下去，赵国也会崩溃，只能命令部队进攻。廉颇既然不听，那就只能换一个想进攻的将军，这才选中了赵括。

赵括是正宗官二代，他爹赵奢也是赵国的名将，曾经在阏与之战大败秦军，只是死得早了点。赵括从小熟读兵书，和别人谈论起兵法很有一套，据说他老爹都说不过他。这一次被赵王点将出征，全家都挺高兴，但他的老妈颤颤巍巍地找到赵孝成王说，我这个儿子和他爹不一样，"父子不同，执心各异"，您让他打仗，我怕他辜负了您。

赵王以为这老太太替儿子谦虚，坚持要用赵括。赵老太太说，那我求您一件事，如果他失败了，您别降罪给我们家。赵王说，看您说的，怎能失败呢？您就等着领赏吧。当然，最后赏是领不到的，不过赵孝成王还算说话算数，赵括兵败身死之后，没有株连其他人。

就这样，赵括又带了二十万兵马来到前线，然后把四十万军队逐渐收缩，准备和秦军决一死战。这时候秦国方面也玩起了换将游戏，武安君白起偷偷地来到上党附近，直接任前线总指挥。原来的主将王龁，成为他的副手。同时秦军下了死命令，有任何人胆敢泄露白起将军已到前线，统统砍脑袋。

白起仔细观察了地形之后，沿着丹河旁边的高地，在长平布置了一个十八里长的口袋，也就是埋伏，然后调动了三万精兵连夜赶到了最前方,时刻准备切断赵军的退路。

赵括对于对方的计划丝毫不知,他看看赵军准备得差不多了,一声令下,就向秦军冲了过去。秦军假装打不过对方,撒腿就往后跑。这时候也不像春秋时候打仗,追敌人追五十步就不追了,赵括一看得胜了,就命令军队猛追。

后果就是,赵括全军钻进口袋,被死死地压缩在泫氏谷一带,后勤完全断绝。

赵孝成王得知这个消息之后,差点没昏过去,强打精神,派出军队去接应。秦昭襄王亲自来到河内郡,对所有居民说,我给你们全都升一级爵位,所有十五岁以上的男子,都跟着寡人去战斗。接着秦昭襄王一马当先,威风凛凛,带着人马去拦截赵孝成王派出去的救援赵括的军队。

赵括在被围之后,还是展现了他颇具军事才能的一面,几次反击都很有章法,差点撕破对方的包围圈。如果对面不是"杀神"白起,这场战争的走向还真的可能被改写。如果真是那样,秦军必然全面溃败,我们今天就要歌颂天才将领赵括的事迹了。可惜赵括最后还是功亏一篑,在被困四十六天,赵军阵亡二十万人之后,他也死了,留下了一个著名的成语"纸上谈兵"。

剩下的二十万赵国军队集体投降。对于这些投降的人,白起只说了一句,"非尽杀之,恐为乱"。然后传下命令,当夜所有秦军头裹白布,凡是没有白布的,一律杀掉。就这样,二十万赵国降卒,没有任何准备,又手无寸铁,一夜之间,被屠戮殆尽,只剩下二百四十个小孩被放回赵国,让他们散布秦国军队的恐怖。整个赵国家家痛哭,史书上说:"沿街满市,号痛之声不绝",因为几乎每一家都有亲人战死。

二十万战死沙场,二十万投降之后被杀,赵国四十万年轻的生命在短短的一个月内离开了这个世界。但是秦国也并非毫发无损,赵括虽然中了埋伏,全军覆没,但他还真不是无能之辈,他带领下的赵军还是给秦军带去了巨大的伤亡。据估算秦国阵亡人数也应该在二三十万左右，甚至更多，《史记》上说"秦军死者过半，国内空"，所以按照史书记载，这场战争双方死亡总计应该是七十多万人。

一直以来有很多人质疑《史记》上的这个数字，一是怀疑双方是不是有这么多士兵，二是怀疑大刀长矛的冷兵器时代打一场仗怎么能死这么多人。这种怀疑一直持续到 1995 年。这一年山西省高平市永录乡永录村的村民李珠孩发现了长平战场遗址，考察的过程我们就不细说了，结论是，我们不能精确到几万几千，但是双方损失几十万人这个数量级也许是准确的。当然，这还不是最后结论，我们暂时只能相信《史记》上的这个记载，真真切切的，一将功成万骨枯。

长平之战历来被认为是战国的转折点，虽然后来赵国的将军李牧也让秦国很头疼，但实际上，此战之后，已经没有任何一个国家有实力和秦国单打独斗了。秦国统一天下的局势基本确定。

四、白起之死

其实，秦赵长平之战后，秦国虽然胜利，但是已经元气大伤，如果此时韩魏楚这三个国家勇敢一点，一拥而上，那么战国第一个被灭国的，很可能就是秦国。可惜的是，那三个国家的君王既没有这个眼光，也没有这个魄力和勇气。

反过来说，秦国如果能趁着这一场惨胜，在这个时间点马上进攻赵国首都邯郸，那战国第一个被灭国的也许就是赵国。

放眼天下，当时可能只有范雎和白起能看到这一点。白起建议部队停止休整，马上进攻邯郸，可是范雎建议接受赵国割六座城市投降的要求，赶紧回国，让士兵休息。既然看出了赵国虚弱，还不让白起进攻，难道范雎不希望灭了赵国？

确实如此。因为一旦拿下赵国，功劳都归了白起，范雎以后还怎么混？就这样，秦国错失了最佳的灭赵机会，把白起气得要死，可是秦昭襄王站在范雎的一边，他也没办法。

戏剧性的是，秦国在撤军之后，左等右等，赵国的那六座城市就是不送过来。一打听才知道，原来，赵国也发现，长平之战后的秦国并不是那么强了。他们改变主意，积极和燕、魏、楚、韩等国联络，准备再次合纵抗秦。

秦昭襄王勃然大怒，前259年夏秋之交，他派王陵率领三十万大军再次攻打赵国，赵国老将廉颇率十万赵军抵抗。廉颇不愧是四大名将排名第二的人物，排第一的白起不来，他就是神一样的存在，打了一年，秦军也没占到便宜。第二年秦国又加了十万军队，还是不行，反而被廉颇杀伤四万多人。

秦昭襄王命令白起接替王陵，白起还在生气，推托说身体有病；还写了一封信，说战机已经错过，这时候去打赵国，等于是找死。秦昭襄王只好让王龁代替王陵，再带十万军队去。前后五十万秦军倾国而出，而赵国只有十万军队，就这样又打了半年，邯郸还是打不下来。

就在两军僵持的这段时间，赵国平原君带着二十个人奔赴楚国求救。这二十个人里，有一位叫毛遂，很有说服力，他对楚考烈王发表了激情四射的演讲，最终楚国答应去救赵国。

"毛遂自荐"和"脱颖而出"

这两个成语都是毛遂贡献出来的。秦赵两军僵持时，赵国平原君奔赴楚国求救，本来是没安排毛遂去的，可是他一定要去，并说没有他事情就办不好，这就是成语"毛遂自荐"的来历。平原君问他，你在我府上待了三年多，没有一个人说你行，你也没表现出来你行，我凭什么认为你行？毛遂就用锥子打了个比方，说锥子放在布袋里，它的尖就能显露出来。我就是那把锥子,因为您一直没把我放在您的布袋里,我才不出名。这就是另一个成语"脱颖而出"的来历。

除了楚国,当时准备去救赵国的,还有魏国,因为魏国的相国信陵君魏无忌,是平原君赵胜的小舅子,所以赵国一被围,魏国就派出了十万军队去支援,可是秦昭襄王这时候说:"敢救赵者,拔赵后击之!"谁救赵国,谁就是我们秦国的下一个目标。魏安釐王害怕了,要求魏国军队原地休整。可是信陵君魏无忌和他姐夫的感情很好,听从了守门人侯嬴的建议,买通了魏安釐王的一个宠妾,偷出了可以调动军队的虎符;然后,又带着一个杀猪的大力士朱亥,赶到前线,杀死了魏军的统帅晋鄙,接管了魏国军队,直扑邯郸。

这段故事在历史上非常有名,叫作"窃符救赵",历来都是文艺和戏剧工作者最喜欢的保留节目,比如说李白的名篇《侠客行》里面就有"闲过信陵饮,脱剑膝前横。将炙啖朱亥,持觞劝侯嬴"这样的千古名句。

前257年,赵、魏、楚三国的军队在邯郸城下大战秦军,形势开始向不利于秦国的方向转变。躺在病床上的白起这时候偏偏来了一句:"不听臣计,今果何如?"秦王正在羞愤之中,听说了这句话,直接来找他,让他从病床上起来,马上到前线去。

白起这时候非但不马上赔罪,反而又是一通大道理来教育秦昭襄王。秦昭襄王回去之后便罢免了白起的一切爵位和职务,贬为普通士兵,让他去远离咸阳的一个乡里上班。白起离开咸阳城之后,一路骂骂咧咧。范雎把这些都汇报给秦昭襄王,秦昭襄王听了之后,派人送去了一把宝剑。

按照周礼,君主给臣下赐剑,那只有一个意思,就是你赶紧自己用这把剑抹了脖子。白起拿着剑,先说了一句:"我何罪于天而至此哉?"我什么地方得罪老天爷了,落得这样一个下场?他想了很长时间,想明白了——长平之战中,二十万的降卒,我一夜之间全杀了,现在这个结局是应该的，最后说了一句"足以死"，自刎了。

在六国面前，他是"杀神"，在秦昭襄王面前，他也仅仅是一个蝼蚁而已。

中国人自古以来，对白起褒贬不一，但是对于他的军事指挥艺术和军事天才，是都要伸出大拇指的。一生大小七十多场战争，无一败绩，全胜。听说他死了，当时各个诸侯国纷纷摆酒庆祝，这个凶神恶煞可算是死了啊。

虽然白起不像孙膑、吴起等有兵书传世，但是历朝历代没有人不把他当作是兵家的代表人物；在内行的兵家里面，他的地位显然是高于孙膑等人的。

所谓兵家，是战国时诸子百家中的一员；关于诸子百家，我们下一节再讲。

024. 百家争鸣始

在世界历史研究中，前 500 年前后这段时间，有一个特定的称呼，叫轴心时代。

前 470 年，在欧洲大陆，确切地说是古希腊，苏格拉底出生了。他和他的学生柏拉图，以及柏拉图的学生亚里士多德被称为"希腊三贤"。他们对现代西方社会的影响是全方位的，从哲学、美学、逻辑学一直到科学和政治，如果你不知道这三位，那就不能说了解西方文化。

在印度次大陆，前 565 年出生的乔达摩·悉达多，后来成了释迦牟尼，创立了佛教，而佛教对东亚和南亚文化的影响巨大，现在也是世界三大宗教之一。

在中东地区，犹太人在前 539 年结束了巴比伦之囚的苦难历史，同时一部后来被称为《旧约》的书也基本完稿，犹太教随后诞生，从此人类开始了一神教的历史。我们知道，基督教和伊斯兰教都深受犹太教《旧约》的影响，而二者在今天世界上的地位，那就不用说了。

在神州大地，从前 500 多年到前 221 年这三百多年里，一群知识分子纷纷著书立说，宣扬自己的思想，这就是先秦诸子的"百家争鸣"。当然，这场空前的思想大解放和大辩论当时是没有结果的。秦国依靠法家统一了天下，可是几十年后，孔子的儒家就成了显学，在随后的两千多年里几乎是一枝独秀，以至于现在我们一说起国学，似乎指的就是儒学。

所以，所谓的轴心时代，就是人类社会在发展了几万年之后，在前

500 年前后这个时间点上，古希腊、印度、以色列和中国同时出现了很多聪明人，这些人同时发力，奠定了后来影响世界文明史的文化基础。

一、为什么会有轴心时代

难道是人类到了这个时间点一下子就聪明了？当然不是。其实这是因为人类经过了一段时间的发展，产生了阶级，有一些人可以从体力劳动里解脱出来，开始思索人生的价值、活着的意义等形而上的问题，进而有了思想的碰撞。亚里士多德说："知识最先出现在人们开始有了闲暇的地方。"

由于所处环境的不同，不同地区的人的思考会侧重于不同的方向，释迦牟尼和犹太人研究人与神之间的关系，古希腊关注人与自然；而我们中国，由于很早就确立了礼乐制度，再加上诸侯之间明争暗斗，你争我夺是主旋律，很自然地，诸子百家更关注如何处理各种社会关系。

如果把中外轴心时代的人物对比一下，把中国的孔子、古印度的释迦牟尼和古希腊的苏格拉底算作是各自第一代的领军人物的话，那么古印度的轴心时代很快就结束了，释迦牟尼以后就没人了，中国却是孔子、孟子、荀子一脉相承，古希腊也是苏格拉底、柏拉图、亚里士多德师门不绝。不过韩非子在中国出现时，古希腊也没有新的思想家出来了。

此外，东西方两大思想体系同时催生出两个前无古人的君主，亚里士多德的学生、马其顿国王亚历山大大帝建立了一个横跨欧亚非的大帝国；韩非的非正式弟子秦始皇，征服东亚大陆的广阔领土，建立了秦帝国。

更有意思的是，这两个帝国都只持续了十四年就分崩离析了，冥冥之中好像自有天意。

二、先秦诸子共几家

中国轴心时代的思想流派很多,在东汉班固的《汉书》里面,数得上名字的一共有189家,所以称为诸子百家。但在这189家里,真正有巨大影响,能够流传开来的也就是十家左右。

关于这个数字历来有争议,司马迁的父亲司马谈认为只有儒、墨、道、法、阴阳家和名家,为此他还写了一本书叫《论六家要旨》。

班固则认为在这六家之上,还要加上纵横家、农家、杂家和小说家,这就变成了十家,不过他的说法是"九流十家",因为他认为小说家上不得台面,没有流派,就是俗语说的不入流。

到了现代,无论是正规历史学家,还是民间史学家,都认为这些分法有问题。比如说,就凭一本全世界都认可的《孙子兵法》,兵家就应该被列入,至少也要和纵横家并列。

再比如杨朱、老子和庄子,三个人的思想主张差异很大,把他们都归入道家,是应该要商榷的。

总之,"百家争鸣"只是泛泛的说法,既不是说真的有一百家,也不是说各流派的代表人物真的面对面争鸣,他们之间出生时间有的差了几十年甚至一两百年。

真正面对面的争鸣也是有的,多半发生在战国四公子那样门客众多的府邸,或是公立、私立的学府里。这些学府里面,最著名的就是齐国的稷下学宫。

稷下学宫是齐国国家拿钱办的,荀子就曾经在这个学校任校长。

从前350年左右的齐威王时代,一直到秦国灭掉齐国为止,稷下学宫一共存在了大概150年。最多的时候,上千人在这里学习和争论。常见的情形是,一位说,我的祖师爷墨子是怎么怎么说的,另一位就说,不对,我的老师的老师孟子是如何如何反驳你们墨家的。

当时是任何思想，任何见解，都可以表达，各家流派竞相发表自己的学说，百无禁忌，这才造成了百家争鸣的局面。

那时候这样的学校还真不少，各国对人才的渴望相当强烈。魏国有西河之学，鲁国有孔夫子的杏坛讲学，燕国有武阳学馆，楚国有兰台学宫，等等。滑稽的是，最后统一中国的恰恰是一所大学也没有的秦国。这是一个很有意思的课题，大家有时间可以深思一下。

在诸子百家里，农家、名家、阴阳家、小说家和杂家对历史的影响不是很大，不必讲；兵家和纵横家对当时的历史影响虽然很大，但前面我讲伍子胥、孙膑、吴起、白起，以及张仪、苏秦、公孙衍等人时，已经详细讲过了，这里也略过。

剩下的流派里，对历史影响大，观点对立，成天吵来吵去的，主要就是儒、墨、道、法四大家，下面就从这几家里选出几个最著名的人物来介绍。其中，儒家的孔子、道家的老子、法家的管仲、李悝和商鞅前面也都讲过了，这里会提到，但是不会细说。

三、反儒急先锋

前536年的一天，郑国的执政者子产把法律直接铸在一个大鼎上，让老百姓都能看到，当时叫子产铸刑鼎，算是开启了依法治国的先例。随后远在晋国的叔向就给子产写了一封信，长篇大论地批评他，说依法治国不对，要依礼治国。

在我看来，这就是百家争鸣真正的开始。争论的焦点，可以用子产给叔向回信中的一句话来概括，《史记》里的记载是"吾以救世也"，救世，挽救这个世界。

我们可以把子产看作是法家的，而叔向就是儒家的。

那一年，孔子尚未成年，他当时虽然没资格参与到争论中来，但是

23 年后，也就是前 513 年，当晋国的赵鞅也把法律条文公布于众时，孔子表明了他的态度：反对，我坚决反对。

孔子代表的儒家为什么反对法家的依法治国？前面讲孔子的时候已经说过了，这里不再重复。孔子的核心思想是"仁爱"，也叫亲亲之爱。通俗地说，就是先爱自己的孩子，然后推广到邻居的孩子，再进一步爱全国和全天下的孩子，最后整个天下都是一个大家庭，其乐融融。你自然不好意思抢你孩子的玩具，抢你兄弟的女人，国家就这样通过"仁爱"得到了治理。

在孔子看来，通过这种"天下一家"的想法，虽然不能恢复到"天下为公"的大同社会，但是完全可以构建一个"天下为家"的小康社会。

不过，随后就有人跳出来反对他的这种想法，反对者叫墨翟，尊称墨子。

《史记》说墨子是孔子同时代的人或者晚一些，至于是哪国人，现在还不清楚，应该是宋国人或者楚国人。

墨子曾拜在儒家的门下学习经典，但他当时的老师太差，最后他感觉儒家纯粹是胡说八道，就另立新说，聚徒讲学，一口气提出了"兼爱""尚贤""非命""非儒""非乐"等九大主张，基本都是针对儒家的。

儒家讲仁爱，他就说兼爱，也就是没等级没差别的爱。墨子说，儒者说爱别人家的孩子，就像爱自己的孩子一样，可是你这种爱的基础是先爱自己的孩子，也就是说对这俩孩子，你的爱肯定是有差别有等级的。

比如说这俩孩子打起来了，你帮着谁？你肯定帮着自家孩子啊。而这，不正是天下大乱，纷争不已的原因吗？所以，要一视同仁、不分亲疏远近地爱自家孩子和别人家的孩子。这就是他的兼爱。

可惜的是，就算墨子用最科学的计算公式告诉大家兼爱符合个人利益和社会利益，并且还搬出了鬼神和上天来惩罚不兼爱的人，他老人家到死也没解释清楚一件事，究竟是什么原因让他居然能够那么深沉地爱着别人家的孩子，和爱自己的孩子一样。

不过，墨子在这种兼爱理论上发展出来的其他政治主张倒是很鼓舞人心。他认为人人生而平等，又说要尚贤，就是由大家选举贤者当天子，当国王。是的，2500年前，墨子已经在提倡选举领导人了。他的口号是"官无常贵，民无终贱"，用老百姓的话说，皇帝轮流做，明年你选我。

墨子带着这样的政治主张到处演讲，所到之处，应者云集。当然，墨子的信徒大多数都是苦哈哈的劳动者，如技术工人等。于是，墨子就成立了一个组织。《淮南子》说，追随墨子的人"皆可使赴火蹈刃，死不旋踵"，就是都可以毫不犹豫地为墨子去死。墨子是他们的第一任领袖，称号是"巨子"，现在这个词还在用，比如说商业巨子等。

所有进入墨子这个组织的人都叫"墨者"，大家有统一的工作服，都穿短衣草鞋，头戴蒉帽，个个都参加劳动，以吃苦为乐，而且代代相传。墨子他们这样做，是为了世界和平，为了实现他们"非攻"的理想。所谓"非攻"，就是试图阻止各国之间的战争，让大家不要再打架了。

史书上说楚国曾经计划攻打宋国，墨子就去劝说楚王。他和当时楚国攻城的总设计师鲁班一连在沙盘上进行了九次模拟战，结果是他全胜。鲁班，这个后世的木匠祖师爷，就开口说，老墨啊，我们要是弄死你，你还怎么帮宋国？

墨子说，没事，我的弟子禽滑釐已经带着三百名墨者在宋国等你们送死了。最后楚王只能郁闷地说，撤兵吧，不打了。不过，他们成功阻止了战争的事情，在史书上只有两次记载，估计在"杀神"白起这样的兵家人物面前，墨者的组织也没啥作用。

顺便说一句，现在鲁班这个人在老百姓中的知名度比墨子大，但要真把他和墨子比一下，鲁班还真就是差远了。墨子不仅守城的技术高，打败了鲁班，还造过当时最快的车辆，和最酷的、可以飞的木头鸟。除了这些机械制造，他还最早提出了十进制的算法，用科学的实验证明了光的直线传播，准确地定义了点、线、面、体、圆等等。

当然，墨子最了不起的就是建立了以三物论为代表的墨家逻辑体系。三物分别是故、理、类，详细情况我不在这里解释，只引用一件事来说明所谓逻辑体系的重要性：爱因斯坦在1953年给斯维泽的回信里说，逻辑体系和实验是产生科学的两大支柱，有了这两样东西，产生科学体系就是一件自然而然的事情。这句话客观证明，墨子的逻辑体系恰恰是他在制造业、数学、物理学和光学上那么超前的原因。

最可惜的就是，后来随着墨家的衰落，他的三物论逻辑体系后继无人，造成中国几乎两千年的逻辑学空白，后来的所有发明创造几乎都是经验的积累，达不到科学的高度。

前面说墨子讲究人人平等，有人就问他，你总是说人人平等，那如果咱村子里的人意见不一致怎么办？墨子的回答是尚同，也就是大家先用尚贤的办法选一个贤明的村长出来，然后一起听村长的。那要是村长们意见也不相同呢？墨子说那就听乡长的，一级一级上去，最后全天下都必须听一个人的，就是天子。能不能不听呢？墨子说不行，必须要听。

我估计你听到这里肯定目瞪口呆，一个讲究人人平等、兼爱的思想体系，怎么就推出了全天下必须听一个人的结论呢？但这就是事实，很明显，肯定有人站出来，反对这种不民主的做法，这个人是谁？我们下节再聊。

025. 儒道法表里

墨子反对儒家的仁爱,讲究人人平等的兼爱,他的这种只讲平等不讲人权的理论,马上就遭到了一个人的反对。

此人叫杨朱,尊称杨子。

一、杨子"一毛不拔"

杨子的生卒年不详,但肯定比墨子晚,比孟子早,因为《墨子》这本书里没提到他,而在后来的书籍,比如《孟子》《庄子》《韩非子》里,他的大名反复出现。他没有什么成系统的文字留下来,但是从其他各家的著作里可以发现,他的思想是很独特的。

在杨子看来,墨家虽然为了天下老百姓而奔走,但是不讲人权,这种努力就毫无意义。

杨子的核心思想可以用他自己的一句话来概括:"损一毫利天下,不与也;悉天下奉一身,不取也。人人不损一毫,人人不利天下,天下治矣!"翻译过来就是,让我拔一根汗毛救天下,我不干,但是把天下都给我一个人,我也不干;如果这天下的所有人都不需要互相帮助,也不互相侵犯,那才是最完美的社会。这也是成语"一毛不拔"的来历。

杨子学说的重要性,在于他提出了一个权力让渡的问题。对于普通老百姓,究竟什么样的东西是不能被政府侵犯的?我自己的房子是不是风能进雨能进，国王不能进呢？杨子说，是的，就是这样。在这种思想的基础上，杨子认为政府只能是一个象征性的摆设，不应该管得太多，这和后来的庄子差不多，也和现在的小政府自由主义者遥相呼应。

墨子的"兼爱平等"和杨子的"一毛不拔"两大理论一经提出，马上就风靡天下。有一个人就不高兴了，在一旁酸溜溜地说："天下之言，不归杨，则归墨。"这些老百姓啊，不是信奉杨子的学说，就是推崇墨子的学说，怎么就没人相信我呢？说这话的人是孟子。

二、孟子"性善论"

孟子名轲，出生于前372年，祖上是三百年前鲁庄公的弟弟庆父。庆父在鲁庄公死后，为了上位，一连杀了两个鲁国国君，可是手脚不利索，弄得全天下都知道了。鲁国的邻居齐国人当时都对这事儿议论纷纷，说："庆父不死，鲁难未已。"庆父要是不归天，鲁国的灾难就不会停止，后来这句话就成了一句成语，用"庆父"专门指制造内乱的人。

虽然庆父后来在多方联手围逼之下，上吊死了，但是他儿子孟孙敖还是被封为鲁国上卿，后人称其为孟孙氏，这就是"孟"这个姓氏的来历。

作为庆父的后代，孟子一直都是贵族，不过他家这一支只能算作是士，也就是贵族里面最低的一等，必须要自己学本事，才能养活自己。

西汉的时候，有一本书叫作《列女传》，专门讲女性事迹的，里面就有孟子他娘的故事，说"孟子生有淑质，幼被慈母三迁之教"，就是说孟子小时候，他妈为了能让他学习好，搬了很多次家，最后终于搬到了一群读书人的旁边，做了邻居，孟子这才走上了好好学习天天向上的道路。这个故事叫"孟母三迁"。

"三"在古文里是一个虚数，表示多次，并不一定只是三次，也许四五次，甚至更多。这件事最终也被写到了《三字经》里："昔孟母，择邻处"，教育了无数中国学生和学生家长。现在我们经常说学区房，那价格是相当地高，我觉得这事儿，孟母也有一定的责任。

书归正传，因为杨子主张"为我"，墨子主张"兼爱"，孟子就大肆抨击他俩"无父无君，是禽兽也！"他提倡的是"老吾老以及人之老，幼吾幼以及人之幼"，也就是孔子的仁爱，要先爱自己的爹，再推广到别人的老人，这和墨子兼爱还是有区别的。

在政治上，孟子把仁爱扩大到仁政，也就是搞爱心政治，而想实行仁政，前提是以民为本，那就是大家耳熟能详的"民为贵，社稷次之，君为轻"。老百姓是最重要的，他甚至具体地规定了什么样的君主是合格的。比如一个国家里，五十岁的人要有棉衣服穿，七十岁的老人要有肉吃，但是当时的梁惠王觉得他是在瞎扯，都有肉吃？寡人难道是养猪的？

孟子也同意，君君臣臣父父子子，秩序绝对不能乱；但是和孔子不一样的是，对于那些残暴不仁的君主，孟子认为人民有权打倒他。有人问孟子，周武王杀了商纣王，这不是以下犯上吗？孟子的回答是，破坏仁的叫"贼"，破坏义的叫"残"，又贼又残的叫"独夫"，我只听说杀了一个独夫，没听说杀了一个君主。

言下之意，你是不是君主，并不是你说了算，如果你已经堕落成一个独夫了，那就不是君主了，打倒你天经地义。所以，不像墨子只强调君权，杨子只强调民权，孟子同时强调君权和民权。

除了提出仁政，孟子还提出了著名的"性善"论，就是"人之初，性本善"的1.0版本。

在他之前，先秦诸子很少谈人性，也许是认为不重要，也许是不敢谈，只有一个叫告子的，胆子很大，提出了不善不恶的说法，他说："食色性也。"没错，这句话不是孔子说的，是告子说的。意思就是，吃饭、好色是人的本性。

现在有一种解读，说这里的"色"不是女色的意思，我觉得那是误读了。在《孟子》里，"色"很多时候都是指女色。比如孟子见齐宣王，后者那句著名的"寡人有疾，寡人好色"，按照上下文一看，就是喜好女色的意思；而且，"食色性也"也只有把"色"翻译为"女色"才说得通。如果像有一些人说的那样，把这里的"色"比喻成歌舞，那肯定不对，喜欢歌舞可不一定是人性，我就喜欢听相声，不喜欢歌舞。

不过，对于告子的人性"不善不恶"说，孟子反对。他的理由是，告子的说法放到所有动物身上都合适，牛马羊狗都会吃东西和交配，这两者也是它们的天性，这种极度抽象的，涵盖了所有动物性的说法毫无意义。

孟子说，我们要谈，就应该谈作为人最独有的本性，也就是那些脱离了动物范畴的人的天性。那么，人有脱离了动物的天性吗？孟子说有。他是这样解释的：你看见一个孩子快要掉到井里了，你会有一种同情心，产生不忍心看的想法。你的这种想法肯定不是为了讨好小孩父母，也不是为了当官，就是天生的不忍之心，而这，就是人独有的天性，孟子称之为恻隐之心。

在这之后，他又一口气提出了羞恶之心、辞让之心和是非之心，把它们叫作"四端"。有了这四种"心"，人就和禽兽区别开了，就有了向善的基础。实话实说，这其实也有点生搬硬拽，他始终也没有解释清楚，为什么人天生就有这四样东西，而且更没法说明为什么有些人真的就没有这四种心。

我们都知道，在儒家学派中，孟子的地位比较高，但那是现在，在宋朝之前，他的地位并不高。后来宋朝的朱熹，把孟子和他学生写的《孟子》七篇列为"四书"之一，成了古代高考的必考题，比"五经"的地位还高，孟子的地位这才逐步升级，最后取代了孔子大弟子颜回，成了儒家仅次于孔子的圣人，亚圣。

三、老庄"道法自然"

就在孔子、墨子、孟子和他们的学生们各自提出救世的主张时,有一个人懒洋洋地说了一句:救什么救?你们这群自以为是的家伙忙活来忙活去,天下却越来越乱!我告诉你们,不爱才有爱,不救才有救。

大家回头一看,这是一个刚睡醒的人,叫庄周,也就是庄子。"不爱才有爱,不救才有救"这句极能代表庄子思想的话,是易中天老师说的,我相当赞同。

庄子是宋国人,具体的生卒年不详。确定无疑的是,他和孟子是同一时期的人,都生活在张仪和公孙衍这些纵横家大展身手的年代。前面说过,他的好朋友惠施也是一个纵横家。据估计,庄子死的那年,可能正是齐闵王把宋国灭掉的那一年,但是这些和他一点关系都没有,因为他根本就不在乎。

后人经常把庄子和老子联系到一起,并称为老庄。从治国的这个层面上看,这样的归类是对的,他和老子都讲究小政府的无为而治,对于儒墨两家推崇圣人治国,他们完全嗤之以鼻。

庄子的原话是"圣人生而大盗起",又说"圣人不死大盗不止"。关于这两句话,历来都有争论,根据我对庄子的理解,我个人认为应该有两层意思:

第一层意思是,你们这些圣人制定好了制度,把国家弄得很好,国王仓库里的银子很多,那大盗们偷起来就很方便了,只要用不法手段当上国王,这些就都是他的了。最明显的例子就是前面我们说过的田氏代齐。田氏当上齐国国王之后,齐国的所有,包括圣人制定的制度,全归他了。

第二层意思是,圣人就是大盗,你们这些所谓的圣人制定制度,就是为了帮着国王盗取老百姓的东西。

无论怎么解释,在老庄眼里,圣人都毫不可取。

那么老庄认为应该怎样治理国家呢？

老子说："不尚贤使民不争，不贵难得之货，使民不为盗。"就是说不要奖励优秀的人，这样老百姓就都不争宠；也不要喜欢任何不容易得到的物品，这样老百姓就都不去盗窃。

老子还说："绝圣弃智，民利百倍；绝仁弃义，民复孝慈；绝巧弃利，盗贼无有。"也就是不要智慧，不要仁义，不要能工巧匠，不要利益，大家都吃了睡，睡了吃，天下肯定大治。

你要是觉得，这不就是猪吗？差不多，但是庄子比较文雅，他的说法是"上如标枝，下如野鹿"，君王就像是树木最上面的叶子，老百姓就像是地下悠然自得的野鹿。两者根本没有交集，真真切切地相忘于江湖。

虽然庄子和老子在治国思想上一致，但在处世和哲学上，他俩还是有区别的。两人虽然都讲道法自然，但老子归根结底还是要做事情的，庄子是真的啥也不做，他是真自由，视功名利禄如浮云。

有一次楚王派人找他去当官，庄子说，听说你们楚国有一种乌龟，活了三千年，却被人抓住掏空，变成了一个乌龟壳，然后供奉在庙堂里。有这事吗？来人说有。庄子说，那你来说说，这只大乌龟是愿意死了被人隆重地供起来，天天祭祀，还是愿意拖着尾巴在泥塘里打滚呢？使者说那恐怕还是后者好。

庄子的结论很简单，说你们请回吧，我还是拖着我的尾巴在泥潭里打滚好了。把当官看作是死了，这就难怪庄子一辈子都很穷，老婆孩子饿得哇哇哭，经常吃了上顿没下顿。

就是这么一个与世无争的人，还是有人批评。批评的人说，你们道家天天讲天道，但地道和人道你们知道吗？正所谓"天有常数，地有常道，君子有常体"，你们道家一点都不接地气，咱们必须讲讲地道和人道。讲完了，你就会明白，我们需要圣人组织我们的社会，制定礼仪，教化百姓。

四、荀子、李斯和韩非子

说这话的人叫荀况,就是荀子。他不仅仅是批评庄子,还抨击墨家的墨子,法家的慎到、申不害,名家的公孙龙,儒家的子思、子夏、孟子,等等。在庄子的面前,圣人不值一提;在荀子面前,所有人都不值一提。全天下只有一个人,荀子从来不批评,那就是孔子。荀子经常标榜自己是孔子的正宗传人。

荀子生于赵国,十几岁的时候正好赶上赵武灵王的胡服骑射改革,估计他受不了,就跑到齐国;在齐国的官办大学稷下学宫混到了三十多岁,也没混出啥模样,赶上五国伐齐,他赶紧又跑到楚国;待了没几年,又赶上了鄢郢之战,秦国白起攻破楚国都城,吓得他一溜烟又跑回齐国。

这次不错,赶上了秦国范雎的远交近攻,齐国过上了苟且一时的太平日子,荀子可以不跑了,仗着资格老,最后终于当上了稷下学宫的祭酒,就是校长。

荀子之所以批评庄子,强调一定要圣人坐天下,用礼乐来治国,除了因为这是孔子的主张外,还因为他主张"性恶说"。这一点正好和孟子相反,荀子认为:"人之性,恶,其善者,伪也。"也就是说,人这种动物,本性都有相当恶劣的一面,之所以善良,做好事,都是后天人为的因素,比如社会制度的规范、道德文化的教育、父母老师的鞭子等等。

"人"和"为"两个字合在一起就是"伪",这也是"伪善"一词的来历,本意并不是贬义,甚至恰恰相反。荀子的意思是说,因为人们意识到人性恶的一面让人类无法共同生存,才会有伪善这种理性的东西帮助人,来限制自己的恶,原话是"化性而起伪"。

在他看来,这需要外力的介入,也就是圣人们的道德礼仪。这些东西你学习实践久了,就习惯成自然,变成了人的第二天性。所以,伪善也是人性。

尽管今天国际上对荀子的评价很高，认为他是可以和古希腊亚里士多德比肩的人物，并且这位了不起的老先生活着的时候，也一直以孔老师的嫡传弟子自居，但是，传统儒家对他的评价却是江河日下的。开始还好，能陪着孔老师在庙里待着；宋朝之后，他就被很多人，尤其是朱熹理学的道德卫士们强烈抨击。到了1530年，他就被明朝嘉靖皇帝彻底赶出了孔庙，失去了吃冷猪头肉的资格。一直到今天，港台地区的所谓新儒家还在对他老人家口诛笔伐。

究其原因，主要是两个：第一个是他和亚圣孟子唱反调的性恶论，既然宋朝之后孟子成神，那荀子被赶出孔庙也很正常；另一个是因为他的学生——据考证，他正式的学生只有五位，但就是这五位中的两位——给他带来了很大的麻烦。

一位叫李斯，就是后来帮着秦始皇统一天下，并且建议焚书坑儒，欺师灭祖的那位大秦帝国的丞相；另一位更要命，就是百家争鸣的最后一位大师，把儒家的知识分子称为"害虫"的法家集大成者——韩非。

儒家的最后一位大儒，教出了两位法家学生，这看似偶然，其实必然。因为无论荀子怎么解释他的性恶论，实际上他都承认了，人性有恶。

他说的"化性而起伪"，在实际操作上，需要圣人的谆谆教导和教化。可是他的学生韩非说，老师，这世界上圣人是可遇不可求的，没有那么多的圣人，谁来教导这么多的老百姓呢？况且就算找到圣人，你让他去教化乡里面的一个流氓，说一两句话流氓就会改邪归正了？不见得吧！我看最有效的办法就是让警察把他捆起来，刀剑抵在他脖子上，马上就老实了。

也就是说，治理这个社会就两个字最好使，赏和罚。重赏之下，必有勇夫；严刑之下，谁敢犯法？韩非称这两样东西为"二柄"。只要拿住了它们，结合权威、法律和权术这三种手段，奖励那些做出贡献的，惩罚那些调皮捣蛋的，天下自然是风调雨顺，国泰民安。

韩非对于人性的看法既不是孟子的"性善"，也不是他老师的"性恶"，他的看法是人性自私，每个人天生就是商人，时刻都在计算着利益得失。

他曾经举过这样一个例子：卖豪车的，希望人人都发大财，有钱，富贵，因为这样一来，他的车就卖得好；可是开棺材铺的，就希望死的人稍微多一点。你能说卖豪车那位就比开棺材铺的人更善良吗？恐怕不能。"情非憎人也，利在人死也"，卖棺材的并不是憎恨人类，只是他的利益所在，就是死人，那有什么办法？

韩非的结论就是，君主治理国家，就要利用人的这种天性。他说"凡治天下，必因人情。人情者，有好恶，故赏罚可用。赏罚可用，则禁令可立而治道具矣！"治理天下，就要遵循人之常情，也就是人性，而人性就是趋利避害，这样一来，奖赏和惩罚就好使了；一旦奖惩制度好用，那治国的策略就定下来了。

这就是法家的基本思想。

法家的人物我前面也提了很多，比如管仲、子产、李悝、商鞅等，还有很多没提到的，比如慎到、申不害等。可是那些人有的注重法治，有的讲君主如何掌握权力，有的聚焦在如何玩弄权术和阴谋诡计，没有一个人像韩非这样，把法治、权术、人性全都糅合在一起，创造出来一套成系统的法家独门功夫，相辅相成，浑然天成，相当地管用。

韩非子的这一套法家独门功夫，后来被一个大大有名的人练成了，他就是秦始皇。后世的君主，书架上摆的虽然是《论语》，袖子里藏着的，肯定是一本《韩非子》。这就叫作外儒内法，治国平天下的不二法门。

026. 周朝没有了

前257年，赵国、魏国、楚国三家在邯郸城下和秦国打成一团，而战国第一猛将，秦国的"杀神"白起在咸阳西郊抹了脖子。就在同一时间，有两个人鬼鬼祟祟地用六百斤黄金贿赂了邯郸的守城将领，偷偷地从邯郸城里跑出来，跑到了秦国的军营。

一、周朝没有了

这两个人一个叫异人，一个叫吕不韦。异人是谁你可能没听说过，可是他的儿子你绝对知道，那就是秦始皇嬴政。

那么，异人这时候为啥要从赵国逃跑？因为他是秦昭襄王的孙子，本来是被送到赵国当人质的。战国时，大人物们互相送子孩当人质是常事，秦昭襄王自己当年也在燕国当过人质。可是异人这个人质当得比较倒霉，先是秦国在长平之战活埋了二十万赵国降卒，接着就是秦将王龁围困邯郸，气得赵孝成王跳脚大骂，琢磨着砍了异人的脑袋泄愤。

如此一来，异人肯定不能束手待毙，赶紧溜之大吉是上策。此时小嬴政还在邯郸城里，他爹只顾着自己逃命，哪里顾得上老婆孩子。自古以来，能成大事的人，多少都有点"冷血"，后来的刘邦、刘备都是如此，异人自然也不例外。

跟着异人一起跑的吕不韦又是谁呢？难道比儿子还重要？是的，比儿子重要。因为没有吕不韦出钱，异人就是赤贫阶级，别说跑，不饿死就算他造化大了。

吕不韦和异人之间的故事并不复杂。长平之战后，整个邯郸都恨秦国人，异人自然是没人搭理，饭都几乎吃不上了。吕不韦那时候是一个商人，看到这个情景之后说了一句话："此奇货可居。"这可是一个神奇的宝贝，囤积起来会发财。于是他上门对异人说：公子，我可以光大你的门庭。

异人当时一翻白眼说，你还是先把你自己的门庭光大一下吧。吕不韦的回答是，我的门庭需要公子您以后来光大。彼此都是聪明人，说完这几句话之后，就大概明白对方的意思了，马上进入密室详谈。

吕不韦说，现在秦国的太子安国君是你的亲爹，但是他儿子太多，顾不上你，也顾不上你老妈。他现在专宠华阳夫人，华阳夫人没有自己的亲儿子，你要是能认她为娘，以后也许就会当上秦国太子。

异人说你的计划不错，我早想这么做了，可是我没钱。吕不韦说我不差钱，但将来成功了怎么说？异人的回答是，秦国有您的一半。

接下来发生的事情和在密室谋划的一模一样。吕不韦先用他的钱争取到了见华阳夫人的机会，然后尖锐地指出，为了您和您娘家人将来的荣华富贵，必须找一个安国君的儿子来结成统一战线。华阳夫人认为他说得有理，就认了异人为干儿子。

在邯郸被围的危险时刻，吕不韦带着异人逃出了赵国，回到秦国。

这里有两件事要澄清一下。野史里说，吕不韦曾把自己一个怀孕的姬妾送给异人，然后生下嬴政，认为秦始皇不是秦国王室的血脉，而是吕不韦的儿子。这种说法正史从来都不采纳，也没根据。因为若真是这样，那就等于说秦始皇的妈妈怀胎 12 个月才生儿子，这不科学。秦始皇应该是根红苗正的秦国列祖列宗的嬴姓后代。

另一件事就是，《战国策》说，异人回到秦国是赵孝成王放回去的。这个我认为有点不靠谱。赵孝成王就是再缺心眼也不会在双方战斗正酣的时候放人质回去,一旦打输了,有人质怎么着也算一个筹码;打赢了的话,那对方可能要再送一个来,又何必放这个回去?所以我采用《史记》的说法,异人是在打仗的时候偷偷跑回去的。

异人跑回秦国的第一件事就是穿上楚国的服装,去见华阳夫人,因为华阳夫人是楚国人。果然,华阳女人看见异人这身装扮,心中大悦,给他改了一个名字叫子楚,然后当亲儿子一样对待。

子楚的爷爷秦昭襄王十分郁闷,赵国邯郸最终没打下来不说,两年后,因为秦国的扩张,周天子周赧王组织了五六千人的队伍,要以他这个"天子"的名义讨伐秦国。

周赧王给其他六国的信里约定,某月某日,一起到伊阙集合,共同讨伐秦国。结果到了这一天,只有燕国、楚国各派了一万左右的士兵,其他各国连个炊事班都看不见。战国末期,两万五千人只能算是街头混混打架的水平,大家心灰意懒,就此散去。

周赧王回到王畿之后,一群富商围着他要债,因为他为了组织那五六千人的敢死队,借了很多钱,说好了打下秦国之后还本钱给利息,可是现在啥也没有了。为了躲债,堂堂的周天子只好躲进宫里的一个高台上,这也给后世留下一个成语,叫"债台高筑"。

周赧王这次行动,让秦昭襄王很是愤怒。同一年,也就是前256年,秦昭襄王派人直接灭了东周,先是把周赧王抓到秦国,然后又放了回去。一抓一放一折腾,欠了一堆债的周赧王姬延就驾崩了,而且后继无人,王畿的百姓四散奔逃。至此,周朝算是彻底完了。从前1046年周武王建国,到这时候灭亡,一共791年。当然,其中有差不多一半的时间周天子只是一个牌位,说话是不好使的。

接下来的一件事到今天还是一个谜,那就是所有的史书都记载秦昭襄王在周赧王死了之后,派人把传国之宝——那九个大鼎搬回了咸阳,可是从那时候起,就没人见过它们。后来秦昭襄王的曾孙秦始皇上台之后对外也说自己也没见过。

总之，与夏商一脉相承的周朝在前256年正式寿终正寝，从那时候一直到秦始皇嬴政开创帝国时代，这中间的35年，我们只能称呼为战国时代，不能和东周并称了。

二、吕不韦"奇货可居"

前251年，秦昭襄王以74岁的高龄心满意足地死了，如果说他上台的时候秦国只是隐隐约约有王霸之气，那么到他去世为止，秦国已经完全具备了吞并天下的实力。

即位的秦孝文王也没有辜负吕不韦和异人的厚望，马上就封华阳夫人为王后。顺理成章地，异人，也就是现在叫作子楚的这位秦国公子，就成了正牌的秦国太子。赵国见风使舵，把子楚的老婆赵姬和他的儿子嬴政送回了秦国。

国不可一日无主。自古以来，老国君一死，太子必须马上接位，但是正常来说，你不能马上就举行典礼或者更改年号，那会显得太猴急了，一般要等一年，第二年的时候再正式上班。秦孝文王比较倒霉，他上台之后坚持等了一年，可是第二年刚刚坐上宝座才三天就暴病身亡。所以，严格来说，他只当了三天的秦王。

有人说是吕不韦干的，因为他想让异人快点上位。这事没什么根据，我认为吕不韦当时也不太可能有那么大的权势做成这件事。

在这之后，秦始皇的爹，秦庄襄王登场了，我们可以叫他秦庄王。此人相当讲信用，马上封吕不韦为丞相、文信侯。

秦国自秦孝公开始一直到吕不韦当丞相这一百三十多年，一共只封了四个侯，分别是商鞅、魏冉和范雎，然后就是文信侯吕不韦，连白起也只是被封了一个武安君，没有封侯。所以，吕不韦豪赌之下，换来的是扎扎实实的荣华富贵，千古留名。

据《战国策》记载，吕不韦在遇到异人的时候，曾经回家问他爹，说您认为种地的利润是多少？他爹说十倍。那珠宝呢？他爹回答说百倍。吕不韦接着又问，如果把一个人扶持成为国家的最高领袖呢？原话是"立国家之主赢几"，他爹想了半天说："无数。"那是想都不敢想的富贵。

吕不韦于是下定决心，干了这一票。事实也证明，作为商人投资掺和政治的始祖，吕不韦获得了巨大的成功；他的经验和眼光，足以让今天美国大选时那些捐款的商人们借鉴。

秦庄王即位之后，对外依旧用范雎的老办法，远交近攻，猛攻韩国和魏国，占领了很多地盘。最后魏安釐王实在是没辙了，就对着北边喊，弟弟啊，你快点回来吧。他弟弟就是前面说过的战国四公子之一，魏国信陵君。这时候他正在赵国，举办辩论赛，和门客们喝酒聊天，玩得不亦乐乎。

他为什么会在赵国呢？前面说过，赵国邯郸被秦国围困的时候，他为了帮助姐夫平原君，窃符救赵，偷了哥哥魏安釐王调动军队的虎符，私下里带着部队到了邯郸。等秦国退兵之后，他没敢再回魏国，在赵国一住就是十年。

现在秦庄王这么不给面子，一定要消灭魏国，信陵君也坐不住了，毕竟那是自己的祖国。魏安釐王召唤了几次之后，前247年，信陵君魏无忌回到魏国，担任魏国最高统帅。

战国四公子的面子不必说，燕赵韩楚四国的高官里面，都有信陵君的铁哥们，马上派出大军和魏国同仇敌忾，五个国家一起攻秦。齐国没有参与。范雎的远交近攻就像是一碗迷魂汤，齐国喝了之后就死心塌地地爱上了秦国，从此不掺和任何合纵的事情。

事实证明，大家如果真的同心合力，秦国还是不行的。五国在黄河以南大破秦军，迫使秦国退回函谷关，高挂免战牌。这一战之后，信陵君名望大涨，五国的信心也大涨。可惜得很，我们后人把这次的行动叫作回光返照，因为按照史书记载，这是最后一次五国同心协力取胜的记录。

秦庄王在战场上搞不定对方，私下里就开始弄小动作，派人带了一万斤黄金，到魏国首都大梁四处散布信陵君即将当上魏王的谣言。魏安釐王果然害怕了，剥夺了信陵君的军权。到了这一步，信陵君知道解释、辩驳都没用，弄不好脑袋先没了。只有一个办法，就是自污，自己埋汰自己，表明绝对不想染指最高权力。

从此之后，他把自己关在家里，只做两件事，醇酒美人。男人要想自杀，这两件事不失为一个好办法。四年之后，前243年，一代雄杰，信陵君魏无忌酒色过度，暴病身亡。

千古以来，对他的评价，几乎没有坏话，都是赞美的。现在河南开封的大相国寺，原来就是他的府邸，开始的名字叫信陵君庙，是老百姓纪念他的。

实际上，秦庄王虽然用计策在四年之后除掉了信陵君，可是他也没看到这一天。前247年7月6日，秦庄襄王卒，其子嬴政即位，这就是后来每一个中国人都知道的秦始皇。

这里有三件事要说一下：

第一，为什么这个日子这么准确？很简单，因为司马迁非常清楚这个日子对于历史的重要性，所以当年他写《史记》的时候，用心查到并且记录下了这个日子。《史记》原话是："三年五月丙午，庄襄王卒，子政立，是为秦始皇帝。"

第二，"秦始皇"是后世对嬴政的称呼，他当时的正式称呼是始皇帝，有"皇"有"帝"。

第三，秦庄王是中国历史上第一个被尊称为太上皇的。当然，他接受这个称号时已经死了，后来刘邦的爹是第一个活着的太上皇，这是后话。

不过，刚即位的秦王还不能称皇帝，我们暂时叫他秦王政；而且他那时候也有很大的烦恼，主要是因为两个人，一个是文信侯吕不韦，另一个是前239年封侯的长信侯嫪毐。

三、嫪毐谋反

吕不韦是个能人，以前当个小商人真是屈才了，无论是军事，还是执政，他都有两下子。对外战争中，他对准六国中间的缝隙下手，专门打韩赵两国，几乎把六国分成南北两半，这样合纵的地域基础就消失了。

对内执政他目光远大。有一个叫郑国的人，来自韩国，拿着工程图纸一定要给秦国修水利工程，连设计费都不要；可是修了没两天，阴谋就败露了，原来他是一个奸细，韩国派他来给秦国搞水利，就是为了消耗秦国的国力。郑国被揭穿了之后招供说，自己确实是特务，可是这条河渠修好了，韩国不过是晚死两天，但对秦国，却有千秋万代的好处，"为韩延数岁之命，为秦建万世之功"。当时秦国人中只有吕不韦和刚刚登基的嬴政认为郑国说得对，不仅没处死他，还让他继续干。结果十年之后，这个叫作郑国渠的水利工程完工，关中地区四万多顷土地立刻成为大粮仓，亩产增加了六七倍，后来和巴蜀粮仓、汉中粮仓一起，成了秦国统一六国的三大粮仓，最大的后勤保证。可以说，没有这个关中粮仓，秦国可能不会那么快统一中国。所以，你不服吕不韦的眼光是不行的。

吕不韦还有一个成功人士的毛病，那就是一旦有钱了，也要附庸风雅，向贵族圈子靠拢，学习他们的做派。战国时贵族最流行的就是养门客，吕不韦就也像四公子那样，招了几千门客。

不过他毕竟是商人，觉得这么多人聚在一起聊天吹牛，经济账划不来，就让大家写书，打出的旗号是："兼儒墨，合名法"，就是诸子百家，你知道什么就写什么，只要我认可，就算你的成绩；但是，写出来的书要署上我吕不韦的大名，最后把所有的文章编在一起，称为《吕氏春秋》。

我们把这种文化上一锅乱炖的学派称为"杂家"，吕不韦就是杂家的代表。当然，他可能一个字也没写。

这部二十多万字的书完稿之后，吕不韦无比得意地把书挂在城墙上，说谁能增加或者删减一个字，给一千金。结果真的就没人能指出任何错误，这就是成语"一字千金"的来历。可是我要问一下，《吕氏春秋》真的这么了不起吗？当然不是，因为这是吕大丞相的书，谁敢改？你还要不要脑袋了？

如果我是秦王嬴政，就算我智商一般，知道这件事之后，也要为吕不韦的权势熏天坐立不安，更何况嬴政不是一般人。

不过，吕不韦最后的下场，实际上应该怪他前女友的现任男朋友。他的前女友，就是秦王嬴政的母亲。别忘了，她当年可是吕不韦的人。秦庄王死了之后，她和吕不韦又好上了，可是吕不韦也知道这早晚得出事，思来想去之后，就把嫪毐送给了赵姬，自己脱身了。

这事儿明明白白地记在《史记》上，司马迁称之为"大阴人嫪毐"。当时来看，吕不韦这步棋是对了，赵姬果然马上就忘了吕不韦，和嫪毐如胶似漆，还生了两个儿子。长远来看，这却是一步臭棋。

嫪毐野心极大，但是能力极差。前239年，嫪毐得到了最丰厚的回报，被封为长信侯，从商鞅开始，秦国的第五个侯。可是他还不满足，公然对外宣称自己是嬴政的"假父"，就是我们现在所说的干爹，并且开始和赵姬谋划，想要让他俩生的儿子当秦王。

这就是找死了。本来嬴政为了母亲生活快乐幸福，可以无视一些事情，但一旦涉及王权，就没什么可说的了。前238年，嫪毐知道嬴政即将对他动手，准备先下手为强，提前造反，可惜，一个照面下来，嫪毐全军覆没，他本人被带到咸阳闹市，五马分尸，然后灭三族。

至于他和赵姬生的那两个可怜的孩子，也被装到麻袋里，乱棒打死。接着嬴政就把他老妈也关起来了，不过后来想了想，又放出来了。毕竟当年他亲爹从邯郸逃之夭夭，是他娘含辛茹苦，担惊受怕地抚养着他。

嫪毐这件事给了嬴政一个极好的借口扳倒吕不韦，后者很快就被罢免了相国的职位，回到了自己的封地河南。

一年之后，秦王政给吕不韦下了一封敕书："君何功于秦？秦封君河南，食十万户。君何亲于秦？号称仲父。其与家属徙处蜀。"意思很明显，离开你的封地，去穷山恶水的蜀地居住。

吕不韦想了想，知道嬴政绝对不会放过他；自己要是马上死了，也许儿女还能免死，于是一仰脖子，喝了一杯毒酒自杀了，这一年是前236年。他的一生像极了一个期货大鳄，投机取巧在期货市场上大赚了一笔，最后却赔得干干净净，连命都搭进去了。

吕不韦为什么不造反？我觉得有两个原因。第一是他有幻想，那时候一个相国被贬到封地并不是大事，战国四大公子基本都被贬过，过后还是一样官复原职。不仅是他，大家也都这么想。《史记》上说，当时去河南看望吕不韦的人络绎不绝。吕不韦开始的时候绝对没想到秦王会杀他。

第二是他也没资格造反，他本来是韩国人，在秦国是绝对的外乡人，秦国各大氏族和势力并不喜欢他，还可能很恨他。他十一年的风光可以说完全是秦王嬴政给的，现在想要反嬴政，那注定一个支持的人都没有。

吕不韦死后，有人对嬴政说，外国人一个都不能信，还是我们秦国本地人可靠。嬴政就发布了一道逐客令，让外国在秦国当官的人都离开，差不多相当于两千多年后美国的排华法案。

消息传来，一个正在秦国首都咸阳混日子的外国人焦虑万分——这要是失业了，会不会饿死呢？此人最后心一横，写了一篇文章，呈交给了嬴政。

027. 秦王灭六国

吕不韦死后，秦王嬴政下令，凡是移民进来，在秦国当官的，都要驱逐出境。

一个来自楚国的客卿，名字叫李斯，写了一篇千古好文章《谏逐客书》，呈交给了秦王。中心思想是，大王您现在吃的穿的用的，还有后宫的女人，很多都是来自外国；您曾祖、曾祖的爹，还有他们的祖先，都用过很多外国人，商鞅、张仪、范雎，哪一个是秦国人呢？所以，您不要让我们这些外国人下岗了。

嬴政看完这篇文章之后，当即就收回了命令，李斯不仅没被赶跑，还升官了。

一、李斯和韩非子

据说李斯年少的时候，偶然发现厕所里的老鼠又瘦又小，而粮仓里的老鼠又肥又大，而且还不怕人，当场感慨道："人之贤不肖譬如鼠矣，在所自处耳！"意思是一个人有没有出息，就看你身处什么地方。因此他去了在他看来是粮仓的齐国，在荀子的门下学习了几年；之后看到秦国有统一天下的趋势，又跑到秦国，在吕不韦的门下做了门客。

李斯在吕不韦门下做了一段时间门客之后，找了一个机会，直接向秦王嬴政提了三条意见，分别是统一天下、离间六国的君臣，以及要先灭了韩国。嬴政觉得他不仅一下子说中了自己统一天下的野心，而且后面两条，完全可以当作纲领性政策来实行。于是，李斯也被提拔为秦国客卿。

卿就是卿大夫，客卿就是外国的卿大夫。李斯从一介平民升为秦国的贵族，总算是混进了一个不错的粮仓，现在秦王让外国人都离开，那以前不是都白努力了吗？难怪不甘心的李斯斗胆写了《谏逐客书》。

前233年，集法家之大成者，李斯的同窗好友韩非来到了咸阳。他是被迫来的，因为嬴政看到他写的《孤愤》和《五蠹》等文章之后，对他佩服得不得了，命令韩国马上把韩非送来秦国，否则就要攻打韩国。韩国没有办法，只好把他送来了。

这本来应该是一场热情的"粉丝见面会"，最不济也是"网友约会"，最后却变成了"见光死"。因为韩非天生口吃，一着急更说不出话来，嬴政和他全程"尬聊"。散了之后嬴政就很纳闷，这位韩老师好像也不怎么样啊，莫非文章都是别人替他写的？结果就是之后的很长时间，嬴政也没给韩非一个交代。

李斯比谁都清楚，韩非比他更有才华，也更符合秦王嬴政一统天下的理想。和当年魏国的庞涓陷害孙膑一样，李斯对嬴政说，韩非是韩国人，怎能为我们秦国效力呢？所以您要是不用他，就找个罪名把他弄死算了。

于是秦王把韩非关进了监狱。李斯给韩非送去了一杯毒酒，就这样，编了无数故事说明人心不可靠的韩非子被自己的老同学害死了。后来嬴政后悔了，想放韩非出来做官，一打听，早就埋土里去了，据说嬴政还叹息不止。

韩非的死，连司马迁都替他喊冤，说韩非不是写了《说难》吗？他应该知道人是靠不住的啊，怎么那么容易就被李斯害死了呢？

以上是《史记》里面记载的韩非之死，我觉得有两点非常可疑。第一，李斯应该不可能用"外国人不可靠"来游说秦王，因为他自己就是楚国人。韩国人不可靠，你一个楚国人就可靠？况且，他几年前写的《谏逐客书》声犹在耳，现在这样说岂不是承认前面是欺君？

秦王没说要杀韩非，李斯居然在监狱里直接把韩非毒死了，还一点事儿都没有，以秦王嬴政的精明和跋扈，这种事怎么可能善罢甘休？

所以，我认为合理的事实应该是，秦王自己就有杀心，或者是李斯对他的心思了如指掌，或者是他授意。总之，韩非应该是死在秦王嬴政手里的。

韩非虽然没了，可是他的思想还在，而且被嬴政全盘接受。"以法为教，以吏为师"的法家精神已经深入到了秦国的每一个细胞，整个国家就像一台机器一样高速运转起来，而唯一一个可以发出指令的，就是他们的君主，秦王嬴政。

从现在起，他的指令明确而清晰，只有一条——灭六国，一统天下。

二、韩赵被灭

六国里面最先被灭掉的，是韩国。

中国两千年帝国历史上有一个有趣的现象：战国之后，中国人建立的大大小小各个朝代、国家，没有一个名字是叫作韩的。其他战国七雄的国名都被后世子孙用过，比如说前燕、北齐、西楚、前秦、北魏、后赵等；七雄里面唯独韩国，后世子孙们都不用。

其中原因，我个人认为有两个：第一个是，战国时韩国处在中原地区的中心，后来的造反者，基本都是从边缘开始打天下，龙兴之地不是韩国这个位置，所以，这块土地不产造反派，自然也就不产皇帝。第二个原因，也是最主要的原因是，韩国是七雄里面第一个被灭的，后世的人觉得这个第一名有点晦气。汉字那么多，何必要用韩？

韩国一直都是七雄里最弱的一个，从三家分晋诞生的那天开始，最好的成绩是申不害变法之后，不被别人欺负的那几十年。前230年，秦国嬴政趁着赵国发生饥荒，无力救援韩国之时，忽然发兵，大将内史腾几乎是不费吹灰之力，攻占韩国，俘虏了韩王安，韩国就此灭亡。

因为秦国此时已经实行了郡县制，就把韩原来的所有地盘都算作秦国的一个郡，名字叫颍川郡。这个郡后来在三国时期大大地有名。至于郡县制，我们后面会解释。

如果赵国当时如果没闹饥荒，秦国会担心赵国救援韩国吗？应该会。战国后期，能和秦国掰一掰手腕的，也就是赵国了。千万不要小瞧八十年前赵武灵王的胡服骑射，自从那个时候开始，赵国的军队一直都很强，李斯给嬴政的策略里面第一条就是要首先削弱赵国。

从前236年开始，秦赵两国不断地发生战争。为了抵御强秦，赵国国君赵迁也算是下了血本，他完全置赵国北方的少数族于不顾，大军全都调到了南方，和秦军死战。当时赵军的统帅是战国四大名将排第三位的李牧，排在他前面的白起已经死了，廉颇被迫退休了，李牧在肥之战和番吾之战两次大败秦军，看局部形势，两国差不多势均力敌。

到了前230年，赵国闹起了饥荒，粮食全面歉收；而秦国由于坐拥巴蜀、汉中、关中三大粮仓，士兵们吃得饱饱的，拿下了韩国之后，就决定趁着赵国人吃不饱的机会，一鼓作气，吞并赵国。

这一次，嬴政派出的将军叫王翦，是战国四大名将的最后一位；赵国，还是任用李牧这位秦国克星。两人对峙了一年多，谁也奈何不了谁，看起来还是李牧比王翦强一点儿，因为李牧是在很多士兵吃不饱肚子的情况下，和王翦打了一个平手。

在这样的情况下，秦国使用了老招数反间计。秦王嬴政和王翦两位拿出大把的金钱，收买了赵国著名的奸臣郭开。这位郭开要是论在卖国界的历史地位，绝对在后来宋朝的秦桧之上；秦桧也许只祸害了一个岳飞，郭开则是一口气陷害了战国四大名将中的两位，前一位是廉颇。

几年之前，赵王想让廉颇继续领兵抵御秦国，可是因为郭开和廉颇有仇，就暗中买通使者，让他回来说廉颇的坏话。廉颇在使者面前吃了十斤肉，又上马抢刀一顿忙活，显示自己身体倍儿棒，可以为赵王卖命。可那个使者回去是这么对赵王说的：廉将军胃口很好，吃肉喝酒不在话下，可是和我吃一顿饭的工夫就去了三次茅房。赵王一听，便决定不让廉颇回来，从而留下了一句"廉颇老矣，尚能饭否"的成语，让后人无限感慨。

这一次，郭开既然收了嬴政和王翦的钱，那倒霉的就只能是李牧了。赵王这种昏庸之辈，被郭开一说，就相信了李牧要造反，要和秦国里应外合干掉他，马上派人去前线拘捕了李牧，一刀砍了脑袋，然后让赵葱和颜聚接替李牧。后果自不必说，前228年，秦国大将王翦破赵军，杀赵葱，俘虏颜聚，直捣邯郸，生擒了赵王赵迁。继韩国之后，赵国灭亡。

南宋的刘克庄有一首诗："说客为秦谍，君王信郭开。向令名将在，兵得到丛台？"丛台就是今天邯郸的丛台区。这首诗很实在，如果赵王不是那么相信郭开，如果廉颇和李牧都能得到重用，那么秦国真的很难拿下赵国。有时候，一个卖国贼顶得上千军万马。

三、秦灭燕魏楚齐

赵国灭亡的时候，赵王迁的哥哥公子嘉领着几百人逃到了北边的代郡，自立为代王，准备和燕国一起抵抗秦国。

秦将王翦率军一路追杀，很快，就来到了燕国的边境。气势汹汹的王翦摆出一副要把公子嘉和燕国一勺烩的架势，我估计燕王这时候心里在骂赵嘉祸水东引，可是他也没办法。就在他琢磨是战是降的时候，他儿子太子丹站起来说，他有绝招。

太子丹的绝招是直接干掉秦王嬴政，怎么干呢？行刺。就这样，战国时期最出名的刺客荆轲隆重登场。

"荆轲刺秦王"这段故事，电影电视小说戏曲，简直是百演不烦，我甚至觉得没有必要在这里重复。可是为了本书的完整性，我还是简单说一下，然后再来评论。

荆轲是卫国人，从小就喜欢读书和击剑，长大之后，做了北漂，来到燕国，每天就和一个杀狗的、名叫高渐离的人混在一起，喝醉了就在市场里唱歌，唱完了再喝。

汪精卫很仰慕他这段醉生梦死的历史。他在早期被清政府关进死牢的时候，还专门写了一首诗，里面有"慷慨歌燕市，从容作楚囚。引刀成一快，不负少年头"的句子，这就是把他自己比作荆轲了。

遗憾的是，荆轲当时是没有粉丝的，他经常在大街上唱完歌就哭，说这天下没有知己啊。后来，太子丹的朋友田光觉得醉鬼荆轲是一个人才，就推荐给了太子丹。

再后来太子丹就想出了让荆轲去刺杀秦王嬴政的主意。两人最后的谋划是这样的：荆轲带着燕国督亢的地图和秦国逃将樊於期的人头，当作给嬴政的见面礼。在地图里面，藏一把锋利无比而且剧毒的匕首，趁着给秦王打开地图的时候，拿出匕首，一举刺死对方。这就是成语"图穷匕见"的来历。

太子丹还给他配了一个副手叫秦舞阳，据说是十三岁就敢当街杀人的狠角色。启程的那一天，所有人都穿着白衣服给他们送行。荆轲在高渐离的伴奏下，高歌一曲，"风萧萧兮易水寒，壮士一去兮不复还"，然后踏上了不归路。

后来的故事就很简单，十三岁就杀人的秦舞阳到了秦国宫殿之上直接吓傻了，啥忙也没帮上；剑术不精的荆轲其实机会不错，图也穷了，匕也现了，秦王的袖子他也抓住了，可是力气太差，被嬴政轻易就挣脱开了。三十多岁的嬴政拔出剑来，华丽丽地来个反杀。荆轲刺秦失败，他和秦舞阳都被剁成了肉泥。

怎么评价荆轲刺秦？我个人认为，毫无意义。假设刺秦成功了，秦王嬴政死了，六国一样会被灭。我们看一下当时的情形，韩赵两国已经被灭，剩下四国无力单独对抗秦国。只要四国不是铁了心地搞合纵，那就只有灭亡的份儿；问题是如果它们能铁下心来搞合纵，还用去刺秦王吗？历史已经证明，它们根本就不可能一心一意搞合纵。

你要是问，如果嬴政死了，秦国内部是不是会大乱呢？当然不会！秦国当时掌兵的王翦王氏家族和蒙武、蒙恬的蒙氏家族都是秦国本地人，两大家族对秦国忠心耿耿；关键是当时嬴政的长子扶苏已经十多岁了，能和他抢位置的人几乎没有。李斯、尉缭这样的文臣在突发情况下，对他们利益最大的选择就是顺其自然地让扶苏即位。所以，即使嬴政被一剑刺死，秦国的政权也不太可能像太子丹预料的那样，发生大的动乱；而扶苏即位之后，无论是为了替父报仇，还是稳固政权，第一件事必然就是消灭燕国。

从这个角度来看，刺杀秦王这事无论成功失败，第一个倒霉的肯定是燕国。太子丹可以说是为燕国出了一个糟糕透顶的馊主意。

荆轲刺秦后，嬴政大发雷霆。前227年，他命令王翦渡过"风萧萧兮易水寒"的那个易水，一路猛攻，很快就拿下燕国首都蓟。燕王喜为了自保，砍掉了亲儿子太子丹的脑袋，送到了秦国。这时候秦国正好也有事发生，就暂停了攻击，给了燕王和赵国公子嘉喘息之机，一直到前222年，这两国的军队才被秦国彻底歼灭，赵嘉自杀身亡。

秦赵两族后来怎样了？

赵嘉的后代被嬴政赶到甘肃天水，形成了天水赵氏一族，而他弟弟赵王迁被赶到湖北房陵，后代又迁到涿郡，形成了涿郡赵氏，今天许多姓赵的是他们的后代。其中涿郡赵氏中后来出了宋朝开国皇帝赵匡胤；天水赵氏世世代代都是贵族，著名的赵氏天水堂就是他们的郡望，也就是招牌。

反观秦国嬴姓，现在全国只有几万人，很难说谁是嬴政的后代；也有人说秦始皇的孙子和孙女中有一些人去了朝鲜，后来又去了日本，今天京都附近的太秦，就是以前他们的聚居区。1994 年，日本有个姓羽田的首相非说自己是秦始皇的后代，来中国又是磕头，又是下拜。他只当了两个月首相就下台了，这一点上，倒是和秦始皇挺像。

青山依旧在，几度夕阳红。历史，还真的是不能拉长了看。

前 226 年，秦国大将王贲率军攻击楚国，在占领了楚国北边的十几座城市之后，突然领军转身向北，围住了魏国都城大梁，今天的开封。

在强攻无效之后，王贲直接把黄河开了个口子，让黄河水直冲大梁城。这座古城在泡了三个月的黄水之后，坚固的城墙终于塌了，魏国只好投降。《史记》上没写魏王魏假的下场，但是《资治通鉴》上说他被砍了脑袋，执行的就是秦国大将王贲。王贲的老爹，就是前面反复提到的大将王翦。

这爷俩都被封侯，同时也是秦国在统一天下之前的 160 年里，所封的七位侯中的最后两位。他们的后代就是著名的琅琊王氏和太原王氏两大望族，也是现在许多王姓之人的先祖。

就在王贲攻占魏国之后不久，王翦也率领六十万秦国军队南下，直扑领土面积最大的楚国。其实，嬴政最初派出进攻楚国的并不是王翦。他和大臣们开会时问，打败楚国需要多少人？王翦说六十万，将军李信说二十万。嬴政琢磨了一下，觉得楚国好像不难打，就采用了李信的建议。王翦一看没自己什么事，就回家装病去了。后来李信和蒙武带着二十万军队进入楚国，秦国的昌平君突然在后方造反，前后夹击，秦军大败而归。

为什么说"秦灭六国,楚最无罪"?

昌平君反秦国,只有一个原因,他是楚国人。史学界流传一句话,"秦灭六国,楚最无罪"。秦楚关系向来很好,早在春秋时期,秦楚因为都是中原人眼里的蛮夷,就互相帮助,对付晋国。后来楚国和秦国也一直联姻,著名的秦国宣太后、华阳夫人都是楚国人。可是秦国对楚国基本就是四个字,坑蒙拐骗,从张仪那时候就是这样,不断蚕食楚国的地盘。所以,楚国被灭,楚国人特别憋屈,这才有了"楚虽三户,亡秦必楚"的说法,意思是我们一定要报仇。

一语成谶,最后秦朝还是栽在了陈胜、项羽和刘邦这三个楚国人手里,这是后话了。

嬴政只好亲自去王翦的府邸,说我错了,现在就给你六十万军队,你去替寡人踏平楚国。王翦这时候显得很傲娇,说我去可以,但是我的房子不怎么好,家里的田地也不多,您看看是不是给我改善一下?嬴政说没问题。王翦又说,我自己家里改善了,我那些大大小小的儿子们、孙子们是不是生活条件也要改善一下?嬴政说也没问题,立刻就改善。

就这样,王翦在出征之前,一连向秦王嬴政要了五次的封赏,才心满意足地带兵出征,这一点就连他的手下都认为他太过分了。谁知道王翦叹了一口气,说:"今空秦国甲士而专委于我,我不多请田宅为子孙业以自坚,顾令秦王坐而疑我邪?"咱们大王是一个多疑的人,我把秦国的军队全都带出来了,如果我不多要钱财以自污,向他,也是向这些士兵表明自己没有二心,大王肯定会怀疑我会带兵打回去推翻他。

王翦带兵进入楚国之后,楚国最后的大将项燕,也就是西楚霸王项羽的爷爷,带着楚国军队做了殊死抵抗。可惜,两年之后,也就是前222年,项燕兵败抹了脖子,随之而来的,就是王翦的秦国军队占领了楚国全境,楚国灭亡。王翦在楚国的地盘上设立会稽郡。

补充一句，项燕死在王翦手里 16 年之后，他的孙子项羽俘虏了王翦的孙子王离。虽然史书没说，但是十有八九，王离被项羽砍了脑袋。

楚国灭亡后，秦王环顾天下，七雄里面只剩下孤零零的齐国。这个东方大国的最后一任君主田建当了 44 年的齐王，也做了 44 年的齐秦友好之梦，这一刻，梦醒了。看看北边有王贲，南面有王翦，父子俩虎视眈眈地看着他，他只能长叹一声，不战而降。

齐国人编了一首歌献给田建："松耶柏耶？住建共者客耶？"讽刺他被人愚弄，对秦国的绥靖政策。不过在《战国策》里，这首诗演变出一个嬴政把田建扔到松树林里面饿死的故事。查找一些资料之后，我还是以《史记》里"王建遂降，迁于共"为准，认为齐王最后是被流放到共地，嬴政没杀他。

就这样，前 221 年，中国 200 年左右的战国时代终结，500 多年来的诸侯纷争局面也结束了。同时，商周以来封土建邦的时代也结束了，一个前所未有的中央集权、君主统治的大帝国即将出现。它的缔造者嬴政大帝，这一年还不到 40 岁。

同一时间，欧洲的亚历山大大帝已经去世 100 来年了，另一位军事天才汉尼拔刚刚崭露头角，在西班牙当上了将军，他即将代表迦太基和罗马共和国展开殊死搏斗，但最终被罗马击败。罗马的共和国时代即将结束，罗马帝国终将横空出世，和随后的中华汉帝国在世界上双雄并立。在南亚，印度伟大的阿育王在 10 年前去世，他的孔雀王朝正陷入无休止的内乱，印度次大陆从此分崩离析，再也没有形成一个有效的大一统帝国。

028. 独尊始皇帝

一直以来，很多人讨论，为什么是秦国兼并了六国？答案很多，大家可以去网络上查找。我们这里讨论另一个问题：战国诸侯最后一定是归于一统吗？换句话说，有没有可能像欧洲那样，分散成一堆国家？

我的回答是不可能，战国一定会归于一统。

这个问题虽然很大，可以写成一篇论文了，但核心原因却很简单，那就是夏商周一脉相承的文化认同。

战国七雄无论互相打得多么厉害，但都认为自己是周文化圈子里的；也就是出于这个原因，很多谋士才会那么毫无愧色地奔走于各个国家，而且在任何一个国家里，也不把自己当外人。

另外，周文化里面天子只有一个，这种至尊唯一的概念也早已深入到文化和血液里。比如《孟子》七篇里，魏襄王见到孟子就问，天下要如何能安定呢？孟子的回答就三个字"定于一"，意思是统一了就好了。

《诗经》里有"溥天之下，莫非王土"的说法；《春秋公羊传》说"何言乎王正月，大一统也"；《礼记》说"天无二日，士无二王"。

墨家的墨子说一定要"同"，就是统一思想，统一步调；法家的韩非子说："事在四方，要在中央，圣人执要，四方来效。"诸子百家，争鸣不已，但几乎没有一家是说咱们应该分家过日子。所以周天子没了之后，在没有外部力量的干涉下，战国的分散最终必然走向一统。问题只是在于，该怎么统？

嬴政大帝的回答是：郡县制。

一、秦朝的郡县制

灭六国之后，秦始皇面临两个选择，一个是周朝以前的分封制，也就是把子孙分到原来六国的故地继续当国王，自己舒舒服服地做天子，天下还是一家亲。这得到了丞相王绾为首的几乎所有人的支持，但是李斯反对。他说你们看看周，封了一大堆诸侯，几代之后，血缘淡薄，还不是互相打来打去？所以我们要推广秦国正在实行的郡县制度。

嬴政支持李斯，他的看法比李斯更进一步。他说那些有土地有人口的国王才是天下纷乱不止的根源，因为夺了别人的地盘就是他自己的。为了避免这样的纷争，就不能有独立王国。

历史证明，嬴政的这个想法不错，郡县制成功地制止了地方诸侯之间的纷乱；但是他没想到的是，因为天下现在变成了一个人的大蛋糕，导致"夺取天下"的诱惑比以前强烈百倍。周王朝可以在衰败之后苟延残喘几百年，后来的王朝一旦腐朽衰落，几乎是转瞬之间就皇权易主，这是原因之一。

什么叫郡县制呢？郡县制和分封制是对立的。

周朝是封土建国，这块地给你了，以后你的子孙千代万代都是这块地的主人，这叫"世卿世禄贵族制"。欧洲进入中世纪后，在工业革命之前，一直都是这种制度，人与人之间是有着森严的、阶梯似的等级，不能跨级管理。国王下属的下属，就不是国王的下属，比如管仲是齐桓公下属，但他完全不用听周天子的。

可是在郡县制之下，除了嬴政家族自己，其他人全都平等，不搞老子英雄儿好汉那一套。全国土地都是中央的，嬴政把它分为四十一个地区，每个地区都叫某某郡，比如原来韩国的那块地就叫颍川郡，郡下面有县。郡的长官叫郡守，大县的长官叫县令，小县的长官叫县长。郡守和县令或者县长都由中央政府任命，干到退休或者中央想要换人的时候就换别人。

这样一来，墨子"官无常贵，民无终贱"的主张被嬴政实现了。不仅如此，每一个县都按照政府法令办事，有分歧就都听县令的，所有县令都听郡守的，所有郡守都听嬴政的。

这还是墨子的主张，叫"尚同"，就是上一级有最终裁决权。所以，我个人的观点，虽然那时候墨家几乎消失了，但秦朝实际上走的是墨法两家的道路。当然，这是我一家之言。

县下面还有三级，县下有乡，乡下有亭，亭下有里。乡的长官叫三老，亭的长官叫亭长，即将出场的刘邦就是一位亭长。里的长官是里正，一里大概是一百家。对于这三级，秦朝中央政府并不派人去管理，而是由当地的人自己推举管理者，也就是自治的成分比较大。在随后两千多年里，对于县以下的地方，中央政府大多数时候都采取这种治理方式，叫作"皇权不下县"。

二、"始皇帝"

嬴政需要一个新称呼，既然天下是全新的，再叫国王或者天子就不合适了。大臣一致同意，嬴政的功绩已经超越三皇五帝，丞相王绾和李斯认为只能用古往今来最为尊贵的称号"泰皇"来称呼他了，因为"泰"也是"大"的意思；而且，以后嬴政给大家下达的书面通知要叫"诏书"，说的话要叫"谕"；他也不能称自己为寡人了，要叫"朕"，臣子则要称呼他为"陛下"。

嬴政觉得"泰皇"还不够好，既然已经盖过三皇五帝了，那就从他们的称号中各取一个字，叫"皇帝"岂不是更好？于是，中华帝国最高首脑的称号就这么定了下来，沿用了两千多年，一直到清末。

当上了皇帝的嬴政设立了后来被汉朝完全继承的百官制度，也就是三公九卿。丞相管理政务和所有的郡守，太尉管军事，御史大夫管监察，这三位号称三公。三公下面设九卿，比如大法官叫廷尉，管保安的叫郎中令，管财务的叫治粟内史，等等。

忙完了上面这些事之后，嬴政忽然想起一件很重要的事情。我活着的时候你们叫我皇帝陛下，那等我死了，我儿子就是新皇帝了。在那以后，你们如果突然想起了我，叫我啥？

坦白地讲，他老人家担心的这件事，如何称呼过去的君王，其实在当时是有答案的，甚至还不止一个答案，那就是谥号和庙号两大系统。

谥号前面讲过了，大多数都是公、王或者帝死了之后别人对他的评价，用来约束当权者并且教育后世子孙的。怎么定谥号，有一套严格的规矩，叫作谥法。这起源于周朝，春秋战国一直沿用下来。庙号则是指某某祖或者某某宗。前面说过，第一代叫祖，比如宋太祖；之后的都叫作宗，比如宋徽宗。庙号也是死了之后才有的，活着的时候没有，目的是写在太庙里，立一个牌位，子孙后代供奉冷猪头的时候，不至于放错了地方。

庙号比谥号要早得多，起源于商朝，但是在周朝的时候停用了，周武王认为有谥号就够了，没必要再用庙号。

年号和尊号

这里顺便再说一下，中国的历史上，除了庙号和谥号，后来还有年号和尊号系统。年号是君主们活着的时候自己定的，用来纪元，比如开元盛世的"开元"，就是唐朝李隆基在位时自己定的一个年号，一共用了二十九年。年号系统起源于汉朝。

至于说尊号，也叫徽号，都是皇帝活着的时候叫的。有些大臣哭着喊着说皇帝干得好，要歌功颂德，就上尊号。严格来说，嬴政不用的那个"泰"，也算是一个尊号。王绾的原话就是："臣等昧死上尊号，王为'泰皇'。"后来李隆基的"明皇"，武则天的"则天"，都是活着的时候享受到的尊号。

唐朝之前，包括西周和东周，称呼一个死去的帝王或者君主都用他的谥号，比如齐桓公、汉武帝；唐朝之后就改用庙号了，比如唐太宗。之所以唐朝之后改用庙号，是因为儿子和臣子们给的谥号越弄越长。到底有多长呢？大清王朝最后那个把国家搞得乱七八糟的女人，她的谥号是："孝钦慈禧端佑康颐昭豫庄诚寿恭献崇熙配天兴圣显皇后"，读一遍都要累死人，更别说用来称呼人了。

明清之后，又改用年号称呼皇帝。因为在明朝之前，皇帝们经常换年号，比如李隆基就用过三个年号：先天、开元和天宝；但从明朝朱元璋开始，一个皇帝一辈子就只使用一个年号了，简单方便，比如乾隆就是年号，他的谥号是纯皇帝，庙号是高宗。

嬴政认为，谥号和庙号都是儿子和臣子议论老子和君主的，这事不妥当，不如废除。他说废除，谁敢不同意？可是这样一来，以后该如何称呼他呢？嬴政胸有成竹。他说，我是第一个皇帝，就叫始皇帝，我儿子叫二世皇帝，后面按照这个顺序排下去，"至于万世，传之无穷"。他没想到的是，仅仅过了二十年，谥号、庙号系统就恢复了，他和他儿子成了历史上仅有的没有谥号、庙号的皇帝；而他自以为可以千秋万代传之万世的秦朝，寿命更是出奇地短，十几年后，就在"楚人一炬，可怜焦土"的感慨里灰飞烟灭了。

"秦国"变成"秦朝"，这并不只是面积大一点儿的问题。"朝"字在中国历史里，就代表着正统，也叫正朔，比如唐朝、宋朝、元朝等。有了这个字，说明后世的人认可你代表了那个时期的中华文明，在秦始皇之前的夏商周是如此,在他之后的汉唐宋也是如此。一个政权没有这个字,就低人一头。比如三国时期,我们只能说它们是魏、蜀、吴三国。刘备的蜀和孙权的吴,虽然存在了几十年,比秦朝存在的时间长多了,我们也只叫它们"蜀国""吴国",而不视为朝代;哪怕曹丕逼着汉献帝禅让,自己成了魏文帝,史学家仍称其为曹魏。说明这个时代里,到底是谁代表了正统,是很有争议的。

三、秦始皇干的大事

按常理说,兼并了六国,称了"朝",当上了皇帝,就该歇歇了,可是嬴政还要继续折腾。他接下来做的事情有:统一文字、统一货币、统一度量衡、修驰道、车同轨、北伐匈奴、修长城、南征百越、开灵渠、隳城郭、决川防、夷险阻、开鸿沟、徙富豪、封泰山、修秦陵、修阿房宫。

除了这些,秦始皇每天还要读一百二十斤的书和报告。别误会,他读的是竹简,那时候没有纸。不过就算是竹简,这也很了不起了。前面说惠子家里藏书多,学富五车,就算一车一千斤,五车才是五千斤,而这也仅仅是始皇帝一个半月的阅读量而已。

对于这样一个"劳动模范"和"学习先进分子",我们根本没办法把他干的所有事儿都说一遍,只能挑几个最重要的介绍一下。

第一件事是统一文字。嬴政先是用李斯等人整理确定的小篆作为全国标准文字,后来发现小篆实在是太难写了,就更进一步采用了程邈整理的隶书作为官方字体。隶书最大的优点就是书写简单,换句话说,它是两千多年前的简化字。这样一来,下面的小官吏就可以自己阅读文件了;也是因为这个原因,这种字体才被命名为隶书。就是所谓"奏事繁多,篆字难成,即令隶人佐书,曰隶字","隶人"的意思是"众人"或"职位较低的官吏","隶书"就是指他们也能看懂的文字。

到了汉朝，全面使用隶书，汉字也就彻底成形，嬴政大帝可谓功不可没。这件事的重要性在于，它让中国人产生了基于同一种文字的文化认同感。中华民族历经两千多年的风风雨雨，分久必合的一个重要原因就在于此。我们现在都说汉字、汉语，其实，如果不是秦朝的时间太短，汉朝又是那么厉害的话，应该是叫秦字、秦语的。

第二件事就是修驰道。驰道就是可供奔驰的大道，秦朝版的高速公路。以首都咸阳为中心，驰道呈现放射状延伸出去，条条驰道通咸阳。据说，每条路宽五十步，每隔三丈就在路两边种上一棵树，其中最了不起的秦直道计划长度是一千八百里，经过崇山峻岭、大河小沟无数，就算是放到现在，也是让建筑商流口水的大工程。

第三件事是开灵渠和南征百越。灵渠是一条运河，古时候最快最好的运输方式就是水道，因为陆地运输的成本实在太高。秦始皇把六国收入囊中之后，就琢磨着，楚国南边荒芜地区的居民也应该臣服于他，当时那片区域叫百越。想南征百越，就要运输粮食和士兵，最方便的办法是把长江水系和南方的珠江水系连在一起。实地一测量，发现桂林的漓江和湖南的湘江之间最短的地方只有八十里，于是，立刻就开挖运河。

前214年，这条名为灵渠的运河完工。它有多重要呢？从当时来看，保证了始皇帝五路大军征服南越，随后设置了南海、桂林和象三郡，今天的福建、广东、广西和越南北部大部分地区从此进入了中国的版图。从长远来看，灵渠在建成之后的两千多年中，一直都是中原地区和岭南之间运输的大动脉之一，一直使用到1936年粤汉铁路通车为止。扎扎实实的功在秦朝、利在千秋！

第四件事就是北伐匈奴和修长城。前面介绍赵武灵王的时候讲过，他当时攻打的少数族联盟叫林胡、楼烦和东胡。到了秦始皇这时候，林胡和楼烦几乎绝迹，一个新的民族——匈奴，却逐渐强大起来。有些学者猜测，匈奴很可能就是林胡和楼烦的后代，换身衣服改个名字又来了。

司马迁在《史记》里说，匈奴是夏朝最后一个君主桀的后裔淳维的后代，"匈奴，其先祖夏后氏之苗裔也，曰淳维"。当然，这只是他的一家之言，现在已经很难去考证匈奴人到底是哪里来的了。

当时的形势是，老对手东胡、西边新崛起的月氏、正北边的匈奴，都对新兴的秦朝虎视眈眈。按实力来讲，东胡和月氏当时要比匈奴厉害，可是匈奴占据了河套地区，这就很要命了。

河套就是黄河拐弯的地方，打开地图，从兰州往上，经过银川到包头再向下拐一下，就是河套地区。这地方做牧场很好，种庄稼也很好。秦始皇倒也不是稀罕多产的那几斤小米，重要的是，河套离他睡觉的地方咸阳实在太近了，骑兵一天就能到达。

卧榻之侧，岂容他人酣睡。前215年，他派大将蒙恬带领三十万大军北伐匈奴，蒙恬不负厚望，一举夺得河套地区，匈奴头曼单于被迫北迁。这样一来，秦始皇的郡县名单上又多出两个，云中郡和九原郡。随后秦始皇下令，再征调五十万民夫和三十万军队一起修墙，最终把原来秦、赵和燕三个国家修的长城连了起来，逐渐形成了后世赫赫有名的万里长城。

能打过对方还要修墙，原因只有两个字：成本。如果不修墙，那漫长的边境线都要有军队驻防，才能抵御以机动性著称的匈奴骑兵，修了墙之后，只要设立瞭望哨和烽火台就足够了。

这事儿可不仅仅是古人这么想，就算是21世纪的今天，世界第一强国的前总统特朗普，也是一样的思维。他在台上的时候，疯了一样地想修墙，除了是要完成竞选承诺，从防止墨西哥人非法进入美国的角度来看，和两千多年前秦始皇想法是一样的，都在于成本两个字。

秦始皇做的第五件大事，是修阿房宫和骊山的秦始皇陵。如果说前面的工程是国家需要，那么修阿房宫和骊山秦陵纯粹就是为了他自己。骊山秦陵从他当上秦王的时候就开始修了，前后花了三十几年时间；阿房宫应该是他死之前的两年才开始的，原因是他认为以前的那几百座宫殿都不够高大上，配不上他的皇帝身份。

实际上，秦始皇一年到头基本不在咸阳，而是在外面巡游，只能说他有盖宫殿的癖好。前212年，秦始皇征调了七十万囚徒开始修建阿房宫，不过，阿房宫一直到他去世也仅仅是建了一个地基而已。项羽后来放火的地方，现在已经被确认，不是阿房宫，而是咸阳城。

上面的五件事里，除了统一文字，其他四件全都是现在高铁一样的大工程，光是开灵渠南征百越和修长城北却匈奴两件事，至少就有二百万个家庭受到影响。那时候全国人口也不过三千万左右。所以，说秦始皇好大喜功，横征暴敛地大兴土木是没有错的，他从来没把普通百姓的命看成是命，在他看来，都是"帝资"，即帝王实现理想的资源。

当然，你要是说他雄才大略，目光远大，也正确，因为他的很多行为也确实不是仅仅考虑一时一世，而是为了万世基业做准备。

关于这种事，我们要这样看，你如果是"孟姜女"的丈夫，刚结婚就被从被窝里拉了出去，扔到几千里之外的北方酷寒之地修长城，自然是恨死了秦始皇；可是几百年之后，另一个小子因为长城阻隔了北方的强盗，而得以老婆孩子热炕头儿，过完了幸福的一生，那他又该如何评价始皇帝修长城这件事呢？所以，同一件事，角度不同，时间不同，身份不同，那得出的结论完全不同。

顺便说一句，孟姜女哭长城这事儿，史书里是没有的；但是孟姜作为大美女的形象，是在《诗经》里反复出现的。"孟"就是老大，"姜"是她的姓，也是齐国的国姓，合在一起，就是老姜家的大丫头。至于说春秋时期的美女为什么最后把长城给哭倒了，那就是民间不断创造的过程了，这个故事一直到唐朝才最后成型。

029. 祖龙陨沙丘

除了修长城,现在提起秦始皇,大多数人脑袋里可能立刻蹦出四个字:焚书坑儒。自古以来,这四个字就是秦始皇的污点。

一、焚书坑儒

史书上说,前213年,秦始皇在咸阳宫请大家喝酒,一个叫淳于越的博士可能是喝高了,站起来说,陛下,咱们还是搞分封制吧。借着酒劲儿,他又加了一句:"事不师古而能长久者,非所闻也。"秦始皇当时的反应并不是把酒杯一摔,一刀砍了这人的脑袋,而是温和地说,大家聊聊,看淳于博士说得对不对。

秦朝的博士和今天有什么不同?

秦朝时,博士是一种官位,在九卿之下,是用来咨询国政和各种礼仪的,相当于现在的参谋。秦朝博士据说有72位,儒、道、法、纵横等诸子百家无所不包。其中还有一些方术师,负责搞炼金术和长生药。

丞相李斯是郡县制的坚定拥护者,站出来驳斥淳于越,然后乘胜追击,狠挖淳于博士这种想法的根源,得出的结论就是"知识越多越反动"。在他看来,之所以出现那么多天天吵吵要复古,以古非今的,就是因为这些家伙读了几本古书。

他对秦始皇说:"臣请史官非秦记皆烧之,非博士官所职,天下敢有藏《诗》《书》、百家语者,悉烧之。"这个建议就是把六国的史书和民间除了医药、算卦、农业之外的其他古书全都烧掉,这样"反动"言论自然就会消失。但是要注意,秦朝官府的图书是一本都不能烧的。

秦始皇觉得李斯说得有道理,说就这么办吧。大体上,焚书这事儿就是这样。你要是问坑儒呢?我只能回答,当时既没坑儒,也没杀人,就连淳于越这个挑头的,都是吃得酒足饭饱,打着饱嗝回家的。我们今天连在一起说的焚书坑儒,实际上是两件事。

坑儒这事是这样的:

秦始皇怕死,到处寻找长生不老的方法。前219年,一个叫徐福的人对他说,我家有一本古书,上面说东海那边有三座仙山——蓬莱、瀛洲和方丈,山上住着神仙,他们那里有长生不老药。

秦始皇赶紧派他带人去寻找,说无论什么方法,多大代价,都要弄一颗回来。结果劳民伤财,啥也没得到,最后徐福的下落也成了谜团。有人说他淹死了,有人说他去了美洲,最流行的说法是他到了日本,成了日本人的祖宗。

我认为,说他是日本人的祖宗是不可能的,但有那么一丝丝可能,徐福就是日本传说中的第一位天皇,神武天皇。这不是我一家之言,日本和中国的学者里都有支持这一说法的,感兴趣的可以去查一下。当然,这解释不了为什么日本进入有文字时代那么晚。莫非是徐福忘了怎么写字?

言归正传,徐福得不到仙药,也没回来,另外一些会方术的博士就对秦始皇说,徐福不靠谱,但我们可以用炉子炼出长生不老药,副产品还可能是黄金。秦始皇又信了。你如果说他愚昧,那是你不了解古人,别说两千三百年前没半点科学常识的嬴政,就算是三百年前的18世纪,还有人用半辈子时间守在炉子边上,企图炼制出"魔法石"和黄金。这个人的名字叫艾萨克·牛顿，现代物理学当之无愧的第一人。

前212年，也就是焚书事件过去一年之后，那些给秦始皇炼制长生药的术士也失败了。可耻的是，他们把责任全推给了秦始皇，原话是"己心不净，何以修行？何以长生？"意思是你嬴政的心不干净，是没办法获得长生的。

这话如果在心里说，也没问题，可其中两个人偏偏要四处传播。等到街头巷尾的议论传到了秦始皇的耳朵里时，他勃然大怒——抓！抓完了就审！这一审就牵连出四百六十多人，大家为了逃命，相互指认，都说是别人说的。

秦始皇跋扈惯了，又是没有耐心的人，直接下令全都处死，这就是坑儒。顺便说一句，很多讲历史的都说"坑"就是活埋，但我认为他们错了，这里的"坑"不是活埋的意思，古代说"坑杀"就是弄死之后不允许家属收尸，而是堆积掩埋。

我这样说是有依据的。当年长平之战，白起杀掉二十万赵国降卒，史书上是记载了详细过程的，就是先刀剑砍死，再封土埋掉，但用的词就是"坑杀"。所以，坑儒也一样。

根据上面的说法，我们基本可以得出一个结论，被坑杀的四百六十多人，虽然肯定有儒家的人，但绝对不是全部，其中炼假药的居多。《史记》对这件事的记载是："坑术士。"司马迁也认为大多数被杀的都是炼丹、算卦的。

上面就是焚书坑儒的大概经过。我们怎么来评价这件事呢？焚书肯定是不对的，但同时，我也赞同《剑桥中国秦汉史》里说的："焚书所引起的实际损失，远没有想象的那样严重。"

为什么这样说呢？两个原因：第一是当时在咸阳博士官署里保存的大量诸子百家书籍并不在焚毁之列，博士们可以继续研究；第二是这个焚书令执行得并不彻底，从各地出土的秦简来看，恐怕只有首都咸阳和周边地区象征性地执行了一下,其他地区的人民,可能把书往灶台里一塞就搪塞过去了。

实际上,秦始皇焚书最大的破坏是对六国史书的焚毁,因为这些书民间几乎没有;而在当时的国家图书馆,它们并没有像其他诸子百家书籍那样被保护起来,也就是说,秦国国家图书馆的各国史书也在焚烧之列。而比秦始皇焚书破坏大得多的,是七年之后项羽一把火把咸阳烧了个精光,那才是真正对先秦文化的巨大破坏,很多孤本图书就此失传。这是后话。

焚书坑儒是极其错误和残忍的,不过,和秦始皇其他暴行相比,不算惊天动地的大事。为什么今天很多人一提起秦始皇,就咬牙切齿地说他是焚书坑儒的暴君?答案很简单,这是谁掌握话语权的问题。大概四百多年后的东晋时期,有人献上了一部《古文尚书》,在这本书的前言里,有人把司马迁的"坑术士"三个字改成了"坑儒"两个字,发明了"焚书坑儒"这个词。

《古文尚书》本来是孔子的第十二世孙、汉代的孔安国家传的,后来失传了。东晋时一经发现,立刻就流行起来,一直到清朝的时候,才发现是伪造的。在此期间,大量的儒家知识分子已不分青红皂白地接受了"焚书坑儒"四个字。

二、扶苏和蒙毅

前面说过,秦始皇很少待在咸阳,当皇帝的十年间,他连续出去"巡游"了六次,到全国各地看看,宣示自己的威严,安抚被占领区人民的情绪。这中间,他还登上泰山,进行了封禅大礼。

封禅是一种传说中的祭祀方式,据说是管仲当年和齐桓公聊天的时候提出来的。封就是祭天,禅就是祭地,合起来就是拜祭天地,表明自己的权力得自上天,来源合法。既然是和老天爷对话,那自然是山越高越好,那时候管仲也不知道什么珠穆朗玛峰,他认为位于齐鲁交界的泰山就是最高的了,就对齐桓公说,三皇五帝周成王,都是在泰山上祭的天。

上面的对话都记录在《管子》这本书里。这可能是管仲当年为了勉励齐桓公向古人学习而编造的,齐桓公自己都没去泰山祭天,可是秦始皇听说之后就当真了。他当上皇帝,巡游来到齐鲁大地,就真的按照书上所写,认认真真地进行了中国历史上有记载的第一次封禅大典,封在泰山,禅在梁父山。

当然,后来的皇帝们也跟着照做,每次到了国力鼎盛时期,都有皇帝进行这种费钱费力的封禅。例外的是晋、元和明三朝,或者是皇帝们觉得实在是太浪费,或者是他们实在是太懒,这三朝没有皇帝玩这个游戏。

前210年,秦始皇再一次巡游天下。在平原津,也就是今天的山东平原县,他一病不起,勉强坚持到今天的河北省广宗县,当时叫作沙丘的地方,实在支持不住了。他知道自己不行了,就写了一封信给大儿子扶苏,让他回来主持自己的丧事,实际上就是即位的意思。

很可惜,这封信被当时的中车府令赵高扣下了。没多久,千古一帝秦始皇嬴政驾崩,死的时候周围只有几个人知道,这里面最重要的就是他的小儿子胡亥、赵高和丞相李斯这三个人。

赵高是何许人也?他为何能够,又怎么敢扣住秦始皇发给儿子扶苏的信?

赵高的出身并不好,他母亲是一名犯人。战国时,秦国有一种专门为刑满释放人员设立的劳动场所,叫隐官。赵高他娘犯了什么罪不知道,但是刑满释放就被派到隐官里生活,赵高也是在里面长大的。机缘巧合,因为有一次办事得力,又偏偏被嬴政看见了,居然就被当时的秦王嬴政提拔为中车府令,相当于现在的秘书,替嬴政管理车队,后来又兼符玺令,掌管嬴政的印章。

现在有很多电视剧或者史书把赵高描写成一个阉割了的宦官，这应该是错的：

第一，司马迁和唐朝以前的史书从来没说赵高是太监。

第二，根据出土的睡虎地秦简和张家山汉简，"隐官"这个词不是后世说的"隐宫"。"隐官"是秦朝特有的为刑满释放人员设立的劳动场所，后世的"隐宫"指天生发育不全，或者后天阉割之人。

第三，史书上明明白白写着，赵高后来有一个女婿是咸阳城的卫成司令，有女婿那肯定有闺女，所以赵高应该不是宦官。

他当时之所以能扣住秦始皇的信，是因为传国玉玺在他手里，所有始皇帝发出的信必须加盖玉玺。那么，他为什么要扣住这封信？因为他和秦始皇的小儿子胡亥的关系最好，胡亥如果即位对他最有利，并且他和蒙恬的弟弟蒙毅有仇。一旦扶苏即位，蒙恬必然得到重用，到那时，他赵高几乎就是案板上的肉，任由蒙家摆布。

至于某些史书说他本来是赵国公子，为了给长平之战死的那四十万兄弟报仇而祸乱秦国，这个并没有任何历史根据，我们不予采信。

就这样，赵高在秦始皇死后，先是说服了胡亥，然后又说服了李斯，扶胡亥上位。《史记》里关于他是如何说服胡亥和李斯的，有非常具体的描述，但我认为那是司马迁编的，或者道听途说得来的。这种事第三者怎么会知道，当事人又怎么会说？

不过，我也认为，用利益来说服胡亥和李斯一点都不难。对胡亥来说，地位的天壤之别是显而易见的；对李斯来说也是，因为扶苏一向亲近儒家，和蒙恬关系也很好，而李斯却是一位法家代表人物，扶苏上位，李斯这个丞相也许真就做到头儿了。我甚至都认为这三人都不用谁说服谁，差不多是一拍即合。

就这样，在赵高、胡亥和李斯密谋之下，一封伪造的书信被盖上大印，送到了当时扶苏和蒙恬所在的北方军营。信上只字没提秦始皇死的事情，只是历数了扶苏和蒙恬的罪过，命令两人自杀。扶苏看信之后，啥也没说，拔出腰间佩剑，准备自杀。蒙恬说，公子，这事不对，皇帝让您自杀，可是没有新立太子，也没昭告天下，我们应该回信问问，问清楚了再死也不迟。

扶苏这个书呆子这时候说，爹让儿子死，有什么好问的？说完之后，就抹了脖子。蒙恬没阻拦，但也没跟着死，只是叹息了一声，把兵权交给了王离，也就是王翦的孙子，然后任由使者把自己押解回了咸阳，住进了监狱，他还想看见秦始皇问问究竟。

当然，他是不可能见到秦始皇了。很快，赵高就把他和他弟弟蒙毅一起砍了脑袋。

我们现在来问一个问题：为什么手下拥有秦王朝绝对主力的扶苏和蒙恬会束手待毙，一点都不反抗？

主要有三个原因：第一，他们都有很深的忠君忠父的思想。扶苏接到书信就想死自然不用说，蒙恬说得也很明白："今臣将兵三十余万，身虽囚系，其势足以倍畔，然自知必死而守义者，不敢辱先人之教。"就算是知道必死，就算是明白冤屈，但还是选择不反抗，属于死忠到底一派的。

第二，他们不一定能调动得了军队。那时候军队开拨，无论是从前线回来，还是上前线，必须用虎符。蒙恬手里有半个，另一半在秦始皇手里，也就是在赵高手里，半个虎符是无权命令军队打回咸阳的。

第三，最重要的是，他们完全不知道嬴政已经死了。嬴政当年才49岁，身体一直很结实，他俩根本想不到他说死就死了。那时候，只要嬴政活着，天下还真没人敢造反。

就这样，前210年，秦始皇嬴政在沙丘驾崩。随后不久，大儿子扶苏自杀，大将蒙恬被抓。车队回到咸阳之后，小儿子胡亥即位，是为秦二世。

秦二世刚坐上宝座，就有人造反了。第一个跳出来造反的，既不是对嬴政家族有着刻骨仇恨的原来六国贵族，也不是手握重兵，为公子扶苏鸣不平的秦朝大将，而是一个名不见经传，浑身没有半点高贵血统的平民青年。

030. 大秦失其鹿

鲁迅先生曾经评价司马迁的《史记》是"史家之绝唱,无韵之《离骚》"。我认为,这句话的精妙之处在于,既高度概括了《史记》的历史价值,也形象地说明了司马迁在记录历史时,是有文学创造的。关于这一点,我们前面已经说了一些,下面又是一个他老人家讲的故事,而且是一个很好的故事,我认为完全可以排进《史记》故事会的前三名。

一、陈胜吴广起义

从前有一个人,给地主当雇工,在田里劳动的时候,对周围的农民说:"我以后有一天发达了,绝对忘不了大家。"原话是"苟富贵,无相忘",当时大家都笑话他,说你一个农民,有啥富贵可期待呢?然后他叹息道:"嗟乎!燕雀安知鸿鹄之志哉!"并且扔下锄头,走到田头,怅恨良久。

这个故事是写在《史记·陈涉世家》里的,陈涉,就是陈胜。司马迁说他姓陈,名胜,字涉。我之所以说司马迁这个关于陈胜的故事写得好,是因为短短的几句话,就刻画出了一位立志干一番大事业的底层青年形象。"燕雀安知鸿鹄之志"这一大碗浓浓的鸡汤,到今天还激励无数默默无闻又不甘心被命运摆布的青年。

可是陈胜真的是农民吗?你可千万别小看这个问题。如果是,那他就是中国历史上第一位带头造反的农民;如果不是,那就还是贵族老爷们之间的内部斗争,春秋战国里面都是这类战争,毫不稀奇。

很可惜的是,答案是不知道。因为司马迁的记录中有一点疑问,或者说自相矛盾之处:他说陈胜是一个农民,但又说他字涉,前面介绍过,只有贵族,才有姓有氏,有名有字。

别说一个普通的雇工,就是曾经当过基层小官吏泗水亭长的刘邦,在登基做皇帝之前,也没有字;而且刘邦连名都没有,只能叫刘季,也就是刘家最小的孩子,刘老幺。他爹和他妈更惨,上户口的时候就叫刘太公、刘媪,换成今天的语言,就是刘大爷、刘大娘。

这样看来,这位姓陈名胜字涉,说话还文绉绉的人看起来就不是一位普通农民。可无论是司马迁,还是后世的历史学家,都没有找出任何证据,证明此人有那么一丁点贵族血统。

在没有任何新证据之前,我们只能把他当作一个有点学问,而且很有理想的农民。重要的是,这位农民后来真的富贵了,虽然只有短短的六个月。

这事儿要从秦二世胡亥当上皇帝的第二年,也就是前209年的一场大雨讲起。地点是大泽乡,今天的安徽省宿州,陈胜和他的小伙伴吴广,还有九百来个同病相怜的农民兄弟被两位大秦朝的军官带领,正要从这里走到渔阳,也就是今天北京密云。他们的任务是去保卫边疆,可是大雨滂沱,道路毁坏,按期到达八九百公里之外的目的地差不多就是做梦。

陈胜吴广就嘀嘀咕咕地说,现在逃跑也是死,造反也是死,既然都是一个死,那为了封土建国而死难道不更好吗?"死国可乎?"两人一拍即合,决定造反。

下面就是一系列神操作,他们先在鱼肚子里藏纸条,上面写上"陈胜王",然后吴广半夜不睡觉,跑到树林里学狐狸叫,憋着嗓子喊:"大楚兴,陈胜王!""王"在这里是称王的意思。最后故意激怒带队的那两个军官,然后借机砍了他们的脑袋。

之后陈胜拎着两位可怜军官的脑袋，发表了一番慷慨激昂的演讲，说我们都不能按期到达渔阳，按照法律，我们要被砍头；就算不被砍头，到了边疆，十有八九也是回不来了。你们想想，咱们要怎么办？结尾的一句话是："王侯将相宁有种乎！"

这句口号实在是太猛了，不仅当时千名戍卒齐声高呼："敬受命！"跟着你干了！而且之后的两千多年，这句口号一直都让统治阶级小心翼翼，心惊胆战，也让那些立志造反的人都像打了鸡血一样生猛。

接下来陈胜自立为将军，吴广为督尉，约好以公子扶苏和楚国最后一位抗秦大将项燕的名义号召天下共同反秦。

这里有一个问题，历来被人争论不休，那就是陈胜吴广对大家说的"失期当斩"，误了日期就砍脑袋，这到底是秦朝法律的规定，还是他俩故意吓唬大家，好让这群大多数不识字的农民跟着他们造反。

本来大家都相信《史记》，认为秦朝法律就是如此，可是1975年在湖北云梦出土的睡虎地秦简里面，明确记录了处罚的详细规定："失期三日到五日，谇；六日到旬，赀一盾；过旬，赀一甲；水雨，除兴。"什么意思呢？就是朝廷让你服徭役，如果晚到三五天的，申斥一顿；晚到六天到十天的，交一副盾牌；晚到十天以上，交一副盔甲；如果是因为天气原因迟到了，免于处罚。

睡虎地秦简一出土，顿时一片哗然——原来这么多年，我们都被司马迁和陈胜给骗了。可是后来大家仔细一看，原来这条秦简上面记载的是徭律，也就是服徭役的规定，并不是为陈胜他们这些预备兵制定的服兵役的法律。那么有没有兵律出土呢？对不起，这个真没有。所以，到底陈胜撒谎没有，我们还是不知道。

不过，这里面有两个基本逻辑问题：首先，那时候老天爷就是无敌的存在，下雨不能行路简直就是天经地义，秦王朝如果规定下雨耽误了行程都砍脑袋，那么几乎可以肯定的是一下雨它就不能征兵了。

其次，就是陈胜说的："借第令毋斩，而戍死者固十六七。"就算是我们不被处死，当兵的死亡率也是百分之六七十。这话就相当于说，我也不知道误了日期是不是要被砍头。所以，如果我这两个逻辑推理是正确的，陈胜当时确实可能是在欺骗大家，而司马迁出于对他的喜爱，就帮他一起骗人了。当然，这是我个人的看法。

就这样，两个农民拉开了秦末大造反的序幕。这件事的意义太大了。以前中国所有的战争，都是贵族和贵族打仗，老百姓不是炮灰，就是吃瓜群众；而这一次不一样了，两个农民就这样一夜之间，变成了将军和督尉，最重要的是，都是自封的。

这也是为什么司马迁在《史记》里把陈胜的传记称为《陈涉世家》。"世家"这个类别并不是一般人能进入的，"本纪以述帝王，世家以记诸侯"，记录的都是诸侯的事迹，比如《楚世家》《魏世家》等。不是诸侯，却能堂而皇之进入世家类别的，在《史记》里只有两个人，司马迁把这份荣耀给了孔子和陈胜。

二、"秦失其鹿，天下共逐之"

接下来的一幕，用汉代贾谊《过秦论》里面的一句话就是："斩木为兵，揭竿为旗，天下云集响应。"这也是成语"揭竿而起"的来历。事实证明，陈胜造反前说的那句"天下苦秦久矣"是完全正确的，他和吴广很快就占领了周围很多地区，发展到几万人，随后又攻占了陈县，在今天河南周口市淮阳区一带。在当时，那绝对是一个大城市，很长时间都是楚国的首都。

胜利之后的陈胜来到陈县，未免有点沾沾自喜和骄傲。自古以来，只要一骄傲，周围就不缺阿谀奉承的。有人就说："将军被坚执锐，伐无道，诛暴秦，复立楚国之社稷，功宜为王。"您应该称王啊。陈胜很高兴，就想照办，但他手下有两个人说不行，您最好先别称王。这两人是张耳和陈余。

张耳和陈余一个是魏国人，一个是赵国人，张耳还做过魏国信陵君的门客，但两人最后都是靠娶了贵族家里的女儿才跻身贵族行列的。张耳富贵了以后，刘邦还做过他的门客。嬴政灭了六国，废除了贵族制度后，张耳、陈余也成了穷光蛋，流落江湖，还因此成了好朋友。

这样的人，自然是对秦始皇和秦朝充满了刻骨仇恨。据历史学家估计，秦朝的时候，江湖上大概有三十多万这样带着仇恨活着的原六国贵族，基本上都参与了推翻秦朝，恢复六国的复辟运动；只是后来另一个农民刘邦太生猛，中国才没有重新回到战国时代。

陈胜一起义，张耳、陈余片刻犹豫都没有，马上就来了。在称不称王这个问题上，他们是这样对陈胜说的：您既然打出的旗号是诛暴秦，就应该带兵西进，同时恢复六国，才显得您是为了天下苍生起义的；如果能够成功，那将来就不是称王，而是称帝了。您现在这么急着称王，天下会说您有私心，人心一散，队伍就不好带了。

不得不说，张耳、陈余的意见实在是中肯和高明，后来明朝朱元璋起义的时候，采取的措施就是"高筑墙，广积粮，缓称王"。

可惜，陈胜听不进去，还是称王了，名号是陈王，国号是张楚，张大楚国的意思。这时候距离他起兵仅仅过了一个月。曾国藩说过一句话："成大事者，以识为主，以才为辅。"陈胜如果只是一个农民，有没有见识影响不大，但是对于一个创大业者，见识就是决定成败的关键要素了。

事实果然就像张耳和陈余所说，陈胜称王之后，队伍立马就不好带了。他派武臣去进攻原来赵国的地方，结果武臣打进邯郸之后，自立为赵王——你陈胜能称王，我武臣为什么不能？远在陈县的陈胜无可奈何，还要派人去祝贺。

接下来，武臣犯了和陈胜一样的错误，他派部下韩广去进攻原来燕国的地盘。韩广胜利之后也自立为燕王，武臣也只能干瞪眼。陈胜还有一个手下叫周市，去攻打原来魏国的地方，打下大梁之后倒是没有自己称王，可是也不交给陈胜，从大梁城的菜市场找了一个魏国原来的公子咎，把他扶持成魏王，自己做了新的魏国的宰相，陈胜还是没有办法。

就这样，在陈胜起兵两个月后，秦始皇费了十几年工夫灭掉的六国，有五个又恢复了老字号。分别是楚王陈胜、燕王韩广、赵王武臣、魏王魏咎，都是从陈胜起义军里冒出来的。还有一个齐王田儋，原来齐国的贵族，自己起兵的，算是自立为王。

除了这五个王，还有其他大大小小的反叛势力，这里面就包括江东的项梁叔侄和沛县的刘邦，不过当时两人都是刚刚举兵，也没称王。

接下来，陈胜命令吴广带人进攻军事重镇荥阳，大将周文率领另一路，迅速攻破函谷关，驻扎在临潼，离秦帝国首都咸阳只有百里。

当时的情形可谓是天下皆反，秦王朝危在旦夕，用后来纵横家蒯通的话说就是，"秦失其鹿，天下共逐之"，大家都像猎人一样，想猎取这头叫作"天下"的肥鹿。

三、章邯出征，陈胜谢幕

为什么大家都起来造反呢？因为秦始皇搞的工程实在是太多了，大家就算是累死，也干不完。再加上刚才说的那被灭国的三十万六国贵族从中推动，反叛是自然而然的事情。

那么，大秦王朝的掌权者这时候在做什么呢？

嬴政的继任者胡亥既是一个超级混蛋，也是一个超级蠢货。自古以来，能在这两个方面超过这位败家子的，几乎一个都没有。说他是超级混蛋，是因为除了吃喝玩乐、不理政事、任用奸臣、迫害忠良这四大昏君的特点之外，他还杀了他所有的兄弟姐妹，一共33个，据说其中10个公主还是五马分尸处死的。他爹嬴政大帝如果地下有知，不知作何感想。

说他是个超级蠢货，是因为他在赵高面前就是一个白痴，给我们留下了一个著名的成语"指鹿为马"，说的是赵高独揽大权之后，为了考验朝廷里是不是还有敢于反对他的人，有一天就牵着一头鹿上了大殿，说，陛下啊，看看我给你带来了什么好东西？一匹高大威猛的马。

胡亥就说，丞相，这不是鹿吗？赵高说，陛下，是您眼神不好，这明明是一匹马啊。然后问左右大臣，到底是鹿还是马？有些人说是鹿，有些人说是马。过后，凡是说是鹿的都被以证据确凿的谋反罪名处死，而胡亥居然对赵高更加信任了。被臣下如此玩弄而不自知，那不是蠢货又是什么？

陈胜造反的时候，胡亥却在后宫沉溺女色。赵高告诉他："天子所以贵者，但以闻声，群臣莫得见其面，故号曰'朕'。"意思就是您要是经常和大臣们见面，就没有神秘感了，也就不高贵了。

在这种情况下，任何人告诉胡亥陈胜造反了，他都觉得对方是想打扰他的好事，直接把人家杀掉。结果就是大臣们只能默不作声，也不能有作为，任由陈胜、吴广使劲儿地折腾。

最后当周文的军队攻破函谷关时，连赵高也慌了，只能把实情告诉胡亥。胡亥随即做了他这辈子唯一的一个正确决定，听从了官员章邯的话，把在骊山正在修建秦始皇墓的几十万名囚徒全部赦免，然后交给章邯，让他迎敌。

章邯当时的职务是九卿之一的少府。史书上说这个职位"掌百工技巧之政"，还有皇宫里的一些杂事，加上山河湖泊的税收，也归他管。如果这样来看，说章邯是手工业协会会长、会计、管家、秘书之类似乎都可以，唯独就不是军人。

可就是这个一点都不像军人的人，带着很少的正规军加上十万挑选出来的刑徒，打开咸阳东大门，出去之后的第一仗就把带着几十万大军、气势正盛的周文打得狼狈退出了函谷关。第二仗再破周文，而且直接把这个几天之前还幻想着打进咸阳的造反派杀死在曹阳。

此时占据了荥阳的吴广已经被他的下属田臧杀死了，田臧还没来得及享受自己当上主将的快感，就遇上了新的杀神章邯。毫无悬念，田臧战死，荥阳重新回到了秦朝手里。

大秦王朝最后一位名将横空出世。

说章邯是名将，那绝对不是替他吹牛，即便我们先不说他打的这几次大胜仗，就单单想象一下，给你十万名罪犯，让你出去打仗，我估计绝大多数人还没来得及带着这批罪犯离开咸阳，队伍就一哄而散了；自己的脑袋想要保住，都要靠祖宗积德。所以，就是只从这个角度考虑，这位章邯，确实算得上一代名将。

接下来章邯就像开了挂一样，一路凯歌，九战九胜。前208年年底，陈胜被逼出老巢陈县，逃到了下城父。车夫庄贾杀了陈胜，跑到章邯那边邀功领赏去了。

喊出了"王侯将相宁有种乎"，被后代诗人歌颂无数次的陈胜，就此谢幕。

四、秦末大起义的主角

陈胜死后，章邯和增援而来的秦将司马欣、董翳兵合一处，先后灭掉了魏王魏咎和齐王田儋。就在章邯琢磨着如何除掉田儋的手下田荣时，一支队伍从东南杀了过来，击退了章邯，救出了田荣。

这支队伍的领头人叫项梁，当时他的队伍里有范增、项羽、英布、韩信、刘邦等人，而刘邦的手下有萧何、张良、樊哙、曹参等。在无数龙套演员牺牲之后，秦末大起义的主角们终于出场了，而且几乎是同时亮相，只不过有些主角当时的角色还是龙套，比如韩信，这时候就只是项梁麾下的一名小兵，天天晚上在大营门口站岗放哨，冻得瑟瑟发抖。

项梁何许人也？为什么能领导这么多的人才？原来，他是楚国大将项燕的儿子，当年项燕和秦将王翦打得天昏地暗时，他因为杀了人，正带着七岁的侄子在江南流浪，最后在吴中，也就是今天的苏州，定居下来。

因为他家历代都是楚国名将，资源人脉一样不缺，马上就在苏州成了最大的豪绅，或者说社会名人，或者说黑社会大头目。

苏州所在的地区，当时就叫江东，因为万里长江从九江到镇江这段是斜着从南往北流的，就造成苏皖一带被长江分成了两块区域。在长江以东的，称为江东，江西边的，自然就叫江西，和今天的江西省是两回事。

书归正传，陈胜吴广造反之后的两个月，会稽郡的郡守殷通来见项梁，对他说："江西皆反，此亦天亡秦之时也，吾闻先即制人，后则为人所制矣。"意思就是，江西那边都造反了，大秦朝就要完了，咱们也赶紧动手吧，晚了的话就只能被人所制了。这也是成语"先发制人"的出处。

听完这番话，项梁的反应也很奇特。只见把他侄子叫进来，一个眼神，后者一剑就把殷通给杀了，并且把他的家人和下属百十来人杀死——他想自己单干。

之后，项梁把郡守的大印挂在脖子上，自称是新的会稽郡郡守，说他的侄子从现在起就是裨将，问众人服不服。

众人没有不服的——因为他的侄子是项羽。

031. 沛县出豪雄

项羽,名籍,字羽。这个名和字在史书上记载得清清楚楚,因为他是老牌贵族,从出生的第一天就是。

据说项羽身高 1.84 米,力能扛鼎,剑术兵法都是第一流的,至于说胆气,更是大得吓人。前 210 年,秦始皇最后一次巡游路过吴中时,项羽和他叔叔在人群中看热闹,本来就是吃瓜群众而已,他却突然来了一句:"彼可取而代也",意思就是这人没啥了不起,是可以被取代的,吓得旁边的项梁一把捂住了他的嘴。

有这样一个天不怕地不怕,武力惊人的项羽横剑站在项梁的身后,吴中地区所有的势力马上都规规矩矩的。项梁随后招募了几千精兵,和项羽横渡长江,来到江西,开始反秦事业,这几千人就是项羽后来著名的江东子弟兵。

随后,23 岁的项羽和叔叔项梁开始招兵买马,意气风发,很快就有了几万人。在这些投奔他们的人中,有一个一脸沧桑的中年人带着一支小队伍也加入了。当时绝对没有人能想到,最后竟然是他,扫平了天下所有造反势力,创建了一个前所未有的大帝国。

此人就是当时已经年近五旬的刘邦。

一、早年的刘邦

刘邦，原名刘季，公元前256年出生在沛丰邑（今天的徐州市丰县）。前面我们说过，他当年没有名，也没有字，这个"邦"是他称帝之后起的。

如果细究的话，"刘季"不算是一个名字。从中国古代起，一直到民国，家里成年兄弟的排行都是按"伯（孟）仲叔季"的顺序。伯，或者说"孟"，就是老大；仲就是老二；季指的是最小的那一个。如果家里孩子生得多，那么在老二和最小的一个之间，无论多少个，都叫某叔，或者叔某，比如我们前面说过的周武王几个弟弟反叛作乱，他们的名字就是管叔、蔡叔、霍叔，从名字上就知道，他们既不是老大老二，也不是最小的弟弟。

按史书记载，刘邦有两个哥哥和一个姐姐，他排行最小，所以叫刘季，相当于刘老么。

其实，刘邦还有一个弟弟，叫刘交。只不过刘交是他爹和其他女人生的，不是嫡出，而且很可能还是私生子。所以，本着尊重刘大娘，也尊重刘大叔给自己儿子起名字的方式，我们还是称呼刘邦为刘季，刘老么。

估计刘家人比较疼爱他这个最小的嫡出儿子，虽然不富裕，还是让他在一个叫马公书院的私塾里读过几天书。

成年之后刘季的德行，如果概括地说，那就是"不爱劳动""好酒及色""大度豁达"，这三条都来自《史记》。

司马迁毫不讳言高祖皇帝年轻时候好酒及色，看来刘邦确实是寡人有疾，喜欢美女和酒，不喜欢下地做农活。他爹刘大叔曾经训斥他，说你小子能不能让老子省点心，学学你二哥，多干活置下一点产业，将来也好娶个媳妇安个家。

刘邦虽然不以为然，但是心里面还是记住了这句话。后来他当上皇帝了，给他老爹过生日时，就举着酒杯说："始大人常以臣无赖，不能治产业,不如仲力。今某之业所就孰与仲多?"仲指的就是他二哥,翻译一下就是,您老人家当年说我无赖,不如我二哥能持家。现在您说说,我和我二哥谁的产业多?

史书上说,刘邦这句话说完,刘大叔一句话也说出不出,群臣齐呼万岁,君臣相对,哈哈大笑,可谓是志得意满。

前面说过,项羽看见秦始皇巡游的时候,说了一句:"彼可取而代也",这句话记载在《史记》里;同样地,司马迁也记载,刘老幺看到秦始皇时也"喟然太息曰:'嗟乎,大丈夫当如此也!'"

其实,无论是项羽,还是刘邦,司马迁对他们遇到秦始皇的描写,很大可能都是讲故事,因为我们并没有从其他史料上找到类似的描写,并且这样私密的感慨,知道的人应该不多。

不过就算是虚构的,我们也不得不佩服司马迁,因为他的这个故事讲得太好了,非常符合两个人的身份。这就好像是今天有两个人看见了马化腾,一个是中年下岗男,另一个是曾经家境豪富的年轻官三代,中年下岗男叹息说,我如果像他那么有钱就好了;而年轻人说,马化腾也没啥了不起,我以后可能也会达到那个高度。基础不一样,心态绝对不一样。

言归正传,年轻时的刘老幺游手好闲,还贪酒好色,可还是被他的老丈人,一位来自山东的吕大爷看中了。

据说此人是吕不韦的侄重孙,那时候为了躲避仇人跑到了沛县,和当地县令关系很好。刘邦当时是沛县下面泗水亭的亭长,主要职责是维护乡村治安,只能算小吏。但是你也别瞧不起这个小吏,虽然不是中央政府委派的官员,但也要家里有一定的产业或者由德高望重者推荐才能当上。另一个秦汉之际的重要人物韩信,屡次想当个亭长当不上,这才跑去项梁那里造反。

刘邦是如何当上亭长的,现在还是一个谜,不过他脸皮很厚是真的。那位吕大爷来到沛县之后请客吃饭,他居然不请自来。

当时负责接待的是沛县衙门的"秘书长"萧何，后来也是叱咤风云的人物。萧秘书长替吕大爷立下的规矩是贺礼钱不到一千钱的，都要在堂下吃饭。刘邦到了门口，对看门人说，禀报一声，我的贺礼是一万钱。实际上，他的口袋比他的脸都干净，一分钱都没有。

吕大爷在屋里听说有人给他送这么多钱，赶紧跑出来迎接，结果一看见刘邦，就觉得他有帝王之相。

尽管跟在他后面的萧何小声说，这个刘季我认识，除了吹牛没啥本事，"固能大言，少成事"，但吕大爷还是把他请到上座，吃完了饭直接留下，非要把闺女许配给刘邦。

那时候的刘邦已经三十多岁了，还没娶上媳妇，除了逛妓院、喝花酒，欠了一堆赌债之外，还在外面和一个姓曹的女人生了儿子刘肥；就算是身在农村，他还是亭长，正经人家都没人愿意把闺女嫁给他。

当时所有的人都以为吕大爷疯了，他老婆哭哭啼啼地说，县令派人求亲你不干，说咱闺女要嫁给贵人，现在居然要许配给刘季这个无赖。吕大爷当时的回答是，你懂什么，"此非女子所知也"。

吕大爷的闺女就是吕雉，中国历史上有记载的第一位皇后，和后来的武则天并称为"吕武"，司马迁给她做传的时候用的是本纪。本纪是专门为帝王做传的体裁，说明吕后在司马迁心里，就是皇帝，后面会有专门的章节讲她。

该如何评价吕大爷嫁女这事儿呢？

我的看法是这样的：首先，刘老幺当时虽然又穷又懒，但肯定也是县里的名人，而且也有一群人愿意和他一起混，人缘不错，这从后来县里的萧何、曹参、樊哙都跟着他造反就可以佐证。吕大爷既然是躲避仇人来到沛县的，那刘邦这种人应该就是他想结交的对象。

其次，吕大爷运气实在是好，赌对了，否则我们今天也不会说到他。如果是我们自己嫁闺女，还是不要这样赌，因为一千万个无赖里面，也未必能出一个刘邦。

二、所谓斩蛇起义

刘邦一生的转折点，应该是秦始皇死的那一年，前 210 年。就在那一年，身为泗水亭长的刘邦押着一些服徭役的人去骊山干活，路上不停有人开小差逃跑。刘邦一算计，这样下去，到了骊山，估计就剩他一个了，所以到了芒砀山的时候，他把剩下的所有人都叫来喝酒，然后说："公等皆去。"你们都走吧，我也跑了，没啥大不了的。

这就是成功者最重要的素质了，拿得起放得下。你别拿亭长不当干部，那也是普通老百姓眼里的官老爷，可是已经 46 岁的刘邦说不要就不要了，换成是你我，不一定做得出来。

当时有十几个人愿意跟着他一起流浪。这些人乘着酒意在夜里四处瞎走，或者说发酒疯，结果就发生了传奇的一幕，说是刘邦看见一条白蛇横在路中，他一剑把蛇劈成两半，然后躺下呼呼大睡。

跟着他的那些人随后就看见一个老太太出现在路上哭泣，说我的儿子是白帝的儿子，现在被赤帝的儿子砍死了，我怎么办啊。这就是相当著名的高祖斩白蛇的故事。

从那之后，刘邦不敢回家了，就领着一些人在芒砀山周围转悠，史书上没说他干啥，我估计是当土匪路霸。

据说那时候他老婆吕雉经常能很准确地找到他，他很奇怪，说夫人莫非有神通？吕雉说，非也非也，只因为你头上有一团祥云，很好找。刘邦听了之后兴奋异常。

我个人认为，之所以有这些说法，是刘邦夫妇俩要合起伙来，糊弄跟着刘邦混的那群人。

刘老幺当上土匪不久，沛县老家来人传话给他，让他回去一起造反。

这事儿是这样的：陈胜起义的消息传到沛县时，当时的县令也想跟着起义，就问他手下的两个人，说你们看这事儿有前途没？这两个人就是萧何和曹参，后来大汉帝国第一位和第二位宰相，当时在小小的沛县当差。两人异口同声地说，造反有理，肯定要干；不过，最好把本县流亡在外面的能人都找回来，加强我们的力量。

县令觉得这主意不错，就让一个菜市场杀狗卖肉的小贩去找刘邦回来。此人的名字叫樊哙，后来的大汉帝国开国元勋，舞阳侯。县令派他去，是因为他和刘邦关系好，能找到刘邦。刘邦后来还把自己唯一的小姨子，也就是吕雉的亲妹妹吕须，嫁给了这位樊哙，两个人成了连襟。所以吕大爷后来就有了一位皇帝女婿和一位侯爷女婿，算是很厉害了。当然他还不是最厉害的，中国历史上最厉害的老丈人要等到几百年之后，一位姓独孤的出场，到时候我会提醒大家。

樊哙在芒砀山转悠了几圈，找到刘邦之后，两个人兴高采烈回沛县。就在这个时候，县令反悔了，害怕刘邦回来他控制不了，于是打算杀了萧何和曹参，吓得两个日后的宰相赶紧跑出了县城，和刘邦、樊哙会合，准备攻打县城。城里的老百姓直接杀了县令，迎接四位大人物入城，此时刘邦47岁，正式起兵造反，名号是沛公，当时手上只有沛县的三千子弟。

那么，刘邦为什么要去投奔项梁呢？事情也不复杂。他手下有一个人叫雍齿，是沛县的名流望族，虽然跟了刘邦，却一直有点瞧不起他。有一次刘邦去外面打仗，叫雍齿守卫丰县，结果雍齿投降了魏国，刘邦气得要死，带兵回来打雍齿，岂料这人虽然进攻不行，但是防守简直就是固若金汤。

刘邦打了两次没打下来，只好让手下人继续围困丰县，自己带着几十个人去找项梁借兵，项梁还真就借给他了。当然，世界上没有免费的午餐，兵也不是白借的，刘邦表示臣服于项梁，两人就这样结成了抗秦统一战线,不过项梁是老大。

这次借兵回来,雍齿的乌龟壳终于被敲碎了,他本人逃出丰县。顺便说一句,雍齿后来又回到了刘邦的阵营,长命百岁,荣华富贵了一辈子,连刘邦登基之后的大清洗都没有伤到他。

三、并肩战斗的岁月

陈胜死后,项梁召集所有能召集的反秦势力到薛地议事,包括刘邦。学过春秋历史就知道,召集人相当于霸主,不过项梁自己没称王,他听从谋士范增的话,找到了战国时楚怀王一个正在给别人放羊的孙子,立他为新的楚怀王。

楚怀王的谥号被他的孙子拿来做王号了,楚国也相当于正式复国。不过为了区分,我们把这个新的楚怀王称为楚后怀王。

接下来,项梁、项羽、刘邦等秦末大混战的主角们一起率楚军北上,救援齐国的田荣,打退了秦将章邯。

在这之后,项梁让刘邦和项羽带一部分楚军去追击秦军。所以,刘邦、项羽这一对死对头是曾经并肩战斗过的。两个人一路追赶秦军到陈留时,项梁忽然战死了。

大好形势下,项梁怎么会突然战死呢?借用一个心理学名词,叫成功者效应。项梁成功地打败了章邯几次之后,从心底认为,自己之所以能成功,完全是因为自己比章邯高明,而忽略了所有其他因素,比如运气、天气,比如对手是在猝不及防的情况下被动挨打,等等。这导致他完全轻视对手,觉得自己就是绑住一只手,想打败对方也是轻松加愉快的事情,甚至当章邯从秦二世胡亥那里得到了大批兵员补充,项梁都完全无视。结果章邯就像一条眼镜蛇一样,突然发难,率大军突袭定陶,楚军大败,项梁被杀。

听到这个消息之后，刘邦、项羽震惊之余，决定从陈留撤兵。两人东归之后，项羽驻扎在彭城，刘邦驻扎在砀郡。从这件事我们可以得出一个结论，项羽那时候绝对不是一个冲动的莽夫。他当时在楚军里的位置并不高，能调动的兵力也不多，所以给叔叔项梁报仇这事，他选择了暂时隐忍不发，等有实力的时候再说。

章邯杀掉项梁之后，犯了一个可以理解，但是致命的错误。他放弃了楚军的残余部队，认为剩下的这群造反派都是一群小喽啰，像蝼蚁一样，随时可以碾死，决定先去攻打北方看似强大的赵国。

说这个错误是致命的，原因很简单，后来击败章邯，并且灭了秦朝的两个重要人物，项羽和刘邦，现在都在楚军的残余部队里面，实力也很弱小，这是章邯最好的除掉隐患的时机，他放弃了。可是这个错误也是可以理解的，先打复立的赵国，章邯是有他自己的道理的。自古燕赵多慷慨悲歌之士，几百年来，赵国历来就是秦国最难啃的骨头，不迅速把这个"灯塔"打掉，那还真不知道有多少六国"余孽"会聚集在赵国的大旗之下。

况且，谁会知道老天爷这么调皮，把项羽、刘邦、英布、韩信、萧何这么多大人物都隐藏在看似不起眼的楚军残部里？

这个时候，最早建立赵国的武臣已经被下属杀了，原来陈胜手下的张耳和陈余又立了一位赵国的贵族赵歇为新的赵王。为了一鼓作气拿下赵国，秦王朝下了血本，把正在北方防御匈奴的王离军团全部调回，和章邯一共四十万大军，南北夹击。

在这样雷霆万钧的攻势之下，赵国都城邯郸被迅速攻破，赵歇和张耳被围困在巨鹿。无奈之下，赵王赵歇只能一天几次派出使者，向各路义军求救。楚后怀王这边，很自然地，也接到了赵国的求救信。那么，这群人是如何决定的？我们下节再聊。

032. 巨鹿项霸王

复辟后的赵国受到秦朝的猛烈攻击，躲到巨鹿，向当时所有的义军发出了求救信。

楚后怀王决定出兵营救。

这时候项梁刚死，威望还在，他一直尊重的楚后怀王还是有一定号召力的。于是楚军决定兵分两路，一路由刘邦率领，向西直接进攻关中，如果章邯回救，巨鹿之围自然就解了；另一路以宋义为大将军，率领楚军主力，包括项羽、范增、英布这些能打的，北上巨鹿，救援赵国。

楚后怀王当时的目标远大，为了激励大家，他说，如果我们能帮助赵国解围，那下一步就是向西攻打秦朝首都。我们来个约定，无论是谁，只要他先打入关中，就是新的秦王。

造反派们一听，觉得这个主意靠谱，都说可以，就这么办。

这件事从表面上看，好像是刘邦占了便宜，因为宋义、项羽他们要先北上，然后才能西进，而刘邦是一路向西。但事实是，当时除了项羽，没人愿意和刘邦一起走，因为大家都认为那时的秦军还是很强大的，陈胜、项梁都是因为直接西进和秦军死磕才失败的。换句话说，当时没有人看到革命曙光，大家的想法都是赶紧在远离关中的东方占据一些地盘，恢复六国，再从长计议。

从楚后怀王的角度来说，与其说是派刘邦去攻打关中，还不如说是派他去吸引秦军的注意力，以此缓解北上救援赵国的压力。至于说先入关中者王,就是一张大饼,画得很圆,可是没有人当真。大家说行,只不过是给楚后怀王一个面子。就连项羽和刘邦也是这样想的,没有一个人能想到仅仅一年之后,这张饼就活生生地出现在他们面前,如何分饼成了大问题。

一、巨鹿封神

这里我们暂且不说刘邦的西进,先来看项羽的北上。项羽跟着宋义来到安阳后,上将军宋义就下令,全军原地休息。这一休息就是46天。项羽多次催问,宋义的回答都是,你不懂兵法,我们应该等秦和赵两败俱伤的时候再出手,坐收渔翁之利。

问题是,安阳离巨鹿还有500里,别说渔翁之利,就是秦军消灭赵国之后舒舒服服地睡一晚上,宋义这个渔翁能不能赶到都是个未知数。项羽觉得宋义就是在瞎扯,而且自己大鱼大肉招待宾客,却让普通士兵吃野菜豆子,还假公济私,亲自送他儿子去复辟的齐国当官。

由于项羽多次催促宋义发兵,宋义就颁布了一道命令,说凡有"猛如虎,狠如羊,贪如狼",不服从命令的,一律砍头。只要长眼睛的,用脑袋思考的,就知道这是针对项羽。于是,项羽杀了宋义,和他叔叔项梁当年一样,对大家宣布,本人就是上将军了,有不服的吗?结果没有人敢不服;不仅当时军中没有,连楚后怀王也赶紧补上了一纸委任状,说您就是上将军了。

从这一天开始,楚后怀王一直到最后被项羽杀死,都没有再发布过任何号令。

就在项羽杀掉宋义,准备率军队向巨鹿进军的时候,巨鹿前线的情况有了一点儿变化。章邯把围困巨鹿的任务完全交给了王离,自己干回了老本行,搞后勤。他开始修建从黄河渡口一直到巨鹿城下的运粮通道,保证大军粮草无忧。

应该说章邯确实是帅才。他的打算是，拿下巨鹿之后，以此为基地，把东方的这些反叛势力一扫而光。大军未动，粮草先行，章邯这是为下一步的动作未雨绸缪。

那么，当时巨鹿是不是一定能被秦军拿下呢？说实话，不仅章邯觉得巨鹿已是囊中之物，就算是各地来支援赵国的军队，也没有人认为巨鹿会守得住。这些军队包括了陈余的3万人，张耳的儿子张敖的1万人，还有燕、魏、齐三个复辟政权的几万人。

陈余先派出了5000人，一个照面，就被秦军杀戮殆尽，马上就没了斗志，包括自己老爹还在巨鹿城里的张敖，都采取了坐山观虎斗的策略，准备在巨鹿城破，赵歇和张耳死了之后，祭奠一番就打道回府。

刚刚赶到的项羽却不愿意坐山观虎斗，他认为自己就是虎。前207年，中国战争史上的经典战役，巨鹿之战就这样开始了。

一开始，项羽没选择正面冲锋。他领着部队绕一个大圈子，从侧面的平原津赶赴巨鹿战场，避开了章邯设置的所有拦截，然后让英布率领两万人去攻打章邯的那个运粮通道，原则就一条，要让章邯的20万大军手忙脚乱，不能支援巨鹿战场上的王离。

最后，项羽领着剩下的3万多人渡过漳河。过河之后，项羽做了秦国白起曾经做的一件事，他命令部队把渡船全部凿沉，把身上的锅碗瓢盆全都砸碎，全军每人只带三天的粮食，然后向王离的部队发起了总冲锋。《史记》上的原话是："皆沉船，破釜甑，烧庐舍，持三日粮，以示士卒必死，无一还心。"这就是成语"破釜沉舟"的出处。

当年白起用这一招打胜了秦楚之间最关键的鄢郢之战，现在项羽把同样一招用在了同样关键的秦楚巨鹿之战，攻守之势逆转，一报还一报。

接下来，史书记载，"与秦军遇，九战，绝其甬道，大破之"，项羽九战九胜，秦将王离被俘，苏角被杀，涉间自焚而死，而章邯只能率领残余部队脱离战场。

对于其他造反派的反应，司马迁的描述是："诸将皆从壁上观。楚战士无不一以当十，楚兵呼声动天，诸侯军无不人人惴恐。"就是说项羽带着楚军冲锋的时候，其他支援的部队只能在自己的营壁里面看着，吓得面无人色，这就是另一个成语"作壁上观"的出处。

当然，这些人在已经确定楚军大胜的情况下，也马上加入了战团，估计张敖冲过来时也会大呼小叫，爹，俺来救你了！就是不知道他爹张耳会不会一耳光抽过去。不过确定的是，此战过后，张耳和陈余友谊的小船就翻了，后来更是势同水火。其实陈余挺冤枉的——我至少为了救你张耳努力了一下，损失了5000人，可是你亲儿子张敖一直都作壁上观，还不如我呢。

顺便说一句，这个没有拼死救援亲爹的张敖，后面还会提到，因为他的老丈人是刘邦，丈母娘叫吕后。

我们今天提起项羽，首先想到的都是他的武力，好像无论兵多还是兵少，他都是哗啦一个冲锋，正面打败你。这种看法也对也不对，他能打是真能打，但在军事指挥上也是一个天才。

秦末的天才很多，项羽和刘邦堪称天才里的天才。达到这样级别的人物，有时候不一定需要读很多书，唐朝有一首诗写道："坑灰未冷山东乱，刘项原来不读书"，虽然是讽刺秦始皇的，但也指出了刘邦项羽没啥书本上的学问，两人强悍的能力基本不是从书本上得来的，倒也是事实。

巨鹿之战结束之后，25岁的项羽一战成名。以5万军队击垮了近40万秦军，十几万人的秦朝北方王离军团全军覆没，这是多么巨大的胜利。据说，战后各路造反派们，只敢用膝盖走路过来拜见项羽。从这一天开始，他就成了中原各路反秦势力的带头大哥，不需要别人给他封号，人人自动自觉地尊称他为"项王"。

二、章邯投降之谜

章邯是不世出的天才将领，虽然打了败仗，他也没乱，带着剩余的部队驻军棘原，和项羽周旋；项羽也拿他没办法，两个人就像当年的王翦和李牧，谁也奈何不了谁。可惜，章邯最后的遭遇和当年的李牧差不多，后面有一个不信任他的领导，和一个不断想捅他刀子的卖国贼。

自从巨鹿大战后，胡亥就派人指责章邯作战不力，而我们绝对有理由相信，这个指责出于赵高的嫉贤妒能。本来章邯也是有靠山的，想当年若不是丞相李斯的力保，他一个管后勤的也不可能一跃成为秦军最高统帅。可是，半年前，他的老领导李斯倒台了，而且死得十分凄惨。

前面说过，秦始皇死在沙丘的时候，李斯和赵高、胡亥串通一气，修改了秦始皇的遗嘱。但是本质上，他和赵高并不是一路人，李斯在兼顾个人利益的同时，还是想为国家做点事情的；赵高心里只有他自己的那一亩三分地，完全不考虑秦朝的利益。所以，当赵高和李斯之间有冲突的时候，赵高的第一个念头不是看看能不能和对方求同存异，为了朝廷的利益，双方都退一小步，而是一心打倒对方，管你朝廷不朝廷。

自古以来，想扳倒一个宰相级别的大官，那只有一条罪名，就是谋反。其他像贪污、腐败、女色什么的，那都是细枝末节，想都不用想。于是，皇帝胡亥就从老师赵高那里得知，丞相李斯居然和造反派私下里联系，他的儿子李由在前方不仅剿匪不力，还纵容匪患。赵高还对胡亥说："夫沙丘之谋，丞相与焉。今陛下已立为帝，而丞相贵不益，此其意亦望裂地而王矣。"这句话可谓是点中了李斯的死穴：胡亥得位不正，最怕的就是有人提起当年篡改秦始皇遗嘱的事情。现在赵高清清楚楚地告诉胡亥，李斯想拿当年那件事要挟您，他自己想当王。比起李斯，胡亥更信任自己的老师赵高。

事情到了这一步，李斯只能去死了。

前208年，右丞相冯去疾、将军冯劫和丞相李斯同时下狱，冯去疾和冯劫因为不堪受辱，刚下狱不久就自杀了。李斯抗住了第一波酷刑，坚持要见皇帝，为自己辩护。他也不想一想，赵高怎么可能让他到胡亥面前分辩？就连李斯写给胡亥的信，都被他撕毁扔掉了。

李斯最后只能屈打成招。口供送到胡亥的面前时，这个傻子当即感慨道："微赵君，几为丞相所卖。"要不是您赵老师，我几乎被李斯给骗了。于是，大秦帝国丞相李斯谋反罪成立，"具五刑"，然后被腰斩于咸阳，夷灭三族。

这短短几个字，我给你解释一下，你就知道什么《电锯惊魂》这类电影只是小儿科而已。"具五刑"的意思就是死之前要受五种刑罚，先用鞭子狠抽打得半死，然后在脸上刺字，再割掉鼻子，再割掉舌头，再砍去双脚，再用铡刀拦腰一刀，砍成两截，最后剁成肉泥。夷灭三族，就是父亲、母亲和妻子这三个家族的直系亲属全都杀死。

据说，李斯临死前，对着一个即将和他一起去死的儿子说，今天我想和你牵着黄狗一起去东门外打猎，还能去吗？说完泪流满面。

当然不能去了。但是我们也想问他一句话，韩非和公子扶苏这两位，他们也想去东门打猎，你当年给他们这个机会了吗？你陷害那两位的罪名和你今天自己承担的罪名，不都是莫须有吗？

无论如何，前面打了败仗的章邯现在上面无人，只能去解释和求饶，如果能和赵高搭上线，形成联盟，那也是不错的结果。他派出了长史司马欣回咸阳去公关，当然，顺便也有求援的意思，希望朝廷再增援一下。

司马欣以最快的速度回到首都，可是，诡异的事情发生了。大秦帝国的实际掌权者赵高竟然一连三天都没接见这位前线使者。赵高都见不到，皇帝胡亥更是不用说。司马欣害怕了，他越想越不对，急忙从另一条小路偷偷逃回了前线，赵高果然派人来追杀他，但没追到。

司马欣跑回章邯阵营叙述了经过，接着就说，赵高不是好人，咱们在这儿拼死打仗,胜了,他嫉妒,败了,他推卸责任,无论如何都不会放过咱们。于是,章邯带着手下剩余的20万秦军投降了项羽。

司马欣求见赵高的这段经历,明明白白地写在《史记》上。可是,这里面有一个巨大的疑问,为啥赵高不见司马欣?如果说赵高吓傻了,不知道该怎么办,那就解释不了为什么司马欣跑了之后,他又派人去追杀——他应该长出一口气,终于不用我做主了,以后成功失败都可以推卸责任。而且,谁都知道,章邯手下的这20万军队已经是秦朝最后的家底了,和司马欣对话就是和章邯对话,就算是赵高想和联军讲和,那也要把这20万军队抓在手里才有底气;一个连底裤都没有的人,哪里有资格上谈判桌?

我个人的看法是,问题不在赵高身上,而在司马欣。很有可能,他压根就在撒谎。他既没求见赵高,也没对任何人说自己回去了,只是待了三天,然后放出风声说自己回来又跑了,那赵高肯定要派人追他;他回到章邯那里就说赵高不接见,还追杀自己,以此来促成章邯投降。

我这样说的理由是《史记》里的一句话,"使长史欣为上将军,将秦军为前行",也就是章邯投降之后,被封为雍王,留在楚军里,可是司马欣却被封为上将军。项羽把20万秦军的指挥权都交给了他,让他带着做联军的开路先锋。

这种神奇的事情只能有一种解释,司马欣在项羽和联军那里的信任度是满分,再联系到上面的诡异事件,有很大可能性,这个司马先生早就是一个大叛徒了。

不过,这里有一件事要讨论一下。《史记》上说,几个月后,项羽把投降的这20万秦军全部坑杀在新安。这事是不是真的,现在还没有定论。我想质疑的是,项羽的楚军在巨鹿之战时是几万人,加上联军的部队十几万人,满打满算最多20万,可是后来到达咸阳时他拥有40万的部队。你若是说,这里面没有原来的秦军,我是不信的。所以,也许项羽在新安杀了一些降卒,但应该不是全部20万秦军。当然,这只是我个人的看法。

无论如何，项羽踌躇满志地接受了章邯的投降。到了这个时候，秦军已经没有丝毫抵抗能力。楚后怀王那句"先入关中者王"，此时此刻已经不是纸上的大饼，而是前方实实在在的大蛋糕。

就在这时候，项羽得到消息，有人已经张开了大嘴，正要吞下那块蛋糕，情报上写的是：沛公已入咸阳。

033. 刘老幺入秦

前面说过，宋义领着项羽去救援赵国，而刘邦一路向西，打进关中。关中的大致位置是今天的西安、宝鸡、咸阳等五个市的周边地区，因地处四座关口的中间而得名。关中北边有萧关，西边有大散关，南边有武关，东边有函谷关。函谷关在战国时是六国和秦国的分界线，所以那时候一说起关中，代指的就是秦国，攻入关中，就等于是打败了秦朝，占领了秦国旧地。

刘邦一开始根本就没往西走。他手下人马不足一万人，打谁都和鸡蛋碰石头差不多。他也知道楚后怀王那些项梁旧部的意思，说好听点，是由着他自由发挥，自生自灭；说不好听点，就是让他当炮灰。

刘邦带着队伍磨洋工，一直在附近打游击，碰上原来陈胜、项梁的残余部队就收编过来，如果是其他小股的起义队伍，也不妨吞并了对方。当然，也有让他看着顺眼和平相处的，比如在一个当时叫巨野泽，后来叫梁山泊的地方，刘邦遇到了彭越，一个游击队长，带着一千人左右的队伍，两人一见如故，试图一起攻打昌邑城，不过没打下来。

就这样，一直到项羽巨鹿大战胜利的消息传了过来，刘邦才感觉安全了，开始正式西进。巨野泽的彭越并没有跟着刘邦西进，而是坚持留在当地，继续他的游击事业。刘邦也没有勉强他，两人是不是洒泪而别不知道，不过后来楚汉相争，已经拥有几万人，从游击队长变成游击司令的彭越，相当坚定地站在了刘邦这一边。

刘邦的队伍到达高阳城时，看门的说有一个看起来像知识分子的人求见。刘邦说，不见，我正忙着打天下，见什么知识分子。门房如实回话，来人马上瞪着眼睛，手按剑柄骂道，滚回去重新禀报，本人是高阳酒徒，原话是"入言沛公，吾高阳酒徒也，非儒人也"。刘邦这才让来人进来，不过他还是自得其乐地坐在床上，让两个女孩子给他洗脚。

来人拱了拱手说，您是想帮秦，还是想灭秦？刘邦一听就破口大骂，说自然是要讨伐无道的秦朝。对方就说，想灭秦就要聚合众人，那就不能这样见长者。

《史记》记载，刘邦一听，赶紧起身，整理好衣服，请对方上座，然后虚心请教，原话是"起摄衣，延郦生上坐，谢之"。

一、高阳酒徒

这个让刘老幺前倨后恭，请上座，然后向他请教的人，就是楚汉第一外交家郦食其，他随后就给刘邦献上一份大礼，那就是陈留县城。

他不仅仅是建议刘邦去打，而且因为他和当时陈留县令关系好，还主动请缨去做了内应，里应外合，结果一下子就打了下来。然后，刘邦获得了陈留县里面无数的军事物资，从而把队伍扩充到了两万多人。不仅如此，郦食其还把他弟弟郦商四千多人的队伍拉进了刘邦的阵营。

听到这里，你很可能会感慨一句，这刘老幺是开启了主角光环吗？郦食其为什么挨骂不生气，反而送人，送城，外加送弟弟？

我个人是这样认为的：

从各种史料来看，郦食其虽然穷，但确实是一个大知识分子，读书很多。他虽然只是一个小官吏，可是高阳当地人无论是官还是匪，都不敢欺负他，这说明他是一个有本事有名声的人。对于这样一个地头蛇，刘老幺这个过江龙应该是知道的。在那个天下大乱的时代，郦食其本人如果不想单独干，肯定也想找一个人投靠，这一点《史记》也有暗示，"诸将徇地过高阳者数十人，郦生闻其将皆握龊好苛礼自用，不能听大度之言，郦生乃深自藏匿"，也就是每一个路过高阳的起义军将领，郦食其都暗暗观察过，没一个满意的。

这样看来，刘邦和郦食其两个人见面之前，互相都知道对方，刘邦为了招揽人才，耍了个心眼，故意刺激郦食其主动求见。

《史记》上明确记载了他手下的一个高阳本地士兵和郦食其谈论刘邦，说"沛公辄解其冠，溲溺其中。与人言，常大骂"，意思是我们沛公脾气不好，曾经把知识分子的帽子解下来，往里面撒尿，而且和读书人聊天的时候，经常对读书人破口大骂。

当然，事实也确实如此。刘邦从来都不喜欢读书人，可是如果这个读书人有一个带兵四千多人的弟弟，并且还认识陈留县令那就另当别论了。

郦食其听到了刘邦的这些事，反而激发了好奇心，加上别人的怂恿，就出现了求见刘邦的这一幕。

刘邦从开始的极度傲慢，转变到极度恭敬，应该就是在演戏。这场大戏唯一要达到的效果就是，让郦食其的虚荣心得到极大的满足：你看看老夫，三言两语，就让这个从来不把知识分子放在眼里的大老粗恭恭敬敬地向我求教。这种心理上比其他知识分子高一等的满足感，让这位"高阳酒徒"决定为刘邦效力，最后献出了生命。

所以，刘邦的第一个特点是心理学学得好，对人心微妙之处有恰到好处的掌握，有了这个本事，只要耍一点小手腕，人才自会滚滚而来。

以上就是我自己对郦食其见刘邦这一幕的分析，当然，仅仅是我一家之见。

那么，号称楚汉第一外交家的郦食其难道就不知道刘老幺在演戏吗？我觉得，就算是当时没意识到，后来也肯定有所觉察。那么，郦食其为啥不离开刘邦呢？谜团要一个一个地解，我们继续往下看。

二、张良来归

刘邦在陈留招兵买马之后,声势大振,西进的路上凯歌不断。当然,这里面有不少城池是郦食其劝降的。这一天,队伍来到颍川郡,估计郦食其在这里不认识人,大家正准备开打,来了另一波起义军。很巧的是,里面有一个刘邦以前认识的人,名字叫张良。

张良,战国时代的韩国人,据《史记》记载,此人面容姣好如女子,世代贵族,爷爷和老爹都曾经是韩王的宰相。所以,韩国被秦灭了之后,他很生气,散尽所有家财,雇了一个大力士,埋伏在一个叫博浪沙的地方,想趁着秦始皇出巡的时候结果了他。由于嬴政实在是狡猾,他们砸错了车,把副车砸得粉碎,秦始皇毫发无损,留下了"误中副车"的典故。

历史上有记载的对秦始皇的刺杀只有三次,前两次分别是荆轲和高渐离。那一对好朋友失败之后都被砍成了肉泥,这一次的张良全身而退,而且隐姓埋名十几年都没被抓住。不得不感慨,他不仅有胆还有谋,计划得十分周详。

据说他在逃亡途中遇到了黄石公。黄石公是一个传说中的人物,他故意把鞋扔到桥下,让张良去捡。张良每次都赶紧跑到桥下,把老先生的鞋捡回来,把黄石公哄得十分开心,就传授给他一本《太公兵法》。书名中的太公指姜太公,也就是说,黄石公是姜子牙老先生在人间的代言人。

司马迁在《史记》里讲的这个故事和黄石公这个人,我们现在一般都认为是虚构的。不过《太公兵法》这本书是存在的,也叫《六韬》,是一本战国时期的兵书,现在已经被翻译成日、英、越、朝、俄等多国文字,日本军界更是喜欢得不行,称之为"成功之路必读之书"。至于说后来张良惊人的智谋,是不是来自这本书,那就不知道了。

你要是问,张良的智谋到了什么程度?那我只能说,在中国几千年历史里，他的称号是"谋圣"，智谋之圣人。后来曹操夸奖荀彧，朱元璋夸奖刘伯温，都要文绉绉地来一句"吾之子房也"，子房就是张良的字。

等到陈胜起义之后，潜伏已久的张良也组织了一百多人准备造反。但不久，他就意识到，自己并不是当头领的料，没有那个天赋，就琢磨着找一个人来辅佐。他本想去投奔景驹，但命运很神奇，路上遇到了刘邦，两人一起走了几天之后，张良改了主意，决定跟从刘邦。

史书上原话是："良数以太公兵法说沛公，沛公善之，常用其策。良为他人者，皆不省。良曰：'沛公殆天授。'故遂从之。"这段话非常重要，揭示了刘邦成功的第二个特点。张良，或者说谋士们的学问说给普通人听，可能会一头雾水，可是说给刘邦听，他马上就懂。张良说"沛公殆天授"，意思是刘邦就是一个天才，士为知己者死，自己愿意为他竭尽全力。

估计景驹到死都不知道，曾经有一个"谋圣"想投奔他，被泗水亭长刘老幺给截胡了！

不过，在张良的心中，还有一件事比跟着一个天才打天下更重要，那就是忠君，也就是辅佐韩王的后代，毕竟他家族世代都是韩国的宰相。所以，当他后来真的遇到了韩王的后裔韩王成，就辞别了刘邦，一心一意地帮助对方，准备光复韩国。

颍川城下，刘邦和韩王成两队人马相遇后才知道，原来张良跟着韩王成一直就在这附近转悠，根据地就像狗熊掰玉米，打下来一个就丢了另一个，复兴韩国遥遥无期。

等打下颍川之后，张良对韩王成说，要跟着刘邦去打关中，请他守着颍川。韩王成人老实，对张良又是言听计从，马上点头答应。这里有个疑问，如果韩王成这么听话，为什么和张良在一起连一块根据地都打不下来？这事儿，等看完这一节，你就明白了。

三、刘邦受降

且说刘邦有了张良之后，西行的路走得更加顺利了。在南阳大破秦军之后，他就有点骄傲，脑袋里全是"先入关中者王"这张大饼。随后他就想放弃攻打秦朝残兵败将所在的宛城，快马加鞭，赶紧去关中当王。

张良这时候劝他，您现在去武关，必须走秦岭北麓，一路都是狭窄的山路，宛城这里留下这么多敌人，万一前面再出一个章邯怎么办？

刘邦赶紧连夜转身去攻打宛城。就在这时，宛城里面一个叫陈恢的谋士来见刘邦，说你消灭我们，你自己也会有损失，而且耽误你去关中称王的时间，不划算；如果你准许我们郡守投降，封他为侯，然后让他领一小部分人替你守卫宛城，那你既没有了后顾之忧，还增加了进攻关中的人手。对于这样的提议，刘邦一百个愿意，就这样，不费一兵一卒，宛城投降。

宛城的郡守投降之后，刘邦立马封他为殷侯，除此之外，还郑重其事地封给说客陈恢千户。这就反映了刘邦的第三个特点，他为人大气，从来不吝啬赏赐。手下的每一份功劳，每一次贡献，他都会给予回报，这让人感觉跟着他有奔头。

等刘邦、张良这一伙人大摇大摆地来到关中南面的武关时，秦朝发生了一些变化，章邯军已向项羽投降了，秦王朝的最高统治者胡亥也知道大事不好了。他想找来赵高质问，赵高先是装病，后来觉得躲得过初一躲不过十五，就暗中联络女婿咸阳令阎乐和弟弟郎中令赵成发动政变。

前207年，秦二世胡亥和闯进宫、手里拎着明晃晃钢刀的阎乐，做了下面这番推心置腹的谈话：

"可以见丞相赵高吗？"

"不行。"

"那我不做皇帝了，做一个王行吗？"

"不行。"

"那做一个万户侯怎么样?"

"不行。"

"做一个老百姓总可以了吧?"

"和你说实话吧,丞相赵高让我来杀你,你不死我就得死,你说怎么办?"

胡亥只好去死,据说死之前他埋怨身边最亲近的一个太监,说事情坏到这个样子,你怎么不提醒我?那个太监说了这辈子最真实的一句话:我就是不提醒您,才活到今天的,要是提醒您,我早就死了。

秦二世被逼自杀之后,赵高有两个打算,第一个是和在武关门口的刘邦联手,平分关中地区。刘邦直接拒绝了。赵高的第二个打算是自己当皇帝,这只记载在《史记·李斯列传》里,也不知真假。说是赵高拿着玉玺刚走上宫殿,宫殿就开始摇晃,这样来回三次之后,赵高明白了,这是上天不让他当皇帝,于是就和群臣拥立一个叫子婴的皇室子弟即位。

同一部《史记》,在《秦始皇本纪》里就没有赵高要当皇帝的这段描写,直接说赵高让子婴即位,同时记录了赵高的一段话:"今六国复自立,秦地益小,乃以空名为帝,不可。宜为王如故。"意思就是现在六国都已经恢复了,咱们可怜兮兮地只剩下函谷关这边的地盘了,再用皇帝的称号就不合适了,还是用秦王的称号吧。我们现在都说秦二世而亡,就是因为子婴继承的不是皇帝宝座,而是秦王的位置。

关于子婴,史学界历来就有一个争论:他到底是和秦始皇一个辈分的人物,还是子侄辈的,甚至孙子辈的?因为秦朝的历史,我们能依靠的基本上只有《史记》,所以你应该知道,是《史记》出了问题。司马迁在《秦始皇本纪》里说,子婴是胡亥哥哥的儿子,"立二世之兄子公子婴为秦王",但是他在《李斯列传》里又说,"乃召始皇弟,授之玺,子婴即位",也就是说子婴是秦始皇的弟弟。当然,对于这句话也有另外一个解读,那就是把传国玉玺给了秦始皇弟弟的儿子,一个叫作"婴"的孩子,那么子婴就是秦始皇的侄子。

关于这个问题,现在很难有定论,因为证据实在是太少了。如果纯粹按照逻辑推演,那么第三种说法,也就是子婴是秦始皇侄子的这种说法最符合逻辑。原因有二:第一,史书记载秦二世杀了自己的所有兄弟姐妹,那么,他们的儿子们就算是不死,也跑得远远的了,留在京城,还能即位的可能性不大,这就去除了孙子辈的可能。第二,从权术斗争来看,赵高可能不会,也不敢立秦始皇弟弟这种元老级别的人物,这又去除了秦始皇同辈的可能性。剩下的,就是侄子这一辈的了。当然,这是我猜的。

无论如何,子婴继位了,需要先去祖庙里祭奠一番,在此之前需要斋戒,五天之内戒酒色荤食等。

古代戒荤食是指不吃肉吗?

中国古代说戒荤食,并不是不吃肉,而是指不吃葱姜蒜这类刺激性食物。荤食并不是肉食,肉食在古代被称为腥,戒荤腥那才是既不吃葱姜蒜,也不吃肉的意思。

一般都有一个专门的地方叫斋宫。秦王子婴在斋宫里,对儿子和亲信太监韩谈披露了自己的心声。他说赵高杀了二世皇帝,现在还想杀我。我准备五天之后,躲在宫里不出去,他肯定着急,你们到时候就说我病了,他一定会亲自来查看我的情况,韩谈,你就在这里杀掉他。

一切都像子婴预料的那样,赵高自投罗网,被韩谈一刀砍死。随后子婴宣布赵高的罪状,夷灭三族。此时离李斯被灭三族仅仅一年左右,无论是罪有应得,还是天道报应,赵高,这位大秦帝国的祸害总算是得到了应有的下场。

从这件事上,我们可以看出子婴其实很聪明,决断力和行动力都不差,史书上说他仁爱而且节制。但很可惜太晚了,刘邦已经在郦食其和张良的帮助下攻破了武关,在蓝田击败了秦朝最后的武装力量,随即驻军霸上,距离咸阳只有50里左右,而大秦王朝再也找不出一个章邯,也找不出10万骊山囚徒了。

前207年11月,只当了46天秦王的子婴出咸阳城向刘邦投降,秦朝灭亡。刘邦西行到此,圆满地画上了一个句号。

实事求是地说,刘邦之所以如此顺利,一路西进受降数十座城池,一个主要原因就是因为项羽已经把秦朝军队给打服了。巨鹿之战后,各地的秦军就有不少已经给自己找退路了,章邯投降之后,更是都感觉大势已去。

不仅是中原地区,就是秦始皇征服的岭南百越地区,少数族也纷纷起来造反。秦将赵佗最终镇压了所有反叛,但是他不愿意,也不可能,更做不到回来救援大秦王朝,最终在岭南独立,成立了南越国,都城在番禺,就是今天的广州。

四、项羽入关

刘邦进入咸阳宫之后两眼发直,看着各种奇珍异宝,美女娇娃,哪里还挪得动脚步。包括樊哙在内的手下都劝他,您不要住在咸阳宫,他也不听。这时候张良出场了,他说,天下未定,函谷关外,项羽的马蹄声已经很近了。

刘邦最终听进了张良的意见,开始行动:"乃封秦重宝财物府库,还军霸上。"不仅如此,他还召集老百姓谈话,许诺如果当上关中的王,就废除一切酷刑,只保留三条:杀人者死,盗窃和伤人的判刑。别的法律一概废除,大家好好过日子。这就是成语"约法三章"的出处。

同时,刘邦还善待投降的子婴,好吃好喝招待,不打不骂;老百姓送来劳军的酒肉也一概送回。咸阳城内的秦朝旧官吏一律正常上班,工资照发。结果咸阳城的老百姓都对他衷心爱戴,"唯恐沛公不为秦王"。

这就是刘邦的第四个特点,他一旦接受了你的意见,往往做的比你这个出主意的人还要到位,收到的效果还要好,情商和执行力都非常了不起。这是相当重要的一点。为什么韩成有了张良那么长时间还是不能占据一块根据地?原因就一点,他俩的执行力不行。

你想想,如果张良出一个主意就行的话,那他自己为什么做不了领袖?事情要在谋略的基础之上,有上佳的发挥才可以成功,刘邦擅长的就是这个。

举个例子,某公司老总的谋士献策说,我们公司现在必须要和赵老板结盟,他的爱好是高尔夫球。作为谋士,他的任务就结束了,下面需要老总去请赵老板打高尔夫球,聊天,搞定联盟。这里面每一个动作,每一个眼神,每一句话,都需要老总自己去斟酌,去执行。

所以,善于谋划的做谋士,长于做决策和执行的做老板,这都是相辅相成的。张良成就了刘邦,反过来说,刘邦也成就了张良"谋圣"的地位。

言归正传,刘邦在咸阳约法三章之时,项羽正快速赶来。刘邦百密一疏,犯了一个错误:他派人去函谷关驻守,关门紧锁。这是防备谁,傻子都知道。当然,这既可以说是一个错误,也可以说是刘邦的一个幻想,幻想着项羽和联军遵守楚后怀王的约定,承认他这个先入关中者为秦王。

可是项羽怎么可能容忍他这个行为?马上命令手下的英布,给我砸开关门。

英布在武力上和项羽不相上下,史书上对他的评价是,"项梁涉淮而西,击景驹、秦嘉等,布常冠军",也就是说,功劳经常是全军第一。这就是现在"冠军"这个词的出处。

此刻英布得到了项羽的命令,一个回合就拿下函谷关,项羽随后带着40万联军一拥而入,驻军新丰鸿门。

这时候,项羽手下的谋士范增对项羽说,刘邦原来在沛县,吃喝嫖赌，无一不好，现在进了咸阳这个花花世界，居然不贪图财宝，不近女色，此人肯定有大志向；而且我夜观天象，这人脑袋上面都是龙虎之气，容他不得，必须杀掉！

恰在此时，刘邦手下有一个叫曹无伤的将领，可能是被项霸王的绝世风采所吸引，偷偷地密报项羽："沛公欲王关中，使子婴为相，珍宝尽有之。"说刘邦不仅仅是想称王，还想把金银珠宝都弄到他家去。

阻拦进关，意欲称王，尽占珍宝，头上还有帝王之气，这几把火一烧，项羽勃然大怒，发出命令："旦日飨士卒，为击破沛公军！"明天早上，吃饱了饭之后，我们就去杀掉这个刘老幺。

034. 西楚新霸王

项羽杀气腾腾的 40 万精兵驻于新丰鸿门,形势对刘邦来说再危急不过,没想到,一顿饭轻轻化解了这一切。这就是著名的鸿门宴。严格来说,这顿饭并不是事先安排好的请客,而是客人一大清早,就自己跑过来蹭饭吃的结果。

事情是这样的。项羽在鸿门驻军之后,决定第二天攻打刘邦,手下一个叫项伯的人坐不住了。想当年,项伯犯了死罪,若不是张良,他早就死了,而现在张良却在刘邦的军营中,知恩不报,那就是小人。所以,项伯连夜跑到刘邦军中找到张良,说你快走吧,项王明早就要杀掉刘邦,咱可不能为他陪葬。

项伯的这个建议,一点儿毛病也没有,因为当时的张良还不是刘邦的手下,他是韩王成的手下,走了也就走了,不需要对刘邦负责。

谁知张良听到这个消息却对他说,沛公对我不错,不辞而别,是不符合道义的,我先去告个别,然后咱们就走。

这其实是借口。张良心里清楚,他只要去告辞,刘邦肯定拉着他的袖子求他帮忙,而现在能帮上刘邦的,就是眼前的这个项伯。所以,他名义上是辞别,实际上是通风报信。不过他最多只能帮刘邦到这一步,最终能不能看出项伯是关键人物,并且成功说服他帮忙,在于刘邦自己。

事实证明,刘邦的情商确实无与伦比。他先是问张良,你和项伯谁大?张良说项伯大,刘邦马上诚恳地说你请他进来,我像侍奉兄长那样对待他。三言两语之间，刘邦不仅找准了对待项伯的态度，而且还让张良心里暖乎乎的：这个老板把我的哥们儿当成他自己的哥哥一样对待。

要知道，刘邦这时候也是手下十几万军队的一方诸侯，无论对谁叫一声哥，那都是给了对方一个相当大的面子。

等项伯进来，刘邦只和他谈了一会儿，彼此就变成了儿女亲家，最后不仅成功说服项伯去帮他向项羽求情，还能让对方主动为他出谋划策。项伯告诉刘邦，第二天早点起床去拜见项羽，让他感受到诚意。

就这样，第二天刘邦起得比鸡还早，急匆匆赶到鸿门，只带了张良、樊哙和一百个骑兵。当然，少带人的真正目的是表明我自己绝对不想和项羽为敌。一见到项羽，刘邦马上行了个大礼，然后说，臣与将军一起攻打秦朝，我一不小心先打进了咸阳，正等着您来呢，可是就有小人说三道四，造成了你我之间这么大的误会。

"臣与将军"四个字立马就让项羽感觉无比舒服。你想啊，刘邦当年是和项梁平级的。项梁死后，不管是不是炮灰，刘邦至少是被楚后怀王派出独当一面的，和上将军宋义平级，可是现在在项羽面前自称为"臣"，还说自己打下咸阳，一心等着你来。这句话的潜台词就是，无论是关中王，还是金银财宝，都是你项羽的，我放弃了。

项羽心里一得到满足，嘴上就没有把门的了，说这都是你下属曹无伤告诉我的，否则我也不会想杀掉你。一句话要了曹无伤的命，从此没人愿意为项羽做敌后的潜伏工作了。

到这时候，刘邦的卑躬屈膝和项伯前一晚的耐心劝谏，两者功效全开，项羽已经没有杀死刘邦的想法了，大手一摆，来，开席吃饭，我请客。著名的鸿门宴就开始了。

一、鸿门设宴

项羽的杀心虽然淡了，但他的谋士范增却坚持认为，刘邦必须死。范增可能是除了姜子牙之外，中国历史上年纪最大的造反派了。他是安徽人，陈胜起义那年，他都快七十岁了，却还是跑出来加入了项梁的队伍。项梁自己不称王，找了一个放羊娃当楚后怀王，就是他的主意。项梁死后，项羽尊称范增为亚父，和齐桓公当年称呼管仲为仲父差不多，都是仅次于父亲的人，你可以理解为叔叔的意思。

鸿门宴上，范增不停地给项羽使眼色，又不停地举起自己身上的玉玦，意思就是您快点决断，杀掉刘邦，可是项羽就是假装没看见。迫不得已，范增出去找来项庄，说你上去敬酒，然后给大家舞剑，顺便手一滑，刺死刘邦。

项伯看着项庄的剑势一个劲儿地朝刘邦招呼，就站起来说，独舞没意思，我和你来个二人转，给大家助兴。说罢就站起身，假装和项庄一起舞剑，实际上用身体护着刘邦。

这时候项羽已经没有杀刘邦的心思了，可若是刘邦真被项庄一剑给劈死了，他也无所谓。所以，他自己不动手，但是也不阻止项庄和项伯。张良一看，转身出去找来樊哙，说"项庄拔剑舞，其意常在沛公也"，樊哙听了之后说："臣请入，与之同命。"我进去，和主公同生共死。

随之，鸿门宴上最惊人的一幕出现了。樊哙怒气冲天地闯了进去。项羽问，你是谁？张良说，这是与沛公同乘的护卫。项羽说，看起来是条好汉，给他酒喝。樊哙喝了之后，项羽说给他一条猪肘，手下人自然是心领神会，直接拿来一条生猪肘，樊哙把生猪肘放在盾牌上，直接拿着手里的剑砍下一块吃一块，不一会儿，就吃得干干净净。

宴席上鸦雀无声，项庄和项伯也停手待在一边，没办法，生吃猪肘比二人转好看多了。然后樊哙就开口说话了，这段话比较长，不过最核心的思想还是为刘邦辩解，说他进了咸阳，秋毫无犯，把好东西都给您留着，您怎么能不封赏，还要杀人呢？"窃为大王不取也"，项王您怎能做这种事儿呢？项羽无言以对，只能说来人啊，给这位英雄加个座儿，一起喝酒。

实事求是地讲，樊哙的这番表演很精彩，这番话说得更是精彩。他首先把刘邦的位置定在项羽之下，说得好像刘邦不是为自己打咸阳，而是为了项羽才拼命打进关中的。这不仅仅是又把项羽的虚荣心满足了一下，更重要的是，他把项羽要杀掉刘邦，这个本来是诸侯之间争斗的事情，转化为上级要诛杀有功之臣的行为，让大家觉得无论是道义上，还是心理上，项羽这么做都有问题。

然后，樊哙又把自己定为一个武夫，那就可以说一些看似放肆，实际上诛心的话。你项羽要是杀沛公，那和秦朝那些坏家伙有啥区别？

项羽在心里一合计，不杀刘邦，名利双收；杀了刘邦，就像樊哙所说，利益上没有所得，名声的损失还很大。那还说什么？不杀了！

这里顺便说一句，樊哙只不过是沛县菜市场一个杀狗卖肉的，但这份胆识和见识，确实不比任何人差。

小小的沛县居然产生了刘邦、萧何、曹参和樊哙这么多了不起的人物，这究竟应该算是草莽之中俱是英豪，还是历史的一个偶然？这个问题，值得写一篇论文了。

言归正传，过了一会儿，刘邦说吃多了，要去厕所，樊哙就跟了出去。两人一商量，决定赶紧溜之大吉。刘邦这时候有点纠结，是不是要进去告辞。樊哙说："大行不顾细谨，大礼不辞小让。如今人方为刀俎，我为鱼肉，何辞为？"

实话实说，刘邦想要辞行是有道理的，趁着现在项羽犹豫，把事情做得圆满，以后他也没有任何借口可以诛杀刘邦；但樊哙担心的是夜长梦多，怕有变化，赌的是他们溜之大吉之后，项羽不会怪罪。两人说不上谁对谁错。刘邦最后接受了樊哙的意见，于是乎，两人叫上包括夏侯婴在内的几名卫士，从小路匆匆跑回了刘邦的军营。

张良等刘邦差不多回到了军营，才走进去和项羽说，沛公喝多了，实在是没法回来了，特意让我给您和亚父送上小礼物表示感谢。项羽把礼物拿在手里不停地把玩，樊哙赌对了，项羽对于刘邦的不告而别根本没当回事。至此，鸿门宴以客人偷偷溜走落下了帷幕。

项羽为什么不杀了刘邦，难道他就看不出刘邦最终会夺取天下吗？问这个问题，就说明你已经站在上帝的视角上了，因为你知道刘邦最后成了汉高祖。当时项羽眼里的刘邦，只是一个稍微走运一点的诸侯罢了，和其他诸侯没啥区别，甚至可能还不如。因为两人曾经并肩战斗过，刘邦的战术、武力，项羽全都心中有数，可以说是不屑一顾。

在他的眼里，碾死刘邦和踩死一只蚂蚱没啥区别。后来的彭城大战，项羽敢于仅用3万部队，就去攻击刘邦的56万人，最后还大胜，就是证明。所以，尽管范增气得把刘邦的礼物摔得粉碎，大骂"竖子不足与谋也"，也没有能够让项羽回心转意去杀了刘邦。

二、火烧咸阳

接下来的几天，刘邦杀了一个人，项羽除了杀了一个人，还烧了一座城。

刘邦杀的是曹无伤，那个向项羽告密的手下。项羽杀的是投降了的秦王子婴，至于为什么杀子婴，那真是只有天知道了。我个人的猜想是因为子婴向刘邦投降，没等到他项羽到来再降。

不过无论曹无伤，还是子婴，对历史都没什么影响；对历史和中华文明有影响，影响还很大的，是项羽烧的那座城。项羽烧了咸阳。咸阳城里储藏着诸子百家的竹简图书，秦始皇下令烧民间的书，秦国的书却一本也不烧。现在项羽却不认为这些破竹片子有什么值钱的地方，一把火都烧了，先秦的很多典籍就此失传。若不是萧何事先抢救出一些地理图册和典籍，那我们今天真的可能连这段历史都讲不清楚了。

说到这里，还是要再感慨一下，沛县这地方怎么就那么多人才呢？萧何原来只不过是沛县政府的属吏，刘邦刚进咸阳，很多下属都忙着抢美女珠宝金银的时候，他却把眼睛盯在那些形形色色的竹简上，吩咐把丞相、御史大夫和博士官邸封锁起来，闲杂人等一律不许入内，他要把秦王朝几百年积攒下来的各种律令、图书，全国的山川险要、郡县户口、风土人情等资料都保存下来。换句话说，他要大数据。

今天我们说起打仗，眼睛往往盯着将领和计谋，实际上，大兵团作战，后勤才是第一位的。哪个地方有粮食，哪个地方可以征兵，几十万大军的吃喝拉撒这些问题不解决，就是白起再生，也无济于事。解决这些问题，就需要萧何手里的这些资料，这也是为什么刘邦后来被打败了很多次，但每次萧何都能让他起死回生。

史书上说："汉王所以具知天下阨塞，户口多少，强弱之处，民所疾苦者，以何具得秦图书也。"正是萧何抢救出来的这些图书，才让刘邦集团对天下形势了如指掌，这是千真万确的大实话。萧何抢救出来的很多图书，对今天研究先秦历史也是无价之宝，对比项羽，高下立判。

咸阳城的大火据说熊熊燃烧了三个月，无数生命无数典籍和无数瑰宝，非常不甘心地告别了这个世界。这件事上，项羽这个人，罪莫大焉。

烧毁了一个旧世界，就要建造一个新世界，摆在项羽面前的选择有两个，一个就是像秦始皇那样，九五至尊，登上皇帝宝座，实行郡县制；另一个就是恢复周朝分封制。

无论哪一种，项羽都要先选择一个地方做都城。当时他手下有一个叫韩生的谋士，对他说，关中地势险要，土地肥沃，应该定都在这里，称霸天下。项羽的回答是："富贵不归故乡，如衣绣夜行，谁知之者？"这番话除了给我们留下"衣锦还乡"和"锦衣夜行"这两个成语之外,暴露出来的孩子气,那也是一览无余,他是真的没准备好管理天下。

出主意的韩生功劳没捞到,心里有了怨气,私下里对人说:"人言楚人沐猴而冠耳,果然!"大家都传说楚国人就像是猴子穿上衣服一样,果然如此啊。言下之意,项羽虚有其表,不值一提,这也是成语"沐猴而冠"的出处。项羽听说后,把韩生抓来,扔到烧开水的大锅里,活活煮死了。

三、分封诸侯

现在我们都知道,项羽并没有当皇帝。那既然他当年看到秦始皇说过"彼可取而代也"的话,为什么没称帝呢?有人说因为当时其他造反派虎视眈眈,项羽不敢,我认为不是,项羽不是胆小之人。巨鹿之战3万人敢打40万,从某些方面来说,他甚至就是儒家说的"虽千万人吾往矣"那种人。只要是他想当皇帝,他是一定会当的。

那他为什么没当皇帝呢?在我看来,原因有三个。

第一个就是那时候当皇帝远远不像后来那么神圣。十几年前,天下还是各个国家组成的,而且稳定了几百年,只是十五年前,有一个叫嬴政的,发明了一个新词叫皇帝。转眼之间嬴政身死国灭,连子孙都没剩几个,那皇帝这个名头,非但不神圣,怕是多少还有那么一点不祥。

第二个就是项羽有可能瞧不上皇帝这个职务,"彼可取而代也"这话,羡慕的成分很少,轻蔑和不屑倒是显而易见。

第三个是他眼界不够,看不出郡县制是唯一的出路。刘邦当时可能也没看出来,但是项羽实行的分封和随后带来的恶果,给刘邦上了生动的一课,让他明白了全面恢复分封制只能是死路一条,这是后话。

现在我们知道了,项羽不想当皇帝,一心一意地想搞分封制。那这就带来了另一个问题,谁来当天子?按道理来说,项羽的顶头上司楚后怀王比较合适，可是项羽看他不顺眼，给了他一个义帝的称号。"义"字在古代有"假"的意思，比如义父、义子等，那义帝也就是假的帝王，假天子。既然是假的，说话那就不好使。所以，分封诸侯这事，只能是项羽来主持。

他先封自己为西楚霸王，定都彭城。之所以叫西楚，是因为彭城最早的名称就是西楚；至于说霸王，那是为了和其他的王区别开来。如果你还记得春秋时期，诸侯们打来打去，就为了两个字，称霸，那你就明白，项羽西楚霸王的这个霸字，并不是霸气的意思，而是诸侯之霸，也叫侯伯，也就是大家的老大。上司是一个假天子，自己是真霸主，那这样一来，这个天下，谁是发号施令的，难道不是清清楚楚的吗？

随后，项羽把自己的地盘之外的地方，分给十八个人，号称十八路诸侯。刘邦被封到了当时最蛮荒的地区，巴蜀之地。这地方别人不容易打进来，可是自己也出不去。如果不是张良托了一大堆关系，送了很多金银珠宝，让项羽集团把汉中也给了他，估计刘邦最后就老死在四川的大山里了。

所谓汉中，是和关中隔着秦岭遥遥相对的一块地区。两地都是平原，汉中稍微小一点。可你要是看地图的话，就会发现，在古代，有了汉中，巴蜀就相当于开了一扇大门；没有汉中，那就是进出都需要钻狗洞的感觉，天壤之别。什么叫顶级谋士？张良就是。花多少钱都要汉中，这份眼光，你不服是不行的。

项羽给刘邦的封号是汉王，汉王刘邦当时的情绪无比郁闷，却也只能领着三万人垂头丧气地走进汉中。你或许会问，他之前不是有十几万人吗？是的，但那是以前。新的西楚霸王说了，去巴蜀，你带那么多人干啥？直接把他的军队削减到三万人。

张良彼时仍是韩王成的下属，不能跟着刘邦去汉中。不过在回韩王那里之前，他给了刘邦最后一个建议，那就是进入汉中之后，烧毁栈道，把自己的来路彻底封死，等于是告诉别人，我刘邦这辈子就满足于做汉王了。

刘邦采纳了他的建议。

军队被减员，栈道也烧毁了，可能再也回不到中原老家了，这样的悲观情绪之下，不仅是士兵，就连好多高级将领都偷偷地开溜，离开了刘邦的队伍。终于有一天，看门的士兵跑过来对刘邦说，萧何也跑了。

刘邦顿时眼前一黑，当然，更多的是气愤。我对你一直推心置腹，言听计从，你在这种时候居然也背叛了我，你还有良心吗？

那么，萧何真的逃跑了吗？

035. 楚汉争霸起

刘邦被西楚霸王项羽打发到了巴蜀地区,跟着他的人都认为,继续跟着他没什么前途,纷纷开小差,其中萧何的"逃跑"最让刘邦郁闷。好在,两天之后,萧何又回来了。

刘邦又怒又喜,略带哀怨地问,你怎么也跑了呢?

萧何解释说,他没有跑,只是去追韩信了。刘邦说,你胡扯,那么多高级将领跑了,你无动于衷;现在说去追一个小小的军需官,你骗谁啊?萧何说,那些将领要多少有多少,无所谓,可是韩信这个人,"国士无双",天下再也找不出第二个了,"欲争天下,非信无所与计事者",如果你只想做一辈子汉中王,可以不要韩信;可你要是想争夺天下,那就非韩信不可。

韩信是谁,值得大丞相萧何拼命去追?

一、韩信拜将

韩信和刘邦、萧何可以算作是半个老乡,江苏淮安人。小时候比刘老幺混得还惨,《史记》上说他,"贫而无行。从人寄食,人多厌之"。就是韩信一个无所事事的穷人,经常在别人家混饭吃,大家都很讨厌他。

据说,他曾经在当地亭长家里(估计是亲戚),一连蹭了几个月饭,撵都撵不走,最后逼得亭长老婆没办法,只好半夜爬起来做饭,一家人天不亮就在被窝里把饭吃完；等韩信早上去的时候，人家已经吃完了，这样几次之后，韩信才不去了。

在河边洗衣服的老太太看他实在是可怜，就每天给他带点剩饭剩菜，一连几十天都如此。他对老太太说，我将来会报答你。老太太很生气，一个男人连自己都养不活，还说报答我？我只是可怜你曾经还是个王孙，这才给你一碗饭吃，我可没指望你报答。

韩信后来发达之后，还真的给老太太送去了千金，这个故事也衍生出"一饭千金"的成语，并且很受戏曲界的欢迎，《漂母饭信》这个曲目很多剧种都有。漂母，就是洗衣服的老太太。她说韩信是王孙，这件事我认为是真的，韩信有那时候贵族的标准配置，一把长剑，祖上很有可能是个贵族。

一个游手好闲的穷人，还带着一把贵族才有的长剑，自然让很多人看他不顺眼。有一天，一个混混拦着他说，你人高马大，装模作样，实际上很胆小；你若是不怕死，就一剑杀了我，如果怕死，就从我胯下钻过去。韩信看了看对方，啥也没说，真的就从对方的胯下钻了过去。

这就是成语"胯下之辱"的出处。很多人都拿它来当励志的故事，这也没错；可是如果偏要说成忍辱负重，志向高远这类，我觉得没必要。韩信后来成功了，这事儿就变成了一大碗鸡汤；如果他没成功，这个行为只会让人看不起他。同样的行为，如何评论经常是取决于结果的，只有成功了，所受的苦难才是资历，否则，那可能会是洗都洗不掉的耻辱。

言归正传，这样的日子肯定是不能长久的，所以，当有人开始造反时，韩信马上就参军了，因为至少能吃顿饱饭。他先是在项梁的队伍里，项梁死后，他就跟着项羽，做一些侍卫的工作，看看实在是没啥出息，就跑到刘邦队伍里，不过也只是做了一个仓库管理员。

就这么个职位，他也没干明白，以至于有一次还犯了法，应该被砍头。就在同案犯的脑袋掉到地上的时候，他看见了刘邦的亲信夏侯婴，几乎是绝望般地喊出了那句话:"上不欲就天下乎?何为斩壮士?!"汉王不是要得到天下吗?为啥要杀我?

夏侯婴一听,觉得这小子挺有勇气的,脑子也好使,就把他救了下来,然后向刘邦推荐了他。刘邦看在夏侯婴面子上,给了他一个治粟都尉的职位。这个官算不小了,虽然不如后来的九卿之一治粟内史,但在当时的部队后勤部门,绝对算是高官。

说治粟都尉是高官的一个证据就是,韩信在任职期间认识了萧何;官要是太小,是不可能和萧何这样的人物搭上话的。《史记》上说:"信数与萧何语,何奇之。"和萧何说过了几次话之后,萧何认为他是个人才,估计也当面夸了韩信很多次。

这样一来,韩信就认为萧何一定会向刘邦推荐自己,让自己脱离后勤系统,去带兵打仗。可是左等右等,就是看不见委任书下来,韩信最后一琢磨,估计刘邦看不上自己,就在某天夜里,撒丫子跑路了,史书上说"上不我用,即亡"。"亡"在古文里一般是指跑路或者失去。

这就出现了本篇开头的一幕,萧何听见韩信跑了,都来不及通知刘邦,快马加鞭追回了韩信。

前206年,刘邦在萧何的苦苦劝说之下,用极其隆重的仪式拜韩信为大将,我们常说的一个成语,"成也萧何败也萧何",说的就是韩信。此时此刻,是萧何成就韩信的时候,至于说败,要等到几年之后。

关于韩信拜大将这事,史书上说刘邦下属的反应是"一军皆惊"。大家都被惊得目瞪口呆——凭什么不是别人,而是他韩信?接下来的几年,韩信就用实际行动回答了他们,为什么是他韩信。

二、"汉中对"

韩信被刘邦拜为大将之后,两人有过一番长谈。韩信分析了当前的形势和对未来的展望，差不多等同于后来刘备和诸葛亮的"隆中对"，我们可以称之为"汉中对"。

韩信先问刘邦："大王自料，勇悍仁强，孰与项王？"您和项羽从勇敢、强悍、仁厚和用兵上，谁更厉害？其实问刘邦这话等于是揭他的伤疤，相当于问我和马化腾哪一个更有钱，刘邦当时还是默然不语，思考一番后说，我都比不上他。

韩信马上接话道，您别着急，在我看来，项羽虽然强，但有三个致命的缺点：一是匹夫之勇。主意自己拿，打仗自己冲，下面的人不能，也不敢比他高明。二是妇人之仁。比如下属有病，他恨不得自己去服侍人家，给人家送药送饭，嘘寒问暖，可是下属立了大功想多领点赏赐，他就不给了。一句话，小家子气。三是滥杀无辜。"项王所过无不残灭者，天下多怨，百姓不亲附"，项羽动不动就烧房子，杀百姓，这些举动让天下的人都怕他恨他，但是不愿意被他统治。

韩信的这番评论很精准，他太了解项羽了。项大老板啥事都挽起袖子自己干，员工只能听令行事，根本没有发挥自己特长的机会，没有成就感；又吝啬，时间长了，混日子都留了下来，有能力的像韩信、陈平、英布后来都跑到了刘邦的阵营。

韩信告诉刘邦，和您争夺天下的项羽就是这样的人。打败项羽，得到整个天下，您是一点问题都没有。

刘邦听到这里，心潮澎湃，热血上涌，就接着问，那你看我现在在这个鸟不拉屎的地方，怎么能打败项羽呢？

韩信的回答是，先占据关中。

当时占据关中的，都是些什么人呢？项羽在分封诸侯的时候，把本来最应该属于刘邦的关中一分为三，没让一个人独占。这三个人分别是雍王章邯、塞王司马欣、翟王董翳，三人都是原来的秦朝将领。从此以后，陕西这块地方还有另一个称呼，叫"三秦大地"。所谓三秦，最初就是指这三个秦朝的投降派。

现在很多人都说，项羽用这三个人驻扎关中，是为了防备巴蜀的刘邦。我觉得，这可能又是用结果去推导原因了。我们总是因为刘邦后来当上皇帝了，就觉得当时的项羽也必须把他当成了不起的人物来看。我还是那个观点，一直到下面说的彭城大战之前，项羽从未把刘邦放在眼里。如果西楚霸王觉得要用三个人来防备刘邦造反，鸿门宴上那绝对就是一刀宰了，还用费那个事吗？

不过，项羽这样分封，也是有原因的。项羽认为关中老百姓对这三个人充满了仇恨。想当年这三人带着20万关中子弟投降项羽，结果到了新安，被项羽坑杀了不少，可是他们三个当官的都没死，不仅没死，还当上了王，那关中老百姓当然是一肚子怨气，恨死了章邯等三人。《史记》上说，"秦父兄怨此三人，痛入骨髓"。

项羽认为，关中老百姓恨这三个人，封这三人为王才安全，因为他们不可能造反，造反也没人会支持他们。这样一来，他项羽在遥远的东方才能高枕无忧。

可惜任何事情都有两面性。不能反叛，也就意味着他们不能强有力地镇压反叛。项羽的算盘虽然打得很好，但还是低估了刘邦，更没想到刘邦还有一个韩信。

所以，韩信对刘邦说，就因为章邯等人是这种尴尬状况，您想占据关中，实在是容易得很，只需要一张文告即可，这叫"三秦可传檄而定也"。当然，这是一个比喻，实际上，仗还是要打的。

三、暗渡陈仓

前206年，在项羽分封诸侯八个月后，刘邦用韩信的计策，一方面派樊哙和周勃带着一万人大张旗鼓地修栈道，一方面亲率主力汉军偷偷地从小路攻打陈仓，然后进入关中，这就是著名的"明修栈道，暗渡陈仓"。

我这里不得不说，这条成语并不全是事实。陈仓，在今天的陕西宝鸡市，属于当时雍王章邯的地盘，而章邯在巨鹿大战之前，可是率领一帮囚徒就把起义军打得大败的名将。陈仓附近有一条叫作陈仓道的小路通往汉中，这事儿都不知道，那他还是名将吗？所以，他应该事先已经在陈仓道上布防了。

如果你以为韩信的"暗渡陈仓"仅仅就是出兵陈仓一个地方，那韩信也不是韩信了。此人虚虚实实，狡猾得很。他派樊哙修褒斜的栈道，曹参走祁山道，灌婴走子午道出咸阳，自己和刘邦率军走陈仓道，出散关，可谓到处都是疑兵。

当刘邦和韩信看到陈仓道已经有了章邯军队时，他俩就准备先回去，等其他几路人马的消息再做决定。可就在这个时候，刘邦手下有一个叫赵衍的本地人说知道一条更荒僻的路，也可以去陈仓。刘邦大喜过望，赶紧让赵衍带路。《史记》上说，"衍言从他道，道通"，这条路上果然没有章邯的布防。

就这样，突然出现在陈仓的汉军打了章邯军一个措手不及。占领陈仓之后，汉军所向披靡，最终的结果就是章邯打了几场败战之后，最后只能躲在废丘这么一个小地方苟延残喘。

所以，表面上是因为很偶然的情况下，陈仓道走通了，才诞生了"暗渡陈仓"；实际上，韩信准备了好几个进入关中的备选方案，只是攻打陈仓最先成功了而已。

随后，曹参等人也成功出关，接连打败塞王司马欣和翟王董翳，两人相继投降。就这样，刘邦在很短时间内平定三秦，整个关中地区除了废丘都归了刘邦。

你千万不要小看这次从汉中打到关中的行动，从那时起后来的两千多年，中国历史上就再也没有人能从巴蜀地区打出去到陕西的，其中最勤奋的就是诸葛亮,最后累死在五丈原,也没成功。至于为什么,这里面既有天命,也有地势,更有人谋,我们讲三国的时候会仔细分析。

四、分封乱象

西楚霸王项羽此时正忙得焦头烂额。就在刘邦出兵关中的几个月前,中原地区也乱成了一锅粥。

如果说项羽分封三秦,对刘邦重视不够是一种失误,那么,他对齐国和赵国的分封,就是巨大的错误。

先说齐国,当年项梁领着项羽、刘邦等第一次亮相,就是为了救齐国唯一的"革命种子"——田荣。可是现在胜利了,整个齐国却被项羽分为三块,封田都为齐王,田安为济北王,田市为胶东王,唯独田荣啥也没捞到。

按理说你瞧田荣不顺眼,不封他为王也可以,那你就要把他手里的军队都收缴回来。换句话,剥夺对方的军权。可是在项羽的眼里,所有人都是蝼蚁,他根本就不屑一顾,放纵田荣拥有整个东方最强大的军事力量而不管。

一个拥有强壮肌肉的壮汉,被刻意羞辱之后的愤怒是可想而知的。就在刘邦暗渡陈仓之前的四个月,田荣起兵反抗项羽,两个月之后,他联合了同样什么也没分到的彭越,杀了济北王田安和胶东王田市,吓得齐王田都放弃一切,逃到西楚。随后,田荣自立为齐王。

说完齐国,再来说赵国。陈余和张耳从巨鹿之战起,友谊的小船就彻底翻了。因为项羽看张耳比较顺眼,就把原来的赵地一分为二,封张耳为常山王,封原来的赵王歇为代王,对陈余,项羽只用三个小小的县城把他打发了。

陈余自然是非常不满,凭什么张耳为王,我却只是个侯?所以,齐国田荣起兵后，他立马跑到田荣那里借来了兵马，撺掇代王赵歇和他一起打回邯郸去。两人还真就把张耳打败了，陈余把赵歇重新扶上了赵王的宝座，自封为代王。

被赶跑了的张耳充分发挥了他的神棍天赋，找来几个算卦的，烧了几个乌龟壳子之后，发现所有的乌龟壳都说投奔刘邦最吉利，张耳毫不犹豫，一路向西狂奔，直接跑到了刘邦的队伍里。

就这样，项羽这个西楚霸王没当几天，天下就乱成了一锅粥。刘邦兼并了三秦，田荣独占齐国，陈余把赵、代两国纳入怀中。

面对这三大对手，项霸王必须做一个决断，先打哪一个？

"谋圣"张良这时候恰恰跟着韩王成在项羽的阵营里，他在最恰当的时机给项羽上了一封信，帮他分析天下形势。说刘邦就是一个农民，只不过是想要关中那块本来属于他的地方，绝对没有任何想和您较量的意思；可是北边的田荣、陈余以前可都是贵族，眼界很高，野心好像不小，您自己掂量着办。

项羽觉得张良的分析实在是太对了，决定北上去平定田荣。其实我们这些读史的群众都知道，张良表面是韩王成手下，实际上和刘邦穿的是一条裤子，这时候给项羽写信就是想要给刘邦争取时间，项羽上当了。

出兵之前，项羽还做了两件自以为聪明，实际上愚蠢至极的事情。一是杀了楚义帝芈心，二是杀了韩王成。不知道他这么做的原因何在。杀了韩王成，直接导致张良连夜西去，就像一个死了老爹的浪子，从此没了任何牵挂，一心一意地帮着刘邦打天下去了；杀楚义帝芈心这事儿马上就会被刘邦利用上，我们一会儿再说。

不过，项羽在别的方面虽然白痴，只要一上了战场，他就是太阳，光芒四射，晃得别人只能闭着眼睛逃命。出兵之后第一战就打垮了游击队长彭越，后者马上就撤回了巨野泽根据地，闭门不出，保持观望。

刚刚当上齐王的田荣正处于人生的巅峰时刻，飘飘然之间，居然带着人马去和项羽正面硬杠。事实证明，和项羽这轮太阳比，他就是一个电灯泡。司马迁只用了一句话形容这场战争，"兵败，走平原，平原人杀荣"。一个照面，就被打败，然后就被齐国的自己人杀了，此时离他自立为齐王只有半年而已。

项羽这时候又开始犯傻，他居然纵容部队屠城，并且抢劫齐国的老百姓。也许他就是很天真地认为烧杀抢掠可以吓唬别的造反派。可惜得很，起到的效果恰恰相反，只应了那句话"民不畏死，奈何以死惧之"。

齐国的人民纷纷起来反抗项羽，田荣的弟弟田横则乘机又组织了几万人的队伍，再次拉起一面反楚大旗，专门和项羽打游击战，项羽在齐国陷入了人民战争的汪洋大海。

就在项羽焦头烂额之时，后方又传来了一个噩耗，老窝彭城让人给端了。这个趁着主人不在家，去砸人家玻璃的，自然就是阴险狡诈的刘邦。这一次，刘邦一脸的理直气壮，他打出来的旗号是，为楚义帝芈心报仇。

事情是这样的，张良的一封信让项羽朝齐国扑了过去，刘邦就看出了机会。前205年春，他率汉军出函谷关，在韩信和萧何留守关中的情况下，他靠着樊哙、郦商等人先后收服魏王豹、河南王申阳、韩王郑昌，而殷王司马卬更是直接投降。

这一下刘邦马上骄傲起来，觉得可以和项霸王比一比。某天早上，他对天下发布通告，说我昨晚痛哭了一晚上，因为楚义帝芈心被项羽给杀了，我现在悲痛欲绝，痛彻心扉，"寡人亲为发丧，诸侯皆缟素。悉发关内兵"，咱们一起打倒项羽这个浑蛋。

通告一出，赵、齐马上响应，彭越也带着3万人重新走出巨野泽。联军浩浩荡荡，号称56万人，由刘邦率领，杀向项羽老巢彭城。联军几乎是不费吹灰之力，就占领了彭城。原因只有一个，项羽不在家。

等到项羽听说这事之后，就又面临一个艰难的选择：是杀回去夺回彭城，还是先把齐国给彻底灭了？

036. 兵家韩神仙

话说刘邦抄了项羽的老巢，相当于耀武扬威地对项羽喊话：年轻人，别那么狂妄。项羽是什么人？他的回答是，呸，不狂妄那叫年轻人吗？之后当机立断，分兵两路，一路继续留在齐国，另一路轻骑兵由他率领，回去救援彭城。一句话，两个地方都要。

一、彭城之败

那么，他带了多少人打回老家去呢？3万。要知道，联军号称56万，打个对折也是28万，能打得过吗？你要是问出这个问题，说明你前面没认真看，巨鹿之战，项羽是3万打40万。28万算什么？

接下来，项羽率领着3万机动性很强的轻骑兵日夜兼程，绕过了刘邦重重防守的北方，直接出现在彭城西边的萧县。之后几乎是没有任何休息，3万骑兵向着几十万人的中心地区发起了冲锋。

《红楼梦》里面的王熙凤说过一句话，叫"大有大的难处"，刘邦这时候深切地知道了这句话的意思。几十万人的部队，根本就不是他这种军事水平的人可以指挥的，完全没办法协调，各部队乱作一团。后来韩信说刘邦最多能带10万军队，而自己则是越多越好，所谓"韩信点兵，多多益善"。从历史事实，尤其是彭城这次战役来看，韩信这话一点没错，刘邦指挥不了几十万大军。

结果就是,项羽就像一只老虎,突然出现在羊群里,刘邦这些肥羊只能尖叫着四散逃命。从早上打到中午,联军彻底崩溃,几万人被歼灭。

项羽夺回彭城之后,并没停止进攻,又把联军赶到睢水(今濉河)。汉军争相逃命,无数人在睢水里淹死。《史记》上说"水为之不流",尸体把河水都塞住了,实在是很惨。

项羽对刘邦恨之入骨,派出无数战斗小分队,对他紧追不舍。这时候刘邦身边除了车夫夏侯婴和几名卫士,一个兵都没有了。他想去沛县把老爹和老婆吕雉接出来,发现这任务太艰巨之后就放弃了。

沛县离彭城那么近,他为什么没早点儿把老婆接来彭城住一起呢?这个就不知道。据说他打进彭城之后,天天在项羽的家里开宴会,没把自己当外人。史书上说他,"收其货宝美人,日置酒高会",这种花天酒地的情况,估计老婆来早了有点儿扫兴。后果就是,他在沛县的老婆吕雉和爹妈最后全被项羽抓住了。

逃跑的路上,刘邦遇见了儿子和女儿,一开始他还很惊喜,把儿女都拉上了马车,但很快只剩下惊了。因为车上多了两个孩子之后,速度慢了下来,后面的追兵越来越近!刘老幺流氓本性显露出来,二话不说,抬腿起脚,把亲儿子和亲闺女踢下车去。司马迁的记载是"常蹶两儿,欲弃之"。

还好,司机夏侯婴每次都跳下车,把俩孩子再抱上来。这样好几次之后,刘邦就想拿剑宰了夏侯婴。夏侯婴也不怕,也不辩解,反正你踢下去,我就捡上来。最终大家还是冲出了重围,一直逃到丰邑县城。刘邦的这两个孩子都是吕雉生的,一个是后来的汉惠帝刘盈,另一个是鲁元公主,当时都不到十岁。

怎样评价刘邦踢孩子下车这件事呢?首先,那肯定是畜生不如。很多禽兽在危急时刻,都会保护孩子,而不是放弃。不过我觉得,刘邦赶孩子下车,在当时应该是理性思考后的一种最优选择。——项羽最恨的人是刘邦，只要他被抓到，全家被宰那是肯定的。孩子若是离开他，被抓的可能性就降低了，即便被抓了，只要刘邦不被抓，他们就是人质，不一定会被马上砍头，这个后来已经被他爹妈和老婆吕雉的遭遇证明了：刘邦的这三个亲人被囚几年，最后还是安然回来。刘邦应该是快速盘算过了这几种情况，认为把自己和孩子分开，是为了他自己和孩子的最优解。

必须重复一遍，是为了他自己和孩子，不像一些人说的，为了夏侯婴和卫士们的安全。在刘邦这个流氓眼里，那些人的命和蚂蚁没有区别。

二、英布和彭越

俗语说"树倒猢狲散"，几天之前，刘老幺还得意洋洋地以联军司令自居。一场彭城大败，一切都回到原点。塞王司马欣和翟王董翳再次反水，叛汉降楚。接着魏王豹请探亲假，说要回去看老娘，结果刚回到魏国，就封锁了黄河，切断和汉军的往来。齐王田横、赵王赵歇和代王陈余虽然没有投降项羽，但是派人去讲和，意思就是，你要是承认我们的地位，我们就和你一起打刘季。殷王司马卬死了——几百年后，三国时有一个叫司马懿的，厚着脸皮说自己是这位司马卬的后人。

在这众叛亲离的关键时刻，张良给刘邦出了两个主意：一是派人去南边联合英布和彭越；二是派兵北上讨伐魏国。

彭越不难搞定，他和刘邦是老相识，而且一直心向刘邦。有点难度的是英布，此人是土匪出身，几乎在陈胜、吴广刚刚举起义旗的时候，他就跟着造反了。英布后来归顺了项梁和项羽，在巨鹿之战替项羽打先锋，在新安坑杀秦的降卒，击败刘邦在函谷关的驻守军队等，他一直都是项羽手上那把最快的刀。可以这样说，说服此人不是很容易。本来此事非郦食其莫属，可惜，郦食其正在魏国当说客，刘邦只好接受了他手下一名传令官随何的毛遂自荐，让他带了二十个人，一起去争取英布。

随何来到九江王英布的地盘，对他说，你和项羽都是诸侯，你却以臣子的身份伺候他，这也没什么；可是为什么前段时间他去打齐国，你托病不去，仅仅派了五千人？作为臣子，你难道不应该倾国出动帮助项羽吗？还有，项羽打回彭城老家时，您坐山观虎斗，没有一兵一卒参与战斗，这是臣子应该干的吗？西楚霸王残暴好杀，老百姓都很反感他，只有汉王刘邦能与他抗衡，而且最终一定会打败他，您为何不现在就帮着汉王牵制项羽呢？到时候封王封爵都是一句话的事儿。

这番话切中要害。英布知道，自己三番五次对项羽敷衍了事，项羽早就怀疑他有二心了；而且自己这么做，也正是因为感觉项羽最终会失败。所以，随何说完之后，他就说了三个字："请奉命！"听你的。

于是，英布杀掉项羽的使者，和楚国翻脸。不过，英布虽然在战场上牵制了项羽一段时间，但最后还是被项羽彻底打败，只好逃到了刘邦的大本营。

英布去见刘邦的时候，刘邦故伎重演，又是安排了两个漂亮女孩子给自己洗脚，衣服都不穿整齐。英布一见之下，心里大骂，这是赤裸裸的羞辱啊！士可杀不可辱，就想回去上吊死了得了。结果回到刘邦给自己安排的住处一看，所有家具装饰，居然都和刘邦那里的一模一样，富丽堂皇，连两个洗脚的女孩子都一样漂亮。他马上就不想死了，刘老板这是没把我英布当外人啊，如此一想，甚至得意洋洋起来。

前面说过，刘邦这个人的第一大本事，就是对人心无比精准的把握。比如对待张良，他从来都是恭恭敬敬，说话温文尔雅；对待萧何，那就是像亲人一样，说话随意，做事随意，不会恭敬，但也不会怠慢；对待英布这类的将领，让对方觉得自己以诚相待的办法，就是物质生活加共同爱好，赏钱赏地，毫不吝啬，然后一起喝酒吃肉，关系处得非常好。

到此为止，天下形势极其明朗：南方的英布和彭越站在了刘邦的一边；北方的魏、代、燕、齐四国是半独立，半依附楚国项羽。刘邦和项羽两大军事集团以荥阳为中心,开始了长达四年的拉锯战。

三、井陉之战

刘邦接下来又做了两件事：一是稳定后方,猛攻陕西废丘的章邯,最后逼得对方自杀了；二是把韩信从关中调来前线,下达的第一个任务就是讨伐魏国。刘邦很干脆,说刚把家底儿打光了,只能给你两万人,你看着办,能干就干,不能干就继续当你的治粟都尉,将军这位置我换一个人。

韩信的回答是,大王您放心,然后带着两万人杀向了魏国。

在讲这场战争之前,我们先来看看后世对韩信的评价。

明朝的时候,有一个活了九十多岁的文人叫茅坤,他一生最大的贡献就是给人起外号。他编了一本《唐宋八大家文钞》,选了唐朝和宋朝八位文学家的著作,衍生出流传很广的"唐宋八大家"这一说法。另一个外号他送给了韩信,称他为"兵仙",兵家之神仙。说他每次打仗都"从天而下,而未尝与敌人血战",意思就是韩信打仗打的都是策略、计谋。后人都认为,这个评价比"唐宋八大家"更准确。

韩神仙征服北方的第一战就是与当时的魏国魏豹。此人之所以背叛刘邦,除了因为刘邦彭城大战表现得像一个窝囊废之外,还因为当时著名的阴阳家许负曾经预言,魏豹一名叫薄姬的小妾将来会生下一个天子。这个许负一生预言无数,基本上准确无误,后来被刘邦封为鸣雌侯,是中国历史上少有的女性封侯者。当时魏豹一听薄姬的孩子可以当天子,那肯定意味着自己的造反之路很有前途,马上就坚定了反叛刘邦、自己单干的决心。

升为左丞相的韩信带着两万人用虚虚实实的手法,避开了魏豹重兵把守的蒲津关,在上游用木桶和枯树枝搭浮桥,把一万人送过了黄河。然后,这一万人伪装成全部汉军两万人的样子直插魏国重镇安邑。魏豹一听对方已经过了黄河,蒲津关也不守了,连忙引军回救安邑。这时候韩信不慌不忙地领着剩下的一万人过了蒲津关,和前面的一万人夹击魏豹的主力军团。

结果魏豹全军覆没,本人被擒杀,小老婆薄姬被俘虏之后,后来和刘邦生了一个儿子,那就是开启中华帝国第一盛世"文景之治"的汉文帝刘恒。许负预言成真,薄姬真的生了一个天子。

魏国灭亡之后,韩信乘机把来支援的代国三万军队歼灭在平原上,一举灭了代国。然后给刘邦建议:"北举燕赵,东击齐,南绝楚之粮道,西与大王会于荥阳。"一句话,我韩信拿下整个北方,然后与您合围项羽。

刘邦同意了这个计划,让张耳带三万军队增援韩信。韩信、张耳合军之后,气势如虹,接下来的一仗不仅让当时天下震惊,千古以来,更是被称为经典不可复制之战。

当时的形势是,韩信、张耳在山西,而他们的目标赵国在河北平原。打开地图一看就知道,两者之间隔着南北七百里的太行山,自古以来,交通就不方便。著名的"愚公移山"这个故事想挪走的,就是这太行山脉。

不过,天无绝人之路,太行山中有八条小路,号称太行八陉,连通了山西和河北。韩信选择了其中一条叫作井陉的小路准备进攻赵国,也就是这个选择,让这场战争在后世被称为"井陉之战";而韩信之所以能成为韩神仙、兵仙,就是因为这一战。

当时赵王歇和陈余带着二十多万人,在井陉口等着韩信和张耳的五万人。陈余手下的李左车建议说,井陉道又窄又险,韩信的队伍一定拉得很长,您给我三万军队,我从侧面包抄过去,放火烧掉他们后面的粮食补给;只要您这里守住关卡,不用和他们交战,几天工夫,他们叛乱的士兵就会把韩信和张耳的人头送过来。

客观地说，李左车的建议恰恰是韩信的死穴，是一条可以击败韩神仙的计策。可惜，陈余这时候宋襄公附体，摇着脑袋说：咱们兵力四倍于对方，还用阴谋诡计，那岂不是让别人认为我们胆子小？我们就在这里等着韩信和我的老冤家张耳，堂堂正正地打败他们。

汉军派出去的谍报人员最终确定了李左车的意见没有被采纳。韩信大喜过望，派灌婴带两千精兵，每人带一面汉军军旗，连夜翻山越岭，去赵国军营的右侧埋伏好；命令只有一个——看见赵军倾巢而出之后，去他们的营地上插军旗。

然后再让一万士兵出井陉道，渡河之后，在河边安营扎寨。这一下不仅仅是对面的赵军嘲笑汉军不懂兵法，就连自己人都莫名其妙。因为背水安营扎寨是兵法上的大忌，对方都不需要打，只要围上去逼你跳河就行了。不过，韩神仙前面积累的威望太高，汉军还是老老实实地照着他的部署去做了。他的部署就是，这一万人到时候接应主力部队，死扛一炷香时间，就可以大胜。

最后，汉军剩下的三万多人，打着帅旗大摇大摆地走出井陉道，渡过河，在赵国军队大营前耀武扬威。韩信和张耳是最后渡河的，倒不是他们贪生怕死，而是他俩算准了一件事：他们不出现，对面的陈余绝对不会动手。陈余和张耳仇比海深，在他心里，杀掉张耳是天下一等一的大事。

两人赌对了。陈余还真就一直等张耳渡过了河，没有退路的情况下，才开始进攻。当然，他也有这个底气，自己拥有二十万人，而且对方明显处于不利地形，这一战，他陈余必胜。

可惜的是，他千算万算，算的都是表面上的东西，有一样东西，他给忘了，那就是人心。战争打响之后不久，他的军队就取得了优势，韩信和张耳带兵不断地向河边退去，军旗、兵器扔了一地。本来赵军大营是有留守人员的，这时候一看，外面完全是打落水狗的架势，满地都是军功，那可真是不捡白不捡。于是,赵军留守人员一哄而出,加入了追击汉军的队伍,换句话说,大营空了。

再看韩信的军队,退到河边之后,先前的一万士兵马上迎了上来,让主力部队在河边有了喘息之机。韩神仙这时候就说,我们没有退路了,唯一的生机就是转过身去,打败赵军,相信我,我们此战必胜。这时候,韩信前面一年多败韩灭代所积累的声望起了决定性作用。士兵们没看见韩神仙打过败仗,于是,转身加入那一万士兵,和赵军死战。

就在双方混战的时候,赵军后方突然传来消息,汉军已经占了大营。大家回头一看,营地上红彤彤一片,都是汉军的红旗。《史记》上说"壁皆汉赤帜"。普通士兵一下彻底傻眼了,心想汉军不会是来了五十万人吧?人心一散,队伍就不好带了,于是"兵遂乱,遁走"。

最后的结果是,陈余和赵王歇都被杀,韩信一战成仙。

这一战在历史上留下了一个著名的成语,叫"背水一战"。意思就是韩信军团在背水列阵这样的绝境下求生欲突然爆棚,干掉了几倍于自己的赵军。实际上,看完我前面讲述的战争过程,你就知道这种神话一样的传说是不对的。韩神仙并不是靠着身陷绝境之后的一声怒吼成功的,其中包含了以奇兵制胜的兵法理念,又计算了双方的人心和人性,任何一个环节出了问题都是灭顶之灾。比如说,如果他在士兵中的威望不足,那退到河边就可能是跳河逃命的大溃败,所以后来史学家的结论很一致:此战不可复制。

说两句题外话,不仅是韩神仙的背水一战不可复制,其实,一般来说其他人或者其他国家的成功或许都不可复制。因为一旦具体到实际事件,环环相扣的情节实在是太多了。就像一只瑞士手表,里面任何一个微小的零件失效,整只手表都彻底停摆。

比如,你只看到某位大企业家大喊一声,把仅有的几十万压在桌子上,就搞出了一个商业集团。但是,你并不知道人家某天去见某个特定客户的细节，包括见面时每一句话是怎么说的，怎样把握分寸，脸上做出何种表情，怎样使用眼神，等等，而这些决定了生意能不能谈成。就算是大企业家的成功，里面也有很多偶然因素，这些点点滴滴的偶然因素是如何最后汇聚成成功的细流，你让他自己来说，都未必说得清楚。

言归正传，胜利之后的韩信立马就找来李左车，就是给陈余合理化建议的那位，说幸亏陈余没听您的话，否则今天咱俩的位置就调换过来了，我得向您请教。

李左车谦虚了半天之后，给韩信献上了一条计策。他说你现在最大的优势就是名声极大，大家都认为你百战百胜，可是您的缺点就是"倦弊之兵"，也就是兵将都很疲惫，现在去打燕国，肯定会陷入持久战。到那时候，齐国肯定也会一起对付你，那就麻烦了。你现在最好的选择，就是不去打燕国，而做出去打燕国的样子，然后用一两个谋士去说服燕国投降，这就是不战而屈人之兵。换句话说，用你现在的神仙光环去降服燕国。

韩信毫不迟疑地采用了李左车的建议。果然，燕国人觉得和神仙打仗压力太大，举国投降。韩信在不到十个月的时间内，灭亡了魏、代、赵三国，收服了燕国，北方除了齐国，基本平定。

就在韩信雄心勃勃地准备东进灭齐的时候，前204年春，楚汉相争的最后一位大神在刘邦的大本营荥阳，走上了历史舞台。

037. 不肯过江东

楚汉相争最后一位出场的大神，名叫陈平，以前也是项羽的下属，后来跑到刘邦手下做了一个督尉。有人向刘邦举报他"盗嫂受金"，刘邦很生气，就把推荐陈平的魏无知找来一顿臭骂。

一、陈平献计

魏无知说，您让我推荐人才，可没说让我推荐道德模范啊，"臣进奇谋之士，盗嫂受金，又何足疑？"意思是，他要是有才能的话，和嫂子有私情或者受点贿赂有什么大不了的？

刘邦只好把陈平叫进来，请他解释一下，为什么像周勃、灌婴这样的高级将领都跟他不和。

陈平没做任何辩解，只说了两件事：第一，我陈平以前在项羽那里一直搞情报工作，给项羽出过很多主意，但是得不到重用，听说您重视人才，所以我才来；第二，我孤身一人来到汉营，啥也没有，不收点贿赂活得不滋润，不过那些钱还没来得及花，您要是觉得我没用，我一分钱也不要，现在走人。

刘邦敏锐地抓到了陈平这番话的两个关键点：第一，他的专业是特务，而且一直都是项羽手下几个情报大佬之一，这正是刘邦阵营里缺少的；第二，陈平在刘邦这里没朋友，他只能对刘邦效忠。

这番对话后，陈平不仅没被处罚，而且被提拔为护军中尉，相当于后世的宪兵队长兼情报机关的总头目。

被重用之后，陈平对刘邦说，您可以给我几万斤黄金不？我去搞坏项羽和他手下之间的关系，"行反间，间其君臣，以疑其心，项王为人意忌信谗，必内相诛"。一句话，反间计。

几万斤黄金，相当于刘邦大军一个多月的总开支，不是一个小数目。如果是你，你会不会给一个素来有贪污嫌疑的下属？刘邦给了，而且做得更彻底，"恣所为，不问其出入"，就是陈平拿这钱是去随便乱花，还是真的为他刘邦做事，他一概不问，也不允许别人问。

前面已经说过刘邦的这个优点了，他一旦决定做什么事，就做得很彻底。但是你要注意一件事，就是他自信不会看人走了眼，才敢于这么信任陈平，你要是自觉没有这个本事，还是要小心一点。

结果是美好的，刘邦的这四万斤黄金在陈平手里，得到了丰厚的回报。在这位伟大的特务头子的运作之下，项羽和手下大将钟离昧闹翻，并且驱逐了唯一的智囊亚父范增，后者没几天就气死在回乡的路上了。

不过，即便项羽成了孤家寡人，刘邦在荥阳的局势也是一天不如一天，最后实在是守不住了，只能跑路。走之前，为了防备项羽追上自己，他采取了陈平的计策，让手下的大将纪信假扮成他，带着两千名穿着军装的女人去向项羽投降。趁着楚军兴高采烈在东门外面狂欢的时候，刘邦悄悄地从荥阳的西门跑回了关中。至于那两千名女人是什么下场，刘邦和陈平是不关心的。

跑回关中的刘邦从大管家萧何那里又弄了一些人马，后来又用突袭军营、夺取兵权的办法从韩信手里要来了全部士兵，和项羽开始打游击战。神机妙算的韩信，面对无赖刘老幺那是半点办法也没有，只能叹一口气，重新招募士兵，训练之后老老实实地按照刘邦的命令，再去准备攻打齐国。

二、韩信封王

前 203 年，刘邦和项羽在广武涧展开了一场对话。项羽把刘邦的老爹押到阵前，放在一个大砧板上，在旁边烧了一锅开水。然后说，刘老幺，你要是不投降的话，我就把你爹炖了吃。

项羽低估了刘邦的智商和无耻。刘邦知道，自己如果真投降了，那相当于给项羽又加了一道菜，至于说红烧还是清蒸，那就要看项羽当天的口味了。所以，他假装成一个吃货的样子喊道：我们俩曾经结拜为兄弟，我爹就是你爹，你要是真想把爹给炖了，别忘了给我也来一碗啊，"必欲烹而翁，则幸分我一杯羹"，这就是"分一杯羹"的出处。

项羽气得要死，就想真的把刘大爷做成东北乱炖，身边的项伯这时候说道："杀之无益，只益祸耳"，两军阵前，你不打仗，而是开火炖老头子，无论如何，都不是一件光彩的事情，确实不能做。

虽然话说得很硬气，可是面对项羽，刘邦确实不敢出战，只能躲在广武城里，靠着天险广武涧跟项羽耗着。就在这时，北方传来消息，一好一坏，好消息是韩信攻下了齐国，坏消息是楚汉第一外交家郦食其死了。

其实，这两件事是一件事。郦食其奉刘邦之命出使齐国，凭着三寸不烂之舌，本来已经说服了齐国投降刘邦，田横甚至答应尽快南下去合围项羽。可是坏就坏在电话电报这些玩意发明得太晚了，郦食其那时候只能派人去给刘邦报信。韩信这时候也奉了刘邦的命令，正带着刚训练好的士兵向齐国进发，他听到这消息之后，觉得自己应该撤兵了，齐国已经归顺，就没必要打了。可是，韩信手下有一个叫蒯通的，站出来说，郦食其只是一个谋士，用一个舌头就拿下齐国七十多座城池，将军您花了这么多军饷，带着这么多人，功劳还比不上一条舌头，您甘心吗？再说了，汉王刘邦让你去打齐国，他老人家让你撤兵了吗？

韩信一听，是啊，齐国现在没有防备，很容易打；刘邦还没给我撤退的命令，不正是立功的好时候吗？于是转而下令进攻齐国。这边田横、田广叔侄正忙活着往南方调兵，西边的防御完全空了出来，韩信几乎是不费吹灰之力，就突破了数道天险，攻入了齐国腹地。

田横当然认为自己被骗了，二话不说，把郦食其扔到开水锅里，活活给煮死了，同时向项羽求救。项羽派了龙且带着二十万人去救援，可是龙且只是一个凡人，哪里能和"神仙"打仗？潍水一场大战，被韩信彻底打败，龙且本人也被砍了脑袋。

韩信征服齐国之后，给刘邦写了一封信，信的最后说齐国"其势不定，愿为假王便"。意思是他要当齐国的假王，以齐王的名义管理齐国。也许韩信自己都没意识到，这其实已经不是要官了，而是要和刘邦平起平坐。

刘邦当时正面对着项羽这个克星发愁，看到自己一手提拔上来的韩信居然在这个时候要挟他，气得当着使者的面便要破口大骂。刚开了个头儿，陈平、张良就在桌下狠狠地踩了他一脚，还在旁边小声对他说，"宁能禁信之王乎？"一脚加一语，马上惊醒了梦中人。

是啊，他刘邦被项羽打得这么狼狈，怎么能阻止韩信称王？可是话已经骂出口，怎么办？别担心，刘邦和他后来不知多少代的孙子刘备一样，都是表演系毕业的博士，当即继续骂道："怎么这么没出息？男子汉大丈夫，要当就当真的齐王，当个假的算什么东西！"然后一本正经地回头对张良说，赶紧地，你跑一趟，封韩信为齐王。

不仅仅是陈平和张良，普天之下，这时候基本都看出来了，拥有整个齐国和燕国的韩信成了刘邦和项羽之外最强大的第三股力量。

项羽也第一次低下了高傲的头颅，派出武涉去当说客，不需要韩信投降他项羽，只要他背叛刘邦即可。武涉在中国历史上第一次提出了"三分天下"的概念，如果他成功了，三国演义这事儿至少提前四百年就上演了，但他最后失败了。

韩信对他的回答概括为四个字就是，知恩图报。他说我当年四处流浪,到处不受重用,只有汉王让我当大将军,让出饭给我吃,脱下衣服给我穿,我就是死也不会背叛。

武涉虽然碰了钉子,但是韩信手下的蒯通决定再试试。他从三方面入手,劝说韩信:第一,韩信现在是天时地利人和全占了,此时不反,那就是"天与弗取,反受其咎",老天爷给你的东西你不敢要,这就是不给老天爷面子,那你以后肯定没好下场。第二,人都是能共患难,不能共富贵,所谓兔死狗烹的故事还少吗?第三,您的功劳和势力实在太大了,所谓"勇略震主者身危,功盖天下者不赏",您就算对汉王忠心耿耿,他拿什么赏赐你,又怎么能相信你?

韩信虽然认为蒯通说的有道理,但还是不做决断。过了几天,蒯通一看,我这位主人好像不上道啊,就提醒他说,机不可失时不再来,您这样犹豫可不行啊。这一次韩信倒是不再犹豫了,他说,我功劳很大,刘邦不会亏待我,我也不忍心背叛他,所以,这事以后不讨论了。

劝说自己的上级背叛公司,结果上级说了,我死也不背叛,那这事就麻烦了。蒯通一边在心里痛骂韩信,一边为了避祸开始装疯卖傻。滑稽的是,坚决不背叛的韩信最后还是以谋反罪被杀了,这个坚决劝韩信谋反的蒯通,后来反而逃过了一劫,这事我们后面会说到。

平心而论,蒯通的说辞是精彩至极,滴水不漏,那为什么韩信就不听呢?有些人说韩信知恩图报,有些人说他胸无大志,大家说的都对;但是还有一件事,是关键之中的关键。那就是在韩信心里,这个天下将来还会是战国时期,或者项羽分封诸侯那样的天下,也就是他割据一方的齐王国稳稳的是一方诸侯,只不过遥尊刘邦为老大而已。

可惜,韩信虽是军事天才,却不是政治天才。他完全没意识到,分封制已经走到头了,一个大一统的帝国怎么能容忍割据诸侯的存在?

言归正传,既然韩信不背叛刘邦,项羽就有点麻烦。他想了很长时间,最后决定采纳刘邦的建议,两家议和。前203年秋,刘邦、项羽两大军事集团在广武订立了"鸿沟和约",规定以鸿沟为界,西边是刘邦的天下,东边是项羽的地盘。

这个鸿沟是荥阳北边的一条古运河,自此之后,就算是出了名,现在形容人与人之间的隔阂,也喜欢用这个词。当然,它的另一个称呼更加有名,那就是"楚河汉界",中国象棋棋盘上的这四个字就来自于此。

项羽没多想,协议签了之后,就把刘邦他爹和老婆吕雉放了回去,然后带兵东归。可是他没想法,不代表刘邦没想法,更不代表张良和陈平没想法。这两人异口同声地对刘邦说,项羽现在兵疲粮尽,正是消灭他的好时候,这个机会千万别错过,快追。刘邦马上撕毁墨迹还没干的协议,同时给韩信、彭越和英布发信,命令他们围攻项羽,他自己更是带兵紧追项羽开打。

不过,在打仗这事儿上,刘邦和项羽真可谓是天壤之别。刘邦追到固陵的时候,项羽一个反杀,又打得刘邦大败而归,只能关起门来防守。这一次,项羽终于下了狠心,要置刘邦于死地,攻势一浪高过一浪,楚军因为刘邦的背信弃义,斗志昂扬,无一不想宰了刘邦,更让他绝望的是,韩信、彭越一个都没来。

三、垓下之战

关键时刻,张良站了出来。他说韩信和彭越之所以没来,是因为没得到足够的好处,您现在应该给他们分地盘,他们就会来了。刘邦马上照办,除了原来齐国的地盘,又把苏州附近一大块地盘给了韩信,同时封彭越为魏王,把原来魏国的地盘给了彭越,盖上大印,给两人送了过去。

果然,韩信、彭越得到了土地之后,马上率军南下,加上南边的英布,四路人马,一共五六十万人,对项羽的十万人马进行了合围,这个地方叫垓下,在今天的安徽省灵璧县。

项羽当时什么想法？不知道，不过我想开始的时候他应该是不在乎的。天下武功，唯快不破，项羽一向不屑于用计谋，原因就是他根本不需要。在绝对的实力面前，一切计谋和算计都是滑稽可笑的，三万兵马在他手里就足以横行天下，现在他手里有十万斗志昂扬的士兵，对方也就是五六十万人，而且全是他手下败将，他还怕什么？

非常可惜，对方阵营里有一个人，从来没和他交过手。

此人自然就是韩神仙，项羽之所以在其他人面前可以无往而不胜，是因为他的勇猛和在战场上把握战机的能力高出其他人很多，一般的算计根本就拦不住他。可是"一力降十会"这种话有一个前提，那就是这个"十会"是一般人，可韩信是一个可以把计算这件事发挥到恐怖级别的将领。当年在齐国潍水，齐楚联军二十多万人追击他的时候，他就是算准时间，掘开了潍水上游，导致对方大军被精确地拦腰截断，最后形成大溃败的，这种计算就不是简单的"会"了。

刘邦这时候也明白，现在的局面根本就不是他能操控的。他毫不迟疑地把大军的指挥权交给了韩信。

中国历史上最惊心动魄，也是记录最少的一场大会战拉开了帷幕。

我说记录最少是有根据的。《史记》上对于战争开局的记载，一共才一行字，"淮阴先合，不利，却。孔将军、费将军纵，楚兵不利，淮阴侯复乘之，大败垓下"。大意就是，韩信用自己为诱饵，吸引项羽进入包围圈，然后项霸王就被打败了，只好退守垓下。

随后，韩信调兵遣将，把项羽剩下的几万兵马团团围住。这场包围战在历史上也有一个专有名词，叫"十面埋伏"，一句话，水泄不通。即便你的人数是对方的几倍，这也是一件很不容易的事情。因为你必须照顾到四面八方，而项羽只需要朝一方突围就可以了，那在局部来说，项羽就可能是兵力优势，更何况项羽的天赋技能就是突击。但在韩神仙的指挥技巧之下，项羽左冲右突，就是没办法带着大部队冲出去，几次都被打了回来，这就好像是一把最锋利的剑，被困在剑鞘里。

　　为了彻底瓦解项羽的军心，韩信命令部队晚上集体唱歌，但只能唱楚国的歌曲。这么一来，项羽的部队都以为楚国彻底沦陷了，天地之大，只剩下了垓下这么一小块地方，和周围孤零零的几个弟兄，人人心中都涌起了绝望的情绪。这就是成语"四面楚歌"的出处。

　　到了这个地步，项羽自知大事不妙，悲伤郁闷之时，他唱歌以抒胸臆："力拔山兮气盖世，时不利兮骓不逝，骓不逝兮可奈何，虞兮虞兮奈若何！"曲调苍凉悲切，周围将士无不落泪。项羽最喜欢的美女虞姬跳起了曼妙的舞蹈。曲终人散之时，虞姬没有辱没霸王项羽，她轻声和唱了四句："汉兵已略地，四方楚歌声。大王意气尽，贱妾何聊生。"然后横剑自刎于帐前，史称"霸王别姬"。

　　接下来故事就是我们很熟悉的了。当天晚上，项羽带着八百人拼死突破了包围，在灌婴率领五千人紧追不舍的情况下，项羽最后身边仅剩下了二十几人来到乌江边上。乌江亭长划着一条小船来到岸边，对他说，我带您回到江东，继续称王。

　　项羽笑了，说了这样一番话，"籍与江东子弟八千人渡江而西，今无一人还，纵江东父兄怜而王我，我何面目见之？"想当年我和我叔叔带着八千名江东的子弟兵渡江造反，到了今天，他们都死了，我有何面目再回去称王呢？留下了这句"无颜见江东父老"之后，项羽把乌骓马交给亭长，自己转身步行与追兵作战，最后自刎而死，可谓是英雄气概直冲斗牛，漂亮霸气至极。

四、项羽为何失败

　　《史记》中记载这位霸王在最后时刻两次提到天命，先是"天亡我也，非战之罪"，后来在乌江边上又说"天之亡我，我何渡为"，老天爷让我死，我也没办法。那我们这里就要问一句，项羽为什么失败，真的是天命吗？

我们先来看一下当时的人怎么说。刘邦胜利之后和群臣讨论这件事时，大家说项羽赏罚不明，有功的人得不到合理的赏赐，所以失败。刘邦总结说，玩计谋这事儿我比不上张良，这叫"运筹策帷帐之中，决胜于千里之外，吾不如子房"；搞后勤我不如萧何；打仗我更是差韩信好几个等级。但是我能驾驭这三个人，为我所用，而项羽属下，就一个范增算是人才，最后还被他赶跑了，这就是我胜他败的根本原因。

千古以来，大多数人对项羽失败这事儿的看法，和刘邦君臣的看法基本一致，就是楚霸王不能用人，只有匹夫之勇，最多再加上一句残暴好杀。我觉得，宋代苏东坡的父亲苏洵老先生有一句话，我们也要重视一下，他说："项籍有取天下之才，而无取天下之虑。"意思是项羽有夺取天下的才能，却没有夺取天下的打算。是这样吗？也许是的，从前面讲述的项羽的一生，应该感觉得到，楚霸王从始至终，就没有那种包举宇内、兼并八荒的雄心。

他就像一个孩子一样，为了争强好胜而打仗，当上一个孩子头，大家名义上都听我的，就满足了。对于整个天下的治理，他从来也没有自己的主张，更没有野心。人无远虑必有近忧，没有彻底夺取天下，把一切敌对力量消灭在萌芽里的考虑，在秦末群雄并起的时代，即便是一头真老虎，最后也会被一群野狼撕成碎片。

说完失败，我们再来看一下，为什么他最后不过江东？乌江亭长对他说："江东地方千里，众数十万人，亦足王也。"唐代的杜牧也有诗说："江东子弟多才俊，卷土重来未可知。"这些话基本都是对的。况且，你项羽扔下大部队和虞姬的尸体，一路突围狂奔，不就是为了活命吗？为什么到了乌江，渡船齐备的情况下反而放弃了呢？

对这个问题，流行的答案是项羽在最后关头改主意了，认为他就算回去江东，也无法卷土重来了，徒惹人家笑话。就像王安石后来反驳杜牧那样,叫"江东子弟今虽在,肯与君王卷土来?"大丈夫死则死矣,岂能低三下四去求人?宋代李清照的《夏日绝句》对此有一个极好的总结:"生当作人杰,死亦为鬼雄。至今思项羽,不肯过江东。"轰轰烈烈地死,总好过苟且偷生地活,当然,李才女当年是讽刺南宋的。

我个人觉得,对项羽不肯过江东这件事,《史记》上的记载可能是错的,真实原因很可能是他过不了了。乌江亭长驾着乌江上唯一的一只小船接他过河,应该是司马迁道听途说之后的文学演绎。从垓下一路东奔西跑,突围到乌江,就连项羽自己都不一定知道自己能跑到什么位置,这个乌江亭长居然有本事驾着唯一的一艘小船一路跟踪,准确地和项霸王会和在江边?司马迁经常讲故事,我认为这个乌江亭长,很可能也是一个故事而已。当然,这是我一家之言。

无论如何,项羽死了,一个崭新的王朝即将在中华大地上冉冉升起,这个前后延续了四百年的王朝是如此地霸道,它让我们的语言、文字和民族从此都以它的国号为名。两千多年过去了,这个烙印一直都在,看起来将永远都在。

038. 诸王的谢幕

前 202 年 2 月 28 日，出身农民，原秦王朝泗水亭长刘邦，在山东定陶，也就是今天的山东曹县北边举行登基大典，继皇帝位，定国号为汉。

按照下属娄敬的建议，他定都在长安，是取长治久安之意。到了这时候，他有没有名字已经无所谓了，因为没人敢再叫他名字了，连他爹也不敢。他爹虽然名义上叫太上皇，可是也没有皇帝大，对着他这个当年游手好闲的小儿子，刘大爷也只能行礼叫陛下。

皇后的位置自然是吕雉的，她爹吕大爷当年的惊天一赌看起来赌对了。关于吕皇后和她的家族，后面还有很多故事，暂时先卖个关子。

太子当然要立嫡长子，皇后吕雉生的儿子刘盈，也就是当年多次被刘邦从车上踹下去的那个孩子。

史学界有一句话，叫汉承秦制，汉朝沿袭了秦朝的制度。这个不难理解，刘邦既然用了皇帝的头衔，那就表明接过来的是秦朝的接力棒。另外，他当时的大管家萧何当年从秦朝的宫廷里抢出了各种典籍规章和制度，刘邦集团的这些大老粗这时候既没有必要，也不可能去全面创造一套新的系统，况且秦制用起来也相当不错。萧何就用这套制度给刘邦建造了一个稳定的大后方，用刘邦自己的话说："镇国家，抚百姓，给馈饷，不绝粮道，吾不如萧何。"

这个制度里有一点刘邦并没有完全抄袭，那就是郡县制。二十年前，秦始皇选择了全面的郡县制，二世而亡；五年前，西楚霸王项羽走回头路，选择分封制，结果是一天消停日子也没过上，转眼之间，这天下就到了刘邦手里。

刘邦的选择是郡国并行制，也就是郡县制和封建制两手抓，函谷关以西完全是郡县制，由中央政府直接管理；函谷关以东，实行分封制。你也先别说他聪明，或者蠢，先来问一个问题，刘邦有选择吗？

一、为什么是郡国并行制

实话实说，他当时没有选择的余地。前202年的春天，天下可不全是他刘邦的，除了他之外，还有七个小地主，或者说异姓王，分别是楚王韩信、梁王彭越、淮南王英布、赵王张敖、燕王臧荼、长沙王吴芮、韩王信。这些人大都是反秦时代的老革命战士了，除了长沙王吴芮，剩下的都是在他还叫刘老幺的时候，就已经是雄霸一方的国王了，这时候刘邦要是说你们都别当王了，当县太爷吧，因为我要实行郡县制了，那简直就是在找死。

所以，无论刘老幺如何喜欢郡县制，他当时的政策也只能是郡国并行制。函谷关以东还是那七个小地主的保留地，军、政、财三大权力都不在刘邦手里，只是尊称他一句陛下而已。其实，这也是韩信当年为什么不听蒯通让他造反的最大原因。在那个时代，当一个王和皇帝到底有什么区别，还真说不清楚。既然都差不多，那留一个"知恩图报"的名声岂不是让人生更加完美？

刘邦随后和这些异姓诸侯王们共同盟誓，要世世代代地友好下去。据《汉书·高帝本纪》里记载，他们把誓词用红色颜料写在特制的铁皮筒上，然后一人一半，回去锁在宗庙的金柜子里。这就是传说中的丹书铁券，后来民间所说的"免死金牌"。没错，这玩意儿开始于刘老幺，但是那时候并没有明确写有免死的功能。

当时他们的誓词是这么写的，"使黄河如带，泰山如厉，国以永存，爰及苗裔"，也就是即使黄河变得像衣带那么细，泰山变得像磨刀石那么小，你们这些小地主的国家也一直存在，传给你们后世的子子孙孙。

你若是听过我的音频节目《美国史话》，这样的誓词应该很熟悉。想当年美利坚合众国的总统安德鲁对印第安人发誓保证，"只要青草还在生长，只要河水还在流淌"，你们印第安人就永远拥有那片土地，结果呢？十几年的工夫，印第安人就再一次被迫西迁。

美国总统发誓不靠谱，刘大皇帝和这些小地主们呢？很可惜，比安德鲁更不靠谱，仅仅过了五个月，一个小地主就造反了。

二、韩信被贬

造反的是燕王臧荼。原因不清楚，《汉书》说是因为刘邦到处抓项羽的旧部，臧荼害怕，就造反了。我觉得这里面的原因还需要慢慢琢磨，无论如何，得到臧荼造反的消息，刘邦马上御驾亲征，两个月后，臧荼全军覆灭，本人也被砍了脑袋，儿子臧衍投奔匈奴。

这场玩笑一样的反叛让其他人都看傻了眼，等明白过来，臧荼的脑袋已经挂在了高高的城楼上；而新的燕王卢绾，已经走马上任了。卢绾和刘邦是同年同月同日同一个村子出生的，两家关系特别好，两人从小一起长大，卢绾一直都是刘邦的跟班。据说真正的男人里面，唯一一个能随便出入刘邦后宫的，就是卢绾。这样的关系，当一个小小的燕王自然不在话下。

就在臧荼死后不久，有人向朝廷密报，楚王韩信谋反。你也许会问，韩信不是齐王吗？怎么变楚王了？这是因为垓下之战后，刘邦借口原来的楚王芈心没有后代，就把韩信改成了楚王；韩信自己也没意见，毕竟，楚地是他的家乡，富贵还乡，也是一件光彩的事儿。

刘邦收到密报之后,就和朝廷里的重臣们商量怎么办,前几个月我说过,"连百万之军,战必胜,攻必取,吾不如韩信",现在他要造反,你们有什么主意?大臣们异口同声地说,干掉他!可是没有一个人敢去。

会后刘邦问陈平有什么主意,陈平开始不说话,后来被逼急了,就问刘邦,陛下的兵将能比得上韩信不?刘邦说不能。陈平又问,韩信知道有人告发他不?刘邦说应该不知道。陈平笑了,说你的兵将不行,那发兵就不是平乱,而是逼人家造反;如果您只是想对付韩信,一个士兵就够了,只要昭告天下,你马上要巡视云梦泽,这在韩信的地盘旁边,按照规定,他必须亲自拜见您,到时候抓起来就是了。

刘邦依计行事,韩信果然束手就擒。其实,无论是刘邦,还是陈平,都知道韩信没造反,不仅是他俩,就算是朝中周勃、张良这些大臣也知道楚王韩信是冤枉的。可是大家必须配合着演这出戏,原因只有一个,韩信是刘邦最头疼的人,或者说最害怕的人。

这样一个攻无不克战无不胜的怪物,在远离中央的地方当王,那就像悬在头上的一柄利剑,让人心惊胆战,时刻担心会掉下来。这也就是当年蒯通对韩信说的,"勇略震主者身危",你让你的主子吓成这个样子,那你自己就很危险了。

韩信被捕之后,刘邦并没有杀他,只是把他贬为淮阴侯,留在了长安自己身边,还经常找他聊聊天,著名的"韩信点兵,多多益善"的故事就发生在这段时期。不过韩信原来的封地,被刘邦封给了自己的堂兄和弟弟,并且后来每次干掉一个异姓王,他就会分封几个刘氏子弟当王。

从开始的没得选择,到现在主动选择了郡国并行制,我的猜想是,刘邦应该是越来越对外人不放心了。而且因为对于秦朝灭亡之前的孤立无援印象深刻,他想避免那种情况,于是选择了一条中间道路。

三、韩王信和匈奴

楚王韩信暂时没事，不过，另一个韩信，韩王信忽然叛变了。这里我插一句，在汉初的七个异姓王里，有两个韩信，一个是打仗特厉害的兵仙韩信，另一个是官二代韩信。为了区分，我们把第二个韩信称为韩王信。这个韩王信不仅叛变，叛得还有点儿远，他的新主人在长城之外，那就是和大汉王朝几乎同时崛起，也存在了四五百年之久的匈奴政权。

前面曾经提过，匈奴就是华夏北方林胡、楼烦等少数族的后裔。不过司马迁说，他们是夏王朝一位王子的后代，原话是"匈奴，其先祖夏后氏之苗裔也，曰淳维"，这种说法也没什么根据，我们只能存疑。

开始的时候，这些人只是一些松散的部落联盟，让千古猛人秦始皇打得四处逃散。等秦始皇死了，天下大乱的时候，他们之中有一个叫头曼的人自立为单于。在匈奴的语言里，"单于"相当于天子的意思。

这个头曼单于的一个小老婆给他生了一个儿子，他越看小儿子越喜欢，就把已经立为太子的大儿子冒顿送到月氏国做人质，然后做了一件最没品的事情，派兵猛攻月氏，心里祈祷对方赶紧砍死自己的大儿子，他好名正言顺地立小儿子为太子。可惜，他这个大儿子既聪明又勇猛，一看形势不好，十几岁的孩子硬是夺了一匹马，自己跑回来了。头曼单于也就没有好意思再下手，但还是剥夺了他太子的资格，给了一万人让他自己出去发展。

冒顿发明了一种响箭，射出去鸣鸣叫。他规定所有下属，听到这声音时必须跟着射向同样的位置，不射就砍头。训练一段时间之后，冒顿有一天忽然把箭射向自己最喜欢的战马，下属就有人不敢跟着射，结果被砍掉了脑袋；又过了几天，他把自己最喜欢的女人扔到地上，向她射箭，不跟着一起射的也一律砍头。

到了后来某一天他和他爹头曼单于一起打猎的时候，突然用响箭射向老爹,下属们几乎都是下意识地一起射了过去。就这样,前209年,陈胜吴广起义那一年,冒顿杀死了自己老爹、后妈、弟弟以及一切不服从自己的大臣,继单于位,史称冒顿单于。

冒顿单于是真正的猛人,即位之后相继征服东胡、浑庚、屈射等少数族,在历史上第一次建立了强大并且统一的匈奴政权,然后开始侵略中原地区,史记上说他"复收蒙恬所夺匈奴故地",意思就是河套地区又丢了。

冒顿单于并没有满足。接下来,韩王信的地盘是第一个遭殃的,他向刘邦求救,刘邦认为他在夸大困难,就没搭理他。结果韩王信投降了冒顿单于,导致后者长驱直入,打到了太原。

前200年,刘邦御驾亲征,讨伐韩王信和匈奴。可惜的是,他不听娄敬的意见,歧视少数族的战斗力,觉得对方就是乌合之众,率轻骑冒进,追击匈奴,被冒顿设下埋伏,以四十万大军把刘邦围在了白登山,史称"白登之围",七天七夜之后,才解围而出,然后汉匈两家各自撤军。这就给刘老幺的简历上留下了一个最大的疑团:他是怎么跑出来的?

现在有两种说法,一是陈平又出奇计,贿赂了冒顿单于的大阏氏,也就是他的大老婆,并且冒顿单于本来和韩王信的两个将领约好了一起攻打刘邦,结果那两个将领没来。老婆的枕头风加上援军未到,冒顿就把刘邦放了。第二个说法是刘邦身边的几万人硬是抗住了冒顿四十万人的进攻,等到了周勃的援兵。

仔细想一下就知道,这两种说法都不对。如果说枕头风和担心有埋伏就放过刘邦,那明显不符合那个杀起老爹都毫不手软,东征西讨征服了无数少数族的冒顿单于的性格——一个女人的话就让他放弃到嘴的肥肉,那不可能。如果按照第二个说法,匈奴兵在汉军面前那么不堪一击,刘邦怎么会突围之后马上撤军?那一定是"宜将剩勇追穷寇",彻底击败冒顿单于了事。

我的结论是，被围困的时候，汉军表现不差，同时陈平也确实和冒顿谈了一些条约，这才能在周勃领大军到达时，汉朝和匈奴同时撤军；而且从那以后，汉朝就采用了娄敬建议的和亲策略，也就是把公主嫁给匈奴单于做老婆，顺便给一些锅碗瓢盆什么的。

开始的时候，娄敬的建议是把刘邦的亲女儿，已经出嫁的鲁元公主送过去，只有尊贵，对方才会珍惜。可是鲁元公主的亲娘吕雉一听，马上一哭二闹三上吊，刘邦没办法，最后只好随便找了一个刘氏宗族的女孩子送了过去，冒顿单于也接受了。后来汉朝的所有和亲，几乎都没有嫁公主，而是嫁宗室女，姓刘就行了，甚至最出名的王昭君只是一名宫女。

你要是问，和亲是不是一种屈辱？这个很难讲，它肯定比不用和亲对方就乖乖听话要差一点儿，但是比起其他选项，应该算是一个最优解。对于农耕国家，边境的稳定就意味着老百姓的安居乐业，也就意味着国力的大发展。

柏杨就说过，和亲给汉朝带来了海洋般的利益。顺便说一句，中国汉、隋、唐、清四个朝代都与少数族和亲，宋、明两代都不和亲；明朝还好，宋代遭受靖康之耻，最后比和亲还惨，而且汉、唐两朝明显是中国对外武力最强大的两个朝代，这也是值得我们深思的一个问题。

四、八个异姓王

匈奴的问题解决了没几天，前197年，代国的相国陈豨起兵造反。刘邦又一次亲自带兵平叛，他本来想让韩信和彭越一起去，结果这俩都说自己病了。其实，彭越是真病了，但韩信可能就是在装病。为什么装病？因为他现在想要造反了。

《史记》上说韩信"阴使人至豨所，曰：'第举兵，吾从此助公。'"就是偷偷派人去找造反派陈豨，说你放心打，我在中央帮你。可是韩神仙除了在战场上厉害，其他搞政治，搞阴谋诡计都是小儿科的水平，很快就被手下人告发了。刘邦既然留他在长安，他的府第上不说全是间谍特务，一大半恐怕是的。

留守在长安的吕雉得到消息之后，马上就把萧何找进宫来商量。不得不说，吕后的这一手相当精明，不仅避免了韩信和萧何联手，还隐隐地给萧何施压，让他尽快解决韩信的问题。萧何马上就做出了选择，和吕雉一起灭掉韩信。

他的主意是对外宣称刘邦打败了陈豨，让大家入宫祝贺。就这样，等韩信一进宫，就被吕雉和萧何埋伏好的武士捆起来，押到长乐宫的钟室，没有任何废话，宣布罪状之后，直接杀了。这里我要说一句，韩信这时候是不是真的要造反，一直是争论不休的问题，即便是司马迁坚定地说他要造反，但两千年来，史学界也没有结论，你有兴趣可以自己推理一下。

等刘邦真的打败陈豨回来，听说韩信造反，已经被自己的好老婆吕雉给杀了，心里是百感交集。史书上用了五个字，"且喜且怜之"，也就是一方面挺高兴，觉得韩信一死，自己睡得更香了；但是想想他为大汉王朝鞍前马后的那份功劳，又有点儿伤心，觉得对不起人家。

至于萧何，史书上没说他对韩信的死是什么态度，只留下了一句成语，"成也萧何，败也萧何"。以我来看，"成也萧何"可能是对的，没有萧何，就没有韩信的登坛拜将，也许韩信一生就是默默无闻；但是说"败也萧何"就不是十分准确，没有萧何，韩信的结局也差不多。我们客观地说，韩信这个人，虽然军事能力惊人，但本身的为人和情商应该是有点问题的。

《史记》上说，韩信被贬为淮阴侯之后，有一次到樊哙家里去串门，樊哙对他极其尊重，恭恭敬敬地迎接，嘴里还说："大王乃肯临臣"，意思就是您竟然肯光临臣下的家门，我真是受宠若惊了。可是韩信吃了人家一顿饭,走出门之后居然说:"生乃与哙等为伍",唉,我这辈子,居然混到了和樊哙这种人为伍。

这种话就算对待一般人,那也是无礼至极,况且樊哙是皇帝的连襟、皇后吕雉的亲妹夫,是鸿门宴上连项羽都不放在眼里的猛人。韩信这时候只是一个被贬的侯爵,在处处都是监视的情况下,居然口出如此狂言,可见他情商和政治水平不是一般地差。

除了"且喜且怜之",刘邦还问了一句,他死之前说什么没有?吕雉说,他说后悔没听蒯通的话。

这下妥了,刘邦立马把蒯通从千里之外的齐国抓了回来,要用锅煮了他,因为他曾经煽动韩信造反。蒯通说,陛下,我说几句话再死行不?您看狗这种动物吧,只对自己的主人忠心,当年我只知道有齐王韩信,根本不知道还有更了不起的您老人家;况且那时候"秦失其鹿,天下共逐之,于是高材者疾足先得",想得到您现在这个位置的,在当时数不胜数,您今天能把那些失败者和给他们出主意的人都杀了吗?

蒯通这番话乍听起来很一般,但是其中的技巧不是一般地高。不出他所料,刘邦觉得他说得挺有道理,就说没事了,你回去上班吧。

打败了陈豨,韩信也死了之后,刘邦很"及时"地收到了梁王彭越造反的举报信。很神奇的是,这一次刘邦什么花样也没耍,派了几个使者,到了彭越的封地,直接就把彭越秘密逮捕了,然后千里迢迢地押送回长安。

说这事儿很神奇的原因是,彭越是一个诸侯国的最高首脑,还是最擅长游击战的将领,居然被几个使者就拿下了。我严重怀疑,这几个使者是绝顶的武林高手,否则的话,就只能解释为彭越被刘邦以别的名义骗到了长安。

彭越在长安受审的结果自不必说,那一定是造反罪名成立。刘邦说,你还是做老百姓吧,去四川青衣县种地。可是彭越命里该死,走到半路上，他碰到了女煞神吕雉。彭越以为这个嫂子是女流之辈，肯定心软好说话，就哭哭啼啼地诉说自己的冤屈。吕雉一听，说你太冤了，走，跟嫂子回去，我跟你哥说，让你官复原职。

等回到长安，吕雉进宫之后，和刘邦说的却是你是不是傻？彭越这样的游击战高手，你让他去四川当老百姓，等于是放虎归山，"此自遗患，不如遂诛之"。就这样，彭越被杀，而且做成肉酱，给各路诸侯送去，告诫他们，这就是造反的下场。

彭越用变成一碗肉酱的惨痛教训，告诉了后来的男人们：女人，不一定都是心慈手软的。刘邦最大的两个威胁，韩信和彭越，一个百万之师的统帅，一个纵横中原的"游击队长"，哪一个不是身经百战，令敌人闻风丧胆之辈，最后竟然都死在了同一个女人手里。历史，往往有其黑色幽默的一面。

现在刘邦的心里，真正有威胁的，就只剩下一个了。这人当然也收到了装在盒里的彭越牌肉酱，他在心里掰着手指头算，去年是韩信，今年是彭越，明年肯定是我。那怎么办？最后燃烧一次，反了吧。

前196年，淮南王英布反叛。他的想法也挺简单，汉朝武将里面，他最怕韩信和彭越，可是这两人被吕雉杀了，而刘邦这时候年纪大了，不太可能御驾亲征，这样一来，他割据一方的美梦肯定成真，至于说皇帝，他没想。

虽然英布的想法是不错，可惜，他遇到了一个为了权力，连自己老公都可以牺牲的吕皇后。刘邦因为又老又病，开始就想派太子刘盈去平叛，这个女人再一次哭哭啼啼，说儿子还小啊，他哪里是英布的对手，还是你去比较稳妥，你可以躺在车子里面指挥。

实际上，吕雉害怕的是她的宝贝儿子刘盈死在战场上，她将来的权力受损。就算是不死，万一打了败仗，被将来的臣子们瞧不起是小事，如果刘邦以此为借口换太子，那就麻烦大了。

刘邦没办法，嘴里骂道："竖子固不足遣，而公自行耳。"老婆子护着儿子，那就只能老头子出门干活，帝王家里也如此。

领兵出征的刘邦在今天安徽宿县这个地方和英布相遇，他扯开嗓子问对方："何苦而反？"英布看见刘邦亲自来了，心里也知大事不妙，但是他表现得非常爷们，不做任何辩解，也不指责对方说这都是您逼出来的，因为这时候说这些也没用，他只是朗声回答："欲为帝也！"老子也想当皇帝。

宿县一战，英布大败，最后被他的小舅子，也就是刘邦称帝之后封的长沙王吴臣，杀死在番阳，今天江西景德镇附近。

刘邦在对付英布的同时，还听到了一个消息：他的发小，新封的燕王卢绾居然和匈奴勾结。是可忍孰不可忍，刘老幺伤心之余十分愤怒，派樊哙和周勃去讨伐卢绾，最后卢绾带着家人跑到了匈奴，被封为东胡王，第二年死在了匈奴。

到此为止，曾经函谷关以东包括第二个燕王卢绾在内的八个异姓王，除了长沙吴家，全都被刘邦剿灭。这些造反派从籍籍无名，到割据一方，再到身死国灭，屈指算起来，也只不过是几年的光景，可谓"其兴也勃焉，其亡也忽焉"的最好诠释。

039. 吕后掌天下

刘邦建立汉朝之后，一天也没歇着，忙活着铲除原来和他一起对付项羽的人，几乎消灭了所有异姓王。其中只有两个人最后没死，一个是长沙王吴臣，另一个是赵王张敖。原因也很简单，这两人都不是第一代的王。

原来的长沙王叫吴芮，年纪轻轻就死了，儿子吴臣即位之后，对刘邦毕恭毕敬，而且地盘小得可怜，只有长沙一个郡，相当于现在一个地级市，看着就可怜，刘邦最后也没动他。

赵王张敖是从他爹，也就是老造反派张耳的手里接过王位的，而且他还是刘邦和吕雉长女鲁元公主的丈夫。按理说，这样的地位，至少应该和吴臣一样，世世代代保有这个赵王的位置。可惜，他最后虽然没死，但是却被贬为宜平侯。原因是他手下有人造反，想杀刘邦，他虽然没参与，但是有监督国臣不周的罪责，如果他丈母娘不是吕后，估计小命也难保，结果只落了一个降级的处分，暗自里还是很庆幸的。

剩下那些被杀掉的诸王地盘上，现在全都是刘姓诸王。比如，齐王刘肥是刘邦当亭长时的私生子，楚王刘交是刘邦的弟弟，赵王刘如意是他最宠爱的戚夫人所生的小儿子，吴王刘濞是他的侄子，等等。

刘邦为了保险，还杀了一匹很无辜的白马，和大臣们歃血为盟，说以后"非刘氏而王者，天下共击之"，你不姓刘，就永远不能称王。这个历史上著名的"白马之盟"管不管用，是不是废纸一张，我们后面很快就会看到。

一、刘邦杀功臣了吗

现在我们可以探讨一个网上非常流行的问题,为什么刘邦、朱元璋这样农民出身的皇帝喜欢杀功臣?回答这个问题之前,我们必须非常严肃地追问一句:刘邦杀功臣了吗?我的答案是:没有。看看萧何、陈平、樊哙、曹参,他们都活得都挺滋润。有一个被他砍了脑袋吗?一个也没有。

被杀的那几个异姓王韩信、英布等人,根本就不是臣,而是几乎和刘邦平起平坐的王,用我前面的话,都是和刘邦这个大地主并列的小地主。所以,杀他们其实等于是楚汉战争的延续,不能归为杀功臣。

不过,既然探讨这个问题,就要稍微延伸一下。我们可以想一想,如果没有这七个异姓王,刘邦会不会对萧何、樊哙这些人下手?我的答案也比较肯定,一定会的。

实际上,刘邦把诸王杀得差不多之后,已经准备对他们下手了。萧何几次下狱;如果不是陈平用计,樊哙在刘邦临死之前一定会被杀,这些都是有史可查的。

那么,这个问题就有意义了,开国君主为什么杀功臣?我今天只阐述其中的一个原因。我们来看看,刘邦死后,吕雉和她传说中的情人,也是她最信任的大臣审食其说过的话。

吕雉说:"诸将与帝为编户民,今北面为臣,此常怏怏,今乃事少主,非尽族是,天下不安。"

这段话的意思很浅显,就是各位大臣原来和刘邦都是一样脸朝黄土背朝天的农民,本来给刘邦当臣子就很不痛快了,现在让他们跪下侍奉刘邦的儿子,这些家伙能服气吗?不把他们全杀了,我们晚上能睡着觉吗?

平心而论,吕雉的这个担心是有道理的。第一代的帝王固然雄才大略,但第一代的臣子也全都是桀骜不驯之辈,这些人既了解帝王的弱点,又掌握实权，自然是危险系数极高。

如果你的眼睛离开那些平安度过瓶颈期的汉、唐、明、清等王朝，看看中国古代两次大乱世，五胡十六国和五代十国，就会发现一个事实，第一代创业者刚当上皇帝就被下属杀了，或者他弱小的儿子继位之后被臣下杀了的事例，那真是举不胜举。

宋太祖赵匡胤最后不也是欺负柴世宗留下的孤儿寡母才当上皇帝的吗？所以，为了儿子或孙子不被欺负，开国功臣如果被认为是桀骜不驯的，一般都会被杀掉。

当然，这只是开国皇帝杀功臣的第一个原因，还有两个主要原因，等我们讲到汉光武帝刘秀的时候一起说。

顺便说一句，吕雉虽然说了那句话，但最后也没有大开杀戒。原因是郦商和审食其认为没有把握，毕竟他们不是刘邦。在他们的劝说下，吕雉改用了怀柔政策。

二、如何评价刘邦

书归正传，刘邦在讨伐英布的时候，已经有病在身，他媳妇儿让他躺着指挥，实际上是不可能的——你一个三军主帅躺在车里，士兵们还有啥士气？一开战，肯定都是向后转，开跑。

刘邦当时是强撑着骑在马上，腿脚也不方便，一不留神，就被射了一箭。

回去的路上，他有一种不好的预感，就特意在家乡沛县停留了几天，设宴款待父老乡亲。酒酣之余，已经贵为皇帝的刘邦起身，给大家唱了一首歌，只有三句："大风起兮云飞扬，威加海内兮归故乡，安得猛士兮守四方。"反复唱了几次之后，刘邦潸然泪下，汉帝国依旧弱小，内忧外患之际，自己却没有几天能掌控这一切了。

回到长安,刘邦知道自己不行了,对吕雉说:"吾以布衣提三尺剑取天下,此非天命乎?命乃在天,虽扁鹊何益?"也就是说不用治了,既然天命让我一个平民当皇帝我拒绝不了,它让我死我又怎么能逃得掉呢?然后用五十金打发了医生。

吕雉问:"陛下百岁后,萧相国即死,令谁代之?"您和萧何要是都死了,谁能做丞相?刘邦说曹参。吕后又问,曹参之后呢?刘邦说王陵可以,但是要用陈平和周勃辅佐他。

吕雉还想问王陵之后谁能做宰相,刘邦长叹了一声,说了一句意味深长的话:"此后亦非尔所知也。"那以后的事情,不是你能知道的了。

根据这句话,有人认为,刘邦早就预见到他死之后,吕家会把持政权,但吕雉死后,吕家一定会被铲除。刘邦是不是活神仙,能猜到死后的这些事,我并不知道,不过有一件事,我是知道的:刘邦得到天下不是偶然,他识人之准,见识之深,在整个秦汉时期,可以说无人能超越。他死之前的这个人事安排,在后来十几年,甚至几十年的时间里,替他的汉王朝克服了一个又一个的困难,保证了帝国的长治久安。

前 195 年 6 月 1 日,一代天骄,大汉帝国的开创者刘邦,在长乐宫驾崩,享年 61 岁。

他 47 岁斩白蛇起义,后来的十几年可以算是鞍马劳碌,即便在做皇帝的七年之中,也从未享受过安逸的生活,但这段时光却也是极其绚烂辉煌。

不仅仅是对他自己,对于整个中华文明,他和他的子孙们上承秦王朝,结束了贵族统治的邦国时代,向下开启了华夏两千多年的平民帝国时代,作为第一个平民出生的天子,刘邦足以笑傲这个世界了。

我不知道刘邦活着的时候是不是有什么遗憾,但是史书上写,当了皇帝之后,他想找四匹颜色一样的马来拉车,结果也没找到,只能用杂色的马;而他那个刚刚建立的帝国,朝堂之上,三公九卿里,有一些连马都用不起，只能坐牛拉的车。

也许，帝国这样穷得叮当响，是他的一大憾事，但是，如果地下有知，他应该欣慰地看到，他的子孙们仅仅用了几十年的时间，就建造出来一个空前繁荣，富得流油的大帝国。

三、吕后临朝和惠帝之死

前195年，刘邦嫡长子刘盈继皇帝位，这就是汉惠帝。儿子继位，要给老子上两个称号，一个是庙号，放在太庙里吃冷猪头用；另一个是谥号，后人叫起来方便。

无论司马迁的《史记》，还是班固的《汉书》，都说当时众人商议的结果是，刘邦"起细微，拨乱世反之正，平定天下，为汉太祖，功最高"，也就是庙号是汉太祖，谥号是高皇帝。不过这两本书有一点不太一样，《史记》里把刘邦叫作高祖，而《汉书》称之为高帝。

如果论对错，那肯定是《史记》的叫法有问题，你或者叫他庙号汉太祖，或者叫谥号汉高帝，甚至两个连起来叫汉太祖高皇帝也可以，但是混在一起叫汉高祖那肯定就错了。几千年来，刘邦是唯一一个享受这个"杂号"荣誉的。

不过，由于这是司马迁的独创，后来大家叫习惯了，也就这么叫了下来。

从刘盈即位开始，一直到前180年，大汉王朝的实际执政者其实是汉惠帝刘盈的老娘、刘邦的遗孀、吕雉吕太后。历史学家对此还特意创造出一个词，叫临朝称制。

临朝就是可以处理政务，古代皇帝的命令被称为制或者诏，那称制就是她说的话等于是皇帝的命令，这个词是班固在《汉书》里面的首创。

他说："惠帝崩，太子立为皇帝，年幼，太后临朝称制。"听起来好像是汉惠帝死了之后吕雉才参与政事的，实际上，惠帝活着的时候，吕雉就已经大权独揽了。这一点，司马迁用隐晦的方式表达出来了。他在写《史记》的时候，居然没有给汉惠帝用本纪，反而写了《吕太后本纪》，这很清晰地表达了，他认为汉惠帝是一个傀儡皇帝。

什么叫临朝称制？

只有太后或者太皇太后执掌大权才叫临朝称制，皇后执掌大权不算。唐朝武则天在皇帝丈夫还活着的时候就批阅奏章，那叫干政，干预朝政的意思。男人如果不是皇帝而能够行使皇帝权力，也不叫临朝称制，那叫摄政，比如清代的摄政王多尔衮。

吕雉和刘盈这娘俩执政的方针很简单，那就是萧何和张良两位顶级政治家制定的，包括了"与民休息""轻徭薄赋"和"清静俭约"三大内容的黄老治术。"黄"就是三皇五帝里面的黄帝，"老"就是诸子百家里的老子，合在一起就是道家，"治术"就是治理国家的艺术。

简单地说，这政策就是皇帝要少管老百姓要钱，过简朴的日子，后宫也不要养那么多女人，用道家清静无为的办法治理国家。

在惠帝刘盈的任期之内，大汉王朝一共经历过三位相国，第一任是萧何。萧何死了之后，按照刘邦当年的规划，曹参当上了右丞相。结果他上任之后，天天除了喝酒啥也不干。不仅如此，他任用的官员都是"讪于文辞，重厚长者"，凡是那些能说会道，天天认为自己了不起的知识分子一概驱逐。

刘盈就很郁闷，自己后面有个能干跋扈的老妈，这个已经很不幸了，为自己打工的这个丞相怎么也这么不着调？于是就找曹参来问话。

曹参没有解释，反而问他，陛下您和高祖谁的本事大点？刘盈一听就急了，曹老头你喝多了？我怎能和我那个英明神武的爹相比？

曹参又问，那您看我和萧何丞相相比呢？刘盈点点头，说你好像也比不上萧何。

曹参一拍大腿，就是啊，我俩比不上他俩，那既然他俩已经定好了规章制度，我们就守着这个制度不就行了吗？原话是"法令既明，今陛下垂拱，参等守职，遵而勿失，不亦可乎？"

一句话说完，刘盈这小孩被说服了，说曹丞相你说得对。这个故事就是成语"萧规曹随"的出处。当然，曹参也成功了，金杯银杯不如老百姓的口碑。他去世之后，天下老百姓创造了一些歌曲自发地纪念他，这可以说是一个执政者最大的成就。

等王陵接替了曹参担任右丞相的第二年，前188年，22岁的刘盈驾崩在未央宫，死后的谥号是孝惠帝，所以我们今天叫他汉惠帝。

从他开始，除了东汉的第一个皇帝刘秀，汉朝所有皇帝的谥号里都有一个"孝"字，比如汉孝武帝，但是我们一般都舍弃这个孝字不用，简称汉武帝。这不是说我们认为汉代皇帝都不孝，只是为了方便。

四、汉惠帝是被吓死的吗

根据史书的记载，很多学者都说汉惠帝是被吓死的。先来看看《史记》的说法。刘邦活着的时候最喜欢的女人是戚夫人，两人还生了一个儿子叫刘如意。戚夫人经常撺掇刘邦改立刘如意为太子，恰好刘邦也看吕雉生的刘盈不顺眼，觉得小儿子刘如意更像自己，便想改立刘如意为太子，但受到了吕雉、周昌、萧何、商山四皓这些在朝或者在野的反对派联合抵制。最后刘邦也没招了，只能在临死前不久对戚夫人说，太子刘盈"羽翼已成，难动矣"。

实际上，不是刘盈有本事，而是吕雉、吕家集团厉害，他们笼络或者说绑架了所有大臣。刘邦也没办法。

说句题外话，经常有人说中国古代君主独裁，实际上，中国古代的皇帝被欺负得抹眼泪的时候也不少。一个主要原因是家族礼法的束缚，后来更是有各种制度让皇帝憋屈。这些等以后讲隋唐三省六部制度的时候再细说。

刘邦刚死不久，赵王刘如意被强行招进宫里，一个月后就死了，谁下的手天下皆知，但那又有什么办法？戚夫人更惨，她被吕雉做成了人彘。"彘"是猪的意思，人彘就是像人的猪，具体做法是砍去手脚，挖掉双眼，灌药致哑，熏聋耳朵，扔到厕所里。

吕雉还故意让太监领着刚刚即位的汉惠帝去看，去了之后被告知，下面那个不停蠕动的怪物，就是曾经风华绝代的戚妈妈。

刘盈这时才16岁，当场就哭了，回来之后说："此非人所为，臣为太后子，终不能复治天下。"我妈这件事不是人干的，我是她儿子，还如何治理天下，做臣民表率呢？因此大病了一场，从此不理朝政，终日沉迷于酒色，在位七年就死了。

以上就是记录在《史记》《汉书》《前汉纪》和《资治通鉴》里面的故事。换句话说，权威史书都记载了这件事。今天中国北方还有一些地方把死在厕所的戚夫人当作厕所之神，简称七姑，元宵节的时候要拜一拜。

那么，我们要问一句，这么残忍的事情，是真的吗？很可惜，现在找不到任何有力的证据证明它是假的。易中天先生认为可能是假的，理由是吕后在大权在握之后，没必要那么残忍；即便有，也没必要让自己亲儿子去看，刺激本来已经柔弱的汉惠帝刘盈。

我想从另一个角度，也就是人性和心理的角度分析一下。

先来看另一件事：刘邦死了三年之后，匈奴的冒顿单于从北方寄来一封信给吕雉。

"冒顿单于"和"月氏"怎么读？

很多古代地名、人名和官名，白纸黑字写在纸上，一代代传承到今天，字还是那个字，但是读音完全变了。比如"冒顿单于"应该念 mò dú chán yú；月氏国的"月氏"，十几年前，专家们说应该读成 ròu zhī，现在大多认为应该读成 yuè zhī。

造成这种读音变化的原因只有一个，大中华的历史实在太长了。战国和秦汉时，官方普通话称为雅言，儒家的"十三经"里面有一本书叫《尔雅》，那就是古时候的汉语词典，发音应该是以古洛阳一带居民说话为正音，而古汉语的雅言和我们今天普通话的读音大多数都不一样。

有人说粤语和客家话接近古汉语的发音，但那也是接近中古时期晋和唐宋的读音，而不是真正的古雅言。你用粤语读唐诗很好听，但是读《诗经》就不一定了。

信是这么写的：听说你死了丈夫，闺房寂寞，我正好也死了老婆，咱俩凑合一下过日子吧。这当然是对汉帝国赤裸裸的羞辱，按照那时候的标准，对吕后个人更是侮辱猥亵至极，但最后吕后还是客气地回信说，我老了，"年老气衰，发齿堕落"，伺候不了您了。不仅没发怒，还顺便送给对方八匹马和两辆车。

平心而论，当时汉匈两个帝国真的交手，应该可以打个平手。但是汉朝是农业国，即便打胜，对急于恢复生产的新兴帝国也是一个打击，所以吕雉即便是在全天下人面前丢了这个面子，也忍了下来。

冒顿也很识趣，马上回信说："未尝闻中国礼仪，陛下幸而赦之"，不好意思啊，前面那封信我胡说八道，冒犯了。当然这是骗鬼的。

这件事说明吕雉是一个可以"忍常人所不能忍"的人。一般来说，这样的人也会做出常人所不能做的事情来，比较可怕，所以冒顿单于才回信道歉，他觉得和这样的一个女人较量比较可怕。

偏偏戚夫人不知道吕雉有多可怕，她天天对着刘邦撒娇，没想过这除了让吕雉更嫉恨她，什么好处也没有。史书上说，有一次，吕后带着刘邦所有嫔妃给刘邦敬酒，大家都恭恭敬敬，戚夫人偏偏要秀恩爱，用自己的小嘴给刘邦喂酒，刘邦居然笑嘻嘻地接受了。

这样一来，让在一旁的正牌皇后吕雉情何以堪？所以，我认为，在吕雉默默的隐忍之中，积压了对戚夫人巨大的仇恨。

想当年，吕大小姐也是以妙龄之姿、美艳之色嫁给了四十多岁的刘邦，这么多年来，刘邦身边其他女人不断，吕雉心中对这些女人攒下的满腔怒火，又怎会不转移到这位宠冠六宫的戚夫人身上呢？

一个虎狼之年的寡妇，对多次挑战自己的情敌的憎恨，会不会促使她把对方变成"人彘"？我不知道。不过我觉得，要看这个寡妇的权力有多大，而你应该知道，这时候的吕后有无限权力。

有一点我同意易中天先生，即便是做成"人彘"，吕雉应该也不会让自己的儿子去看，因为没必要。况且汉惠帝后来也很正常，和曹参的谈话证明他还是想有一番作为的，所以，戚夫人变"人彘"，有可能；但刘盈被吓死，应该不成立。

无论如何，惠帝一死，汉朝大权就完全被吕后控制了，对外也开始使用"朕"这个皇帝的专称。

她先是立惠帝的一个妃子所生的儿子刘恭为皇帝，为了控制刘恭，吕雉还杀了刘恭的亲妈。几年之后，这位小皇帝不知怎么知道了自己的娘是被吕后害死的，就奶声奶气地扬言长大要报仇。

那还了得，吕后赶紧又弄死了这个小皇帝，立了惠帝的另一个儿子刘弘为帝。当然，刘弘只能是傀儡，他和刘恭兄弟俩一个叫后少帝，一个叫前少帝，因为不算是皇帝，都没有庙号和谥号。

奇葩的是，惠帝刘盈的皇后张氏，是鲁元公主和赵王张敖的亲生女儿。也就是说，汉惠帝的丈母娘就是他同父同母的亲姐姐。造成这种乱伦婚配的正是吕雉,她强硬地把自己的亲外孙女嫁给自己的亲儿子。小小的张氏嫁给自己亲舅舅的时候才10岁,汉惠帝刘盈死的时候她才14岁,没有孩子。

惠帝死后第八年,前180年8月18日,吕雉病死,和刘邦合葬在长陵。这个女人对待情敌、儿子和身边大臣心狠手辣,绝不留情,但是她执政的业绩,客观地说,在中国历史上,也属于佼佼者。

前面说过,为了社会稳定,百姓们能恢复生产,即便是自己受了很大的羞辱,吕雉也不和匈奴轻启战端。同时,她减轻人民税负,鼓励生产,比如惠帝时期,她把田租减少到15抽1,这等于是把农民的税负减少了30%;废除了灭三族这样的酷刑,也废除了"挟书律"这种不让老百姓接触文化的法律;放开言论,鼓励进谏;等等。

司马迁有一段总结吕后和惠帝时期的文字:"黎民得离战国之苦,君臣俱欲休息乎无为,故惠帝垂拱,高后女主称制,政不出房户,天下晏然。刑罚罕用,罪人是希。民务稼穑,衣食滋殖。"一句话,老百姓逐渐过上了好日子。

可以这样讲,如果没有吕雉执政15年打下的基础,也许就不会有中国历史上第一个有记载的大治世——文景之治。

040. 文景的治世

刘邦死后，吕雉执掌大汉江山 15 年，干得还不错。不过在她执政期间，有一件事至今我都不知道如何评价，那就是大肆分封她娘家人为王。仅在前 187 年，吕家就有吕产为梁王、吕禄为赵王、吕通为燕王、吕种为沛侯、吕平为扶柳侯。到吕雉死之前，吕产和吕禄不仅掌握了军权，还分别是丞相和太尉，可以说吕家大权在握；而且，小皇帝也在他们手里。

刘邦曾经和大臣订立了白马之盟，不姓刘的如果称王，天下人共击之。吕雉这么做，等于违背了刘邦发下的誓言。因此，吕氏临死的时候，还是很不放心，她对吕产和吕禄说，高祖当年和大臣有白马之盟，现在你们却都当王了，我死之后，刘家一定会对你们下手，你们要抓住兵权，辅佐好皇帝。

吕雉猜到了开头，却没有猜到结尾。她死之后，刘邦的子孙果然开始起兵讨伐吕家各王，吕家活着的男人智商好像都为零，吕雉让他们抓好军权，结果他们被陈平和周勃三言两语一哄骗，就都交出了兵权，看似庞大的吕氏集团随后土崩瓦解，吕产、吕禄等全族被灭。

让我困惑的是，吕后当年不可能看不出她娘家人并没有什么才能，那为什么还要让他们走上那么高的权力舞台？她不知道爬得高摔得狠这个道理吗？如果当年她只是封家里人为侯爵，多多赏赐田地钱财，并且让他们和朝里的大臣们广泛联姻，情况是不是应该好一些？不过历史从来不允许假设。

无论如何，吕家彻底完了，狠毒的陈平还把汉惠帝刘盈的几个儿子，包括当时名义上的皇帝刘弘全部杀了。原因只有一个，作为吕太后的亲孙子，身上流着吕家血脉的皇族，谁知道他们长大会不会复仇？

这样一来就出现一个问题：谁来做皇帝？以陈平、周勃为首的功臣集团挑来选去，就选中了一个老实憨厚，远在偏僻的代国当"地主"的代王刘恒。挑中他的原因也简单，因为代王母亲的娘家只有一个弟弟，没有其他亲戚。

代王的母亲就是原来魏王豹的小妾，被天下第一算命大师许负断言，将来可以生天子的那位薄夫人。当年薄姬被韩信俘虏之后，送到刘邦那里，开始只是负责织布，后来被收入了后宫，虽然仅仅临幸了一次，但薄姬怀孕了，生下了刘恒。刘邦死后，吕雉大肆清洗其他姬妾，对这个被所有人冷落的薄姬，却恨不起来，觉得她比自己还可怜，就让她和儿子刘恒去代国一起享福去了。现在吕后也死了，又是因为薄姬的孤立无援，使她的儿子被功臣们选为新的皇帝，我觉得薄姬的故事是对"福祸相倚"这个成语最好的诠释。

前180年，在平平安安当了16年代王之后，23岁的刘恒在未央宫继皇帝位，史称汉孝文帝，简称汉文帝。

一、文景之治

对于刘恒来说，虽然当上了皇帝，但皇位来自周勃、陈平等大臣的给予，因此，相对于朝里的大臣，他就像一群狼里的小绵羊。

不过刘恒从小就学会了在夹缝中生存的技巧。他虽然是皇子，地位崇高，但从小和母亲都是被冷落，甚至还经常被人欺负。这样的环境下，必须学会察言观色，同时要谨慎小心地争取自己的利益。最重要的，还要在适当的时机，亮亮自己的爪子，让那些太监宫女们知道他也是一位主子。

现在这套本事用来和周勃、陈平这些大臣们周旋，也是十分好用，帮助他比较轻松地渡过了难关。至少，他得到了这些功臣们的一致认可。

汉文帝刘恒继位三个月之后，立儿子刘启为太子，又过了三个月，才封刘启的母亲窦漪房为皇后。这就是后来很有名的窦太后，也是前些年国内热播剧《美人心计》的主角，她在景帝和武帝两朝的影响都很大。

窦漪房是怎么当上皇后的？

窦漪房原来只是吕雉身边的一个宫女。忽然有一天，吕雉心血来潮，说要赏赐刘邦的每个儿子五名宫女，窦漪房就在其中。本来她是赵国人，要去赵国，可是一个小宦官弄错了名单，她就到了代国，给刘恒生了两个儿子。刘恒有大老婆，还生了四个儿子，本来也轮不到窦漪房的儿子当太子；不过，接下来发生了一件很诡异的事情：刘恒的大老婆在刘恒去长安当皇帝前神秘地死了，史书上没说原因，她的四个儿子在刘恒当上皇帝之后的几个月内，也相继死亡，史书上说是病死。

我们很难相信，皇宫里四个年纪不同的皇子，在几个月内全都因病死亡。有一种说法也许无限接近真相，那就是，这一切都因为刘恒的大老婆也姓吕，属于要被刘姓铲除的势力。这是一件越琢磨越可怕的事情，一位母亲和四个无辜的孩子，成了权力祭坛上的牺牲品；而且，这实在是太影响汉文帝宽厚的形象，所以我也只是姑妄说之，你姑妄听之。

汉文帝刘恒一共当了23年皇帝，前157年驾崩在未央宫之后，他的儿子刘启继位，是为汉孝景帝，简称汉景帝。汉景帝又当了16年皇帝，于前141年驾崩。中国历史上把他们俩统治的这段将近40年的时光称为"文景之治"，这也是有确切历史记载的中国历史上的第一个大盛世。

前面说过，吕后和惠帝的政策是黄老治术，到了刘恒和刘启爷俩这里,没有任何改变。他们共同的特点就是爱惜老百姓,减少刑罚,减少赋税和鼓励农商业。

汉文帝在位时废除了肉刑,把以前动不动就割掉人的鼻子、砍掉人的大腿这种刑罚废除了,改用服劳役,也就是今天的劳动改造。到了景帝时,又建立了大案复查和上诉制度,尽量减少冤案,而且把田租减少到30抽1,就是地里出产30个西瓜,只上交1个。

同时,这爷俩还都特别节俭。刘恒经常穿一双草鞋上殿办公,衣服也打补丁,当了23年皇帝,没盖过宫殿,没修过园林,没增添车辆仪仗,最后死的时候也要求一切从简。是国家没钱吗?当然不是,但他就是觉得自己不应该浪费。而且,不管文景之治时期国家如何富裕,文帝和景帝都把这种节约的风气一直保持到了去世,相当值得尊重。

那么,文景之治时汉朝社会到底富裕到何种程度呢?我这里用一个例子和一段话来说明一下那个时期人们的生活水平。

湖南博物馆有一件镇馆之宝,名字叫素纱禅(dān)衣,可以用八个字形容,叫"薄如蝉翼,轻若烟雾"。这衣服长1.3米,袖子展开达到1.9米,折叠后可以放入一个火柴盒,重量仅仅49克,就算是现代工艺,也很难复制。

这件衣服是轪侯利苍的老婆辛追的,1972年在湖南马王堆出土。马王堆遗址一共三个墓,分别埋葬了利苍、辛追和他们的儿子。

利苍死于前185年,这时候离汉文帝当皇帝还有5年;他老婆辛追死于前165年前后,这时候汉文帝已经当了15年皇帝。也就是说,两人相隔20年下葬。在此期间,利苍家的地位没有变化,只是儿子继承了利苍的爵位。但是,利苍本人的随葬品远远少于他老婆辛追不说,质量上的精美程度也是远远不及。

历史学家结合各方面的史料,最后得出结论,这段时间大汉王朝整个社会的财富迅速增加,不仅仅反映在奢侈品的数量上,而且质量上也有着巨大的提升，像素纱禅衣这样精美绝伦的手工艺品，只能是诞生在一个十分繁荣和发达的社会。

司马迁《史记》中有段话描述了当时社会的富裕程度，大意是，汉朝建国七十年，社会平安无事，除非遇到大灾患，老百姓过得都很舒服。粮食堆满仓库，布帛货物充足，京城仓库里的钱千千万万，以至于穿钱的绳子都乱了，没法数；粮库里的粮食都放不下，只好放在外面，最后烂掉不能吃；马匹随处都是，去参加聚会都不好意思骑母马去；最贫贱的人都能吃到肥肉。

想当年，四匹一样颜色的马连刘邦都很难找到，七十年弹指一挥间，汉帝国已经脱贫致富，迅速地强大起来。

二、七国之乱

不过，司马迁说汉帝国七十年来平安无事是不够准确的，前154年汉景帝时期，汉王朝爆发了"七国之乱"。

所谓"七国之乱"，就是七个王爷造反。自从刘邦灭掉韩信、彭越这些异姓王，吕雉的亲戚们也倒台之后，天下除了长沙王吴家和一个不服从大汉管辖的南越王赵家，剩下的王都姓刘。可是同姓之间也可能打得更厉害，因为所有人都认为自己也有资格当皇帝。七国之乱，就是刘邦的七个后代联合起来造汉景帝刘启的反的事件。

实际上，汉文帝时代，对汉赋发展有很大贡献的大才子贾谊，曾给文帝上书讲过刘姓诸侯的很多问题，这就是著名的《治安策》。

汉 赋

贾谊是汉代大才子，他写的《过秦论》连《史记》都反复引用。他在中国文学史上很重要，是楚辞过渡到汉赋的关键人物之一。汉赋早期和楚辞很像，后来成了一个独立的文学体裁，用词更加华丽，成文也更加锦绣，但音乐的美感却减少了。这从司马相如的《子虚赋》和班固的《两都赋》可以看出来。汉赋主题多是歌颂帝王功德，描述官廷生活，少有反映民间生活的佳作。左思认为汉赋辞藻华丽，但空洞无物。不过汉赋中也有一些劝谏统治阶级的作品，此外它上承《诗经》和《楚辞》，下启六朝的骈文，而骈文对于唐诗宋词贡献颇深。

贾谊在《治安策》里向汉文帝提出了一个著名的主张，叫"众建诸侯而少其力"，意思是，封王可以，还可以多封王，但不要给他们太大、太富裕的地盘，这样他即便是想造反，也成功不了。

他以长沙王为例，说你看看高祖时代的那七个异姓王，只有长沙的吴芮最忠心耿耿，毫无异心。为什么？因为他的领地内一共才两万多户，想造反也做不到。

文帝既不完全采纳贾谊的意见，也不否定。不否定是因为贾谊是对的，必须抑制这些诸侯的发展；不完全采纳是因为还不到时候，那时候的文帝需要诸侯王和朝里的大臣们相互制约，他的位置才稳当。

没过多久，贾谊就病死了，才32岁，可以说是天妒英才。前155年，汉景帝特别欣赏的大才子、御史大夫晁错写了一篇《削藩策》，继续阐述贾谊"众建诸侯而少其力"的主张，建议朝廷削减各位藩王的封地。针对当时最大的地主吴王刘濞，晁错说："今削之亦反，不削之亦反。削之，其反亟，祸小；不削，反迟，祸大。"意思是无论是不是削减刘濞的封地，他早晚都得反，早反的话，危害还小点儿。

《汉书》记载，刘濞是刘邦大哥的儿子，也就是景帝的堂叔，资格老，架子大，而且他是刘邦亲口封的王。据说刘邦封他为王之后，拍着他的后背说，算卦的说了，五十年后东南有个造反的，不会就是你吧？可别造反啊。刘濞当时差点没吓死，跪下连说不敢。

那现在为什么晁错对景帝说刘濞要造反呢？这里面有历史仇恨。景帝刘启在当太子的时候曾经打死了刘濞的儿子刘贤。当时两个小家伙在长安城里下棋，争强好胜吵了起来，刘启没忍住，拿起棋盘砸在刘贤脑袋上，后者当时就死了。

这事儿即便是在今天，那也是未成年和失手误杀，抵命肯定是不会的，最多在少管所待一段时间。放在汉朝，刘启还是太子，更是只能教训几句，然后把刘贤的遗体运回吴国。但刘濞并不买账，说咱们都姓刘，我儿子死在长安就埋在长安好了，为什么要运回吴国？他又千里迢迢把儿子的尸体运回长安，给汉文帝送了回去。

这实际上就是告诉朝廷，他很生气。从此之后，他就说自己生病了，再也不去长安觐见皇帝了。

汉文帝知道他是装病，曾想拿他的使者开刀，但这位使者引用了列子所说的一句话"察见渊鱼者不详"——你能清清楚楚看见深渊里有多少条鱼，这是很危险的——让汉文帝打消了念头，不仅不追究刘濞的罪状，还好言安慰，双方才在文帝一朝和平相处，没有影响社会的繁荣安定。

可是等到杀人凶手刘启变成了汉景帝，吴王刘濞就有点按不住了，况且这时候的吴国非常富有，他比过去更有实力了。吴国为什么变得十分富有呢？因为文景时期汉王朝实行"使民放铸"，老百姓可以自己铸钱。那时候没有纸币，钱要用铜铸造出来，而吴国正好有铜山。此外吴国还有盐，盐在中国古代是非常珍贵的东西，历朝历代，官府无论多么地严刑峻法，都有很多家伙铤而走险，贩卖私盐。

当时的吴国富裕到什么程度呢？一句话，那里的老百姓不用交税！就算是放眼当今世界，你也找不到一个可以土豪到老百姓不用交税的国家。当年的吴国，不仅不交税，而且逢年过节政府还发钱。吴国老百姓对刘濞是真心拥护，刘濞也认为自己有钱、有兵、有民心，何必怕长安那个朝廷？整个人骄横无比，对汉景帝更是非常不屑。

晁错说他要造反，不是空穴来风。

不过，对晁错的削藩政策，有一个人明确表示了反对，这个人就是他的亲爹，我们叫他晁大爷。《汉书·袁盎晁错传》记载，他特意赶到长安，说孩子啊，你掺和人家老刘家的事儿干什么？晁错说，不削藩，皇上的江山不稳。晁大爷回答说："刘氏安矣，而晁氏危。"你这样干，刘家没事了，可是晁家完了。说完之后，老爷子就服毒自杀了。

晁错不听他爹的劝告，坚持为刘家出谋划策，汉景帝听了晁错的意见之后，决定先拿楚赵两国开刀，找了一个借口剥夺了它们的封地。

其实谁都知道，汉景帝的终极目标是吴王刘濞。刘濞不可能束手就擒，马上联合楚王刘戊、赵王刘遂、济南王刘辟光、菑川王刘贤、胶西王刘卬、胶东王刘雄渠起兵造反，七王联合，声势极为浩大。刘濞在吴国征兵的命令是，我今年六十二岁，当将军，我小儿子十四，当马前卒，那么全国十四岁以上六十二岁以下的人，都要跟着我去打仗。

因为造反的诸侯国一共有七个，所以史称"七国之乱"，或者"七王之乱"。他们的口号是"诛晁错，清君侧"，也就是说，起兵的目的是除掉皇帝身边的小人晁错，和皇帝没关系。当然，这就是骗鬼。

汉景帝一看对方真的造反了，就来找晁错商量。晁错这时候却傻眼了——他虽然预计刘濞会造反，但没想到会变成七国之乱。准备了一桌菜，来了七桌客人，这饭怎么吃？忙中出错，晁错给了汉景帝一个荒唐无比的建议，让这位从来没打过仗的天子汉景帝御驾亲征，而他晁错留守长安。

这话要是景帝自己说出来，那是景帝威武，并且信任你晁错。可是由你说出来，那就把景帝架到火堆上了。不去吧，显得天子就是一个胆小鬼；去吧，刀枪无眼，死在前线算谁的？而且，好像你晁错的命比我刘启的还值钱？凭什么你留守长安？果然，晁错的政敌袁盎一下子就抓住了他的小辫子，私下对景帝说，七王就是恨晁错，您杀了晁错，答应不削藩，他们就各回各家了。景帝想想晁错最近的表现，长叹了一声："吾不爱一人谢天下。"下令把晁错腰斩于闹市。

晁错死后,七王并没有退兵,反而更加玩了命地进攻。

那么是不是景帝上当了,白白杀了忠心耿耿的大臣?我的看法是,晁错这个书呆子,是被汉景帝有预谋地除掉的。原因有两个:第一,当时朝里大臣基本都怨恨或者嫉妒晁错,杀掉他,可以消弭大臣们的怨言;第二,晁错一死,外面造反的七个家伙就彻底地失去了造反理由。作为一个帝王,人心向背,永远都是要考虑的因素,这就是为什么汉景帝说,"不爱一人谢天下",他是用晁错的脑袋,来收买天下人的人心。

接下来,汉景帝对外坚定地宣布准备开战,他拜周亚夫为太尉,然后让他带兵平叛。这位周亚夫就是大臣周勃之子,治军很严,有一次文帝私下去周亚夫军队驻扎的细柳营,亮出皇帝身份,守门者不让进,说:"军中闻将军令,不闻天子之诏。"文帝不但没生气,回去后还大加赞叹,"称善者久之"。文帝死的时候,曾对继位的景帝说:"即有缓急,周亚夫真可任将兵。"现在七王打上门来,景帝就想到了周亚夫,把他提拔为最高军事指挥官。

在梁王刘武,也就是景帝同父同母的弟弟的配合之下,周亚夫以十万中央军在梁国大破七国五十万联军。主要的计谋是断对方的粮道,只打了三个月,五十万没有粮吃的大军就开始崩溃,包括吴王刘濞在内,七个诸侯王全部被杀。战后除了楚国保留封地,另外新立一个王之外,其余六国,都被景帝取消了封国,收归中央,设立郡县。

汉景帝顺势而为,取消了所有封国的政治和经济权力:国王不能任免封国内主要官员,要由中央派人,赋税也由中央来收,诸侯王只能得到中央规定的赋税份额。

实际上,从这时候起,汉帝国才算是彻底地废除了封建制,变成了只封不建,也就是你可以叫作某某王,但是普天之下莫非王土,你的封地也只是让你吃喝玩乐,政治和经济权力都没有。

041. 儒家始独尊

七国之乱平定后,功臣周亚夫被提升到丞相的位置,名副其实的出将入相,出去是带军的大将,入朝是讨论政事的宰相,权力极大。可惜,他的结局惨了点,因为他是传说中的"一根筋"性格。

有一次,窦太后对景帝说,你老婆王皇后有个哥哥叫王信,人还不错,可以封个侯爵吧。景帝这时候正和王皇后好得不得了,但是虽然内心同意,可面子上还要推辞一下,就说这事儿要问问丞相。周亚夫冷冰冰地回答道,高祖说了,不姓刘不能当王,不立功不能封侯,皇后的哥哥没有功劳,不能封。

汉景帝当时被噎得一句话也说不出来,《史记》上说,"景帝默然而止"。只用一句话,就同时得罪了老板、老板娘和老板的亲娘,这种本事,我真的佩服。

还有一次,在宫里吃饭,景帝故意让人不给周亚夫的位置放筷子,周亚夫转身就叫人给自己拿一双来。景帝笑着说:"此不足君所乎?"这句话历来有不同的解释,我个人认为最恰当的是:你怎么那么多事儿呢?其实就是一句玩笑话,试探周亚夫的脾气到底如何。

作为臣子,听到皇帝这样一句略带责备的话,即使对方明显是开玩笑,按照礼节,也应该起来谢罪。周亚夫当时虽然向景帝谢罪了,但心不甘气不顺,景帝刚让他免礼,他立马就站起来,饭也不吃了,转身大步流星地走了,群臣目瞪口呆。汉景帝看着他的背影,喃喃自语:"此怏怏者非少主臣也"，这个愤愤不平的家伙不可能臣服于我的儿子吧。

我个人认为，这时候的景帝，已经对周亚夫起了杀心。后来，家臣告发周亚夫谋反，景帝派去审问的人问他为什么要谋反，周亚夫说我没谋反，买的那些盔甲盾牌都是准备给我陪葬的。审问者说：你买的是陪葬品啊？原来，你不是在地上造反，是要去地下造反啊！一根筋周亚夫觉得受了屈辱，绝食五天，吐血而亡。汉景帝觉得他很懂事，于是只免去了他的爵位，没有牵连他家里人。

一、汉武帝继位

前141年，汉景帝刘启驾崩于未央宫，他15岁的儿子刘彻继皇帝位。这位当时的少年天子，后来在位时间达54年。这就是中国历史上赫赫有名的汉孝武帝，简称汉武帝，有时候，也称为汉武大帝。

刘彻本来是当不上太子的，他的母亲王美人开始并不是皇后，而他在汉景帝的儿子里面排在第十位。如果不是一个女人太蠢，著名的汉武大帝也许一辈子就只是一个吃喝玩乐的普通皇子而已。

事情是这样的：汉景帝的皇后因为没有儿子，在他登基之后不久就被废了。当时景帝最宠爱的妃子叫栗姬，已经给景帝生了三个儿子，而且她的大儿子刘荣也正是景帝的长子。按照"无嫡立长"的原则，刘荣当上了太子。

汉景帝的亲姐姐馆陶公主和景帝关系不错，经常给他送去又漂亮又听话的女人。争风吃醋的栗姬没办法限制皇帝，就恨上了馆陶公主。馆陶公主对此并没有觉察，一天，当她提出把女儿嫁给太子刘荣为妃的时候，栗姬不仅冷冷地拒绝了，顺便还把平日的不满都发泄出来，弄得馆陶公主当时很下不来台。馆陶公主气愤之余，找到景帝的另一个宠妃，刘彻的母亲王美人，说我们联姻吧。王美人当即兴高采烈地答应了。

这里面还有一个小故事,说那时候馆陶公主把小刘彻抱在怀里,指着下面的宫女说,孩子,你看下面这么多漂亮女孩子,你挑谁做老婆?刘彻说我谁也不要。馆陶公主笑了,说那你看我的女儿阿娇好不好?小刘彻当即说道:"如得阿娇,愿以金屋藏之。"这也是成语"金屋藏娇"的来历。

当然这故事不一定靠谱,在《汉书》《史记》等所有正史上我都没看到,只是在民间故事会里流传,信不信由你。

无论如何,馆陶公主和王美人联姻这件事,是千真万确的。在这之后,馆陶公主在窦太后和景帝面前经常说王美人的好话,贬低栗姬,再加上栗姬在景帝面前恃宠而骄,结果景帝越来越讨厌她。

恰在此时,有大臣不知好歹,居然上书说栗姬的儿子刘荣早就是太子了,那栗姬现在就应该立即升为皇后。汉景帝勃然大怒:"是而所宜言邪!"这话是你应该说的吗?不仅砍掉了那位大臣脑袋,随后还废了太子刘荣,从此彻底冷落栗姬,因为景帝认为那个大臣是受了她的指使。

司马迁在《史记》上,明确记载了那位大臣是王美人暗中派人指使的,至于说为什么他到死也没供出来,我想是因为他根本就不知道谁是幕后黑手。以王美人的聪明,这事儿绝对能做得滴水不漏,估计那大臣一直到死,都以为对方是栗姬的人。

就这样,在馆陶公主的帮助下,王美人被立为皇后,而刘彻也一跃而成为嫡长子,自然而然被立为储君。等景帝一归天,15岁的刘彻就成了汉朝的第七位皇帝。

二、天人三策

汉朝从刘邦和吕后开始,就执行清静无为的黄老治术。刘邦虽然在生命中的最后一年去了一趟山东的孔庙,给孔子献上了全牛、全羊和全猪的太牢之礼,看起来似乎对儒家心存好感,但那主要是因为学者叔孙通的劝说。叔孙通根据儒家的《礼记》帮助刘邦制定了朝廷上的所有礼仪,让汉朝这些大老粗走向了贵族的行列。刘邦觉得有了这套礼仪制度,自己高高在上,感觉特别好。不过汉初对儒家的态度,也就到此为止了,一场尊孔献祭的庙堂仪式,一套尊卑有别的朝廷仪式,如此而已。汉帝国前六十多年,儒学并不是显学。

事情到了武帝刘彻这里,有了一点儿变化。他当太子时的两位老师,太傅卫绾和太子少傅王臧都是倾向儒家的。我不知道这事儿是不是他爹汉景帝的有意安排;如果是,那就厉害了,说明景帝刘启已经清楚地认识到,汉帝国需要政治和思想的双重转型。

前面说过,六十多年的黄老治术让汉朝富得流油,那为什么要转型?答案很简单,巨大的财富下面隐藏着巨大的危机。社会上的豪强急剧增加,有了钱就想染指权力,盘根错节的势力勾结在一起,欺骗官府,压迫百姓,而清静无为、松散的朝廷根本没办法抑制他们。整个社会急需一个大一统的思想和强有力的中央政府,遍观诸子学说,强调君臣秩序的儒家当然是最适合的。

果然,汉武帝上台之后,任命同样倾向儒家的窦婴为太尉,田蚡为丞相,两人又推荐了赵绾为御史大夫。也就是说,在当时黄老之徒遍天下的汉朝,朝廷上权力最大的三位——太尉、丞相和御史大夫却全都是倾向儒家的,再加上王臧这时候也升到了郎中令,刘彻想干啥,那是再清楚不过了。

接下来,汉帝国权力最高的五位大佬——一位皇帝和四位臣子就发布政令,抬高儒家,贬低道家,按照儒家经典进行一系列的政治和礼仪改革。可惜得很,赵绾和王臧这两个书呆子居然突发奇想,上奏章给武帝,说您以后不要凡事都对太皇太后请示和汇报了,您是皇帝,她只不过是个老太太。言下之意,女人岂能干政?

经历了吕后、文帝、景帝和武帝四朝的窦老太太,本来就对孙子上台伊始就瞎改瞎弄不满,听说了赵绾和王臧两人的奏折内容,勃然大怒,找人查到了两人贪赃枉法的一些小毛病,马上逮捕下狱,同时把汉武帝叫进来一顿臭骂,抬出文景二帝压迫刘彻,让他马上停止那些瞎折腾的行为。

十五六岁的小伙子正是在叛逆期,别说是皇帝,就是一般人家的孩子,对大人的管教基本也是"不听不听,王八念经"的态度。可是刘彻马上就跪下了,对奶奶承认错误。随后窦太后派人对监狱里的赵绾和王臧说,你们是自己了断,还是让我动手?赵绾和王臧只好双双在牢里自杀。不仅如此,窦老太太还罢免了侄子窦婴和王太后同母异父弟弟田蚡的职务。

一位太尉,一位丞相,都是皇亲国戚,说下岗就下岗了,而汉武帝还要在一旁鼓掌说奶奶干得好。

在这场从黄老道家到儒家转变的短暂较量中,刘彻就如同他的名字一样,彻底认输。原因也不难猜,汉景帝可不只他刘彻这一个儿子,窦老太太还有一堆孙子可以上岗呢。西汉以孝治国,每一个皇帝死了之后,谥号都有一个"孝"字,在这样的社会环境之下,窦太皇太后想要换个皇帝,并不是什么难事儿。

五年之后,前134年,经历四朝的窦漪房老太太死了,汉武帝哭着送别了奶奶之后,一转身爬起来就重新开始他的儒家改革。也就在这个时候,一位儒学大家董仲舒登场了,此人对汉武帝的三次策问,都做出了完美的回答,这就是历史上赫赫有名的"天人三策"。

所谓"策",就是编好的竹简。皇帝把问题写在上面,让下面被举荐的人才来回答,就叫作"策问";而下面的回答,也要写在竹简上,这就叫作"对策"。

董仲舒在三个对策里,主要阐述了下面几件事:

首先是天人感应。老天爷能干预人间的事情,而人间的事情也能影响老天爷。比如说你老刘家的天下自然是老天爷给你的,但如果你们不干好事,上天就会用各种自然灾害警告你,江河改道,月食日食,洪水冰雹之类,都是老天爷想骂你了。世间的万事万物,包括人,没有一个是孤立的。

其次是建立太学,改革人才选拔制度,太学就是官方办的大学。目的是让知识分子们从此老老实实地学习孔老师的《诗》《书》《礼》《易》和《春秋》五本经书,然后才可以当官。

最后就是著名的"罢黜百家,独尊儒术"。董仲舒原来的提法是,"推明孔氏,抑黜百家",相对于前一句话,我觉得董仲舒的提法其实更符合历史事实。

汉武帝并没有把其他学术一棒子都打死,仅仅是让儒家学子能当官而已,并且汉武帝自己也是外儒内法、王霸杂用的君主。所以,独尊儒术并不是独存儒术,其他诸子百家全都活得好好的,一概不禁绝,你愿意学随便,只不过"上大学"不考,当官的门路比较窄而已。但这就很要命了,大中华的知识分子非常实在,"学会文武艺,货卖帝王家",学了之后卖不出去还学什么啊!就这么一下子,天下读书人十之八九全变成了满口之乎者也的儒家弟子。

三、三纲五常

在独尊儒术的基础之上,董老师还提出了后来极其出名的"三纲五常"。"三纲"就是"君为臣纲,父为子纲,夫为妻纲",董仲舒认为这是上天规划好的三种基本关系,是真理,永远不能变的;"五常"就是脱胎于《孟子》五伦学说的"仁义礼智信",是用在人际交往之中最基本的准则。

董仲舒一辈子也没将这两个说法合在一起,三纲是三纲,五常是五常。他对于"三纲"的理解和后世也有点不一样。比如"父为子纲",在他和汉武帝时代，应该解释为父亲的行为是儿子们的榜样。后来经过东汉马融、宋朝朱熹等人的不断演绎，变成了"父亲是儿子的主宰，甚至让儿子去死，儿子都要立马跳河"这类意思，那实在是让人很无语。

关于三纲五常，等讲到东汉的时候，因为一场著名的会议，会再详细讲，甚至到了宋朝，因为朱熹，也会再次提及，这里就不展开了。

关于汉王朝的这次思想转变，还有一点也需要说一下，董仲舒的儒家思想绝对不是原汁原味的孔子思想，它糅合了道家、墨家、阴阳家的学说，所以，在他的这个基础之上发展出来的学问，又被称为"今文经学"。

相对应的，那些专门研究孔夫子原著，剔除了所有其他学派影响的，专门和董仲舒对着干的儒学，就是"古文经学"，这个我们后面也会讲到。虽然到了今天，已经没有几个人知道今文经学的大名了，但它的影响一直都在，我们现在经常把人的命运和老天爷联系起来，也是这种影响的表现。

就这样，在董仲舒的帮助下，汉帝国渐渐地完成了思想转变，从尊崇黄老治术过渡到了独尊儒术。也就在这个时候，汉武帝刘彻静静地抽出了他的长剑，放弃了汉初将近七十年的韬光养晦政策，把目光投向了北方大漠。

以此为起点，一场持续了几十年，甚至影响了世界格局的汉匈大战拉开了帷幕。

042. 大漠逐匈狼

汉武帝即位之后，实行董仲舒的独尊儒术策略，对帝国思想和政治进行改造。就在同一时间，武帝也开始对北方的匈奴亮出了长刀。

一、马邑之谋

事情要从前 133 年说起。这一年的某一天，在中国北方，大队的匈奴骑兵在军臣单于的率领之下，风尘仆仆地从大漠直奔一座叫马邑的城市。

马邑，在今天的山西省朔州市，因为秦朝的蒙恬在此养马抗击匈奴而得名。匈奴骑兵不是来这里买马的，几天前，一个叫聂壹的汉人告诉他们，想带着几百人投降匈奴，希望匈奴大军来接应，到时候他可以领人做内应，马邑城里的财物牲畜人口都归匈奴所有。

军臣单于自然是大大地喜欢，匈奴从他爷爷冒顿单于那代甚至更早，就已习惯了来汉地抢劫。他们没有多少生产能力，不抢劫，就活不下去。于是军臣单于亲自带领十万大军冲向马邑，心里想着顺便再多抢几个地方。

到了距马邑百里的地方，精明的军臣单于突然发现，山坡上到处都是牛羊马匹，但一个放牧的人都没有。这事儿只有两个解释：一是这些牲畜和主人关系特别好，吃完草自己就回家了，不需要驱赶；另一个解释就是这些牛羊是诱饵，是被人故意放到这里的。

军臣单于马上让军队四处去抓人，等抓回来人一问，吓得差点儿从马上掉下来。原来，汉朝三十万大军就在前面的山谷里静悄悄地等着他们！于是十万匈奴大军玩了命地跑，一口气逃回了大漠老巢。

这就是汉武帝精心策划的第一次对匈奴的军事行动，史称马邑之谋，以李广、公孙贺和韩安国三人为首的汉朝大军就因为一个小小的失误，丧失了围歼匈奴十万大军的机会。

汉武帝为什么要打匈奴？原因简单而且合理，有人没事就去你家杀人放火抢一把，你想不想弄死他？以前的刘邦、文帝、景帝等人为什么韬光养晦不打呢？两个字：没钱。现在经过文景两朝的积累，汉朝总算是有钱了，从汉武帝继位的那天开始，他就想着怎么消灭北方的这些强盗。

当上皇帝的第二年，也就是马邑之谋的六年之前，他就派出了张骞，带着一百多名随从出使月氏国。敌人的敌人就是朋友，月氏当年被匈奴打败，举国西迁，从汉武帝的角度想，月氏人肯定想报复匈奴，那咱俩就有了成为盟友的基础。可是张骞一去就杳无音信，他左等右等，张骞都不回来，那没办法，武帝就只能自己先动手。

马邑之谋虽然失败了，但是历史意义很大，从这件事开始，汉朝和匈奴维持了几十年的表面友好彻底结束，两边都撕下了面具，开始了长达百年的殊死搏斗。

二、卫青的身世与军功

马邑之谋失败四年之后，前129年，汉武帝派轻车将军公孙贺出云中，骑将军公孙敖出代郡，骁骑将军李广出雁门，车骑将军卫青出上谷，在东西两千多里的战线上，全面进攻匈奴，吹响了大汉王朝自卫反击战的号角。

可惜的是，这次行动还是不成功，其中三路人马不是大败而归，就是没看见匈奴,骁骑将军李广最惨,全军覆没,自己被俘虏后挣脱,独自逃回。只有车骑将军卫青打到龙城,斩首数百,大胜而归。

李广大家应该很熟悉了,素有"飞将军"之称,很多人说王昌龄的"但使龙城飞将在,不教胡马度阴山"中的"飞将"指的就是他。可是,很遗憾地告诉大家,李广的名气和他的实际成就差得实在是太远了。

他一生对匈奴交战大小七十余次,能够拿上台面的胜仗屈指可数,甚至可以说根本就没有,连他自己都说,"不为后人,然无尺寸之功以得封邑者",意思就是我打仗从来不落在别人后面,但却没有半点能够封侯的军功。

那么他后世的名气为什么那么大呢?这是有原因的,我先卖个关子,后面再说。

先来看这次行动唯一得胜而归的车骑将军卫青。相比李广出身贵族,卫青的出身就悲惨得多。他的故事,要从一个叫卫媪的女人说起。

媪就是古代汉语"大妈"的意思,卫媪就是卫大妈。换句话说,她没有名字;据后人考证,"卫"可能也不是她的姓,而是她第一位丈夫的姓,也就是说,她无名无姓。为了叙述方便,我们还是称她卫媪。

卫媪是当时平阳侯曹时府上的一名奴婢,曹时的曾祖父就是曹参,接替萧何的汉帝国第二位相国。到了曹时这一代,依旧是贵族,而且曹时后来还娶了汉武帝的姐姐平阳公主。

卫媪在曹府上先是和一位姓卫的仆人生了一个儿子和三个女儿,这些孩子自然也全都是奴隶;然后可能是老公死了,她就和一个叫郑季的人暗中好上了,又生下一个男孩,便是卫青。所以,卫青不仅是天生的奴隶,还是一个私生子,用他自己的话说,"人奴之生,得毋笞骂即足矣",我这种身份,这辈子能不被天天打骂就算是祖上积德了。

为什么一个奴隶私生子却成了车骑将军,还能带兵打匈奴?原因有两个:一是卫青有一个好姐姐,二是他本人有能力。卫大妈的第三个女儿，卫青的同母异父的好姐姐，名字叫卫子夫。汉武帝即位的第三年，他去曹府看平阳公主，一时兴起，和在旁边伺候的奴隶歌女卫子夫游龙戏凤了一番，《史记》上说"武帝起更衣，子夫侍尚衣轩中，得幸"。

平阳公主顺水推舟，马上就把卫子夫送进宫里，还把卫青也送去建章宫当差。

卫子夫进宫后一年多就怀孕了。馆陶公主的女儿，皇后陈阿娇一直没孩子，不免醋意大发，急忙找亲娘商量对策，馆陶公主出了个不太高明的主意，她派人绑架了卫子夫的弟弟卫青，准备杀了他泄愤。

奴隶出身的卫青人缘却出奇地好，虽然进宫时间很短，可是已经有了一个侍卫好朋友叫公孙敖。公孙敖以为绑架卫青的是土匪，就带着人把他救了下来。

汉武帝知道后，既不责备皇后，也不惩罚丈母娘，而是直接栽培老卫家这几个孩子。卫青升为侍中和建章宫禁卫队长，相当于皇帝的亲信保镖；卫子夫的哥哥卫长君升为侍中，大姐卫君孺嫁给九卿之一的太仆公孙贺，二姐卫少儿嫁给了詹事陈掌。而这件事的关键人物卫子夫，则从无名无分，一下子被提到了夫人的位置。

古时候谁可以被称为"夫人"？

今天有很多男性称呼自己的妻子为夫人，但这个词在古时候并不是老百姓用的，必须是君主或者诸侯的妻妾才可以使用。《礼记》上说，天子可以有"一后，三夫人，九嫔，二十七世妇，八十一御妻"。听到这里，你也不用掰着手指头数天子到底能有几个老婆，你要注意的是，"夫人"排在第二等级。汉代的后宫制度基本上遵循《礼记》，所以，卫子夫的这个夫人位置可以说是仅次于皇后了。

一夜之间，卫大妈的五个孩子人人富贵。故事还没完，卫子夫的二姐卫少儿由汉武帝做主，嫁给了陈掌，但在这之前，她在曹府当女仆的时候，和一个叫霍仲孺的奴仆生了一个儿子。霍仲孺胆小怕事，一看卫少儿生下了孩子，吓得直接跑回了乡下。后来他又娶了一个老婆，又生了一个儿子。

这位跑得快的霍仲孺并不知道，他生了两个什么样的儿子。留在卫少儿身边的儿子后来成了大司马骠骑将军，名字叫霍去病；而他新娶的那个乡下老婆生下的儿子，后来变成了大司马大将军，名字叫霍光。

简单说，汉武帝姐姐平阳公主家里一个叫卫大妈的奴隶，生出了一位皇后，三位大司马和许多位高官，影响了西汉王朝一百多年的历史。

卫青从一名奴隶变成侍卫之后，因为个人能力强，逐渐升为车骑将军。在这次汉武帝四路大军讨伐匈奴的战役里，他是第一次独当一面，居然就大胜而回。汉武帝相当高兴，觉得这个小舅子挺给自己长脸，马上封卫青为关内侯。

从这时候开始，卫青就开了挂一样，第二年出雁门，斩杀匈奴数千人。第三年出云中，又斩杀匈奴数千，俘获牛羊百万计，收复了秦始皇当年拥有的河套地区，因此又被封为长平侯。前124年，再次出高阙，率兵夜行几百里，直扑匈奴最精锐的右贤王部队，后者几乎是单身逃亡，卫青此役俘虏了匈奴一万五千人，有头有脸的匈奴贵族几十人，牛羊数百万。

这一仗后，汉武帝直接把汉朝所有军队的指挥权交给了卫青，封他为大将军。你要知道，上一个得到这个头衔的，还是八十年前的韩信韩神仙。

三、三大战役

也就是在这之后不久，消失了十几年的张骞突然出现了。这位老兄当年运气不佳，一出国门就在祁连山被匈奴抓住，被逼着娶了一个匈奴老婆，还生了一个儿子，过了十年才独自跑了出来。张骞历经千辛万苦，一路经过车师、龟兹、疏勒、大宛等西域各国，穿过今天的整个新疆，走了六千公里，才找到月氏国。可是月氏人却不想向匈奴报仇了，张骞只好打道回国。

为了避开匈奴，他准备绕远路从葱岭、沿昆仑山北麓而行，经于阗、楼兰等地回归汉朝。很不幸这次又被匈奴擒获，不过匈奴优待他，又给了他一个老婆。两年后，前126年，张骞带着匈奴妻子一起跑了出来，终于回到了汉朝。

汉武帝和满朝文武见到了风尘仆仆的张骞感慨万千，听完他讲的那些风土人情更是心驰神往。原来世界那么大，除了华夏和匈奴人这些家伙，还有那么多国家，从此眼界大开。从这一点来说，张骞确实像梁启超说的那样，是我们中国睁眼看世界的第一人。

史书上说，从此，汉武帝更加坚定了彻底打败匈奴，把东西方连起来的理想。当然，这时候的汉武帝想不到的是，西边还有一个叫罗马的国家，更想不到有一位和他同样伟大，叫作恺撒的领袖即将出世，而罗马最终也变成了一个大帝国，和他的大汉帝国双雄并立于世界。

书归正传，我们现在都知道，张骞走过的这条路，今天称之为丝绸之路。当时汉武帝要想实现东西方相通的美梦，必须要先拿下河西走廊。河西走廊是今天甘肃省内一块狭长的平原，因为在黄河以西，形状像一个长长的走廊而得名。从长安去新疆，如果你自己没长翅膀，坐飞机还怕掉下来，那你就只能穿过这个河西走廊。

为了拿下河西走廊，汉武帝制定了三大战役的计划。

前123年，漠南战役打响，卫青率领公孙敖、公孙贺和李广等六路大军十余万人两次出定襄，攻击南匈奴大本营，歼敌万余人。在这次战役里，17岁的霍去病，也就是卫青的二姐卫少儿的私生子，以近乎完美的表演证明了什么是天才。

他当时的职务是骠姚校尉，带着八百人脱离大部队，来去如风，纵横几百里，斩杀两千多匈奴，还俘虏了单于的叔叔和南匈奴的国相，很有点项羽的风采，可以说是第二个小霸王诞生了。战后众人一致拜服，汉武帝封霍去病为冠军侯。

一年多之后，霍去病再次用耀眼的成就证明了他的成功绝不是偶然的。前121年，他独自一人带领一万骑兵，两次出击，完成了三大战役里面的第二场，河西战役。不仅斩杀匈奴三万多人，最后还逼得匈奴内讧，浑邪王杀了休屠王，领着剩下的四万多匈奴投降了汉朝。

这一战之后，匈奴人开始传唱一首歌："亡我祁连山，使我六畜不蕃息；失我焉支山，使我嫁妇无颜色。"我只能说，虽然普通匈奴老百姓也是受害者，但这首歌确实是对霍去病最好的"赞美"。

河西走廊到手之后，汉武帝马上设立了酒泉郡，后来又先后设立了敦煌、张掖和武威，号称河西四郡。这些郡从西北到东南，依序排开，等于是形成了对匈奴的层层防御，你也可以说是渐次进攻，而且它们一直存在直到今天，只不过改郡为市而已。

从那时起，悠扬的驼铃声在这条路上断断续续地响了两千多年，无数商品货物从这条路被运到了西方或者东方。

前119年，卫青和霍去病各率领五万骑兵出定襄和代郡，追击大漠深处的匈奴，三大战役的最后一战，漠北战役打响。霍去病又一次成就了他的传奇，他率军一路向北奔袭，找到了匈奴左贤王的主力，一场激战下来，歼敌七万多人，然后继续向北追击，一路打到贝加尔湖才收兵。

霍去病在狼居胥山举行了祭天大礼，又在更北边的姑衍山举行祭地大礼。意思是，从此之后，敢于跨过这两座山南下侵扰大汉的，先得问我霍去病手里的剑答应还是不答应。极其霸道，也极其痛快，这一年，他21岁。

漠北战役的另一路由卫青率领，出塞一千多里遇到了匈奴单于部队。由于汉武帝暗中告诉过卫青,说李广总打一些莫名其妙的败仗,这次你别让他打头阵,卫青就让李广和另一位将军从右路包抄,他自己率剩下的军队正面死抗。结果卫青斩杀对方两万人,一路追到了杭爱山,烧了匈奴人世代囤积的粮食,这些事都干完了,回到大营之后,李广才出现,原来他又迷路了。

卫青作为大将军,打完了仗要写报告,可李广就是不说他是怎么迷路的,报告没法写。史书上说:"因问广、食其失道状,青欲上书报天子军曲折。广未对。"卫青就派人召李广来询问。结果李广对卫青说,我从小就和匈奴打仗,好不容易遇到对方的单于一次,您还不让我打头阵,让我绕路包抄,而我就恰恰迷路了,这不就是天意吗?然后说了一句,"广年六十余矣,终不能复对刀笔之吏",我老了,受不了下监狱的苦,说完之后,拔刀自刎而死。

这就是《史记》上记载的李广之死。平心而论,这事儿能怪卫青吗?我觉得不能。卫青只不过是履行他作为大将军的职责,而李广的自杀,更多的是一种自责。可惜,李广的小儿子关内侯李敢坚持认为是卫青害死了他爹,暗中袭击并且打伤了卫青。在任何朝代,刺杀最高军事长官,那都是死罪,汉朝更是要灭族,但卫青把这件事瞒了下来,并没有上报。这本来是卫青不忍心看李家被灭门的良心之举,可是到了一些人眼里,又猜疑是卫青因为内疚才放过了李敢。

霍去病愤愤不平,觉得舅舅卫青实在太冤了。你爹李广本来就该死,最后还是自杀,你却要整死我舅舅?他就想帮舅舅除掉这个隐患。机会说来就来,有一次霍去病和汉武帝一起打猎的时候,遇到了李敢,他毫不犹豫,当着武帝的面,一箭射去,李敢当场身亡。

汉武帝知道这件事的来龙去脉,他选择了息事宁人,替霍去病,也可以说替李敢家里隐瞒了这件事,对外人只说是李敢在打猎的时候,被一头鹿给撞死了。司马迁的记录是,"去病时方贵幸,上讳云鹿触杀之",意思是皇帝喜欢霍去病，所以不追究。

四、"匈奴未灭，何以家为"

漠南、河西、漠北三大战役结束之后，史书上留下了一句话，叫作"匈奴远遁，而幕（漠）南无王庭"，困扰了大汉帝国近百年的边患问题终于可以说是暂时解决了；但要说彻底解决，还为时尚早，那要等到东汉。我们到时候再说。

也就在前119年，汉武帝刘彻设立大司马的官职，用来接替已经被他废除达二十年之久的太尉一职。卫青和霍去病得到了这个官职，分别任大司马大将军、大司马骠骑将军。大司马等同于太尉，那就是位列三公，地位相当于宰相，加上卫子夫这时候已经当上了皇后，正在主掌后宫，当年曹府奴隶卫大妈的这几个孩子现在都是一人之下，千万人之上，可谓是权势熏天。

谁也想不到，两年之后，霍去病因急病而亡，年仅23岁，可谓天妒奇才。此人的一生，好像就是为了汉武帝对匈奴的三大战役准备的，看历史越多，有时候你越是会感觉到命运的神奇和无助。

关于霍去病，最出名就是他说出那句"匈奴未灭，何以家为"，婉拒了汉武帝送给他的豪宅。其实，他还有孝顺的一面，这自然不仅仅指他为了自己舅舅卫青，敢于在皇帝面前射死李敢，还包括他如何对待自己的爹，也就是当年跑回乡下的那位霍仲孺。

史书上记载，大司马骠骑将军霍去病有一次带兵路过霍仲孺的家乡，叫人找来了他，然后下拜说，以前我不知道自己是您的儿子。结果霍老头差点吓死，扑通一声，就在对面也跪下了，说："老臣得托命将军，此天力也。"我哪里敢做你爹啊，这是上天通过我让您出生。

霍仲孺当年能吸引貌美如花的卫少儿，可能确实口才好，这句"此天力也"应对得相当好。当然，这也是事实。当年他丢下挺着大肚子的卫少儿跑回乡下，对霍去病一天的抚养功劳也没有，无论怎么说，这爹当得都不及格。但霍去病还是给他钱买了田地，并且在回去的时候把那个同父异母的弟弟霍光带回了长安。

在霍去病去世十一年之后，前106年，大司马大将军卫青也病死在长安。汉武帝对于卫、霍二人的去世极为悲恸，把两位将军安葬在自己茂陵东北一千米左右的地方。卫青的墓用贺兰山的形状，而霍去病的墓则修成祁连山的形状，用来表彰他们对匈奴战争的功劳。

后来卫青的墓里面，实际上埋了两个人，除了他，还有一个你也知道，就是汉武帝的姐姐平阳公主，也就是卫大妈和卫青这一家子原来的女主人——她后来成了卫青的老婆。平阳公主原本是嫁进了曹府的，生了一个儿子之后老公就死了。在汉朝，根本没有妇女守节这个说法，她便又嫁给了一个姓夏侯的，没过多久，这人因为犯了法，畏罪自杀了，所以最后她嫁给了卫青。这就造就了一种复杂的关系：卫青是汉武帝的姐夫，同时汉武帝也是卫青的姐夫。夫妻俩婚后还比较恩爱，平平安安地终老一生，死了之后很自然地就葬在了一起。

043. 史家之绝唱

卫青娶了平阳公主,这事儿在儒生眼里很荒谬。他们不是认为平阳公主再嫁荒谬,那时候儒家还不那么虚伪,他们是认为一个家奴居然娶了主人,这很荒谬,不合礼法。实际上,卫青的奴隶身份让他在儒家那里一直都不受待见,司马迁就是这众多儒生中的一位。他对卫青有一种根深蒂固的成见,同时对李广有一种天然的喜爱,其中的原因之一就是卫青是奴隶出身。此外还有一些原因,和司马迁的人生经历有关。

一、司马迁的偏见

司马迁生于前145年,比霍去病大5岁;卫青的出生日期现在有争议,我猜测司马迁比卫青小10岁左右,简单地说,他和卫青差不多是同龄人。司马迁早年跟着董仲舒学习过一段时间,后来又去全国游历,学习的经历让他对孔子推崇备至,变成了儒家弟子。游历的经历又让他接触到了很多历史资料和风土人情,为后来写《史记》打下了坚实的基础。

前108年,也就是卫青死之前两年,司马迁接替了父亲司马谈的位置,担任太史令。太史令这个职务是九卿之一太常的下属,负责记录朝廷发生的大事,也要帮着出本挂历,弄弄天文历法什么的。司马谈临死之前叮嘱司马迁要接着把自己没写完的历史写完,这成了司马迁一生的执念。

到了前99年,李广的孙子李陵出征匈奴,因为寡不敌众,被匈奴俘虏之后投降。当时李陵带着 5000 人抗击几万匈奴部队，打了 8 天 8 夜才因为没有后援而降，可以说是虽败犹荣。司马迁就在朝堂之上为李陵说好话："虽古名将不过如此也。"这本来也没什么，夸一夸李陵，从某种程度上，汉武帝还挺高兴，毕竟这个人是他任命的；但是千不该万不该，司马迁说了下面这句话："彼之不死，宜欲得当以报汉也。"意思是李陵是诈降，是在骗匈奴，就像孙悟空钻进铁扇公主的肚子里，找个机会他就会把匈奴弄个稀巴烂，报答汉朝。

结果汉武帝信了，派了两拨人去匈奴打探消息，顺便看看能不能联系上李陵。可惜两拨人回来后都说李陵不是诈降，而且正在积极帮匈奴练兵，准备攻打汉朝。

震怒之下，汉武帝把李陵全家都杀了，接着就是问罪司马迁：你为李陵辩解，是不是他的同伙，准备里通外国？这罪名在那个年代，结果就是一个死字，但按汉朝当时的规定，你要是不想死可以，接受宫刑就行了。

司马迁想着父亲临终的嘱托，决定忍辱负重，苟且偷生活下来。就这样，太史变成了太监，并最终完成了《史记》这部旷世之作。他自己评价说这本书是"究天人之际，通古今之变，成一家之言"。这绝对不是自吹自擂，即使用最苛刻的眼光去看《史记》，也当得起这句话。

鲁迅先生高度评价《史记》是"史家之绝唱，无韵之《离骚》"。《离骚》是屈原的抒情诗，带有强烈的感情色彩，鲁迅先生此话是赞誉本书同时具有很高的史学和文学价值。这当然也意味着，司马迁写《史记》的过程中，有时是带有感情色彩的，在有关卫青和李广的部分，尤其明显。

宋代黄震说："卫霍深入二千里，声振华夷，今看其传，不值一钱。李广每战败北，困踬终身，今看其传，英风如在，史氏抑扬予夺之妙，岂常手可望哉？"翻译过来就是，司马迁贬低或者赞美一个人的功夫实在是太厉害了，卫青、霍去病打了那么多胜仗，结果看完《史记》，感觉这两人一钱不值；李广总打败仗，看了之后却觉得此人实在是英雄了得。

前面我们说李广后世的名气大，答案就在这里，司马迁替他说了很多好话。

比如，他为了形容李广品格高尚，创造出成语"桃李不言，下自成蹊"，意思就是李广像桃树和李树那样，花朵漂亮，果实芬芳，吸引别人都来仰望他，树下都被踩出了小路。现在这话都用来夸老师，在那时候，这个比喻简直就是说李广是圣人。同时，他还强调李广爱兵如子，勇猛如虎，打仗失败基本都是运气不好，小人陷害，用他老人家的原话叫"不遇时"。

反观他描写卫青，那就是"冒姓为卫氏"，言下之意，卫青的爹本来姓郑，他为了攀龙附凤，改姓卫，还不是因为卫子夫被汉武帝宠爱的缘故。至于说他打仗总胜利，那是运气好，原话是"天幸"，老天爷的功劳。

描写卫青的性格时，司马迁说："大将军为人仁善退让，以和柔自媚于上。"第一句可以说夸赞，但是"和柔自媚于上"是什么意思？这个"媚"字让你想到了什么？

一个被司马迁曲笔描写成为了荣华富贵不惜改姓，并且靠柔顺求得皇帝宠信的男人，在后世道貌岸然的儒家士大夫眼里会是一个什么形象，那简直不用猜。大才子苏东坡在读书笔记《东坡志林》里写道："若青奴才，雅宜舐痔，踞厕见之，正其宜也。"李白则说："卫青漫作大将军，白起真成一竖子。"在他眼里，白起、卫青一钱不值，都是运气好才当上大将军的。

我个人虽然非常喜爱苏轼和李白，但是对于他们对卫青的评价，我完全不赞同。

不过这里必须强调一下，虽然用了很多春秋笔法隐晦地贬低卫青，但治学严谨的司马迁并没有修改或者遗漏他的事迹，只是如上所述，用的文字不一样而已。这种笔法，就是黄震说的"抑扬予夺之妙"，也是现在有些文人常用的手法——写的东西都是对的，让你没办法反驳，但是读了之后，你就是感觉隐隐有些东西不对劲，文人的厉害也正在于此。

二、《史记》是偷偷写成的吗

如果现在列一个千古失踪名人榜，那司马迁应该榜上有名。他在前93年或者前91年写了一封信给一个朋友，然后就飘然而去，不知所终，人世间从此再也没有他的任何信息。他什么时候去世的，也无人知晓。后来很多人穷半生时光，就为了弄清楚老爷子是什么时候去世的，可是没一个人成功。民国期间，国学大师王国维费了九牛二虎之力，最后得出"绝无可考"的结论。

司马迁失踪之前写的那封信，或者说他的遗书，无论在史学界，还是文学界，都大大地有名，标题叫《报任少卿书》，或者叫《报任安书》。在这封信里，司马迁主要讲述了他当年为什么没有选择就死，而是选择接受了宫刑，那句著名的"人固有一死，或重于泰山，或轻于鸿毛"就出自这封信。在他看来，没有完成《史记》就去死，那就是轻于鸿毛。

在司马迁失踪三十多年后，他的外孙平通侯杨恽感觉朝廷政治开明，就把外公当年写的书拿出来献给了汉宣帝刘询，当时的名字叫《太史公记》，后来才改名叫《史记》。现代学者一般相信，汉宣帝和随后的皇帝们肯定对这本书进行了部分删改，很可能写汉景帝的《孝景本纪》和写汉武帝的《今上本纪》两篇都被删掉了。

这个我不知道真伪，不过这本书在晋代之前，一直都是禁书。《汉书》里记载，汉成帝时，东平王想看这本书，事先都要写报告请示一下。

为什么这样一部史书，需要藏匿三十多年之后才敢献给朝廷，然后又神神秘秘地不让别人看？答案也不复杂：这本书是司马迁偷偷干的私活，和朝廷一点关系都没有，不可能所有观点都被朝廷接受。

你也许会说，不对，司马迁在接受宫刑之前，不是太史令吗？那不就是写历史的吗？这是一个误解。虽然秦汉太史令的职责之一是为官方记录历史事件，但不是为官方编订史书，两者有很大的差别：一个是记录正在发生的事情，另一个是写出以前发生的事情。中国要一直到唐朝，才有官方为前朝修订史书的机构和制度，在那之前，所有写历史的，都是干私活。

那么，身为太史令的司马迁平时上班主要都干些什么？三个字：看星星。他当时主要的工作是天文历法，换句话说，他算是帝国的天文学家。他老人家参与修订的太初历就属于汉武帝时期的一项重要改革，儒家称之为定正朔。

这事儿和我们现代生活也有关系：每年正月初一被当作新年第一天，就是因为司马迁的这个太初历；在那之前，秦汉两朝的历法用的都是颛顼历，每年的十月初一才是新年。后来司马迁当了中书令，那更是和写历史没有关系了。顺便说一句，西汉时期的中书令不是后来三省六部制的那个威风八面的宰相，而是必须由宦官来担任的内廷官员。

总之，《史记》不是官方修史，是司马迁的私人作品，这一点没有丝毫疑义。现在有争论的是，他到底是一个人偷偷地在写这本书，还是周围很多人都知道他正在编写一本史书？我个人倾向认为，司马迁活着的时候很少有人知道他在写历史。

我这么说是有根据的。司马迁在《报任安书》里写道："仆诚以著此书，藏之名山，传之其人通邑大都，则仆偿前辱之责，虽万被戮，岂有悔哉！"意思是我现在书写完了，把它藏在大山里，等有机会传给合适的人，让它在都市里慢慢流传开来。这样的话，我以前所受到的屈辱也算是有了补偿，即使再屈辱一万倍，也不后悔。

这个"藏之名山"就是"偷偷摸摸写书"的最好解释。不想公开，是因为司马迁认为自己的史学观点不能为汉武帝接受；一旦公开，自己肯定是完了，书自然也保不住了。

为什么在他写《报任安书》这一年就可以公开了呢？两个原因：一是书写完了，以后他不再需要去上班，利用政府的资源查资料了；二是他已经藏好了书稿，现在可以倾诉一下自己的不容易了，也算是不吐不快，然后就要隐居了。当然，我们现在也知道，他最后把书稿给了他女儿和外孙——女儿是他受宫刑之前生的。

顺便说一句，司马迁当年写作应该是用毛笔和竹简，如果我们按照银雀山汉墓出土的汉代竹简的大小来看，他这近53万字的著作应该是0.04立方米左右，用一个小手提箱可以装下。

现在很多影视文学作品都说汉武帝看过《史记》，而且还因为这个专门找司马迁谈过话，这是瞎扯。造成这个误会的原因，是东汉初年有一个叫卫宏的，写过一个故事，说司马迁给汉武帝父子俩写书做传，"极言其（汉景帝）短及武帝过"，气得汉武帝把这两段给撕了；后来，司马迁举荐的李陵投降了匈奴，汉武帝就用宫刑处罚了他；可是，司马迁还不知悔改，一个劲儿抱怨，终于被抓进监狱弄死了，原话是"下迁蚕室，有怨言，下狱死"。而这个故事被收录到《汉书》里，《三国志》又全文照抄，由于《汉书》和《三国志》的权威地位，很多人就相信了。

不过，我认为他的这些说法中，经不起推敲的地方实在是太多了：

李陵不是司马迁推荐的，司马迁受刑是因为替李陵辩护。

司马迁受宫刑之后，只蹲了两年监狱，就被放了出来，而且还当上了中书令，根本没死在监狱里，后来也没二进宫，这些都可以在汉简上查到，铁证如山。

时间不对，如果司马迁在受刑之前，就写完汉武帝了，那后来司马迁都干什么去了？这和《报任安书》里说的完全对不上。

汉武帝怎么可能是一个生气了只会撕书的、《红楼梦》里撕扇子的晴雯一样的人物？若他真的看过司马迁的书而且气得不行，那一定会直接要了司马迁的脑袋。你要知道，司马迁在《酷吏列传》里一共就写了10个酷吏，其中有9个都是为汉武帝打工的；而且汉武帝还发明了一种罪名，叫"腹诽"，意思是，你心里骂娘也是犯罪。

著名的酷吏张汤在审理大司农颜异一案的时候，向武帝报告，说颜异和客人聊天，客人评论政府的作为，颜异居然不说话，撇了撇嘴，那一定是在肚子里骂娘。武帝听了之后说：腹诽？那就砍了脑袋吧。撇了撇嘴就掉脑袋，"极言其短及武帝过"居然什么事都没有，汉武帝气得只能撕书，于情于理都不通。

还可以设想一下，如果汉武帝看过《史记》，以他的雄才大略和好大喜功，司马迁和这本书的命运只有两个，或者脑袋搬家，书被付之一炬；或者改成歌功颂德，立马传遍天下。事实是，这两种事情都没有发生，从前104年司马迁开始写史记，一直到前60年左右他外孙把书拿出来，没有任何关于这本书的记载。

我个人的结论就是，《史记》是司马迁独自一人，偷偷地，以极大的毅力克服了极大的困难完成的手抄本。十几年间，他一个人在不停地考证，不停地写，既没人评论和交流，也没人称赞，中间还失掉了男人的尊严，坐了两年大牢。这种孤独奋战的日子别说十几年，就算是半年，多数人也挺不过来。司马迁做到了，而且他交出了一份几乎满分的答卷。今天，无数历史考证已经证明了《史记》的史学价值，无数经典名句也证明了这本书的文学价值。

我们应该永远记住这个人，司马迁，字子长，陕西人，西汉史学家和文学家，永垂不朽。

那么，和司马迁同一时期的汉武帝在《史记》里是什么形象呢？很可惜，《史记》里并没有一篇单独的传记是描写他的。这或是因为司马迁没写，或是像史学界说的，被后来的汉宣帝删掉了。现在存于《史记》里的《孝武本纪》，实际上是东汉博士褚少孙抄写《封禅书》，改个名字放上去的,可以说没什么历史价值。

不过,司马迁写了很多汉武帝时期的文臣武将,里面有很多对他的侧面描写。比如他写当时的酷吏干了一些伤天害理的事之后,后面往往是汉武帝的反应,经常都是一个字,"喜"。屈打成招草菅人命这种事,你在旁边看着居然还兴高采烈,那你不是暴君谁是?所以说,文采厉害的人是得罪不起的,只用一个字,就让汉武帝看起来残暴无比。

除了这些,《史记》里还有一个单独的篇章,叫《平准书》,用文景时期社会安定富足的情景做对比,讽刺汉武帝的穷兵黩武、劳民伤财。可以说,司马迁是对汉武帝很不满的,这种不满也影响了司马迁对卫青和霍去病的看法,谁让这两位对汉武帝忠心耿耿呢?

044. 汉武的帝国

《史记》中没有汉武帝的专门篇章，只有少量侧面描写，那么汉武帝到底是一个怎样的人呢？我们先来看看他一生的事迹。我个人认为，应该把汉武帝的一生分成三段来看。

一、从推恩令到中朝

第一阶段是从他继位到前119年结束了对匈奴的三大战役，这期间他主要干了三件事：按照董仲舒的设想统一了社会思想，"罢黜百家，独尊儒术"；以卫青、霍去病为主要将领北伐匈奴，清除边患，开拓西域；集权，集中全国权力于他一身。

前两件事已经讲过了，现在来看第三件事。

前127年，主父偃给武帝出了一个主意，叫作"推恩令"。主父偃说："令诸侯得推恩分子弟，以地侯之。"意思是，诸侯王们也是老婆多儿子多，现在允许他把土地分给儿子们，形成新的独立的侯国。这样一来，一个王国分成了十几块，甚至几十块丁点大的地方，那将来王侯们自然也没有资本造反。而且侯国不是王国，侯国是直接隶属于中央的，等于是把王国的土地变相地拿了回来。即便有某个王爷坚持不分土地给儿子们，只留给嫡长子，颁布了这个推恩令之后，那群分不到土地的儿子们，如何对付他们的父亲也就可想而知了。

汉武帝一拍大腿，主父偃，你真是个天才！就这样，一道推恩令下去，汉武帝几乎什么也没做，大大小小的王国就变成了一堆小小的侯国，等武帝的儿子上台的时候，封国已经完全不是问题了。

不过，在武帝时期，也不是没有想造反的，比如说淮南王刘安。本来他是一个知识分子，找了一群人，编了一本书叫《淮南子》，以道家为基础，汇集了诸子百家的很多学说。结果大家一夸他，他就有点骄傲，觉得自己当个淮南王大材小用，应该去做比淮南王这个职务还高的皇帝，于是就暗中准备了军队器械，准备时机一到，打到长安去。最后的结局有点无厘头，前122年，汉武帝在遥远的陕西听说了这件事，派了一个使者前去，准备问问是怎么回事。结果，这位大才子没等使者到达封地就吓得上吊了，最后全族被灭，淮南国土地收回中央。

不过我们今天还是应该感谢刘安，不仅是因为《淮南子》这本书具有史学和文学的双重价值，还因为他喜好炼丹，一不留神就发明了豆腐，丰富了我们餐桌。老百姓都传说，刘安最后不是死了，而是吃了丹药成仙了，不仅是他，他家养的鸡和狗因为吃了他剩下的药，也跟着一起上天了，这就是成语"一人得道，鸡犬升天"的来历。

想要集权，除了要搞定诸侯国，汉武帝还要从丞相手里夺权。那时候，表面看是皇帝的权力大，因为丞相是由皇帝任命的，但实际上，汉朝规定，国家大事由丞相率领三公审议决断，然后交给九卿去具体执行，皇帝只是每五天上一次朝，对重大事件进行同意或者否决，所以丞相的权力其实是很大的。

早期还好，在汉初吕后和文景时期，皇帝只管任命丞相、御史大夫和太尉三公，朝廷上的大小事情基本不管，有点类似后来的虚君共和或者君主立宪制度——国家是我的，但丞相对政府负全责。汉武帝上台之后，他是很想做并且急于做事情的，那矛盾一下子就出来了。比如他舅舅田蚡当丞相的时候，任免下面的官员也不告诉武帝，自己就干了，一边干，一边还表扬自己尽心尽力，兢兢业业地为外甥打工。

汉武帝非常生气，我要军事改革、政治改革、经济改革，你不让我任命我看中的官员，你是想憋死我吗？最后终于忍无可忍："君除吏已尽未？吾亦欲除吏！"您能给我留两个官员的名额不？我也想任命几个人。

这种制度设计下的丞相实际权力过大，导致汉武帝下定决心集权。他先是借故废除了三公里面太尉这个职位。我们知道，太尉是管理军事的，没有了太尉，对外打仗怎么办？于是他以对外用兵为理由，直接招大将军入后宫商量事情，接着又发明了大司马这个官儿，于是一个崭新的头衔，大司马大将军诞生了，第一任就是卫青。

随后，汉武帝让大司马领着后宫的侍中和尚书们讨论国家的军事和政治大事。侍中就是谋士，尚书就是秘书，本来都是皇帝身边，伺候皇帝的人，这时候就和新的大司马组成了另一套政府机构，叫作中朝。中朝能够绕过丞相领导的外朝，直接以大司马的名义对外发布命令，反过来架空了以丞相为首的外朝百官。

汉武帝成立以大司马为首的中朝，这件事开了一个很坏的头。后世的皇帝只要感觉自己的权力不够了，就会在自己身边弄几个人出来，另外组成一个班子，架空朝廷；后来的尚书台、中书省、门下省相继出现，到了隋唐形成了著名的三省六部制度，宋明清又出现了枢密院、内阁、军机处等，这些让人眼花缭乱的设计，本质上都是一样的，就是皇帝想绕过正式的政府部门，把权力抓在自己手里。

可以说，汉武帝的集权是成功了，但他也开启了中国两千多年皇权和相权的争斗，一直持续到清末。

二、经济改革和打击豪强

前119年，武帝执政进入第二阶段，标志就是他要自己去赚钱了。

当时，汉武帝觉得北方匈奴被修理得差不多了，就让张骞第二次出使西域，同时派人去南方，试图和传说中的身毒国——印度大陆建立关系。使者不久就跑回来说，南边过不去，漫山遍野都是要买路钱的。这事儿不奇怪，当时汉帝国西南有夜郎国、滇国等大大小小的少数族国家，广东广西有秦朝名将赵佗建立的南越国，福建还有一个闽越国。它们不但不对汉帝国表示臣服，还对国家构成了威胁。怎么办呢？汉文帝当年是写信给这些国家，联络感情，以理服人，武帝的办法就是出兵，打到对方服了为止。可是手下管钱的大臣说，仓库里没钱了，文景两朝辛辛苦苦积攒了四十年的钱，这些年在对匈奴的战争中花了个干干净净。

没钱就要去赚钱。汉武帝只能向人民要钱，但这一次他并不向普通百姓要钱，因为他嫌那样太慢，也太少，弄得家破人亡也要不了几个钱。那就向富商大户要。大汉帝国建立的七十年间，政府不干预任何经济活动，鼓励一切向钱看，黑猫白猫抓住耗子就是好猫，可以说是八仙过海各显神通，造就了无数土豪。汉武帝觉得，是时候让这些人出点儿血了。

开始的时候，他还比较温和，想通过卖官鬻爵的办法筹集资金，也就是富商们捐款，我给你一个名誉爵位，大家你好我也好。可是那时候的有钱人大多是铁公鸡，很少捐款的。汉武帝一气之下，干脆爵位也不卖了，直接开抢。

就这样，从前119年开始，汉武帝重用东郭咸阳和桑弘羊等人，开始了全面经济改革，或者叫作抢钱打土豪行动。

措施主要有下面几条：第一是铸币权回收，造钱这种事以后只能政府干，私人造币者斩；第二条是盐、铁（后来又扩展到酒）这几个最赚钱的项目只能国营，胆敢私下里炼铁，脑袋搬家，私下煮盐和造酒，治罪；第三条是平准和均输，各地应该上缴中央的货物，不用辛辛苦苦地运到长安来，直接运到需要这些货物的地方卖掉，国家赚差价。

另外，政府控制市场，东西便宜的时候国家就买进，贵的时候就卖掉国家储存的。这一条的好处是政府既可以赚钱,还可以防止大商人囤积货物,哄抬物价,祸害老百姓;坏处是,商人们赚钱的道路几乎都被堵死了。

最狠的是第四条,叫算缗和告缗。所谓算缗,就是算算你家有多少钱财,然后每年给朝廷交钱。桑弘羊用精准的数学保证了这个政策只针对土豪们,用现代语言说就是交财产税。可是汉朝的这些土豪没觉悟,本来家里两套别墅,十几个跃层,结果只报一套两居室。于是汉武帝发明了告缗,发动老百姓揭发检举这种行为,只要查证属实,罚款和收上来的税金给举报人一半。穷人们本来就仇富,举报信马上像雪片一样飞向汉武帝。

汉武帝之所以和富豪们过不去,也不仅仅是为了钱,另一个原因是那时候社会上有一批富豪,游走在灰色地带,已经变成了黑老大,对帝国的基层构成了威胁。

一个著名的例子就是郭解,此人的外祖母是前面提到过的,因为算命厉害而被封侯的女大师许负。不知道是不是因为外祖母的原因,郭解的名气特别大,经常到处调解纠纷,在很多官员和土豪那里很有面子。

当时汉武帝要迁移一些富豪到他的陵园茂陵周围居住,郭解也被新来的县令写到了迁移的名单上,结果县令被杀,县令的父亲也被杀了。更残忍的是,县令的家人去京城告状,在宫廷门口,青天白日之下,还被人一刀砍死。

汉武帝下令调查此事,一向低调的卫青居然站了出来,说这事儿应该是误会,郭解只是一个贫穷的老百姓。汉武帝当时就不无讽刺地问道,一个老百姓如果能让将军出面说情,那他还是一个普通老百姓吗?实际上,真实情况是,郭解所到之处,无数富豪达官贵人争相与其结交,史书上说,"关中贤豪知与不知,闻其声,争交欢解",他有一张巨大的权贵关系网。

这还不算,官员去县里调查郭解的罪状,一个读书人只不过说了一句郭解不是好人，马上就被人杀了，并且被割下了舌头。等郭解后来被抓，他指天发誓说他根本不知道是谁干的。当时的御史大夫公孙弘感慨地说道"解虽弗知，此罪甚于解杀之"，意思是虽然郭解不知道是谁干的，但这比他指使别人干更加可怕。公孙弘是对的，因为这说明，郭解这个黑老大的威望已到了不需要开口，就有人替他杀人的程度，汉武帝当然不能容忍这样的人存在，下令灭族。

三、疆域扩张和穷兵黩武

汉武帝执政的第二阶段，借着经济改革，既聚积了大量财富，又打击了社会上的土豪劣绅。随后就有了下面这些结果：

前111年，十万大军占领今天的广州番禺，灭赵佗南越国，广东、广西、海南岛以及今天越南大部分归入大汉版图；西南贵州的夜郎国投降；数十万大军涌入东南，闽越国彻底灭亡，从此，福建进入中华大家庭。前110年，为了威慑北方匈奴和西羌的联手反叛，汉武帝亲率大军北巡，然后在泰山举行封禅大礼，据说，规格之高，秦始皇在地下都要惭愧。前109年，贵州最南端的滇国归降，汉武帝随之设立益州郡，自此，整个贵州又纳入了汉王朝的疆域；前108年，几十万大军水陆并进，征服卫满朝鲜，随后在今天的朝鲜半岛设立乐浪、玄菟、真番和临屯四郡。

此时汉王朝的版图西起今天的中亚，东到日本海，北至茫茫漠北，南面直达越南和海南岛，比秦朝的疆域大了一倍左右，基本上形成了今天中国的模样，甚至更大。可以说，汉武帝给后来的中国疆域定下了一个大致范围。

从汉武帝开始到清末，这个范围内的政治体制和社会文明一脉相传，绵延不绝，一直都是东亚和东南亚广大地区的领导者。用西方一些史学家的话说，从秦朝到清朝，可整体性地称为中华帝国，而这个帝国的开端，严格来说，应该是从汉武帝开始的。

日月如梭，时间飞逝，一转眼就来到了前104年，从这一年到汉武帝最后驾崩，就是我认为的汉武第三阶段。

这一阶段要从汉武帝的一个大舅子说起，此人叫李广利，是汉武帝宠爱的李夫人的哥哥。前面说过，卫子夫自从前128年被立为皇后以来，一直在这个位置上稳稳地坐着，即便弟弟卫青去世了，她依然深得汉武帝的宠爱。可是后来汉武帝娶了李延年的妹妹之后，卫子夫就失宠了。这里有一段故事是这样的：有一天，汉武帝偶然听到音乐家李延年的曲中有"北方有佳人，绝世而独立，一顾倾人城，再顾倾人国。宁不知倾城与倾国，佳人难再得"的词句，就不屑地说，怎么可能有那么美的女子。平阳公主在一旁说，李延年的妹妹就有那么美。汉武帝于是把李延年的妹妹召进宫来，发现果然极美，就封她为夫人。后来用"倾国倾城"形容女人漂亮，出处就在这里。

前104年，卫青去世两年之后，汉武帝封李广利为贰师将军，让他带着几万人去打仗。原因是他想要西域大宛国的汗血宝马，前一年派人去买，居然被拒绝了。对于这样的事儿，汉武帝岂能一笑了之？你不卖就是给脸不要，那我就去抢。

很可惜，带着军队到距离长安三千多公里以外的地方去抢东西，这件事对将领的要求实在很高，而李广利的能力最多只能算是平庸。前前后后一共打了四年，损失了十几万人，金钱花费无数，总算是攻破了大宛，获得了几十匹汗血宝马。

李广利带着这样战绩回来，居然被封为海西侯，食邑八千户。这里面有两个原因：第一个就是汉武帝好面子，不愿意承认失败；另一个原因是，倾城倾国的李夫人在这段时间去世了，汉武帝怀念李夫人，因而优待李广利。

李夫人为何不让武帝看最后一眼？

李夫人是在为汉武帝生了一个儿子之后死的，当时还很年轻，汉武帝很伤心。据说她重病的时候，汉武帝去看她，她蒙起被子不让汉武帝看她的脸。武帝说，你让我再看一眼，我让你全家都封侯，可是李夫人就是不让看，汉武帝很生气地走了。

周围人都很不理解，李夫人说："夫以色事人者，色衰而爱弛，爱弛则恩绝。"现在要是让他看见我重病之后很丑的样子，我死以后，他心里留着的就是我很丑的样子，就不会照顾我的兄弟了。我不让他见，以后他记得的，就都是我漂亮时候的样子了。

果然，李夫人死后，汉武帝对她念念不忘，找人画像，为她写诗，为她招魂。他的千古名篇《悼李夫人赋》里有"何灵魄之纷纷兮，哀裴回以踌躇"这样非常有文采的句子。作为很有文学天赋的帝王，他还亲自让乐府这样的收集民间诗歌和文学的机构复活了，后来成为一个流派。

前99年，李广利第一次征匈奴大败而归，大将李陵在这场战争中因为李广利瞎指挥，而被匈奴俘虏，并且间接地导致了司马迁受了宫刑；第二次在前97年，和匈奴对峙了很长时间，无功而返；第三次最惨，前90年，全军覆没不说，由于种种原因，李广利自己最后还投降了匈奴。

一次征大宛，三次讨伐匈奴，几十万将士的性命，无数钱财，几乎一点好处也没捞到，这就是汉武帝执政第三阶段做的事情。到了这个时候，他终于幡然醒悟，随后下诏，停止了对匈奴的所有军事行动。不过，汉帝国已经被他的这些行为弄得千疮百孔，用史学家的话说就是"海内虚耗，户口减半"，老百姓流离失所，四处逃亡，很多人不得不起来造反。

045. 道绝五柞宫

中国有句古话，形容人生的三大不幸，叫"少年丧父，中年丧妻，老年丧子"，从情感上来说，汉武帝刘彻这几件事都经历了一遍。

15岁那年，汉景帝在病床上被别人扶着，为他举行了成人礼，然后撒手人寰。任何一个少年，经历过这种事，心里都不会好受。五十几岁的时候，最喜欢的李夫人又去世了，他很长时间都精神恍惚，经常白天见鬼，还写下了"是邪？非邪？立而望之，偏何姗姗其来迟"这样的诗句，为我们贡献了"姗姗来迟"这个成语，他的伤感可想而知。

可是，这两件事带给他的伤痛，应该都比不上他晚年时太子刘据的死。

一、巫蛊之祸

征和二年，也就是前91年，汉武帝在京城之外的甘泉宫养病时，身边的一个名叫江充的都尉对他说："宫中有蛊气，不除之，上终不差"，意思是有人在长安城里对着您扎小人，所以您的病才一直不好。汉武帝一听，马上让江充去调查。江充等的就是这个机会，因为他知道太子刘据和皇后卫子夫看他很不顺眼，预感武帝一死，太子就会除掉他，所以想趁机诬陷太子。后世把这件事称为"巫蛊之祸"。巫蛊就是在小木头人上扎针，用来诅咒别人死，那时候大家都相信这种诅咒会成真，汉武帝也不例外。

江充回到长安城一番折腾，就在太子刘据的府上挖出了一个桐木做的小人，然后散布谣言，说这个小人和汉武帝长得挺像的。

刘据完全明白，对手就是奔着他来的，这是你死我活的游戏，必须去向父皇解释清楚。江充也明白，这次如果失败了，他必然会死。于是，他派人守在去甘泉宫的路上，刘据几次想去汉武帝养病的地方解释，都被江充的人挡了回来。

万般无奈之下，刘据就听从了老师的意见，在他老妈皇后卫子夫的支持下，发兵抓住了江充；很不明智的是，他还杀掉了江充。江充的手下逃回甘泉宫之后，马上对武帝说太子谋反了。汉武帝这时候65岁，却不糊涂，说这一定是江充搞得过分了，我儿子害怕了，才发生这样的事儿，就让一个使者去招刘据来甘泉宫谈话。谁知这个连名字都没留下，却改变了中国历史的使者胆子实在太小，他怕太子真的是造反了，自己羊入虎口，走了一半就跑了回来，对汉武帝说太子确实谋反了，还想杀他，他是逃出来的。汉武帝这一下子就相信了，连忙派丞相刘屈氂带兵平叛。

太子刘据又犯下了第二个错误，他真的带人和丞相的队伍打了起来，也许他认为武帝周围的人都想陷害他，只有干掉对方，才能去和父皇敞开心扉。结果大战五天之后，几万人死亡，刘据兵败逃走，上吊自杀，两个儿子也一同遇害，随后留在长安城的家人也都一起被杀，只有他的一个只有几个月大的，名叫刘病已的孙子侥幸逃脱，这就是后来的汉宣帝。

当汉武帝怒气冲冲地想追究皇后卫子夫的罪过时，她却抢先一步自杀了。

卫子夫

卫子夫算得上是中国古代的一个奇女子，她以歌奴的身份当上皇后，统领后宫38年，无一差错，将偌大的后宫管理得井井有条，还带出了卫青、霍去病和霍光这些影响了国家命运的大功臣。司马迁说："卒尊子夫。"她是唯一一个在《史记》《汉书》和《资治通鉴》三大史书中都赢得作者尊重的后妃。

不久,汉武帝意识到,太子的谋反纯属被逼自保。《汉书》记载,他建了一座思子宫用来思念儿子:"上怜太子无辜,乃作思子宫。"然后,进行了一番大清洗,始作俑者江充,虽然已死,但武帝仍宣布,灭他的三族,这是汉文帝废除诛三族这种连坐刑罚之后,第一个又重新受到此等待遇的家族,可见汉武帝心里对江充的恨之深。

平心而论,这种恨并不仅仅是因为父子之情,还涉及帝国的前途,因为对刘据这个太子,汉武帝一直抱有很大的希望。

《资治通鉴》记载,在汉武帝有了好几个儿子之后,卫子夫和刘据都有点担心太子的位置不保,毕竟史书上记录的皇帝喜欢小儿子这种事实在是太多了。汉武帝明白他们的心思,就对卫青说,大汉周围强敌太多,如果不去四处征伐,给这些土匪强盗立下规矩,那我的子孙就没法安宁,所以,我不能不让现在的老百姓吃点儿苦,但如果我的继任者也这么折腾,那大汉就会重蹈秦朝灭亡的覆辙。我的儿子、你的外甥刘据性格沉稳,宽厚仁慈,将来必定会以文治国,帮我稳定天下,你去告诉他和他娘,不要整天胡思乱想。

上面这段话出自一向对武帝持批评态度的司马光之手,可信度相当高。这至少说明两个问题:第一,汉武帝知道自己在折腾老百姓,但他认为这样做是为了子孙千秋万代不受外边的欺负,而且他也在谨慎地思考如何避免折腾过了头,像秦朝那样垮台;第二,汉武帝的设想是他完成武力征伐后,让太子刘据来收拾乱摊子,稳定天下,"欲求守文之主,安有贤于太子者乎"这句话,可以说是一位君主和父亲对继任者和儿子的最高赞美。

可惜人算不如天算,现在刘据被江充给害死了,如果不灭了对方三族,他也就不是汉武帝了。

二、"罪己诏"

祸不单行，在太子刘据死的第二年，发生了前面说过的李广利投降事件。老年汉武帝面临相当不利的局面，最理想的继任人没了，对匈奴的打击也不如预期，国内的财政和民心也到了崩溃的边缘。恰在这时，桑弘羊等人上书汉武帝，建议在轮台，也就是今天新疆维吾尔自治区轮台县，驻兵防范匈奴。

智商超群的汉武帝及时地利用了这件事，于前89年发布《轮台诏》，拒绝了这项建议，并且严厉地批评了桑弘羊这种穷兵黩武的想法，他说："请远田轮台，欲起亭隧，是扰劳天下，非所以优民也，今朕不忍闻。"在轮台驻兵，和匈奴人打仗这种让老百姓不得安宁的事情，我刘彻连听都不忍心听。

估计桑弘羊听到之后是一脸糊涂，到处打仗，到处征伐，这不正是您老人家和我一直都在做的事吗？但大家马上就明白了，老板现在是想急速地调整国家政策，从对外征伐转向与民休息，恢复到西汉初年那种轻徭薄赋，国家不折腾的状态。因为诏书的最后说得清清楚楚："当今务在禁苛暴，止擅赋，力本农。"汉武帝本来希望儿子刘据去做的事，现在只能自己做了。

这份轮台诏书在历史上还有另一个名字，叫《轮台罪己诏》，一直都被称为中国第一份皇帝罪己诏。流行的说法是，汉武帝在诏书里深刻反省自己的错误，向老百姓道歉了。我翻来覆去把这份诏书看了好几遍，只找到了针对李广利多次伐匈奴失败，武帝说的那句"朕之不明"，也就是承认自己一时糊涂，其他没有任何责备自己的地方。

顺便说一句，《资治通鉴》记载，武帝曾在这一年对大臣们说过"朕即位以来，所为狂悖，使天下愁苦，不可追悔"这句话，我也查了一下，是司马光从一本叫作《汉武故事》的地摊文学里看到的，《汉书》里没有任何记载。如果武帝说过这句话,那自然是惊天动地的大事,班固写《汉书》的时候怎么会遗漏?所以,这个记载并不可信,只能说它符合司马光心里对汉武帝的评价,才放在了《资治通鉴》里。

当然,你说汉武帝心里认错了,就是不好意思明说,那我绝对承认,改弦易张、调整政策本身就是一个认错的态度,甚至比口头认错强一万倍。

可惜的是,刘彻时日无多了。前88年,他找人画了一幅画,内容是当年周公姬旦背着幼年的周成王,坐在大殿上接受诸侯朝拜的情景。然后,他把这幅画给了光禄大夫霍光。这里有两个意思:第一,武帝决心立最小的儿子,时年六岁的刘弗陵为太子储君;第二,霍光将是权力最大的托孤大臣。

霍光是霍去病同父异母的弟弟。在前117年霍去病去世时,他是光禄大夫,到现在二十九年过去了,他还是光禄大夫。史书上说光禄大夫是"天子近臣,掌顾问应对",等于是皇帝身边的智囊,但是位置比九卿要低,相当于后备干部,只要再提一级,就是九卿了。

为什么霍光将近三十年没升官呢?这一点史书上没有任何交代。《汉书》上对于他这些年的历史总结了一句话:"出入禁闼二十余年,小心谨慎,未尝有过,甚见亲信。"在汉武帝身边当智囊当了二十九年,没升官,但也没被杀,没被赶走,没犯什么错误。这至少说明一件事,霍光得到了汉武帝的完全信任,才会这么长时间一直待在他身边。武帝一朝,死在他手里的丞相就有六个,各个岗位上的官员更是像走马灯一样上上下下,没有消停的时候,霍光能在他手下当常青树,本事不小。

前87年春,在汉武帝死的前一天,他任命霍光为大司马大将军,金日磾为车骑将军,上官桀为左将军,升任桑弘羊为御史大夫,让四个人共同辅佐7岁的小儿子刘弗陵,也就是后来的汉昭帝。

汉武帝这辈子干过的事情实在是太多了,我觉得可以从四个方面来总结一下。

在政治方面，设置中朝，抑制相权，实行推恩令打击诸侯，推行荐举制度，唯才是举，把全国分为13个州；在地方上，推行刺史监察制度；在思想意识形态上，尊崇儒家，推广董仲舒的那套学说，使用太初历、定正朔、建年号等等；在经济上，改革货币制度，实行"五铢钱"法，盐铁官营，均输平准；对外政策上，北击匈奴，西通异域，东平朝鲜，南统两越和降服西南夷。中国人的威风就是他打出来的，没有他的东征西讨，也就没有几十年后，外交官陈汤挺着脊梁说的那句"犯强汉者，虽远必诛"，当然，也极有可能就没有了所谓汉民族的称呼。

不过，《道德经》里有句话是这么说的："受国之垢是谓社稷主"，只有准备好挨全国老百姓的诟骂，才是一个真正的社稷之主，也就是国君；这话反过来也可以理解为，一个雄才大略的君主，是很可能挨骂的。汉武帝晚年虽然急速调整国家政策，尽最大力量避免了国家崩溃，但是从史料上来看，老百姓不买账，骂他的人不少；不仅仅是当时，两千多年来，批评声也是不绝于耳。

总的说来，在民国之前，知识分子对他的批评主要集中在财政改革和对外政策，说他与民争利和穷兵黩武。对于他的独尊儒术，大多数人都持赞赏态度。司马光在《资治通鉴》里说："秦以之亡，汉以之兴者，孝武能尊先王之道，知所统守。"意思是汉武帝像秦始皇一样能折腾，汉朝之所以没有灭亡，是因为刘彻信儒家，尊先王之道。

到了民国前后，知识界就开始集中火力，炮轰他的独尊儒术。国民党元老于右任有一首诗，诗中写道："绝大经纶绝大才，罪功不在悔轮台。百家罢后无奇士，永为神州种祸胎。"意思是汉武帝的对外扩张是可以理解的，但是你罢黜百家罪不可恕，为中华种下了祸胎。

为什么知识分子的看法有这么大的转变？因为清末民初，中国被外国欺负得很惨，知识分子就开始分析。一开始认为是枪炮不行，那就搞洋务运动，结果失败了；然后认为是制度不行，可是君主共和也搞了，却还是失败。于是大家开始反思文化和精神，开始全盘否定中国文化，认为"之乎者也"都应该废除，要批评儒家；追根溯源一看，原来"独尊儒术"是从汉武帝开始的，于是，对汉武帝的评价就一边倒了。

其实，汉武帝如果地下有知，他或者会气死，或者会笑死。他"独尊儒术"只是因为汉初用黄老学说太久，社会上自由主义盛行，才决定用儒家这种强调君君臣臣父父子子的学说来纠正一下，至于他本人并不是只用儒家。他在位期间，诸子百家人才辈出，连法律都增加了几百章，条款几千条。

关于武帝的争论还会继续下去，不过汉武帝本人对此应该是不在乎的。1977年，甘肃玉门花海出土了七面棱形竹简，据说是汉武帝临终遗言的抄写本，上面写着这样雄浑之语："苍苍之天，不可得久视，堂堂之地，不可得久履，道此绝矣！"一代雄主，汉孝武帝刘彻，前87年崩于五柞宫，享年69岁。

三、刘弗陵即位之谜

刘彻死后，他7岁的小儿子刘弗陵即位，是为汉昭帝。

这位小皇帝和他母亲，都是传奇。他母亲姓赵，人称钩弋夫人。《汉书》里记载，武帝有一次路过河间，听说这地方有个女孩子可奇怪了，生下来双手就握拳，十几年了，谁都掰不开。汉武帝不信那个邪，结果他过去一握那女孩子的手，手就伸开了，手里边还有一个小小的玉钩。就这样，一个如花似玉的女孩子又被收入后宫，老年的武帝对她喜欢得不得了，特意赐给她一个头衔，叫婕妤，仅次于皇后，史称赵婕妤。

前94年，武帝62岁的时候，钩弋夫人才生下刘弗陵；几年后，她在武帝去世的前一年神秘地死去。《汉书》上说"有过见谴，以忧死"，犯了错误，被刘彻骂了两句，然后就抑郁而死。这个说法不能让后来的读书人信服，后来民间就有一种说法，说汉武帝因为下定决心立她的儿子刘弗陵为继任者，担心钩弋夫人将来干政，就把她先害死了。

这种观点，最初记载在褚少孙补写的《史记》篇章里，而且此人还绘声绘色地描写了汉武帝害死钩弋夫人之后对周围人说的话："女主独居骄蹇，淫乱自恣，莫能禁也。女不闻吕后邪？"意思是我死之后，钩弋夫人会和别人淫乱，然后国家就会乱套了，你们难道没听说过我的祖奶奶吕雉的事吗？

我忍不住要吐槽一句，这位褚少孙博士狗尾续貂地为《史记》续写了很多章节，大多数纯属瞎说，骗子一个。就拿这段描写来说，完全站不住脚。

汉武帝杀一个女人也需要对周围人解释这么多，还把自己祖奶奶拿出来抹黑一番？你要知道，刘彻装模作样推崇儒学，平日里在大家面前那都是之乎者也，文质彬彬的。

有一次，因为他在朝堂之上装正人君子装得实在太过分了，大臣汲黯看不下去，忍不住说："陛下内多欲而外施仁义。"意思就是您心里满满的都是欲望，外表还装得这么仁义，真了不起啊！气得汉武帝当即拂袖而去。现在褚少孙居然说他和周围人谈论他祖奶奶的丑事，这怎么可能？

总之，对钩弋夫人之死，现在只能存疑，或者接受《汉书》的说法，认为她是抑郁而终。

046. 执柄者霍光

汉武帝去世之前，选择 7 岁的刘弗陵作为接班人。这固然是因为他喜欢小儿子，史书上说，刘弗陵具有聪明和果敢的天赋，武帝"甚奇爱之"，不过最重要的原因是，汉武帝已经没有选择了。

当时他只剩下三个儿子，两个成年的儿子中，燕剌王刘旦野心大过能力，犯过大罪，广陵王刘胥只有力气没有脑子，让这两人当皇帝，几乎可以肯定，汉帝国会出现巨大的危机。

幼子继位，剩下的问题就是，让谁来辅佐他。

一、辅政大臣之谜

前面说过，根据《汉书·霍光传》，汉武帝挑中了四位辅政大臣，分别是霍光、上官桀、金日䃅和桑弘羊。霍光是霍去病的弟弟，陪了武帝二十九年的智囊和顾问，桑弘羊是他经济改革的旗手，那么，上官桀和金日䃅是谁呢？

上官桀原来是一名郎官，后来升到太仆，也算是九卿之一，只不过没实权，负责管理武帝的车马。金日䃅的故事就比较有意思了，霍去病曾经在祁连山俘虏了四万多匈奴人，此人就是这些俘虏里面的一个。不过，他不是普通的俘虏，他爹是匈奴休屠王，后来因为不想投降汉朝而被浑邪王所杀。所以严格来讲，此人和汉朝有不共戴天的杀父大仇，但汉武帝觉得这小伙子看着帅气，精神，加上养马养得好，后来就提拔他为光禄大夫，官职和霍光一样，并赐姓为金，同样属于汉武帝的顾问团成员，只不过，他的主要任务还是养马。

由此看来，汉武帝用人，完全是不拘一格。他虽然推崇儒家，但到了具体的人和事儿，从来都是实用主义，手下什么人都有，而且经常破格提拔。比如前面说的汲黯就抱怨过，法家的酷吏张汤和儒家公孙弘比自己入朝晚，可是提拔得快，原话是"陛下用群臣，如积薪耳，后来者居上"，您用人像堆木柴，后来的反而在上面，这就是成语"后来居上"的来历。汉武帝听了只是一笑。

四位辅政大臣里，除了太仆上官桀勉强算是九卿之一，剩下的光禄大夫霍光和金日䃅、军需官桑弘羊当时的职位都不高，而且金日䃅还可以说是仇人之后，他们怎么在汉武帝去世的前一天，忽然被提拔到大司马大将军、车骑将军、左将军和御史大夫这样的高位，然后被赋予了辅政大臣这样重要的角色呢？

这就导致了阴谋论的出台。著名史学家吕思勉断定这是一场政变，什么周公负成王的图画，遗命辅佐刘弗陵这些，都是霍光等人后来编造的。他认为这就是武帝去世时，这几个人精心策划的一场阴谋。

虽然这个说法还不是史学界的主流看法，但我们不得不说，吕思勉的这个怀疑相当有道理。关于谁是真正的辅政大臣，班固《汉书》里的记载相当混乱，《汉书·霍光传》里说，辅政大臣是上面的四位，不过《田千秋传》里辅政大臣又变成了霍光、金日䃅、桑弘羊和田千秋，田千秋是当时的丞相，三公之首，听起来比较靠谱。到了《外戚传》这里，又变成了只有霍光与上官桀两位。

那么，真相到底是什么？很遗憾，我也不知道，但可以试着分析一下。从霍光后来的表现来看，此人政治水平和能力极高，而且对汉朝忠心耿耿。以汉武帝识人之准，对于一个在自己身边待了二十九年的谋士，他应该还是了解的。况且，汉朝当时在武帝的政治改革之下，内廷的权力极大，一点儿都不比丞相的职权小，所以，汉武帝选中霍光我认为应该是没问题的。从当时朝野上下的反应，也可以证实这一点，霍光是名正言顺的顾命大臣。

有问题的应该是金日磾和上官桀。从这两人和霍光的关系看，上官桀的儿子上官安娶的是霍光长女，而金日磾的二儿子金赏的老婆是霍光的另一个女儿，这种联姻关系自古以来就是同盟的另一个说法。

我认为，汉武帝临终前把幼子托付给了有能力的霍光、经济学家桑弘羊和丞相田千秋，但由于霍光深知自己孤掌难鸣，他可能趁着武帝病重昏沉，头脑不清的时候，或者诱骗武帝修改了遗嘱，把自己的两个亲家金日磾和上官桀加了进去，或者干脆就伪造武帝遗嘱，把辅政大臣变成了上面说的四个人，老丞相田千秋被彻底排挤在外。

无论如何，一个崭新的时代即将来临。

二、盐铁会议

汉昭帝刘弗陵开始当家了，他和他的辅政大臣们面临的首要任务就是让百姓吃上饭。在农耕文明的社会里，如果没有外患，统治者不折腾，维持社会的基本公平和正义，那财富必然是年年提升的，这也正是昭帝执政前几年的社会真实写照，老百姓的日子一天天好了起来。

收入增加却并不代表家里面的大佬们就一团和气，没有矛盾。金日磾在昭帝即位的第二年就去世了，剩下的三位辅政大臣明争暗斗，基本就没有停止过。总的来说，霍光由于其大司马的身份和昭帝的信任，要强势一些，上官桀和昭帝的姐姐盖长公主是铁杆联盟，也比较强势，而桑弘羊因为对汉帝国经济的贡献和全盘掌控，也不太把其他两位放在眼里。

转眼之间，就来到了前81年，也就是汉昭帝刘弗陵登基之后的第六年。这一年的二月份,在长安城建章宫,丞相田千秋和御史大夫桑弘羊对来自各地的六十多位贤良文学进行了一次策问,题目叫"问民所疾苦",让大家谈谈为什么老百姓的日子过得比较苦。

当年并无天灾,却召集了通常只在天灾之年才召集的贤良文学来策问,潜台词自然是人祸。虽说题目是13岁的小皇帝亲自选定的,但是实际上是谁的主意大家都心知肚明。大司马大将军霍光由于是内廷首辅,不方便参加这种外廷的会议,但是从下令各地举荐贤良文学,到筹备会议,他有多积极,大家都是看在眼里的。很显然,他的矛头直指桑弘羊领头的帝国政府,也就是外廷。

果然,这场策问从一开始就火药味十足。背后有霍光撑腰的贤良文学们对政府的责问范围远远超出了"民所疾苦",变成了对汉武帝时期政治、军事、经济、文化和外交五大政策的大讨论。丞相田千秋一言不发,七十多岁的老头子桑弘羊慷慨激昂,舌战群贤,和一群之乎者也的年轻人展开了一场大辩论。当年制定这些政策他也有份,汉武帝现在躺在茂陵里起不来,那就只有他来辩护了,这就是后世极其著名的"盐铁会议"。

什么叫贤良文学?

即贤良和文学两种人才。中国古代先后出现过四种主要的人才选拔制度,即先秦的世袭制、汉代的察举制、魏晋南北朝的九品中正制和隋唐之后的科举制。其中汉代察举制的做法是各级官员考察本地人才,然后向中央举荐。前134年,武帝下诏,规定各郡、国每年察举孝和廉各一人,上报中央,审查通过之后作为国家后备干部培养。

孝就是孝顺亲长,廉就是正直有才能,合起来称之为孝廉,是察举制最重要的科目,也是西汉朝廷最重视的科目。举孝廉的规定是一年一次,除此外,政府可以不定期地进行其他科目的举荐活动。主要有两个,一个是秀才,一个是贤良文学。那时候秀才指的是特殊人才,和后来科举的秀才是两码事。汉武帝说"盖有非常之功，必待非常之人"，只要你有我需要的本事，你读不读书无所谓。贤良文学指的是有才华、有道德的人，"文学"在这里指儒生，是以研究儒家经典为生的专业人士，所谓"善礼乐典章"者，谓之文学。

召集贤良文学人才一般不定期，发生天灾的时候才会对他们进行策问。这是根据董仲舒的"天人感应"和"天人合一"的理论，任何灾难都是上天对人间帝王的警告，做皇帝的除了马上跪下检讨，还要求问贤良文学这类人，以便于找到"对策"，改正错误。

果然，会议一开始，贤良文学就抛出了一个重磅炸弹，那就是要废除盐、铁等大型商品的国营政策，开放给私人经营，政府绝不能"与民争利"。桑弘羊的反驳非常精彩，他说："夫权利之处，必在深山穷泽之中，非豪民不能通其利。"盐铁这种东西是普通老百姓能生产的吗？开放之后，那些有钱人肯定会代替政府经营盐铁，和政府经营相比，普通老百姓被剥削得一定更狠，境况也一定会更惨。

随后他又问了一个问题，没有国营，国家就没钱，那没办法抵御匈奴咋办？贤良文学们的回答是，盐铁国营虽然抑制了土豪剥削老百姓，但催生了很多官员腐败现象，至于说抵御匈奴，"王者行仁政，无敌于天下，何用费哉！"只要行仁政，匈奴就不会来抢我们，哪里需要花费这么多钱。

限于篇幅，我没办法详尽描述辩论内容。不过上面的几句辩论，已经让我们惊奇地发现，两千多年前，老祖宗已经在讨论我们今天遇到的问题了，比如国营的利弊、国进民退的得失等等。

三十年后，桓宽根据会议记录和亲身采访参会者，把这次大辩论的双方发言写进了一本书里，书名叫《盐铁论》，相当精彩。

辩论虽然很精彩，却没有产生什么实质性的结果，唯一的松动是，五个月之后，废除了酒类的国家专卖和首都地区铁的官营。这两条是桑弘羊自己提出来的，在随后的三十多年汉昭帝和汉宣帝执政期间，桑弘羊的国营政策几乎没有改变。

辩论没结果的原因有二：第一，贤良文学们的建议在当时没有可操作性，更多是夸夸其谈；第二，这群贤良文学当时的靠山霍光，其实和他们并不是一伙的，《汉书》里说，"诸儒生多窭人子，远客饥寒，喜妄说狂言，不避忌讳，大将军常仇之"，意思是这些知识分子出身贫寒，但偏偏喜欢说大话，讨论时政，霍光很不喜欢他们。他当时仅仅是为了打击桑弘羊，而把这些儒生当作手里的枪而已。在辩论的第二年，霍光就把他的所有政敌都送进了地狱，那自然没必要继续和他讨厌的儒生站在一起了。

三、霍光执柄

若问霍光的政敌都有谁，桑弘羊和上官桀自然是榜上有名；此外，还有汉武帝的一儿一女，燕刺王刘旦和盖长公主，都是重量级政敌。上官桀和桑弘羊对霍光的不满可以理解，同为辅政大臣，为什么你霍光的权力那么大？就比如这次盐铁会议，桑弘羊在完胜对手的情况下，事后还要取消酒类专卖，那自然是迫于霍光的压力。

盖长公主和霍光交恶的原因，是因为她的私生活。前面说过，汉代妇女的私生活一般都比较自由，这位长公主没有丈夫，但有一个情夫，叫丁外人，她就想嫁给这位丁先生。可是汉朝规定，想和公主结婚，必须是侯爵，而封侯这种事一定要昭帝点头才行。可昭帝只相信霍光，虽然上官桀和燕刺王刘旦都先后替长公主上书，说应该封丁外人为侯，但霍光还是坚决不同意，他的理由很简单，高祖刘邦说过，非有大功者不能封侯。

就这样，桑弘羊、上官桀和盖长公主渐渐地形成了反对霍光的统一阵线，三个人后来又找到了燕刺王刘旦，刘旦自己也想做皇帝，双方一拍即合。

前 80 年，也就是盐铁会议的第二年，一封以燕刺王刘旦的名义写的奏折递到了汉昭帝刘弗陵的桌子上，信中说霍光正在京城外调动军队，而刚刚回来的苏武是霍光和匈奴之间的联系人，他们准备里应外合，推翻汉昭帝。一句话，霍光谋反。

苏武牧羊

苏武是汉武帝派去匈奴的使者，由于碰上匈奴内乱，被匈奴抓了起来，让他投降。他不肯投降，就被流放到西伯利亚去放羊。苏武在冰天雪地里牧羊十九年，仍坚决不投降。投降了匈奴的李陵曾经多次去劝苏武，每次都被苏武说得大哭而返。后来因为汉昭帝和匈奴的关系改善了，苏武就被放回了汉朝。

汉昭帝收到信的这一天，霍光正好休假在家，这自然是上官桀他们算计好的。只要昭帝在信上批复一个"查"字，他们马上就可以抓捕霍光和苏武下狱，然后只要半天时间，谋反罪就可以坐实。可是整整一天，昭帝别说批复，连话都没说一句。

第二天霍光上朝时见到昭帝，就把帽子摘了下来，表示已经知道自己成了被告，现在听从皇上发落，其实是变相地让皇帝表个态。昭帝说，大将军把帽子戴上吧，你无罪。

霍光和大家都很奇怪，说您怎么知道无罪？当时年纪只有 14 岁的昭帝说，去京城外检阅校尉，你办这事还没超过 10 天，燕王隔着那么远，他怎么会知道？你要是想推翻我，根本不需要调动军队，更不需要和匈奴勾结，所以这封信是假的。

史书上说，汉昭帝说完这番话，"尚书左右皆惊"，咱们 14 岁的小皇帝也太聪明了！在我看来，刘弗陵的聪明之处，不是说出信里不合理的地方，而是他知道自己根本没有选择。就算他按照信里说的，依靠上官桀等人拿下霍光,他也完全清楚这些人必然过河拆桥,卸磨杀驴,下一个倒霉的肯定是他自己,因为他那个哥哥燕刺王刘旦早就对皇位虎视眈眈了。所以,无论霍光是不是谋反,刘弗陵都只能说他无罪。

既然诬陷不行,那就来硬的。上官桀等人接下来的计划是让盖长公主宴请霍光,在宴席上直接杀了他,然后废掉汉昭帝,另立燕刺王刘旦为帝。结果长公主的家臣燕仓有政治觉悟,觉得杀大司马这事儿实在是太危险了,就跑到霍光的亲信,大臣杜延年那里告密。事情泄露之后,霍光华丽丽来了一个大反杀,上官桀和桑弘羊都被灭族,盖长公主和燕刺王刘旦自杀。

从此之后,霍光再也没有任何对手,大权独揽。

前74年四月,年仅20岁的汉昭帝刘弗陵因病驾崩于长安未央宫。此人执政最大的优点就是无比信任霍光,《汉书》上说:"成王不疑周公……各因其时以成名,大矣哉!"意思是,因为彼此的信任,霍光和昭帝两个人互相成全了对方。

事实确实如此。昭帝去世的时候,史书上评价当时的社会"百姓充实,四夷宾服"。虽然盐铁依旧官营,但由于采取了很多惠农措施,大力鼓励生产,老百姓日子一天比一天好,对周围的匈奴和其他少数族也开始采取怀柔政策为主、军事打击为辅的政策,效果相当不错。

这里我们可以讨论一下,汉昭帝对少数族的怀柔政策,汉武帝刚登基的时候能不能实行呢?我的回答是不能。

先来看一下汉昭帝手下外交家傅介子的经历。有一段时间,西域的龟兹和楼兰两国和匈奴联合起来抵抗汉朝,杀害汉朝的商人,汉昭帝就派傅介子出使两国,看看是怎么回事。傅介子到了龟兹国,直接斩杀了匈奴派去的使者,然后在楼兰把对汉朝三心二意的楼兰国王当场砍死,直到龟兹和楼兰两国答应不再为难汉朝的商队才罢休。傅介子因为这件事被封为义阳侯。

为什么傅介子敢干这种事情，而事后两国都不敢埋怨，匈奴也采取了息事宁人的态度呢？傅介子本人的胆气和谋略自然是一个因素，更重要的是，汉武帝执政几十年间，带着大汉军团东征西讨打出了威风。虽然傅介子只有一个使团，但是谁都知道，他背后站着的，是卫青、霍去病这类人带出来的大汉铁骑。不战而屈人之兵，靠的永远都是实力，如果没有汉武帝积累的军事威慑，傅介子可能当场就会被斩杀，汉朝在丝绸之路上的商人，也只能是继续被抢，被杀，被侮辱。

047. 孝宣好皇帝

汉昭帝去世的这一年，已经 20 岁。在古时候，这个年纪即便是平民，一般都有了孩子，可是昭帝一直没有孩子。至于原因，下面这个小故事，也许能说明一些问题。

汉昭帝的皇后是霍光的外孙女，《汉书》上记载，霍光"欲皇后擅宠有子……虽宫人使令皆为穷绔，多其带"，也就是说，霍光想让自己的外孙女第一个给皇帝生儿子，就让皇宫里的女孩子都穿上一种把下体遮挡得严严实实的裤子，并且用很多带子系上，当时叫作"穷绔"。汉昭帝死的时候，霍光的外孙女才 14 岁，年纪实在太小了，即便是专宠后宫，没孩子的概率也是很大的。

汉昭帝去世时无子，可是帝国必须有主人。第一个被挑中的是昌邑王刘贺。

一、刘贺的 27 天皇帝之旅

昌邑就是今天山东省巨野县，刘贺的爹是汉武帝的第五个儿子刘髆，死得很早，刘贺早早就继承了昌邑王位。

你是否觉得这个事情有点熟悉？是的，当年汉文帝刘恒就是这样被周勃他们选出来的。可惜，刘贺不是刘恒，他小时候没有吃过刘恒吃过的那些苦，根本就没学会在复杂的人际关系下保全自己，结果霍光在扶他上位的 27 天之后，不得不废掉他。

当时大汉朝廷给出的说法是，刘贺"荒淫迷惑，失皇帝礼仪，乱汉制度"，并且详细列出了他干过的 1127 件荒唐事。换句话说，此人平均一天要干 40 多件不合乎皇帝礼仪的事情。

当上官皇太后宣布废掉刘贺的皇帝称号，让人把他从御座上拉下来时，刘贺说："闻天子有争臣七人，虽亡道不失天下。"这句话证明他是一个很蠢的读书人。这是《孝经》里孔老夫子的一句话，意思是如果一个皇帝身边有七个忠心耿耿，能直言劝诫的人，他即使本人不怎么样，也不会失去天下。刘贺引用这句话，等于是在甩锅，如同指着霍光和所有大臣的鼻子骂街，你们没有一个是忠义的臣子。蠢到这个地步，怎么可能还有挽回的余地？

关于刘贺被废掉的真正原因，千古以来，争论不休，有人说是因为他荒淫无道；有人说是因为他提拔手下二百多人当官，想和霍光夺权；还有人说是霍光想弄权，废掉一个皇帝警告大家；等等。

在我看来，产生这种争论的原因是一些历史学家并不懂政治。我们必须先弄明白一件事，汉代以孝治国，从吕后开始，皇太后手里握着废立皇帝的绝对权力，那么居住在长乐宫、霍光 14 岁的外孙女上官皇太后是有权力废立刘贺的。现在刘贺当上皇帝没有几天，就强行用自己的亲信换掉了长乐宫的卫尉，也就是保安司令，这事儿霍光是绝对不能容忍的，因为一旦上官皇太后被刘贺控制，他就获得了绝对权力，对霍光是一个巨大的威胁。所以，我认为不论刘贺是有意的还是无意的，换掉长乐宫卫尉那一刻起，他的命运已经注定。

随后，那些跟着刘贺从山东来到京城，刚刚当上各种大官儿，还没来得及给老家写信报喜的二百多随从全部被杀。这些人被杀的时候还在喊着"当断不断，反受其乱"，他们后悔没有早点干掉霍光。但这些人也不想想，连你们的主子都是霍光选定的，除了老老实实听话，你们还有别的选择吗？

关于刘贺，还有一件事要交代一下：此人下台之后，霍光没杀他，但是剥夺了他的王位，顺势取消了昌邑国。后来继位的汉宣帝又封他为海昏侯，迁移到江西南昌，33 岁就去世了。

2015 年，刘贺的坟墓被挖开，创造了多项第一，是目前面积最大、保存最好、结构最完整、功能布局最清晰的西汉列侯墓园，出土了无数文物，还有大量的金饼和金板。2015 年正是自媒体刚刚盛行的时候，当时网上铺天盖地都是谈论这位当过昌邑王、海昏侯，还当过大汉皇帝的人，相信大家也都看过了。

二、"微时故剑"

刘贺下台之后，另一位刘氏子弟被选中，他的名字叫刘病已，爷爷是汉武帝曾经的太子刘据，在巫蛊之祸中自杀的那位。巫蛊之祸不仅仅夺去了刘据的性命，刘病已的爹和娘也都在那个事件里被杀。才出生几个月的刘病已被扔到了监狱里，幸亏得到监狱官员丙吉的细心照顾和拼死保护，婴儿刘病已才挺过了最艰难的四年牢房生活，最后被汉武帝赦免，回到了他奶奶的娘家，在乡村里长大。

现在汉朝缺皇帝，已经升为光禄大夫的丙吉就向霍光推荐了 17 岁的刘病已，不承想霍光居然就答应了。这样一来，刘病已就成了汉帝国第十位皇帝，后世称为汉宣帝。

汉宣帝一继位，就迎来了一个大考验。大将军霍光在朝堂之上公开表示，要归政于皇帝，给出的原因是宣帝已经成人，可以亲政了，所以他想退休。

这其实是一个巨大的陷阱。幸运的是，汉宣帝没有跳下去，反而坚决地拒绝了，不仅不允许霍光告老还乡，而且还规定，任何事情，都要先禀告霍光，然后再告诉我这个天子，这叫"诸事皆先关白光，然后奏御天子"。这里的"关白"是禀告的意思，本来是动词，神奇的是，后来传到了日本，被日本用来作为一个非常重要的职务名称，相当于中国的丞相或者摄政王。

为什么说霍光的还政是一种试探，一个陷阱呢？先想一想，汉宣帝的前任汉昭帝是20岁死的，早已成年，霍光还政给昭帝了吗？没有，一直都没有。你要知道，昭帝是汉武帝亲口立的皇帝，他成人之后，霍光都明目张胆地把持朝政，你一个小小的落难王孙刘病已刚当上皇帝，就敢接手权力？即便没有昌邑王刘贺的前车之鉴，这事儿也万万做不得。所以，宣帝当时做了一个最正确的选择，而且在他即位的前六年，所有政令依旧出自霍光之手，没有任何改变，甚至连自己最心爱的女人被人害死，汉宣帝都选择了隐忍不发。

这件事是这样的。当皇帝之前，刘病已就已成婚，媳妇儿名叫许平君，而且有了一个儿子刘奭。可是大臣们都觉得许平君是贫民出身，怎能嫁给皇帝，当母仪天下的皇后？纷纷劝他把霍光的小女儿霍成君娶进宫里。宣帝虽然在其他事情上唯唯诺诺，一副老实孩子的模样，唯独在这件事上，犟脾气上来了，还是想立自己的原配妻子许平君为皇后。

不过他也没有明说，只是迟迟不立皇后，并且下了一道圣旨，让大臣们去找一柄"微时故剑"。所谓"微时"就是微贱之时，"故剑"就暗指贫贱时的故人。大臣们也不是傻子，马上就明白了汉宣帝的意思，再看看霍光，好像也没有反对，甚至还挺欣赏汉宣帝这种不忘故旧的态度，于是又众口一词地说应该立许平君为皇后，宣帝这才装作顺从大家的意思，加盖公章，立许平君为后。

说句题外话，这道圣旨，加上"微时故剑"这四个字，我个人认为，可以说是相当浪漫和深情的表白，即便拼着皇位不要，也要给我最心爱的女人一个至高无上的名分。

可惜的是，三年之后，许皇后在又一次要分娩之前，突然神秘地死去了。据《汉书》上说，这事儿是霍光的老婆霍显指使女医生淳于衍下毒致死，因为她一直都想把自己的小女儿霍成君扶到皇后的位置上，事先霍光并不知道。事后当汉宣帝下令把所有医生都下狱查问的时候，霍显害怕了，就把实情告诉了霍光，而后者震惊之余，也没办法，只好对汉宣帝说，淳于衍是一个好医生，肯定没问题。然后汉宣帝就下令单独把淳于衍放了出来，原话是"其后奏上，署衍勿论"，这件事最后不了了之。

不仅如此，随后汉宣帝还按照霍光的意思，娶了他和霍显的小女儿霍成君为第二任皇后，据说两人婚后感情还很好。此种滋味，我是不知道的，但我理解汉宣帝，无论我多么爱许平君这个女人，现在她已经死了，想给她报仇，必须保证我自己先活着，而且还要在皇帝的位置上活下去。

前68年，权倾朝野达二十年之久的霍光，生命走到了尽头。这个三朝元老的葬礼可谓是极尽哀荣，汉宣帝与上官太后一同到场治丧，将之与汉朝第一位丞相萧何相比，把他葬在了茂陵附近，让他永远陪伴汉武帝，而且特别赐予玉衣、梓宫、便房、黄肠题凑各一具。

汉朝最高规格的葬品有哪些？

玉衣、梓宫、便房、黄肠题凑，是汉朝皇帝赐给大臣的最高规格的葬品。所谓玉衣，就是用玉片连成的给死人穿的衣服，这些玉片可以用金丝、银丝或者铜丝穿起来，分别叫作金缕玉衣、银缕玉衣和铜缕玉衣。这东西到了三国之后就没人用了，除了很麻烦之外，人们可能也发现，玉衣根本不能保持尸体不腐烂。梓宫就是用梓树的木头做的棺材。便房就是在正式的墓穴之前，再开一个小的墓穴，像是客厅一样，有两个含义：一是死者灵魂休息的地方，另一个就是如果有人或者鬼来拜访死者，有个招待人家的地方，换句话说，就是死了也要摆谱。最后一个是黄肠题凑，就是黄心的柏树木头，根部朝内摆放在棺材周围。

在汉朝，这四样东西是帝王家族死后才能享受的，像霍光去世时能得到这几样赐予，等于说，此人几乎等同于帝王，在那个时代，这是一个大臣死后所能得到的最高荣誉了。

三、霍家悲剧中的猜疑链

霍光的葬礼都风光到这个程度了，他老婆霍显还是不满意，她觉得霍光的墓地小了一点儿。当然，她也是为自己考虑，毕竟有一天她也要住进那个大土包里。很可惜，她最后没能与霍光合葬。不仅是她，霍光、霍去病后代子孙几百号人，加上和他们有联系的几千口人，最后全都死于非命，被当众处决，罪名是谋反。

这事发生在霍光去世仅仅两年之后。

到底是霍家真的要谋反，还是汉宣帝在霍光死后卸磨杀驴，想要铲除霍家？我们先来看史书上记载的，霍光死后发生的大事。

首先是汉宣帝做了一件事，职务调整，把霍光的儿子霍禹从右将军升任为大司马。这并不是好事，以前霍家的人担任这个职务，后面都是跟着"将军"两个字，比如大司马大将军霍光，或者大司马骠骑将军霍去病，可是霍禹这个大司马就只有光秃秃的三个字。这意味着，他的兵权没有了，这就好像是一只老鹰被拔掉了翅膀上的羽毛，从外表看你还叫鹰，但你飞一个试试？

这还不算，原来霍家女婿把持的长乐宫和未央宫守卫职务，也被汉宣帝强行换了别人，并且通过群臣可以直接写信给皇帝的新制度，变相剥夺了霍山和霍云提前审阅奏章的权力。

当然，汉宣帝做的最重大的职务调整，是立了已故皇后许平君的儿子刘奭为太子。

中国自古以来就是有嫡立嫡，无嫡才立长，也就是皇后生不出儿子才可以立庶出的长子。这时候的皇后是霍光的小女儿霍成君，汉宣帝时年24岁，霍成君只会更年少，以后生儿子的可能性很大。可是宣帝却在霍光刚死就立了许平君的儿子刘奭为太子，相当于宣布霍皇后即便生下儿子也只能是诸侯王，变相剥夺了霍家影响汉朝下一任君主的能力。这就难怪霍显听到这个消息之后饭都吃不下，气到吐血。

很明显，汉宣帝已经悄悄地开始布局。

那霍家人都做了些什么呢？在霍光死后第一年，他们依旧声色犬马，骄奢蛮横，欺男霸女。据记载霍家的家奴和当朝御史大夫的家奴发生冲突，直接打到御史府，踹人家的大门，直到御史"叩头谢"才罢休。等到逐渐意识到权力正在被剥夺，霍光的儿子霍禹、霍去病的孙子霍山和霍云，却只是天天在家里喝酒，相对叹息流泪，惶恐不安。后来霍显告诉他们，当年许皇后就是被她找人毒死，霍禹等人恐慌之下，开始动起了心思，后来想借上官太后之手，杀掉当权的丞相魏相和平恩侯许广汉，把和他们关系不好的官员一网打尽，然后逼汉宣帝下台。

结果自然毫无悬念，前66年七月，政变阴谋被告发，霍云和霍山自杀，霍禹被腰斩，霍显及兄弟姐妹全都被处死，霍家满门被灭，皇后霍成君也被废。

那么这件事该如何总结呢？我想引用诸葛亮去世后蜀汉一位大臣上书里的一句话："霍禹未必怀反叛之心，孝宣不好为杀臣之君，直以臣惧其逼，主畏其威，故奸萌生。"霍禹等人开始应该没有造反的想法，汉宣帝也没有要杀他们的意思，但是当宣帝畏惧霍家权势过大，开始收回部分权力的时候，霍家就觉得皇帝要对他们动手了，然后君臣之间开始相互怀疑。用现代词语来说，这就是猜疑链，这种猜疑链一旦产生，那就是不死不休的境地了，最后以霍家悲剧收场。

我认为霍光对霍家灭族是有责任的。现在有一句成语，叫"不学无术"，它的出处就是《汉书》上对霍光的评价，原话是"光不学亡术，暗于大理",意思是霍光没有学问,没有见识,不明白事关全局的大道理。

这个霍光不明白的大道理是什么,《汉书》上没说,只是列举了一些事情,比如他老婆毒杀许皇后被他包庇,再比如霍光经常让汉宣帝有"芒刺在背"的威胁感,我个人觉得这些都不是重要的事儿,最重要的其实是霍光的权力来源。它来自两个方面:一、他是老皇帝指定的首席辅政大臣;二、他个人的执政能力和威望。可是这两样东西恰恰都是不能继承的,只要霍光一死,整个霍家就失去了权力基础。但霍光却没把这件事交代清楚,他和霍家其他人都以为,只要抢占了重要的位置,那权力就稳如泰山。很可惜,《易经》早就说了,"德薄而位尊,鲜不及矣",德行和能力不够却身居高位,那是必定倒霉。这和当年吕雉死了之后,吕家很快被灭门是一个道理。

历史上很多悲剧,都是第二代(包括了富二代和官二代)没有第一代的能力,偏偏要享受第一代的地位而引起的。其实,老老实实地当一个败家子有时候比强行上位要好很多。

以汉宣帝的作风,如果霍家甘心放弃权力,应该可以做富家翁慢慢享受人生,不至于落到这么凄惨的地步。当然,霍光摊上一个败家老婆,几次三番去搞谋杀也是一个重要原因。

四、昭宣之治

对于霍光,在"不学亡术"四个字的前面,《汉书》上还有一些说辞,那就是"受襁褓之托,任汉室之寄","匡国家,安社稷,拥昭立宣","虽周公、阿衡何以加此!"意思是,霍光不负武帝的委托,安定了国家,辅佐了汉室,就算是周朝的周公和商代的伊尹也不过如此吧。这是相当高的赞美,而霍光也完全当得起,他实际执政的二十年中,老百姓过上了好日子,昭宣两位皇帝也做了二十年的太平天子,这当然都是莫大的功劳和非凡的贡献。

前51年,汉宣帝回忆有功之臣,让人在麒麟阁画了十一名功臣图像,排在第一位的就是霍光。为了表示尊重,他让人唯独不要写出霍光的名字,只尊称为"大司马、大将军、博陆侯、姓霍氏"。杀了霍光全家,但是对霍光的功劳也毫不吝啬赞美之辞。你可能以为这是一件小事,但古往今来的帝王,能做到这一点的还真不多。这也是史书上说的汉宣帝的一个特点,叫"信赏必罚,综核名实",用现在话说就是实事求是,赏罚分明。

除了这个特点,汉宣帝另一个特点是非常注重底层的吏治,也就是基层官员的队伍建设。你说是同情老百姓也好,说为了稳固政权也罢,反正他经常派人到地方去出差,检查各地的吏治情况,一旦发现老百姓有冤情,马上现场办公,严厉惩罚犯错的官员。

这里有一件小事最能看出汉宣帝是如何真正地替老百姓着想。前64年,他想了很长时间之后,把自己的名字从刘病已改成了刘询。因为"生病"的"病"字,和"已经"的"已"字实在是太平常了,平常到老百姓要避讳的时候会很麻烦。比如家里老头子有病了,老太婆去找医生,一着急就可能说我家老头子又病了,大夫您快去瞧瞧吧。得了,这老太太今天是回不去了,直接就要被抓进监狱,因为皇帝的名字是绝对不能说出来的,这叫避尊者讳,皇帝叫刘病已,你一说"病"就犯了大罪了。

杜甫的诗中为什么没有"闲"字?

古人避尊者讳很严格,前面说过,因为汉文帝叫刘恒,连上古女神恒娥的名字都被改成了嫦娥。不仅仅是皇帝的名字,有些古人连自己父母的名字也是一辈子都不说。翻遍大诗人杜甫流传至今的一千四百多首诗词,都没有"闲"字,因为他老爹叫杜闲。实际上,诗人们原本大都是很喜欢抒写闲愁、闲情的。

汉宣帝在改名的诏书上说:"百姓多上书触讳以犯罪者,朕甚怜之。其更讳询。诸触讳在令前者,赦之。"不仅改了名字,还把以前因为触讳而犯罪的人一律赦免。你可以说这是一件小事,但我认为这是一件很了不起的小事,这说明,汉宣帝确实是肯为老百姓着想的。

总的来说,宣帝统治时期是西汉武力最强盛、经济最繁荣、老百姓日子过得最好的一段时间,因此史书对宣帝大为赞赏,说:"孝宣之治,信赏必罚""业垂后嗣,可谓中兴"。也就是说,宣帝算是西汉,甚至是中国历史上少有的中兴之主,他与前任汉昭帝刘弗陵的四十年统治并称为"昭宣之治"。

048. 外戚始专政

关于汉帝国昭宣之治的秘诀，历史上很多人论述过。我这里介绍一下汉宣帝晚年，和他的太子刘奭的一番对话，也许大家可以从中一窥端倪，有所感悟。

刘奭从小就学习儒家的各种经典，结果是越长越像一个知识分子，史书上说"柔仁好儒"，也就是一副弱不禁风的样子，但满嘴之乎者也，仁义礼智。

有一次，他可能是实在憋不住了，对汉宣帝说，您老人家有时候是不是刑罚用得太过了？我建议您多使用一些儒生作为官员。汉宣帝当时脸色大变，厉声说道："汉家自有制度，本以霸王道杂之，奈何纯任德教？"意思是我们大汉王朝有自己的制度，一直把法家的霸道和儒家的王道结合起来，王霸杂用，怎么可以只用儒家。

随后汉宣帝想了想，又对儿子解释说，他之所以不用儒家，是因为大多数儒家知识分子不考虑实际情况，喜欢空想和夸夸其谈，而且总是觉得书上写的过去好，今天的事情都不对，让人"眩于名实，不知所守"，也就是搞不清理想和现实之间的区别，最后不知道该坚持什么。

实话实说，这番话应该算是执政的一条真理。汉宣帝的基本原则是治国必须从实际情况出发，不要纠结于什么儒家法家，或者什么其他思想。什么好用，你就要用什么。很可惜，他儿子听不进去，虽然不敢和老爹顶嘴，但肚子里的不以为然还是溢于言表。汉宣帝多次想废了这个太子,但每次一想起孩子他娘许平君的音容笑貌,总是长叹一声,作罢了事,嘴里还是经常感慨:"乱我家者,太子也。"大汉王朝也许就要栽到我这个儿子手里吧。

前49年,汉宣帝刘询病逝于长安未央宫,在位25年,享年42岁。他是中国历史上极少数几乎无差评的皇帝,这一点他应该很自豪。

一、陈汤战郅支,昭君出塞外

汉元帝刘奭上台之后,果然重用儒生,以儒家治天下,同时开始依赖宦官。在评论其政令得失之前,我们先来看一下在他统治的十五六年间出现过的两个著名人物,都和匈奴有关。

第一位是关内侯陈汤,此人于前36年出任西域都护府的副校尉。所谓的西域都护府,是刚去世的汉宣帝设立的管理西域的政府衙门,最重要的职责就是保护汉帝国商人们的安全,有时候给西域各国调解一下纠纷。

那时候匈奴已经被汉朝打得七零八落了,单于也多了起来。有一个叫郅支单于的,扣押了汉朝的两个使者。陈汤副校尉听说之后,假传圣旨,胁迫自己的上级,调集人马以极其迅猛的速度直插郅支城,也就是今天哈萨克斯坦的塔拉斯河附近,杀死了郅支单于。

后来他又联合上级给汉元帝写了一个报告,报告的最后一句是:"宜悬头槁街蛮夷邸间,以示万里,明犯强汉者,虽远必诛!"这也是"犯强汉者,虽远必诛"这句话的出处,而这场郅支之战结束也意味着当时世界上,已经不存在明面上敢于反抗汉朝的匈奴单于了,意义还是很重大的,等于是给从武帝开始的汉匈百年战争画上了一个圆满的句号。当然,把匈奴彻底从北方赶走那还是要等两百年到东汉才可以。

相比于陈汤,第二位元帝时期的著名人物在老百姓中间的名气要大得多,那就是王昭君,中国古代四大美女的第二位,"沉鱼落雁"里面的

"落雁"。为什么叫她"落雁"？据说她远嫁匈奴的路上，因为伤心而弹奏一曲《琵琶怨》，导致南飞的大雁忘了扇动翅膀，掉落到了地上。后来金庸先生在他的武侠小说里创作了很多音乐杀人的段子，是不是受了这个故事的启发，我就不知道了。

关于王昭君，先来破除一个流行的偏见，元朝马致远的《汉宫秋》把她写成了汉朝被迫送给匈奴的女人，好像大汉王朝当时非常害怕匈奴。历史事实恰恰相反，当时匈奴的呼韩邪单于不仅主动归降汉朝，还请求做汉朝的女婿。

汉元帝很高兴，就找了五个宫女嫁给他。想要公主？那是门儿也没有啊。据《后汉书》记载，王昭君因为入宫五年都没看见男人，就主动要求出嫁。嫁过去之后被封为宁胡阏氏，地位相当高，而且还给单于生了一个儿子。三年之后，呼韩邪死了，她又按照匈奴习俗嫁给了他的长子，新的单于复株累若鞮，最后死于约前19年，享年三十余岁，生有一男两女。

正史上关于王昭君，就是上面这几十个字，但民间的记载和各种故事却非常多，而且都富于传奇色彩。

之所以后世对她的纪念这么多，我想一个重要的原因是她在匈奴的这十几年间，汉匈之间的关系非常融洽。民间有很多文化交流，相应地，宁胡阏氏王昭君的大名也在两边的老百姓之间口口相传，虽然都没见过王昭君，但也逐渐把她美化，甚至神化起来。

比如说，大家可能产生这样一个疑问：这样一位神仙姐姐为什么大汉的皇帝舍得给匈奴？有了问题，就有知识分子编故事回答问题。西汉刘歆写的《西京杂记》和后来南北朝的《世说新语》都回答了这个问题，说是汉元帝后宫里有一个专门给宫女画像的毛延寿，他贪财受贿，给钱，就把你画得美如天仙，不给钱就把你画成丑八怪。咱们正直的王昭君是坚决不给小费，结果毛延寿就把王昭君画得极丑，汉元帝就一直没有召见她。

等后来看见了美艳的王昭君，为时已晚，王昭君已经成了呼韩邪单于的女人，元帝气得差点吐血，回头就杀了毛延寿。

这件事，《汉书》和《后汉书》都没有任何记载，连毛延寿这个人都没有出现过，而《西京杂记》和《世说新语》属于"娱乐新闻和网络小说"范畴，所以，信不信由你。

二、元帝"易欺而难悟"

前面说过，汉元帝在位期间，汉朝的政策开始向儒家倾斜。本来这也没什么，历史上宣称以儒家治国的很多，但是事情坏就坏在元帝太相信只要用爱和仁政就能够治理国家。比如，辅政大臣萧望之被宦官仆射石显等人逼死了，他一边痛哭流涕，一边让石显等人脱帽谢罪了事，宽厚到了这个地步，在大臣眼里，那和一个傻子也没啥区别了，处处被糊弄。

在经济政策上，他按照儒家的不与民争利原则，取消了盐铁国营，显示爱民如子。可是汉昭帝当政时的盐铁会议早就说明了，取消国营之后，最大的弊病就是便宜了社会上的土豪。就算你想爱民，开放盐铁，你也必须想法子约束土豪，以免他们赚钱赚疯了，祸害老百姓。

很可惜，汉元帝几乎是放任不管，还自诩为不扰民。这样一来，经济彻底自由之后，地方上马上崛起一批富可敌国的土豪，他们开始和权贵勾结，横征暴敛，肆意兼并土地。最要命的是，他们的所作所为是真的没有违反帝国的法律。我有钱，难道不能买地囤田吗？结果大批农民逐渐地失去了赖以生存的土地，《汉书》上说，"孝宣之业衰焉"，他老爹创造的盛世逐渐走向衰弱。

《资治通鉴》上对他有一句评语："甚矣，孝元之为君，易欺而难悟也。"汉元帝太好糊弄了，而且自以为爱民如子，很难醒悟过来。

前33年，42岁的汉元帝刘奭在长安未央宫驾崩。

三、外戚始专权

刘奭驾崩之后上位的就是汉成帝刘骜,西汉最后一位有点儿实权的皇帝,他的亲生母亲叫王政君,也是一位极其了不起的皇太后。

刘骜年轻的时候和他爹一样,爱读经书,喜欢文辞,史书上说他宽博谨慎,又说"宣帝爱之,自名曰骜,字太孙,常置左右",也就是他爷爷汉宣帝非常喜欢他,不仅给他起名字,还经常带着他玩。可以这样说,他爹汉元帝刘奭能当上皇帝,主要是因为一个好妈和一个好儿子。

就是这么一个饱读诗书的孩子,长大之后却逐渐沉迷于酒色,等到即位了,更是肆无忌惮。开始的时候,他的表兄弟张放"与上卧起,宠爱殊绝",《汉书》上说张放长得和女孩子一样漂亮,并且聪明、开朗。太后王政君最后只好把张放赶出京城,成帝死时,史书上说张放"思慕哭泣而死"。

刘骜的女人则先后有许皇后、班婕妤、卫婕妤、许美人等,但最出名的还是赵飞燕姐妹。俗话说,环肥燕瘦,环肥指的是唐朝的杨玉环,而燕瘦指的就是赵飞燕。

据说此人轻盈到可以在侍卫的手掌上跳舞,汉成帝每次看她在外面跳舞都提心吊胆,怕大风把她吹到天上去。你听了羡慕一下就好,赵飞燕这个技能肯定不是减肥能达到的,一定是先天的骨架特别细小。后来她更加漂亮的妹妹也被汉成帝接进宫来,两姐妹从此专宠后宫。

前16年赵飞燕被封为皇后,她妹妹被封为昭仪。这姐妹俩在正史上都没有名字,飞燕是称号,而她妹妹野史里的名字是赵合德,不过《汉书》和《后汉书》都称她赵昭仪,并没有名字。

在汉成帝执政期间,太后王政君的势力也迅猛崛起,以王凤为首的王家七兄弟全部封侯,且把持着重要部门。王凤的头衔是大司马大将军领尚书事,和霍光一样。

"领尚书事"不是官衔,是一种兼职,所以叫"领"或"录"。这个职位简单说就是秘书长,所有写给皇帝的信件,都要先经过他,而且还有一定的权力进行批复,按照规定,他还可以对皇帝批复的奏章进行驳回。

简简单单四个字"领尚书事",蕴含着极大的权力,一旦你的脑袋上有了这四个字,巴结你的人自然有大把,但是想着把你脑袋拿下来的更多,以至于王凤听到让自己"领尚书事"时的第一反应居然是害怕,《汉书》里说:"凤于是惧,上书辞谢曰:'陛下……宜躬亲万机以承天心。'因乞骸骨辞归。"这个官帽子有点大,我可以退休吗?

当然不可以。汉成帝当时就指望七个舅舅帮自己除掉权臣宦官石显;这个目的最后是达到了,但石显被除掉之后,他的这群舅舅们尝到了权力的滋味,就不想再还给他了。尤其是大司马大将军王凤,从开始的不敢接手权力,到后来肆意弄权,完全不把汉成帝放在眼里。

在古代,王凤兄弟七人这样的身份,都叫作外戚。所谓外戚,就是皇帝老妈或者老婆的娘家人。你要是问,是不是汉成帝开启了外戚执政?不是的,这应该算是西汉的一个传统。

且不说当年红极一时的吕雉家族,就说王凤的前任,名字叫许嘉的大司马,就是汉宣帝皇后许平君的堂弟,等于是汉宣帝的小舅子。再往前,汉武帝设立大司马,也是为外戚准备的,连续三任,卫青、霍去病、霍光,都是娘家人。

不过,以前的外戚再能折腾,权力也大不过皇帝或者权臣。可是到了汉成帝这里,情况就有了变化,因为成帝懦弱无能。这事儿我们可以用下面这个事例来说明一下。

有一次,汉成帝听说刘歆学问好,就找他来谈话,结果刘歆大讲诗词歌赋,把成帝听得如痴如醉,就想给他一个无足轻重的头衔中常侍,皇帝身边的顾问。实际上这是一个虚职,也就是荣誉称号。

这时候左右大臣说,大将军还不知道这事儿呢。成帝说,提拔一个中常侍这点儿小事就不用告诉大将军了吧？但大臣们坚持必须先告诉大将军才能封官。汉成帝只好把王凤找来，王凤一点面子都不给，说我看这事不妥。结果刘歆就没领到这个虚职，回去继续当黄门侍郎的小官。王凤的跋扈和汉成帝的大权旁落到什么程度，由此可见一斑。所以，汉朝的外戚掌权虽然不是从成帝开始，但外戚专权确实是成帝一朝形成的。

刘向和刘歆

刘歆是《西京杂记》的作者，他和父亲刘向都是西汉末年的大知识分子。刘向在中国文化史上很出名，我们今天看到的《楚辞》《山海经》《战国策》都是他校对整理的。刘向自己也写过一本书，叫《列女传》，是为古代妇女写的传记。孟母三迁、妲己褒姒祸国等故事也都出自这本书。刘歆文学成就不如刘向，但非常博学，他致力于发掘先秦时期的古代书籍，抢救了一大批古文经典，开创了"古文经学"的研究。

049. 王莽未篡时

汉成帝时，外戚开始专政。王莽也是外戚，他是皇太后王政君的侄子，父亲也是汉成帝的舅舅。不过他的父亲和哥哥在成帝当上皇帝之前就去世了。前33年，王凤当上大司马的时候，12岁的王莽还守着寡居的母亲、嫂子和年幼的侄儿清寒度日，眼巴巴看着堂兄弟们飞黄腾达。

王莽没办法和别人拼爹，只好在道德和学问上下功夫，跟着一名儒家学者学习《礼经》，《汉书》上说他"勤身博学"。他在道德上的严于律己，让他受到了王家亲戚的赞美，这些人都是高官，这种赞美就激励了王莽，让他潜意识里对自己的道德要求更加苛刻。这种循环究竟是良性的，还是恶性的，后果怎么样，要往下看才知道。

一、和淳于长的较量

前22年，大将军王凤生了重病，也不知道是不是传染病，反正家里的小字辈们都不愿意接近他。只有王莽侍奉在左右，衣不解带，还亲自尝药，怕烫着了自己的这位大伯，整整一个月蓬头垢面。王凤大受感动，临死之前叮嘱妹妹皇太后王政君照顾王莽。

就这样，在王凤死后，王莽被他的姑姑、皇太后王政君提拔，当上了黄门侍郎。就是在这段时间，他结识了大知识分子刘歆。两人一见如故，都对儒家的古文经典有着异乎常人的兴趣，认为采用古制才是挽救这个国家的唯一出路。

没多久,王莽升任射声校尉,这个职位秩二千石,和郡太守一样。他清廉俭朴,经常把工资拿出来给穷人,甚至卖掉马车把钱给乞丐。《汉书》上说他"爵位益尊,节操愈谦",对自己的道德要求更严了。

据史书记载,有一天,他在市场上买回一个美女,别人都去他家里看,心想怎样的美女能让道德圣人心动。王莽一看大家都来了,就对大家说,后将军朱子元没有后代,我心里一直惦记着,今天看着这姑娘身体不错,将来一定生儿子,所以,就替他买了下来。

当天,王莽就叫人把丫头送给了朱子元。《汉书》的作者班固对此冷冷地评价道:"其匿情求名如此!"这家伙为了有个好名声,竟然伪饰到这种地步!这事儿如果让我来评价,我认为很可能是王莽事先计划好的。否则无论是为了自己,还是为了朱子元将军,都可以做到悄无声息地把这个姑娘买回来,不至于弄出这么大动静,满城皆知。

前8年,掌握实权的大司马骠骑将军王根生了重病。这时候,最有可能接替他的就是关内侯淳于长。淳于长是皇太后王政君的外甥,当年王政君因为赵飞燕出身不好,死活不同意汉成帝立赵飞燕为皇后的请求,是淳于长说服姨妈同意的,因此汉成帝和赵飞燕对他很是感激,从此一路高升。所以,淳于长是一个有着两座靠山的牛人。

王莽也想当大司马,于是这场角逐就在王莽和淳于长之间展开。王莽很早就知道这一点,早就开始搜集淳于长的各种黑材料了。下一步的关键是,如何让这些材料变成炮弹。

于是他故技重施,又去用心伺候病重的王根,然后像聊家常一样对王根说,淳于长现在到处宣扬自己马上就当大司马了,对亲信许下了很多升官提拔的诺言。王根一听就生气了,这不是盼着我快点死吗?便让王莽去跟姑姑说。

王莽一刻都没闲着,以王根的名义直接进宫。在王老太太面前,他大力渲染淳于长和已经废掉的许皇后的姐姐许嬷私通的事儿，年纪轻轻就守寡的王政君老太太最讨厌这种事情，何况还和那个被废掉的许狐狸精有关。马上说，莽啊，你去和你表哥刘骜说道说道。

王莽于是又打着皇太后的名义找到了汉成帝。汉成帝虽然觉得淳于长还不错，可是既然太后和当大司马的舅舅都讨厌他，王莽手里还有那么多他横行不法、贪污受贿的证据，那就没有办法了，于是把淳于长直接赶回了封地，后来又找个理由逮捕入狱，杀死在狱中。

上面这件事说明，在刘邦之后，又一个对人心有着精准把握的人诞生了，他了解每一个当权者的弱点和痛处，轻车熟路地利用他们，除掉了淳于长。

二、迈向权力之巅

前8年，王根在临死之前，向汉成帝推荐了王莽，王政君和所有大臣都没有异议。就这样，37岁的道德模范王莽出任汉帝国新的大司马大将军，走上了一个臣子的权力顶峰。

令他始料未及的是，就在第二年，43岁的汉成帝突然驾崩了。

在王莽看来，汉成帝死得很不合适，很多皇帝都是被酒色慢慢地掏空了身体，病倒之后，在病床上挣扎一段时间才死掉。如果成帝也这样，那王莽就很幸运，因为他伺候重病之人很有天赋，也有经验，第一次伺候王凤而走上了仕途，第二次伺候王根而登上了大司马的位置，这汉成帝要是也在床上躺一段时间再死，说不定王莽很早就当上皇帝了。

可是汉成帝没有给王莽这个机会，早上起床之后，刚下地走了两步，就一头栽倒，再也没起来。现在我们都知道了，这很有可能是心肌梗死或者脑出血，但那时候大家也不懂，就把责任都推到晚上和他睡觉的赵昭仪身上，最后逼得赵昭仪自杀了。

虽然汉成帝没有儿子，但在死前一年，他在皇后赵飞燕的建议下，立了他弟弟的儿子刘欣为太子。所以，他死之后，大汉朝廷按部就班地让刘欣上台，这就是汉哀帝，即位时19岁。

汉哀帝即位之后问题就出来了，因为他也有自己的妈和自己的老婆，而她们也有自己的哥哥和弟弟。就这样，王氏外戚遇到了一连串的打击，其中就包括王莽。刚当上大司马的他很快就被迫辞职，只保留了侯爵身份，回到了自己的封地河南新野。和他一起被贬职的还有他的好友，大知识分子刘歆。

这里要插一句，这时候刘歆已经把自己的名字改为刘秀了，因为新皇帝叫刘欣，他要是不想死，那就必须赶紧改名。

不久之后，王莽的二儿子王获在家里误杀了一个奴婢。在西汉，这不算一件大事，好一点的人家赔对方父母一点钱；如果遇上那些跋扈的，死了也就白死，因为奴婢等同于主人的私人物品。可是王莽较真了，《汉书》上说，"莽切责获，令自杀"。这是血淋淋的七个字。啥也别说，老爹我讲究儒家的"天地之性人为贵"，人人生而平等，儿子你赶紧自杀给婢女抵命。最后王获只能自杀以成全父亲的名声。

这件事一传出去，全国都轰动了——这简直不是人，而是圣贤啊！这样的圣人，怎么还被政府免官逐出京城了呢？于是全国各民族、各团体纷纷上书，要求恢复王莽的职务。汉哀帝只能勉强给自己找个台阶，以太皇太后王政君年事已高，无人照料为由，调王莽回京，但是也没给他什么具体的官，只不过平息了舆论而已。

汉哀帝沉迷酒色，宠爱一个叫董贤的男人，并提升他为大司马卫将军。公元前1年，当酒色过度的汉哀帝驾崩时，大司马卫将军董贤只知道哭泣，反倒是七十多岁的王政君老太太反应极其迅速，以太皇太后的身份连夜进宫，从董贤手里要走了传国玉玺，然后以霹雳手段连夜宣召王莽进宫。就在汉哀帝死的第二天，她以太皇太后的名义发布诏书，罢免董贤的所有职务，打发他回家听候处理。随后董贤和妻子一起上吊自杀了。

王政君马上下诏任命王莽为大司马大将军，录尚书事，兼管军事，令及禁军，执掌朝政。就在这一年的九月初一，王莽和王政君精心挑选的刘衎即皇帝位，后世称为汉平帝。这孩子即位的时候只有8岁，《汉书》上说，"太皇太后临朝，大司马莽秉政"，政权完全掌握在王政君和王莽两人手里。

三、谦恭未篡时

汉平帝上台的第二年，公元1年，王莽先被封为安汉公，后又被封太傅，明确规定，这个位置在三公之上。接着又得到"宰衡"这个称号。这是一个新发明，因为周公以前的职务是太宰，商代伊尹的职务是阿衡，大家一致认为，一个王圣人顶得上一个周公加上一个伊尹，那就只能把两人称号合在一起，称为宰衡。

耶稣诞生在公元1年吗？

公元前1年的第二年就是公元1年，没有公元零年。传说中耶稣诞生在公元1年，实际上，按《圣经》的说法，耶稣出生的那一年，罗马犹太行省的大希律王为了杀死他，曾下令杀死伯利恒所有男婴。可是根据各种史料，大希律王死在公元前4年，所以，耶稣最晚应该在公元前4年就出生了。

最后，王莽被加九锡。九锡是传说中天子给臣子的九种最高赏赐，包括车马乐器、衣服武器等等。《公羊传》说："锡者何？赐也。""锡"字在古代和"赏赐"的"赐"是通假字，可以互相换着用。

王莽是中国历史上有记载的接受九锡的第一个大臣。但是，这个最高荣誉在南北朝之后基本就绝迹了，皇帝不赏了，即便赏，大臣也都赶紧拒绝，拼命磕头，宁死不要。因为自王莽之后，加九锡的大臣有二十几个，绝大多数都把皇帝赶下台，自己篡位了。三国时的曹操加了九锡，自己没有称帝，死后儿子曹丕才篡位，算是很给皇帝面子了。

你要是说，王莽真不要脸，给自己加这么多头衔，那我要为他辩护一下，他可是每次都痛哭流涕拒绝这些头衔的，可是好像皇帝就是要坚持给他。你别觉得奇怪，我给你讲讲他是如何把闺女嫁给汉平帝当皇后的，你也许就明白了，为什么说这些头衔看起来都是皇帝硬塞给他的。

3年，12岁的汉平帝要娶老婆了。按照祖制，王公大臣都需要把自己家里的丫头报上去，然后由一个评委会性质的组织来进行各种筛选。王莽的闺女王嬿长相不突出，性格很普通，想在上百名女孩子中脱颖而出，很不容易。

那么王莽权势那么大，直接让汉平帝娶了自己闺女不就行了吗？我告诉你，那样做的人叫曹操，王莽更高明。他直接宣称，自己家女儿不报名了，因为我那女儿"身无德，子材下，不宜与众女并采"。

这时候，王莽一些心腹手下站了出来，对着天下老百姓大声疾呼，说大将军谦虚是美德，但我们必须按祖制办事，不能歧视大将军家的闺女。一时之间，到处都传说关于大将军谦虚的事迹，一来二去，王嬿声名鹊起，王莽更是赢得了自谦的美名。结果一大群不明真相的吃瓜群众上书，"愿得公女为天下母"。老爹道德如此高尚，女儿那还差得了？俗话说，"娶妻娶德"，王莽的女儿有道德，母仪天下，我看行！

最后，王莽如愿以偿地当上了汉平帝的老丈人，整个过程看起来他不情不愿的，是因绝对的民意所向，被逼上老丈人这个席位的。

那么，当时的天下人是不是真的认为王莽道德高尚？我认为，答案是肯定的。王莽当时做得实在是太漂亮了，他经常自己真金白银地往外掏钱，上百万地捐献给穷苦人民。比如这次他女儿成为皇后，按照规定，他应该接受2.5万顷田地，聘礼2亿钱。可是他把田地直接分给了劳苦大众，聘礼只接受了 3000 万，还把其中的一半捐给了"九族贫者"，也就是我们说的赤贫阶级。

此外，作为执政者，一遇到天灾，王莽就自我惩罚，不再吃肉喝酒。那时候汉朝地盘大，各地天灾也频繁，所以他经常要吃素，姑妈王政君特意从宫中传话出来：大侄子，你吃肉吧，身体要紧。全国人民据说都感动不已，一致认为他就是传说中亘古难有的圣贤。经常有几十万人上书，要求朝廷给王莽加赏，汉平帝很郁闷——我都给他加九锡了，还能拿什么封赏他？

有人说，王莽这些行为都是装出来的。不过我们必须问一个问题，如果一个人几十年如一日，不论有事没事，天天坚持加班，给加班费都不要，一直干到有一天猝死了，那我们能不能说他装了一辈子呢？如果能，这种装了一辈子的行为应该如何评论呢？

唐代诗人白居易就有一首诗，里面写道："周公恐惧流言日，王莽谦恭未篡时。向使当初身便死，一生真伪复谁知？"也就是说，王莽如果在篡位之前就死了，那我们这些后人根本就不知道他是个伪君子。我不知道如何评论这种事，但如果一个人有远远高出常人的道德行为，我可能会敬而远之，这种人要么是大圣人，要么是大奸人。

四、"摄皇帝"的祥瑞

5 年，汉平帝病重，道德完人王莽隆重地向天祈祷，让自己替平帝去死。可惜，老天爷觉得他的演出太精彩了，还想继续看，就没把他的祈祷当回事，还是把汉平帝给收走了。平帝刘衎驾崩时才 14 岁，所以后世就有一种说法，说随着刘衎的一天天长大，王莽感觉到了威胁，就用毒酒毒死了他，这是明确写在《资治通鉴》里的，"莽因腊日上椒酒，置毒酒中"。

对于这种说法，我本人的意见是不确定。后来的表现证明，王莽就是想当皇帝，这种念头不可能是一天之内产生的。汉平帝如果长到成年，那他就很难实现这个理想了，所以，他有杀人动机，况且后来很多讨伐他的起义军打出的旗号也都是为平帝报仇。

那我为什么存疑呢？因为《汉书》上没提！要知道，班固的爷爷班稚就因为得罪了王莽差点被杀，而且班固本人十分瞧不起王莽，如果这事儿有一点点的证据，那他肯定会写在《汉书》里。对于平帝的死，《汉书》上只有一句话："冬十二月丙午，帝崩于未央宫。"

汉平帝死后，王莽放着一大堆成年的刘氏后代不立，选了年仅两岁的刘婴作为傀儡，"托以为卜相最吉"，大家看看，这孩子面相好，立他，大汉朝肯定能千秋万代！就这样，王莽当上了摄皇帝，改年号为居摄元年。

到了这个地步，虽然大多数老百姓还是傻傻地觉得王莽是真正的道德楷模，可是他周围的聪明人几乎都明白了此人的终极目标到底是什么。于是，从这时候开始，汉帝国出现了各种各样的祥瑞，比如井里面发现一块石头，上写"告安汉公莽为皇帝"；河里出现石牛，上面用红字写着"天命归莽"；等等。

王莽搞的这些祥瑞相当有用。一方面古时候老百姓愚昧，容易相信神神道道的东西，另一方面汉武帝和董仲舒的天人合一理论，强调上天和人间的相互感应，干得好不好老天爷会告诉你，甚至发展出了一个专门的学问，叫谶纬之术。汉代的老百姓相当相信这一套，有天灾是执政者没干好，有祥瑞就是执政者英明。

终于，在几乎全国人民的一致拥护之下，9年1月10日，王莽搞了一个禅让的仪式，然后正式称帝，改国号为新，把6岁的小皇帝刘婴改封为定安公。

050. 改制酿大祸

对于王莽当皇帝，大汉王朝的太皇太后王政君表示了坚决的反对。当王莽派人去索要传国玉玺的时候，她破口大骂："人如此者，狗猪不食其余！"并说："我汉家老寡妇，旦暮且死，欲与此玺俱葬，终不可得！"话虽如此，胳膊如何能扭得过大腿，最后她哭着把和氏璧制成的传国玉玺扔在了地上，还摔掉了一个角。

王莽从地上捡起玉玺，一转身就兴高采烈地举行宴会，大肆庆祝了一番。四年之后，王政君老太太病逝，享年 84 岁。

两千多年来，儒家对王莽的评价就是四个字：乱臣贼子。他建立的新朝不被任何正统朝代承认。其实，王莽当年是获得了天下百姓包括刘氏宗族的认可的，他上位的过程，几乎是历代王朝里流血最少的了。之所以他后来被彻底否定，主要原因是两个：第一，如果不否定他，接替他的刘秀就没有合法性，东汉也就尴尬了；第二，他在当上皇帝之后，进行了神经病一样的改革，史称王莽改制。

一、托古改制

当时汉朝土地兼并问题极其严重，贫富两极化非常普遍。这其实是从汉元帝开始的放任自由经济的必然结果，也就是政府既不反垄断，也不限制土地兼并的无序发展。

同样的问题在文景之治的后期也出现过，汉武帝当年的解决办法是从土豪手里抢钱。王莽这时候也想学一学，但是他这样一个道貌岸然的人，是很难直接说要抢钱的，于是他就搬出古代的文献，比如《周礼》《尚书》等做挡箭牌，作为改革的依据。反正古时候是什么样，谁都说不清，由他和刘歆说了算，所以，后世也把这场改革称为托古改制。

这场彻底失败的改革，包括三个部分：

第一部分是应该改，政策也不错，但是执行得不好的，这就是"五均六筦"。做法是把盐、铁、酒、铸钱、名山大泽的经营权收回国有，对丝、绵、布、帛、五谷等五种民生必需品的价格进行监管，这其实是把汉武帝时期的盐铁专营和平准均输的经济政策稍加扩大，只是王莽改了名字叫作五均六筦。

这个政策在武帝时期很管用，至少政府收到了钱；但是到了王莽这里却不行，因为他缺少执行人员。武帝时期依靠的是官吏，甚至说是酷吏，也只有那些如狼似虎而某种程度上又廉洁奉公的酷吏才能对付得了那些豪绅贵戚的各种狡诈手段；而王莽手下都是天天高唱仁义道德的书生，他只能依靠大商人们自觉，那自然是改革越深入，老百姓越倒霉。盐铁酒国营之后政府居然还要倒贴钱，而民间中小手工业者纷纷破产，获利的只有大商人们。

第二部分也是应该改，只不过从政策到执行都是一团乱麻的，这包括了王田制、废除奴婢和货币改革。

所谓王田制，就是全国土地收归国家所有，禁止私人买卖，规定是家里有八个男人，可受田一井，也就是九百亩。你家要是男人不到八个，但土地超过九百亩，你就要主动地把土地分给隔壁邻居。这个土地政策极其模糊，也没有补偿措施和铁血手腕，这样一来，哪一个大地主肯主动把土地交出来？最后就是政策实行不了不说，官吏和大地主们反而勾结起来，利用这个政策，借着土地改革的幌子，更加残酷地剥削老百姓。

废除奴婢就是禁止家奴的买卖，但现有的家奴可以保留。他认为没有买卖就没有杀害，不准买卖了，以后奴隶不就渐渐地没了吗？理想很美好，现实很残酷。社会上大量破产的人口本来可以选择卖身为奴，混口饭吃，可是现在政府说不让去当奴仆了，那怎么办？一部分就只能去当强盗或做其他见不得人的营生了。

货币改革更是一个笑话，王莽当政一共就十几年，货币改了四次，经常是去年做生意赚的钱，今年就不能用了。最奇葩的是在第三次货币改革里，这位书呆子居然推出了二十八种货币，古书里面出现过的所有货币，包括乌龟壳、贝壳、各种贵金属，还有铲子形的布币都拿出来作为正式货币流通。

这政策一出，老百姓当时就糊涂了，很长时间内，都不知道对方拿出来的是不是国家的法定货币。神奇的是，王莽在全社会怨声载道之下仍坚持了五年，最后全国经济市场几乎崩盘了，他才停止折腾，进行了稍微合理一点的第四次货币改革。到这时候，老百姓的那点儿存款几乎都被洗劫一空了。

王莽改革的第三部分就是根本没必要改，纯属是折腾老百姓的。这一部分包括地名官名改革、度量衡与历法、音乐仪仗、律令等，非常多。拿地名来说，在《汉书·地理志》里，几乎每一个地名下都有"莽曰XXX"这几个字，即这个地方在王莽当政的时候叫什么。1500多个县，有730个改了名字，好多县还不止改了一次。后果就是你身份证上的籍贯在地图上根本就不存在，你去登记结婚要先去改身份证，而且很可能到最后你到底在哪里出生的，你自己都彻底糊涂，搞不清楚了。

《道德经》里说"治大国如烹小鲜"，治理国家就像在锅里煎小鱼小虾，必须文火慢慢来，不能经常翻来翻去。可是王莽这个大勺子岂止是翻来翻去，简直就是一通剧烈的瞎搅和，那些如同小鱼小虾的老百姓命运可想而知，焦糊一片，惨不忍睹。

关于王莽的改革，历来都有很多人评价，我比较信服钱穆先生的总结，他说："王莽的政治，完全是一种书生的政治……不达政情，又无贤辅，徒以文字议论为政治。"这话说得很对，尤其是"书生的政治"五个字，基本上点中了王莽的死穴。

书生都有一种想当然的浪漫主义情怀，觉得只要大家都这样了，我们的国家就会那样了。可他们也不想想，如果一挥指挥棒，所有人就都跟着节拍翩翩起舞，那治理社会还是一件难事吗？如果真的这么容易，古往今来，还有任何一个国家会垮台吗？

其实，他若真是一个相信天人感应的儒家书生，早该反思并且收手了，因为在他的新朝建国 3 年后，也就是 11 年，老天爷已经给他发出了一个特级红色警告，说你已经玩过火了，这个警告就是黄河改道。

黄河，历来被称为中国人的母亲河，可是这条母亲河有时候脾气不太好，放着好好的路不走，偏要绕圈子。黄河一改道就会带来大洪水。历史上黄河改道 20 多次，比较大的有 6 次，王莽执政期间的这次就是第二次黄河重大改道，史称"魏郡改道"，造成的灾情极为严重，可谓是饿殍遍野，千里无人烟。

王莽面对老天爷这么强烈的不满，依旧我行我素，继续他梦想中的改革事业。除此之外，他还无缘无故地把已经臣服汉朝的匈奴和高句丽从王爵降到侯爵，并且给它们改名字，匈奴单于叫降奴服于，高句丽叫下句丽。这种奇葩的外交政策对于对方来说是一种侮辱，大家纷纷表示要脱离新朝统治，边境战火重启。

天灾人祸再加上对外战争，导致市场上的粮食奇贵，一石米要卖一斤黄金。王莽异想天开，派人去教吃不上饭的饥民们按照古书"煮木为酪"，就是把木头棒子变成可以吃的粥状物，于是老百姓只剩下最后一条路，起来造反。

二、绿林起义

公元 17 年以后,各地人民纷纷起而反抗,形势非常严峻了。山东日照一个叫吕母的妇女砍掉了当地县长的脑袋,自立为将军,然后马上发展到数万人。王莽的所作所为,让一个农村妇女都成了造反派,可见当时的天下真没有几个不造反的了。

当时大多数造反者都打着刘姓宗室的旗号。以前刘氏子孙在位时,大家对刘氏子孙很不满,等到真的和王莽一起折腾了一段时间,穷困潦倒之后,才明白以前那些能吃饱穿暖的日子还是很美好的,史书上用"人心思汉"来描写这种心态。

在起义者中,包括了来自今天湖北襄阳的刘縯、刘秀兄弟,他们是刘邦的九世孙,先祖是汉景帝的儿子长沙王刘发。他俩十来岁时,当县令的爹去世了,被叔父收养,成了普通老百姓。

哥哥刘縯是一位游侠,属于没事惹事,事儿越大就越兴奋的黑社会骨干分子,弟弟刘秀是勤俭持家,一边读书,一边务农的老实孩子。

14 年,19 岁的刘秀去新朝长安太学学习《尚书》,路过河南新野的时候,听说当地的阴丽华美艳无双,后来在长安,又看见王莽出行时前面的执金吾——掌管皇帝出巡护卫仪仗的官——很威风,当即就立下了宏大的理想:"仕宦当作执金吾,娶妻当得阴丽华。"

当然,这时候他还不知道,老天爷给他另外安排了工作,那就是做皇帝。

22 年,刘縯刘秀兄弟在南阳郡起兵反抗王莽的新朝,由于力量弱小,很快就不得不并入另外一支更大的起义军里,那支起义军的名字叫绿林军。

我们在影视小说中常见的绿林好汉的"绿林"二字,就来自西汉末年的这支起义军,因为他们起兵造反的地方当时叫绿林山,据考证,应该是今天湖北京山的大洪山。从那时候起,"绿林"这个词,就专指和政府作对的武装人员,包括了除暴安良的好汉,也包括了黑社会、土匪和恐怖分子。

23年,这支队伍里的老大刘玄在荆州被推举为皇帝,号更始帝。刘玄也是长沙王刘发的后代,算是刘秀的同宗。哥哥刘縯的能力也逐渐显露出来,虽然竞争皇帝落败,但被封为大司徒;刘秀则是太常偏将军。

这两个官有多大呢?大司徒就是原来三公(大司马、大司空、丞相)里面的丞相,它是汉哀帝在位时改名的,属于三公之一,位高权重,但是刘秀的职位不算高。"太常偏将军"这个名字罕见。"太常"本是汉代九卿之首,地位崇高;"偏将军"在汉魏从一品至六品的将军中却只在第五品,我觉得,可能"太常"是荣誉性的,"偏将军"才是刘秀此时的实际地位。

可以这样说,当时的刘秀在起义军里并不突出,封了一个偏将军估计还是看在刘縯的面子上,因为大家都觉得他打仗胆子小。

枪打出头鸟,刘玄一称帝,王莽马上派了42万大军扑向昆阳和宛城一线,领头的是大司空王邑。42万大军来势汹汹,昆阳城里却只有9000起义军。有个成语叫"螳臂当车",在当时昆阳城里所有起义军将领看来,他们和一只大号的螳螂没有任何区别,肯定会被敌军碾死,都觉得还是先逃命要紧。

刘秀这时候站出来说:"如欲分散,势无俱全。"如果我们一哄而散,肯定都完蛋,言下之意,要团结御敌,可是大家都瞪着眼睛看着他说:"刘将军何敢如是!"你这个胆小鬼也敢说这种大话了?9000对40万,怎么打?

可大家还没来得及逃跑,王邑的军队已经来到了昆阳城下,队伍漫山遍野,据说里面还有各种老虎、猎豹、犀牛等——这是王莽的改革内容之一,向南边少数族学习,训练了很多野兽,用在战场上。

逃不出去,只好听刘秀这个主战派怎么说。刘秀的主意既不复杂,也不神秘,就是带着十几个人冲出去找救兵,然后里应外合夹击来敌。就这样，刘秀带着人出城去找救兵，幸运的是，还真就让他杀开一条血路，跑出去了。刘秀的这个计策，只要是智商正常的人，估计都能想得出来；历史上同样处境下，和他采取同样行动的人也很多，只不过很多都失败了。

城外的大司空王邑没把跑出去的刘秀当一回儿事，按计划指挥部队攻城，口号是："今屠此城，喋血而进，前歌后舞，顾不快邪！"在他眼里，昆阳城已然是囊中之物，甚至昆阳守军向他投降他都准备坚定地拒绝，一心想着全歼敌军。

谁知他最后没等来昆阳城破，反而等来了刘秀的一万多援军。全身披挂的刘秀带着3000人敢死队，冲在队伍的最前面，直接杀向王邑的中军大营。这时候的王邑，开启了花样作死的节奏，带着大司徒王寻和1万多人出迎，然后下令，其他人都老老实实待在营地，不许出来，静静地欣赏老子的威风八面。也就是说，他准备以同样人数和刘秀单挑。

结果一场大战下来，王寻战死，王邑的中军被打残，本来就是贫苦百姓组成的王莽军没有了首脑，又赶上大风雷雨，还有传说中的陨石雨，在昆阳城内外两支绿林军的夹击之下，彻底溃散，最后王邑只带着千余人跑回了长安。

昆阳之战，刘秀一战成名。当他带着3000人冲向40多万敌军的时候，绿林小伙伴全都震惊了，这和平日里他们印象中的刘秀完全不一样。《后汉书》记载，当时周围的士兵都说："刘将军平生见小敌怯，今见大敌勇，甚可怪也！"这人和平时的胆小判若两人啊，太奇怪了。

很显然，刘秀在昆阳城下是在赌命。

人这一辈子，总会遇到几个关键节点，就看你有没有勇气把所有的筹码，甚至生命放在赌桌上，然后豪气干云地说一句：赌了！输赢都是你的命。我们每个人可能都有过这个时候，但赢的只是极少数人。

刘秀赢了，而且是大赢。

051. 光武的复兴

刘秀昆阳大捷之后，宛城传来噩耗，他哥刘縯因为抗命被更始帝刘玄杀了。

我在这边替你卖命，你在后方杀我的哥哥！刘秀该怎么办？是挟昆阳大战的余威，杀回宛城，替哥哥报仇，还是在昆阳自立为王，成为另一支独立的起义军？

刘秀似乎又变回了老样子，他老老实实地跑到了宛城，替他哥哥向刘玄谢罪；为了避嫌，也不和任何原来刘縯手下的将领接触，相当于是向刘玄表明心迹，虽然你杀了我哥哥，但我对您还是忠心耿耿。

不仅如此，他还马上张罗向阴丽华求婚，最后在众人的祝贺声中抱得美人归。

我个人认为，这是一场比昆阳大战更惊心动魄的赌博。昆阳之战也就是一天，而这一次在宛城，几十天之间，时时刻刻都在提着脑袋和刘玄玩游戏。刘玄为什么杀刘縯？当然是因为刘縯太能干，太得人心了，威胁到了他的地位。以刘秀昆阳之战表现出来的能力，刘玄同样也会感受到威胁，可是刘秀主动归来，低调认错的种种表现，以及想娶阴丽华的那种迫切，让刘玄相信他在昆阳只不过是恰好爆发了小宇宙，走了狗屎运而已，不足为患。

就这样，刘秀又一次赌赢了。

一、刘秀称帝

昆阳大败导致王莽的政权失去了战斗力,就在同一年,23 年秋天,更始军杀入长安,王莽于乱军中被杀,存在了 14 年多的新朝灰飞烟灭。

王莽在被砍脑袋之前,进行了最后一项很奇葩的救国运动:他率领文武百官和一大群仍然追随他的百姓来到长安南郊,对着老天爷痛哭,他称之为哭天大典。

临死之前,王莽最想不通的就是,为什么自己这样的道德模范,不贪污不受贿,落得这样一个下场?实际上,作为领导人,个人品德固然重要,但如何制定让老百姓受益的政策,并保证执行,也就是执政能力才是关键的关键。可惜,历史这个老师在王莽的考卷上打了一个大红叉,不及格。

《汉书》上说,王莽死后,他的身体被士兵们砍成了无数段,脑袋被老百姓踢来踢去,甚至有的人把他的舌头切下来吃掉了,原文是"共提击之,或切食其舌",又恶心又悲惨。

令人想不到的是,他的脑袋后来被收藏起来,一直保管在历代皇帝的库房里。保存了多少年呢?《晋书》记载,295 年晋惠帝时,洛阳武库遭大火,"累代之宝及汉高斩蛇剑、王莽头、孔子屐等尽焚"。

且说绿林好汉进了长安,刘玄当上了皇帝,住进了长乐宫,可是他却犯了一个致命的、不可饶恕的错误:他派刘秀以大司马的名义去巡视河北。那时候说的河北,指的是黄河以北的郡县,表面说是巡视,实际是抢地盘,因为当时河北大大小小的政权都不服从刘玄。

为什么这是一个致命的错误呢?因为刘秀此一去,最后就有了和刘玄决裂的资本。我们不知道刘秀真正产生当皇帝的念头是在哪一年,但史书上记载,就在他去河北的路上,一个当时也有点名气的,叫邓禹的人追上了他。刘秀问邓禹,我这个大司马有任免官员的权力,您是来向我要官的吗？邓禹说不是，愿明公"延揽英雄，务悦民心，立高祖之业，救万民之命"，这是《后汉书》上的原话，等于是劝刘秀称帝，而刘秀的反应是两个字"大悦"。所以，刘秀去河北之时已经有了脱离绿林军，自己当皇帝的念头。

到了河北之后，刘秀发现自己一穷二白。为了巩固自己的势力，他设法团结一切可以团结的力量。为了联合真定王刘杨，他以极其隆重的礼仪迎娶了刘杨的外甥女郭圣通，后来称帝之后，还立了郭圣通为皇后。这个时候，距离他把那个口口声声此生最爱的阴丽华娶回家还不到一年时间。

说到这里，我就想问，如果老天爷不帮忙，刘秀在娶了郭圣通小姐之后，突然见了阎王，后世要如何评价他？我想，历史书上肯定会这么写：一个拜倒在仇人脚下，胆小怯懦不敢为哥哥报仇，而且为了荣华富贵极力往上爬的无耻之徒。

历史并没有这么演，刘秀最终在河北壮大起来，并且公开和更始帝刘玄决裂。

25年，"跨州据土，带甲百万"的刘秀在众将拥戴下，在今天河北邢台柏乡县的千秋亭即皇帝位，国号仍然为"汉"。他把自己定位为汉家继承人，接过来的依旧是刘邦的衣钵。这一年刘秀30岁。可以说，更始帝刘玄最大的错误就是被刘秀骗了，既没看出他的野心，也没看出他的能力。

在唐朝之前，人们习惯把刘秀建立的这个朝代称为后汉，所以当南北朝的范晔写这段历史时，书的名字就叫《后汉书》；但是在唐朝之后，习惯上称之为东汉。原因也不复杂，刘秀称帝当年的十月，他带着军队打进了洛阳，也就是古代人认为的天下之中，决定定都在此。从地理位置上说，洛阳在长安的东边，那自然是一个叫西汉，一个叫东汉。

二、一统天下

虽然把皇帝的帽子戴在了头上,可是没事的时候四下里看看,刘秀还是不免生出一个感慨:这天下的皇帝也太多了,除了在长安的绿林军好汉更始帝刘玄,还有山东赤眉拥立的傀儡小皇帝刘盆子、河西五郡的老大窦融、河南梁地的梁王刘永、陇西的隗嚣集团,以及西南巴蜀地区的公孙述,那些不太起眼、占个县城就敢三宫六院称帝的更是多如牛毛。

正当他因敌人太多而烦恼的时候,老天爷又一次出面替他解决问题来了。

赤眉、绿林两大军事集团因为彼此看不顺眼,在关中爆发了激烈的火并,绿林军彻底失败,更始帝刘玄投降之后被赤眉军所杀;而胜利了的赤眉军也被严重削弱,被刘秀的部下冯异赶出关中之后,只能向东南方向退却,最后被早有准备的刘秀包了饺子,十几万赤眉军残余完全归顺刘秀。

据说上缴的兵器和甲胄堆放在宜阳的城西,与旁边的熊耳山一样高,刘秀发了大财。更让他惊喜的是,赤眉军交上了从更始帝刘玄那里得来的传国玉玺。有了这物件,别人就会觉得你是天命所归,可以说意义非凡。

此后,从26年到29年,在大将军耿弇的建议下,刘秀先后平定睢阳的刘永、青州的张步和海西王董宪等。为此刘秀很兴奋,他对耿弇说:"将军前在南阳,建此大策,常以为落落难合,有志者事竟成也。"原以为难度太大,没想到最后竟然办成了。这就是"有志者事竟成"这句成语的出处。

紧跟着,是如何劝降河西五郡的窦融。

窦融是文帝皇后窦漪房的弟弟的后代,刘秀是汉景帝的七世孙,所以窦融和刘秀之间还是能扯上关系的,刘秀很好地利用了这一点。他在给窦融的信里写道:"孝景皇帝出自窦氏,定王,景帝之子,朕之所祖。"窦融思前想后一番,最后带着部队归降了刘秀。

这次投降对刘秀极为重要,就像他在信里说的那样,"权在将军,举足左右,便有轻重",意思是窦融的地位足以左右天下形势。这里顺便说一句,刘秀是不折不扣的成语帝,有关他的成语有三十几个,基本都是常用的,像上面那句话就是"举足轻重"的出处。

到了31年,刘秀的敌人只剩下了两个,一个是盘踞在巴蜀,定都成都的公孙述。他是和刘秀同一年称帝的,今天四川有一座白帝城,名字就是公孙述起的。据说,他经常看见当地一口井上面有白气缭绕,于是就自称为白帝,并且把当地改名为白帝城,大诗人李白的诗句"朝辞白帝彩云间"说的就是这个白帝城。

第二个是陇西的隗嚣,此人本来已经归附了刘秀,而且当刘秀在中原大战中忙得焦头烂额,白帝公孙述几次出兵攻打刘秀时,都被他打了回去,可以说为保刘秀后方无忧,立下了汗马功劳。但是当刘秀逐渐掌握了中原的主动权之后,便要求隗嚣去洛阳京城里当官享福。

大家都不傻,隗嚣自然知道这是刘秀要解除他的兵权,所以就婉拒了,派了一个使者去洛阳,一来谢罪,二来也想看看刘秀到底是怎样的人。这个使者就是后来的伏波将军马援。马援一到洛阳就被刘秀的气场给镇住了,马上变成了刘秀的死忠粉,对刘秀说:"今见陛下,恢廓大度,同符高祖,乃知帝王自有真也。"意思是刘秀和刘邦一样,都是真龙天子。

他回去后,和隗嚣聊天时就不断替刘秀吹牛。隗嚣就问他,刘秀这么好,和高祖刘邦相比如何?马援回答说:"不如也。高帝无可无不可;今上好吏事,动如节度,又不喜饮酒。"这番话很有意思,意思是刘秀不如刘邦,因为刘邦办事没有绝对的规矩,刘秀喜欢亲自处理政务,办事有规矩,并且不喜欢喝酒。

隗嚣听完之后就有点糊涂——老马啊,你这番话的言下之意,好像说刘秀比高祖还厉害啊。他随即就醒悟过来,马援这是正话反说。随后隗嚣就进一步表示了臣服,把大儿子送去洛阳当人质。

到了 30 年,刘秀一统中原之后,做出了更过分的举动,他让隗嚣去打公孙述。实话实说,我个人认为,这就是卸磨杀驴了。这个计策实际上就是驱虎吞狼,坐山观虎斗,想让隗嚣和公孙述打得你死我活,然后他坐收渔翁之利。

隗嚣自然不愿意,《后汉书》里说他"欲持两端,不愿天下统一"。我觉得,愿不愿意天下统一我们先不说,在两人关系里,隗嚣的诚意实际上要远远大于刘秀。人家儿子都送来当人质了,但刘秀不仅让隗嚣去卖命,而且和大臣们讨论隗嚣和公孙述的时候,公然说,"且当置此两子于度外耳!"也就是先不考虑这两个人,以后再收拾他们,这也是成语"置之度外"的出处。

连这种话都说出来了,分明就是把隗嚣和公孙述都归到敌人那一档了。两人早晚是个死,那还不如现在就反了。31 年,隗嚣向公孙述称臣,彻底背叛刘秀。打了两年,兵败之后不肯投降,"恚愤而死",就是俗话说的活活气死了,从此之后,陇西归了刘秀。

陇西和陇右,江东和江左

陇西就是陇山以西的地方,今天的甘肃一带,古书上也叫陇右。因为中国人讲究面南背北,祖宗们一直认为南面代表了阳刚、尊贵,北面代表了阴柔、低下,连打了败仗都叫败北。这样一来,当你面向南方的时候,西边就在你右手边,所以陇西和陇右是一回儿事。同样,江东和江左也是一样的。

隗嚣死后,刘秀当然不能放过巴蜀地区的公孙述,他在给大将军岑彭的信里说:"可将兵南击蜀虏。人苦不知足,既平陇,复望蜀。每一发兵，头须为白。"意思就是打败隗嚣之后，你千万不要满足，要再接再厉，马上南下平定巴蜀，这就留下了另一句成语"得陇望蜀"。当然，后面那句"每次发兵，头发胡须都白了不少"既是感慨，形容征战的艰难，也是鼓励，很容易激起将士们的共鸣和豪气。

结果就是，巴蜀这个成家政权仅仅抵抗了一年，公孙述就战死，剩下的全部投降。

36年，在王莽死后的第13年，西汉末年四分五裂、战火连天的中国再次归于一统，国号还是汉，皇帝还是老刘家的人，姓刘名秀，字文叔，因为死后的谥号是光武，我们一般称之为光武帝。

三、光武的复兴

《资治通鉴》记载，刘秀在公孙述死后，"知天下疲耗，思乐息肩。自陇、蜀平后，非儆急，未尝复言军旅"，也就是刀枪入库，马放南山，只要没人主动挑衅，就不再打仗了。就连后来北匈奴分裂，面对一个大好的彻底消灭匈奴，可以立"万世之功"的机会，刘秀都没有心动，对上书请求出兵的大臣们说，"远事边外……不如息民"，咱们还是好好过日子吧。

这一方面说明他希望老百姓安居乐业，过上好日子；另一方面也是当时严峻的事实让他不得不放弃征伐。史书上说，经过二十年的动乱，饿死病死战死的老百姓不可胜数，当时的人口是"十有二存"，也就是从西汉末年的6500万，减少到1300万左右，可谓是惨烈至极。归根结底，王莽这个书生改革家可以说是始作俑者。

面对这样的情况，光武帝没有别的办法，只能采取文景两位皇帝的与民休息政策。首先是轻徭薄赋，向两位祖宗看齐，30取1，也就是老百姓只交3%的税，然后鼓励种田，释放很多犯人、囚徒，给你手里塞一把锄头，你或者种地，过老婆孩子热炕头的日子；或者回去和一群地痞流氓关在小黑屋里。除了那些天生的犯罪狂，只要不傻，一般都好好种地去了。他还多次下诏释放奴婢，让他们都有自己的小家，为经济发展贡献不小。

当时社会上有很多土豪，土地兼并问题极其严重。土豪们占据大片良田和西门庆嘴里"泼天一样的财富"，向下不断压榨老百姓，向上欺瞒和挑战政府。刘秀虽然建立了新政权，但是面对的问题和王莽几乎是一样的，因为战乱之中，土豪的生存概率比老百姓要大得多，他们没有消失。

刘秀的办法是度田，即丈量土地。你有多少土地，你就交多少税，如果你占有土地还不耕种，那你就要等着哭了。不过他遇到了和王莽同样的问题：土豪们的强烈抵制。

开始的时候是联合地方官，隐瞒或者少报，但是在刘秀的严厉追查下，这事儿逐渐地就干不下去了。官员们连吃饭都不敢和土豪在一个饭店了，看见他们就躲着走。于是土豪们就开始传播各种谣言，煽动老百姓起来杀掉那些来丈量土地的官员，一起抵抗度田的政策。

《后汉书》记载："郡国大姓及兵长、群盗处处并起，攻劫在所，害杀长吏。"面对这样的局面，温文尔雅的刘秀不见了，他一方面以铁血手腕进行镇压，各种血腥的酷刑不断施加到造反的土豪身上；一方面采取分化的手段，鼓励土豪之间相互检举揭发，同时强行让那些特别豪横的土豪搬家，类似于东北的搬到广东去，给你同样大小的土地，赔偿你的损失，等于是让你失去根基，只能乖乖听话。

最后的结果就是各种措施顺利实行，天下大治，到刘秀去世之前，人口几乎翻了一番，为东汉随后八十年的盛世打下了坚实的基础。

那我这里就要问一句，王莽和刘秀两个人的区别在哪里？为什么一个成功，一个失败？

答案有两点：

第一点，刘秀在一个时间段，只专注地做一件事，搞经济他就不打仗，也没搞什么政治改革，而王莽同一时间段啥都想干，按下葫芦浮起瓢，忙不过来。

第二点，刘秀任用的基本都是可以做事情的官吏，铁血也好，铁腕也罢，他们都是能干的，而王莽手下却没有这样的人。王莽的官员除了按照书本去给他找祥瑞，实行所谓的仁政，只会空谈，都是充满了理想主义的知识分子。历史早就证明了，越是急于想把社会打造成完美世界的，越是容易把世界变成地狱。

052. 虎父无犬子

《太平御览》记载了一个故事。光武帝刘秀小时候和姐夫邓晨到别人家去做客，听一群人聊天。其中一个说，我昨天看了一本谶书，书中说"刘秀当为天子"。旁边的人接口道，这说的一定是大国师刘秀啊，莫非他要造反？这时候小屁孩刘秀在一旁接口说："安知非仆乎？"你们怎么知道那个刘秀就不是我呢？大家听了哄堂大笑。

这里解释一下，大国师刘秀就是大知识分子刘歆，在汉哀帝刘欣上台之后，因为避讳，他把名字改成了刘秀，然后帮着王莽改革，被称为国师。

刘秀在当上皇帝之后的第三年，和姐夫邓晨聊天时，突然想起了小时候这件事，就对着姐夫叨咕了一下，邓晨很平静地感慨了一句："仆竟办之！"你小子，竟然做到了！"仆"在古代是男子的谦称，意思是我这家伙，对着别人说话时一般是不能用的，可是刘秀听了之后，非但没有不高兴，还哈哈大笑，得意非凡。

他不生气的原因很简单，邓晨这句话隐含的意思是：你刘秀从一个说句话都被大家嘲笑的小屁孩，变成九五至尊的皇帝，这，就是天命，"仆竟办之"这神奇的事情，那一定是老天爷的意思。

刘秀听懂了这句话里面的天命味道，很喜欢。和那时候所有人一样，他也笃信天命。

一、刘秀为何不杀功臣

刘秀当上皇帝之后，没有大规模杀功臣。中国古代皇帝大规模屠杀功臣的原本也不多，真正大开杀戒的只有朱元璋；刘邦杀人不少，但主要不是功臣；唐、宋、元、清基本上没有滥杀。不过，每一个朝代，还是会有不少开国功臣脑袋搬家，这里大概有三个原因：一是皇帝怕功臣造他的反；二是皇帝怕自己死后，功臣造他儿子的反；三是立威和治国需要。

前两个原因很容易理解，"王侯将相宁有种乎"，自从陈胜吴广喊出这句口号之后，中国就告别了血统论。无论宣传工作做得多么好，第一代皇帝心里都清楚，所谓皇帝，就是拳头硬打出来的，我能当，你也能当。如果你能力太大，某些方面甚至超过了我，在军队里威望又太高，还经常对我不服气，那我肯定就要小心了。你若是再年轻点儿，那我就要担心我死之后，你欺负我老婆孩子。所以，有点风吹草动，皇帝就很容易起杀心。

关于立威和治国的需要，也很好理解。一个平日里和你一起喝酒吹牛的哥们，即便是有一天当上了你的上司，你会对他马上就毕恭毕敬，言听计从吗？恐怕不会。这种态度当然会影响到新官的威望，甚至由于你的散漫和不配合，还会影响工作。所以很多时候，新官可能会采取措施，把你调走了事。

这种情况也正是那些开国功臣和新皇帝之间的烦恼。这时候不同皇帝的作风就体现出来，有些皇帝会罢免或者劝退这些功臣，比如赵匡胤杯酒释兵权，而有些皇帝就会找个理由直接杀掉，这样既避免了后患，还省了一笔遣散费，比如朱元璋。

看完了上面这三个原因，我们再回过头来看看刘秀，你就会发现，老天爷对他实在是太好了：

他不怕功臣造反。若问你东汉开国功臣有哪些，你能说出几个？极少数人知道邓禹、吴汉，更厉害一点儿的，可以说出几个云台二十八将的名字，但大多数老百姓基本是一个都不知道。原因就是东汉确实找不到可以和韩信、萧何等人媲美的，当时打仗和谋略第一的还是刘秀本人。很多时候，他坐在后方，看着前线送回来的布阵情况就可以判断出这一仗的输赢，所以，他根本就不怕手下造反。

他也不怕自己去世之后，功臣造儿子的反，因为他年轻，年轻就是资本。刘秀登基时31岁，一统天下时才40岁出头，这时候儿子都有了十几个，完全可以悠闲自在地和功臣们比谁活得长。事实就是，他几乎把所有功臣都耗死了，才去向刘邦报道。即位的儿子汉明帝29岁，年富力强，简直完美得不要不要的。

总之，刘秀操心的只有一件事，即如何让功臣们远离政府，他采取的政策是"退功臣而进文吏"。除了没请大家喝酒，剩下的和赵匡胤差不多，也就是你尽管撒了欢地去打仗，回来之后尽情享受金钱、美女、豪宅，但是你不能在政府里任职。

这个政策历来都被历史学家赞美。不过，如果有功臣不放下军权呢？那答案也是显而易见的，上一节讲过的隗嚣，就是不肯放下他的陇右兵权，最后被光武帝一杀了之。

二、刘秀的内政外交

其实，刘秀绝对不是什么善男信女，杀起文官大臣来，丝毫也不手软。从39年到44年，五年之间，他一连杀了三位大司徒，也就是宰相，平均一年多点就杀一个政府最高行政首脑，这在历史上也是少见的。

刘秀为什么喜欢杀宰相？答案不复杂，他是用这种方式，让后来的大司徒们乖乖地听话，目的还是权力。在他的心里，王莽之所以能篡夺汉家的天下，就是因为大司马权力太大。

为了牢牢地把权力抓在自己手里，刘秀当了皇帝之后，干了一件汉武帝都没干成的事情，即公开设立直属于皇帝的尚书台；而且尚书台是一群人，包括一个尚书令，一个尚书仆射，六个尚书曹，分掌各项政务，比如官员考核、财政、刑罚等，下面还设有丞、郎等官。一句话，在汉帝国中央政府之外，他几乎完整地又建立了另一套班子。

尚书台建设完毕，要想让尚书台发出去的命令管用，需要三公九卿们的配合，尤其是相当于宰相的大司徒，必须老老实实地别唱反调。为了达到这个目的，刘秀举起了他的屠刀。

第一个倒霉的是当上大司徒仅一年的韩歆，他因为经常和刘秀唱反调而被免职，在他回家的路上，光武帝"复遣使宣诏责之"，也就是再派人去骂他。在汉朝，皇帝如果跳脚大骂一个有罪被贬的官员，那就等于是死刑宣判，让你自杀谢罪的信号，韩歆和他儿子只好去死。

第二个是儒家大学者欧阳歙，接替韩歆当上大司徒才10个月，被查出了经济问题。下狱之后，刘秀根本就不管皇宫外面每天几千名儒家学子跪地求情，直接把这老先生整死在监狱里了。

如果说上面两位还有点罪过，那第三位大司徒死得就有点冤了。接替欧阳歙的戴涉小心翼翼地干了将近三年，一点毛病都没出，可是到了44年，"坐所举人盗金"，他举荐的一个小官犯了贪污罪，他跟着连坐，最后刘秀还是把他扔进了监狱，最后死在了监狱里。

三个大司徒死了之后，当他指定张湛接任戴涉为大司徒时，这位经历了成帝、哀帝、平帝和王莽四个朝代的官场老油条，在朝堂上吓得屁滚尿流，《后汉书》的记载是"遗失溲便"。

自此之后，一切政令都由尚书台直接禀告皇帝，由皇帝裁决，三公基本被架空。这种集权的一个好处就是政令通达。前面我们说过，在很短的时间内，汉朝经济就重新繁荣起来，社会稳定而高效；当然，不好之处就是，如果皇帝不怎样，整个帝国就完了。

刘秀当政期间，发生了两件和今天的外国人有关系的事情。第一件发生在40年，在全国形势一片大好的情况下，因为一个贪财如命的贪官，交趾发生了一场由两个女人领导的反抗。

交趾也就是今天的越南，这地方在秦汉的时候一直属于中国。这两个反抗的女人是一对姐妹，分别叫征侧和征贰，合称二征夫人。事情的起因是征侧的老公被当时的交趾太守苏定迫害致死。得知造反的消息之后，光武帝派了伏波将军马援去平叛，马援带着8千名汉军和1.2万名交趾本地的士兵水陆并进，很快就平定了反叛。

对于汉朝，这只是一场胜利而已，虽然远了一点；但是对于越南，这是一件在历史上相当了不起的事情。今天的越南人认为，就是这对姐妹，拉开了越南九百多年独立战争的序幕；你没听错，他们的独立运动坚持了九百多年，到宋朝才算是成功。今天你如果去越南游玩，就会发现到处都是二征夫人的雕像、祠堂、庙宇，甚至很多街道都是以她们的名字命名。1964年7月，周恩来总理去越南，还特意给二征夫人陵墓送了花圈。

顺便说一句，这个伏波将军马援，替刘秀东征西讨，立下了很多功劳，最后死在了沙场上，三国时期著名的武将马腾、马超父子就是他的后代。

第二件事和日本有关。历史上，我们一直称东南沿海的日本海盗为倭寇，称日本为倭国。这个词现在是贬义，你要是当着日本人的面说，对方肯定会骂你；可是追根溯源，"倭国"其实是当年日本人自己求来的一个称呼，全称是"倭奴国"，意思是长得矮的奴才之国，更加难听。这事儿是这样的，汉武帝横扫朝鲜半岛的时候，日本本土上有三十几个部落跟着朝鲜向汉朝表示臣服，可当时实在是太远了，汉朝不愿意搭理他们。到了57年，今天日本九州北部的一个大部落派出了使者，来到洛阳，求光武帝刘秀赐名，刘秀就给了"倭奴国"这个称号，还赐以印绶。

这件事记载在《后汉书》里。1784年，日本九州出土的"汉委奴国王"

五个字阴刻金印和一大批文物，证明这都是真的。现在这颗纯金蛇钮篆字印，存放在日本福冈市立博物馆，是日本国宝。

三、优秀的汉明帝

在日本使者欢天喜地捧着金印回国的同一年，57年，光武帝刘秀驾崩于洛阳南宫前殿，终年62岁，谥号"光武"，庙号"世祖"。

刘秀的庙号为什么是"世祖"？

一般一个王朝皇帝中的"祖"只有一个，"祖有功，宗有德"，有开国大功的皇帝，才能叫"祖"，比如汉太祖刘邦；后面比较好的皇帝都叫"宗"。刘秀的情况很特殊，虽然他承认自己是刘邦的子孙，可他的确也是一个新王朝的开创者，大臣们讨论后一致认为，他也应该用"祖"，而不是"宗"，所以他的庙号就叫"汉世祖"。

这就给后世留下了一个潜规则，对王朝生死存亡立有大功的，即便不是第一代开国皇帝，也可以用"祖"为庙号，比如说康熙就被称为清圣祖。

关于光武帝，毛泽东有一段论述："人常说秀才造反，十年不成。刘秀是个例外……在家读书，安分守己。一旦造反，倒海翻江。轰轰烈烈，白手起家，创建了一个新的王朝。"

在我看来，之所以"秀才造反，十年不成"，原因就是，知识分子读书读死了，就变成理想主义者，对于现实世界里成百上千的实际问题视而不见。就像王莽的王田制出发点很好，希望大家只占有自己能耕种的土地；可现实是，人性是贪婪的，几乎没有人按照他设定的剧本去演出。

刘秀这个秀才就克服了这个毛病，他既利用书本上的知识、前人的经验，又能兼顾实际情况，灵活机动。所以，他不仅仅是造反成功，后来皇帝当得也不错。

继光武帝之后，他的儿子刘庄登上皇位，这就是汉明帝。汉明帝的亲娘就是阴丽华。本来他也不是太子，最早的太子是皇后郭圣通的儿子。可是郭圣通是刘秀迫于形势娶的女人，虽然也生了几个孩子，但刘秀渐渐地就越来越讨厌她，最后随便找了一个理由，说郭皇后不听他的话，经常顶嘴，"怀执怨怼，数违教令"，就把郭圣通废掉了。

这事儿就连《后汉书》的作者范晔都看不下去，直接说刘秀此为托词借口。可是刘秀想废立皇后，谁又能拦得住？41年，阴丽华当上了皇后，原来的太子刘强主动辞去了储位。就这样，阴皇后的大儿子刘阳改名为刘庄，被立为太子，现在成了汉明帝。

汉明帝和他爹刘秀一样，都喜欢儒家文化；这种喜欢不是像汉武帝那样装出来的，而是真的喜欢。他上台之后，命令皇太子、诸侯王和大臣家的孩子都要读经书，就连看大门的士兵都得背诵《孝经》，他老人家还时不时地抽查一下。

《后汉书》里记载了这样一个故事，说刘庄做太子时，博士桓荣是他的老师。后来太子摇身一变，成了皇帝，可是对待自己的老师，却和以前一样，每次见面，还是恭恭敬敬地以弟子的身份行礼，这叫"犹尊桓荣以师礼"。他去桓荣家串门，让桓荣坐在尊贵的东面，摆好了茶几书桌，还和当年上课时一样，聆听老师的教诲。

不仅如此，刘庄还将朝中百官和桓荣教过的学生数百人召到桓荣的太常府，向桓荣行弟子礼。老师生病了，派人专程慰问，甚至数次亲自登门看望。每次探望老师，刘庄都是一进街口便下车步行前往，以表尊敬。进门后，拉着老师枯瘦的手，也不说话，有时候还默默垂泪，很久之后才离开。

你想想，当朝皇帝对桓荣如此，那些大臣们会如何？史书上说："诸侯、将军、大夫问疾者，不敢复乘车到门，皆拜床下。"全都是恭恭敬敬的。你再进而想想，民间对待自己的老师又会是什么样？不用说，尊师重教在汉明帝时期蔚然成风，老师成了最抢手的职业，嫁人就嫁教书的人。

刘庄对老百姓、知识分子是儒家风范，要多仁慈有多仁慈，可是一转脸对待朝廷上的官员，就完全是另一副模样了。

史书上说他"为政苛察"，对官员的要求极为严厉，当政期间砍了很多权贵的脑袋，而且严格限制外戚、宗室、豪强等各种势力，让他们统统靠边站。他自己的亲外甥想当一个小小的郎官，他宁愿直接给他一万钱，让他去吃喝玩乐，也不愿意让他当官害人。

严厉的人，脾气往往也暴躁，汉明帝也不例外。有一次，一个尚书郎误记了西域属国贡献的供品，被他发现了，他直接手里拎了一根棒子，挽起袖子，穿着皇帝的袍子走下宝座，对着这名下属就是一顿棍棒，吓得整个朝廷鸦雀无声，从此底层官吏谨小慎微，很少出错。

汉明帝不仅对别人要求严格，对自己也是如此。史书上说他："乙更尽乃寐，先五鼓起，率常如此。"乙更就是二更。古时候晚上的时间分为五个更次，每两个小时为一更，二更是现在晚上9点到11点；而五鼓就是五更，指早上3点到5点。汉明帝经常晚上11点睡觉，早上3点起床，只睡4个小时，如果都是在读书看奏章，那确实比较勤快。

总的来说，汉明帝是位好皇帝，他很好地执行了刘秀的与民休息政策，并且提倡孝道，大修水利，鼓励农桑；同时，自己勤政、节约；在管理官吏方面，他的严厉和苛责也起到了一定的整肃作用。

053. 东汉老班家

汉明帝当政期间，有三兄妹在后世比汉明帝还出名，那就是《汉书》的作者班固、他投笔从戎的弟弟班超，还有他们的妹妹班昭。班家是儒学世家，世代在汉朝为官，但官都不大，也都没什么名气。在班固之前，家里最有名的是班婕妤——汉成帝的后妃。她是班固老爹班彪的姑姑，也就是班固、班超这兄弟俩的姑奶奶。

一、班婕妤辞辇

班婕妤的名字和生卒年都不详，但她的才华和贤德却很有名。据说刚开始的时候，因为她长得漂亮，还会写诗作文章，汉成帝十分喜欢她。有一次，他想让班婕妤和他坐在一辆车里出去游玩，但是班婕妤非常一本正经地拒绝了："贤圣之君皆有名臣在侧，三代末主乃有嬖女。"人家古代的圣明君主，都是著名的大臣坐在身边，只有夏、商、周三个朝代的末主夏桀、商纣和周幽王，才是让宠幸的妃子坐在他们身边，所以，我不能坐在你身边。

这么一本正经的妃子，自然得到了婆婆王政君的疼爱；可是，这么一本正经的妃子，皇帝自然也不可能长时间喜欢她。后来赵飞燕、赵昭仪姐妹俩进宫，班婕妤完全招架不住，彻底失去了汉成帝的宠爱，只能主动请求去长信宫服侍王老太太。

也就是这段时间,她写出了《自悼赋》《捣素赋》《团扇歌》等作品,都是哀哀切切的文章,应该是和失宠的心境有关系。所以,班婕妤还有一个文学家的头衔,不过也有人认为这些文章是后世伪造的。

不论班婕妤的文学水平如何,她的贤德是举世公认的。南北朝时期,大画家顾恺之创作了一幅绢本绘画长卷,名字叫《女史箴图》,一共十二幅图画,其中四幅是著名的帝王后妃故事,其一就是《班婕妤辞辇》,说的就是她拒绝和汉成帝一同坐车的事儿。

历朝历代,班婕妤的这个行为都被认为是女人的典范,一直都被大家歌颂;可是我们也都知道,就算是她不坐那个车子,也会有赵飞燕、赵昭仪姐妹坐上去;而且严格来讲,王莽篡汉也是在汉成帝时代埋下了祸根,可见亡国这件事和女人关系不大。

顺便说一句,《女史箴图》真迹不存,其唐代摹本是世界上最著名的中国书画作品之一,在国际上相当地有名,在BBC的《展示世界历史的100件文物》中,它排在第39位,身价不低。1900年,八国联军入侵北京,有一个叫约翰逊的上尉,从清宫里抢走了这幅画。回去之后,他没当回儿事,1902年,以区区25英镑的价格将这幅图卖给了不列颠博物馆。从那时候起,《女史箴图》一直都珍藏于伦敦的不列颠博物馆。

2013年,因为整幅图画损毁得严重,不列颠博物馆特意召开了全世界的研讨会,商量着如何修复,最后还是来自中国的邱锦仙老师出手,拯救了这幅世界级的艺术品。现在《女史箴图》一年只展出一个月,我们中国人想要去看这幅画,还要先办签证,买飞机票,长途跋涉到伦敦,才能看到。

二、《汉书》和班固之死

言归正传,班家到了班彪这一代,正赶上王莽篡位,天下大乱,班彪就跑到河西五郡的窦融手下做官,因为劝窦融归顺刘秀立下了功劳,随后当上了县令。

后来由于身体不好，班彪辞职回家干起了业余爱好，接着司马迁的《史记》往下写历史。当时《史记》的名字还是《太史公书》，班彪把自己这本接着《史记》写的书命名为《后传》，可惜没写多少就去世了。

班固是家里的大儿子，在回家给老爸服丧期间，也开始写历史，准备把老爹没写的都补全，没想到竟然有人去官府告他"私修国史"。史书上没说是谁告他，为什么告。从班固的生平来看，他的性格比较狂傲，得罪人应该是比较平常的事情。比如他后来给弟弟写信，评价他同事傅毅，说人家"下笔不能自休"，相当于说傅毅写文章又臭又长。后来曹操的儿子曹丕在《典论·论文》中发明了一个成语形容班固这种贬低别人的行为，叫"文人相轻"。

扶风郡的官员把班固抓了起来。班家世代为官，并不是普通老百姓，还是有些底气的，弟弟班超直接进京找到了汉明帝，说我哥写历史是为了让后人了解我们大汉朝的威风，叫"颂扬汉德"。

汉明帝找来书稿一看，确实，政治正确，文辞优美，而且班固在开头就写道："虽尧舜之盛，必有典谟之篇"，意思是尧、舜和大禹那样的时代，也有人给他们写传。隐含的意思是，我写的这部史书，就是要歌颂汉朝的功德，所谓"扬名于后世，冠德于百王"。

汉明帝一看就知道，这事要大力支持。于是下诏释放班固，并且给他一笔钱，让他继续写。后来汉明帝又把班固招到京城，担任兰台令史，差不多相当于现在中央档案局的一个处长。

等到了汉和帝的时候，班固跟着大将军窦宪去打匈奴，获得了巨大胜利。关于这场关键性汉匈战争的前因后果，后面会详细讲述，现在只说班固在这次军事行动中立了大功，并且和窦宪拉上了关系，在这之后，就有点儿骄傲。《后汉书》上说他"不教学诸子，诸子多不遵法度"。这里面不遵纪守法的并不仅仅指他的儿子们，还包括他家的仆人。

史书记载，班固的一个家奴曾经当街羞辱洛阳令种兢，类似于现在某人家里的保姆在马路上指着首都市长的鼻子骂街，可是事后种兢大人却只能忍气吞声，不是怕小保姆，也不是怕班固，而是怕大将军窦宪。

当然，这笔账他是记下了，后来窦宪获罪自杀，班固也跟着倒霉。种兢逮到这个机会毫不手软，直接把班固关进大牢，几天的工夫，就给整死在牢里。一代文豪，史学大家，就因为手下奴才的一时之快，和自己事后的不以为然，断送了性命。

班固曾经在《汉书》里阴阳怪气地讽刺司马迁，说他"是非颇缪于圣人，论大道则先黄老而后'六经'……此其所蔽也"，意思是司马迁比较偏向道家，不是纯粹的儒家，所以三观不正。

司马迁不能从坟里爬出来和他辩论，但是他有一个本家，叫司马光，后来在《资治通鉴》里也用同样的语气讽刺了班固，大意就是说班固轻仁义，贱守节，富贵之后飞扬跋扈，结果把自己的命都丢了，还有脸说别人三观不正？

班固死的时候，《汉书》没有完成，因为害死他的程序并不正规，所以他也没有像司马迁那样，得到一个宫刑换死刑的机会。幸运的是，《汉书》得到了政府的支持，汉和帝下令，让他妹妹班昭进入皇宫，在东观藏书阁里继续写《汉书》。

三、班昭写《女诫》和《汉书》

班昭还是一个小丫头的时候，就以才华和爱好历史著称。她嫁给了一个姓曹的人，可惜丈夫很早就死了，班昭从此一直守寡。因为她的名气很大，汉和帝和后来的邓太后就经常召她进宫，给宫里面的女人们讲学，史书上说："帝数召入宫，令皇后诸贵人师事焉，号曰大家。"也就是大家都很佩服她，也尊重她，叫她曹大家。一句话，班家的女人也很厉害，在班婕妤之后，又一个才女横空出世。

班昭的主要活动是在宫里给女人们上课，因此慢慢形成对女人各种行为规范的比较系统的看法，这就催生了一篇著名文章，叫作《女诫》。顾名思义，这是一篇教导女性如何做人的文章，中心思想用四个字可以概括，那就是"三从四德"。

"三从四德"的提法并不是班昭首创，而是来自儒家的经典。"三从"来自儒家十三经之一的《仪礼》，原文是："未嫁从父，既嫁从夫，夫死从子。"本来这是规定古代女性如何服丧的，原意就是，没嫁人的时候，其他亲人死了，服丧的时候，和父亲保持一致；出嫁后，服丧要和丈夫保持一致；老公没了，给其他亲人服丧的等级要和儿子一致。到了后世，就演变成另外一个意思了：没嫁人的时候，听老爹的；嫁了人，听老公的；丈夫死了，听自己大儿子的。这就是后世人理解的"三从"，和穿什么丧服出席葬礼一点关系也没有了，这真是一个对女性很不友好的转变。

"四德"，最早出现在《周礼》这本书上，《周礼》也是儒家十三经之一。"四德"是"妇德、妇言、妇容、妇功"，这个倒没有歧义，说的就是妇女必须道德上要有操守；说话要温柔，不能泼妇骂大街；保持身体清洁，不邋遢；能纺织，能做家务。这四样，就是德、言、容、功，简称四德。

虽说"三从四德"不是班昭率先提出来的，但由于她文采太好了，写出来的《女诫》实际上对"三从四德"起到了宣扬和传播的巨大作用，所以从东汉末期一直到20世纪初，大清朝的皇帝都下台了，中国想读书的女孩子最先需要学习的，还包括这本《女诫》。

除了写《女诫》，班昭进入东观藏书阁之后，还在另一位助手马续的协助之下，不负众望，完成了哥哥没完成的事业，续写了《汉书》。就这样，历时四十多年，前后经由班彪、班固、班昭和马续四个人的创作，《汉书》最终成稿。全书七十多万字，一百篇，记载了从前206年刘邦被封为汉王开始，一直到23年刘秀称帝为止230年的历史，位列二十四史的第二部。

四、慷慨班都护

班固和班昭在洛阳写《汉书》的时候,班家另一位牛人班超正在今天的新疆,当时的西域翻云覆雨。

班超,字仲生,班家的二儿子,在哥哥被征召为兰台令史之后,他也来到了洛阳。京城物价贵,迫于生计,班超找了一份给官府抄文书的职业。有一天,正在抄书的他看到了傅介子的故事。前面介绍过,傅介子是为了汉朝,在楼兰的国宴上,一刀杀了楼兰国王的猛人。班超看到这里,把笔一扔,说,大丈夫就该像傅介子大使一样,去西域建功立业,天天抄书能有什么出息?原话是,大丈夫应"立功西域,以取封侯,安能久事笔研间乎?"

我小时候听语文老师讲"投笔从戎"故事的时候,自动脑补出他当场把笔一扔,转身出门就去投军的情景。后来读了史书才知道,班超说完这句话,被周围的人笑话了半天,就又捡起笔,老老实实坐下继续抄书。没办法,是人就要吃饭,不抄书就没饭吃。

后来因缘巧合,汉明帝也任命他为兰台令史,才终于不用抄书了,可是干了没两天,就被免职了。具体原因不清楚,《后汉书》上就四个字——"坐事免官",可能是受到别人的牵连。

班超中年下岗,生活不会更糟糕了。那就无论如何,为自己活一次吧。73年,班超投入军中,当了一名老兵,成为窦融侄子——奉车都尉窦固军队里的假司马。这里的"假",一般是指副职,有时也指正式任命前的代理。他打仗很勇猛,窦固欣赏他,就让郭恂带着他出使鄯善国。鄯善在今天的新疆东南部,也算是当时西域丝绸之路的一个门户。

命运女神就在这个时候,终于注意到了班超,顺手给了他一个机会。事情是这样的:

他们刚到鄯善国(西汉时叫楼兰)时,鄯善国王很热情,好酒好肉,美女歌舞地招待他们；可是过了几天，就冷淡下来，招待的档次明显下降。班超马上意识到，一定是匈奴也派了使者过来，鄯善国王有点左右摇摆。他就把招待所的一个小官员叫来，开门见山问道，匈奴使者来了几天了？住在哪里？

这个鄯善小官的智商一般，以为对方什么都知道了，就回答说，匈奴使者来了好几天了，住不惯我们招待所，在外面自己搭帐篷住。

当晚，班超就以使团副手的身份把36名汉朝来的士兵叫来一起喝酒。喝到差不多了，他突然对大家说：匈奴使者突然来了，过两天鄯善国会把我们送给匈奴，死无葬身之地，你们说怎么办。

大家喝得正高兴，异口同声说跟他们拼了，我们都听你的。班超把碗一摔，说出了那句流传千古的成语："不入虎穴，焉得虎子？"今晚杀光匈奴使者，鄯善国必然惊恐而归顺大汉，我们每个人都是不世之功。

随后，班超带着36个人摸到匈奴营地，夜黑风高，正适合放火。大家借着酒劲儿，一把火加上冲锋，130多人的匈奴使团，一个活口也没剩下。就像前面我们说刘秀昆阳之战是赌博一样，下岗大叔班超这天晚上做的事情，也是在赌博。幸运的是，他也赢了。

班超向郭恂汇报情况，郭恂也是一个有担当的人，当即让人把鄯善国王叫来，指着桌上那位倒霉的匈奴使团团长的脑袋说，你看这是什么？鄯善国王差点吓死，《后汉书》说，"遂纳子为质"，意思是鄯善国王马上把儿子送到了洛阳为人质，保证从此鄯善国就是大汉的藩国。

汉明帝接到报告很高兴，说班家都是人才啊，就让班超继续出使西域，谁不服就砍了谁。窦固也很高兴，这是我带出来的兵，虽然老了点儿，但真给我长脸。就问班超，皇帝让你继续出使西域各国，我多给你点儿人，你看1000名士兵如何？

班超谢绝了，说就要原来的那36个人，多了没用，原话是"如有不虞，多益为累"，人多了就是累赘。

事实证明，有些人天生就适合在各种利害关系里，如鱼得水一般地存活，而且越是复杂的事态，他越是游刃有余。这种人前面讲战国时候讲过，他们叫纵横家，今天叫外交家。班超天生就是这样的人物，他第一次进西域，马上就招纳了于阗、疏勒等国成为东汉的附属国，大汉王朝和西域各国因王莽篡汉而断绝了六十多年的关系，一举恢复。在随后的几十年里，他几乎是以一己之力，经营着西域，保证了汉王朝到西域，再到中东，一直到罗马这条丝绸之路的安全。

94年，随着焉耆等国的彻底降服，西域五十几个国家全都重新归附了汉王朝。而这几十年，班超一共才使用了一千多名汉人，就算是这一千多人，还是后来汉章帝派给他的"驰刑及义从"，也就是囚犯和志愿军，没有一个真正的士兵。

班超就靠着这一千多个从来没有训练过的乌合之众当上了真正的西域之王，他经常能够调动几万西域士兵去攻打另一个西域王国，这么高的威信，除了因为他能说会道，还因为他有突出的军事能力。

龟兹国曾经发动五万大军来和班超决战，班超临时组织了两万人，很快就把来犯的五万龟兹人打得损兵折将，狼狈逃窜。

这个策略，他在给汉章帝的上书里详细解释过，称之为"以夷狄攻夷狄，计之善者也"，我不需要兵，让他们自己打自己就好了；打完之后，他们还会对我们大汉表示尊重，对我班大人说声谢谢。史书里记载，当时西域各国在班超的周旋和统治之下，都说"倚汉与依天等"，依靠汉朝就是依靠老天爷，相当地顺服。

91年，班超被任命为西域都护；95年，被封为定远侯，所以后世人经常称他为班都护或者班定远。

到了97年，班超因为经常听说一个叫作大秦的西方大国，就想与之互通往来，派了甘英出使大秦。结果甘英到了今天的地中海东岸之后，波斯人骗他说，渡海去大秦的，十个有九个都被淹死了，剩下的那一个也很可能会被大秦人杀死。于是甘英打消了继续前进的念头,回来对班超说没找到什么大秦国。

我们今天都知道,这个大秦就是罗马帝国。实际上,波斯人骗甘英的唯一原因就是他们一直用大汉的丝绸和罗马进行交易,赚取几十倍的利润,万一大汉和罗马直接通商,他们还赚谁的钱去?所以很遗憾,东西方两大帝国就因为中间商的一点小算计,错过了最佳的交汇时刻。

100年,班超因年老,上书请求回国,在妹妹班昭的帮助下,年届七旬的班超在102年回到了中原,一个月后,病逝在洛阳。

1916年,当民国元老黄兴和率先讨伐袁世凯的护国将军蔡锷去世的时候,孙中山送了一副挽联,同时纪念他们两位:"平生慷慨班都护,万里间关马伏波",用班超和马援来比喻蔡锷、黄兴两位的东征西讨,创业艰难,而"慷慨"一词,也正是《后汉书》对班超的评价。

纵观班超的一生,从投笔从戎到辗转西域,前后近三十年,于他自己,是壮阔精彩的人生;于汉帝国,是西域边陲的守护之神,确实当得起"慷慨"二字。

054. 纲常和边疆

劳模皇帝汉明帝不仅睡得少,睡眠质量还差,经常做梦。据史书上记载,有一次,他梦见一个头上有光环的金人,绕着他的院子上下飞舞,嘴里好像还嘟囔着什么。这个梦是如此清晰,以至于他醒了之后,几乎记得每一个细节。上朝的时候,他就把这个梦对大臣们说了一遍,希望大家能解一下梦。

大臣傅毅,也就是被班固说文章又臭又长的那位,见多识广,很有学问,最主要的是,他很会拍马屁,这时候就站了出来说,陛下,好事啊,您梦见的是西方的佛,那可不是一般人能梦到的。汉明帝一听来了兴致,想搞清楚这个叫"佛"的神仙想对自己说点儿什么,就马上派人去西方找佛。

一、迎佛教

汉明帝派去西方找佛的人在大月氏(今天阿富汗境内),碰见了竺法兰和迦叶摩腾两位大师,两位大师随后就跟着使者来到了洛阳。这一年是67年。

两位大师先是住在鸿胪寺,"鸿胪"这个名字是汉武帝起的,本来的名字叫作典客,就是招待客人的意思。负责招待客人的官员就叫作大鸿胪,也是汉朝的九卿之一。这个"寺"字就是那时候九卿办公室的一个统一称呼，就如同今天的人事处、外事处的"处"，也就是说，鸿胪寺相当于汉朝的外交招待所。

汉明帝在招待所里听两位高僧讲了两天经，总算是明白了半夜里那个头戴光环的金人是什么了。他觉得佛教好像还不错，就吩咐给两位高僧盖一所新房子，盖好了之后，因为大师们是用一匹白马驮着佛经来到洛阳的，就把新房子命名为白马寺。

请注意，汉明帝把高僧的新房子命名为白马寺，说明已经把他们摆到了和九卿差不多的位置，可以说是相当重视。后来随着三公九卿制度的废止，"寺"这个名字逐渐弃而不用，可是僧人们对汉明帝还是相当地感恩，坚持从一而终，一直把自己住的地方称为某某寺，延续到今天。

就这样，67年被认为是佛教进入中国的第一年，而白马寺也就成了中国最早的佛教寺庙，或者说寺院。

尽管汉明帝迎接佛教，建立寺庙，功德无量，但是看起来诸天神佛并不想沾染凡间因果，让他长命百岁。75年，47岁的汉明帝驾崩于洛阳东宫，在位18年，庙号显宗，给他的儿子汉章帝留下了一个朝气蓬勃的东汉帝国。

二、三纲、六纪、五常

汉章帝刘炟继位这一年是18岁，也算是相当好的年龄。他和他爹明帝一样，都是勤政检朴的劳模，鼓励农桑，一心让老百姓过好日子。对于儒学，他也是真心喜爱，并且继承了爷爷刘秀的作风，没事就喜欢找知识分子聊天。一来二去，他就感到有点困惑：为什么你们这些知识分子讲的都不一样呢？同样给我讲儒家，怎么我的感觉就好像是你们讲的是七八种思想，好几个孔夫子呢？

客观地讲，刘炟的这个疑惑也是当时很多人的疑惑。从汉武帝刘彻设立五经博士之后，汉代就开始了所谓的儒家经学，有那些专门研究董仲舒天人感应阴阳五行的今文经学，也有像王莽、刘歆那样对春秋战国时期古文经典感兴趣的古文经学。结果两个大的分支之下，又诞生了无数个小岔路，大家的分歧越来越大，一本经书上面往往写满了密密麻麻的注释。按照《汉书·儒林传》的说法，这就是"一经说至百余万言"，简直就是《大话西游》里唐僧的碎碎念，再加上神神道道的儒家谶纬之术，大家你争我吵，矛盾重重，汉章帝面对的，就是这样乱麻一团的儒学体系。

刘炟觉得有必要统一思想。79年，在他的主持之下，一场对后世儒学有着深远影响的会议在白虎观召开，各路儒家大神相继出场。激烈争论了一个月后，形成了一个会议纪要，由班固执笔，写下了《白虎通义》，简称《白虎通》，意思就是在白虎观形成的统一的儒家大义。这次会议之所以重要，因为它正式确立了儒家的三纲、六纪和五常。

"三纲"：君为臣纲，父为子纲，夫为妻纲。"三纲"在董仲舒时代还只是一种思想，一种学说，现在彻底变成了儒家总纲领。"纲"字的原义就是渔网上最粗的那根绳子，拎起它，整张网就打开了。《白虎通义》用它来代表人世间最重要的三种关系：君臣、父子和夫妻。

"六纪"是次要一点的，分别是父亲家族、母亲家族、自己兄弟、族人、师长，还有朋友。所谓的"纪"，原意是丝织品上的线头，扯一下就扯出一根线来。比如我们现在说纪念品，就是说这东西是一个线头，提起来就让你想起一段甜蜜的回忆。不过"纪"比"纲"肯定要弱一些，在儒家眼里，是次一级的社会关系。

一个人要如何处理"三纲"和"六纪"这些社会关系呢？五个字，"仁义礼智信"，称之为"五常"。

"仁"就是爱心，"义"就是羞耻心，"礼"就是恭敬之心，这三者是孔子提出来的。孟子加以总结之后，又提出了一个"智"，知道是非对错就是智。最后董仲舒补上了一个"信"，信者，人之言，也就是说话要算话,不骗人。

白虎观会议的结论是,这五点是一个人在社会里安身立命的基础,只要遵从了仁义礼智信,就能处理好三纲六纪的关系。

现在我们来把三纲、六纪、五常和孔孟之道对比一下,你就会明白,白虎观会议究竟改变了什么。

孔子的"君君臣臣父父子子"说的是人与人之间的互动关系,他老人家说的是"君使臣以礼,臣事君以忠"。孟子就说得更激烈、更直白一些:"君之视臣如手足,则臣视君如腹心;君之视臣如犬马,则臣视君如国人;君之视臣如土芥,则臣视君如寇仇。"两人的中心思想都是一个,君和臣是对等的关系,你怎么对我,我就怎么对你,你想压迫我,那我不管你君不君,也可以把你视为敌人。

孔孟的君臣之道,到了白虎观决议这里,神不知鬼不觉地变成了"君为臣纲",那是绝对的上下级关系,并且还引入了神学观点,强调这种关系是天定的、永恒不变的主从关系,通过罗列了所有人际关系,很自然地把君臣关系排到了第一位。

这个白虎观会议不像是一般的学术研究,喝茶聊天之后就束之高阁,不管了,而是由皇帝牵头,一群高官大儒集体讨论的结晶,那自然是要在全国推行的。

从此之后,掺杂了神权意味的君权、父权和夫权就成了儒家最基本的原则,用来维护中华帝国的统治秩序,一直到清末,而且愈演愈烈,规矩大得吓死人。孔老夫子地下有知,也不知作如何想。

白虎观

白虎观,不是我们想象的道观,那时候中国的道教还没诞生。所谓"观",其实是古代皇家大门旁边的两个塔楼,也叫阙,这种地方可以登高望远。白虎观当时就是坐落在洛阳北宫里的这样一座建筑。我个人认为，道教场所之所以后来称为"观"，是因为道士们觉得"观"既有皇家宫殿的高大上，又有飘飘欲仙的味道。

三、两败北匈奴

汉章帝最大的优点是时时刻刻关心老百姓的疾苦。85年，他在考察了一番民情之后，下了一道旨意，说所有怀孕的妇女，都发3斛米，叫作胎养谷。并且免除小孩他爹一年的人头税，这和今天放产假异曲同工，可以说是最早的妇产关怀。

汉章帝还下诏说："及吏人条书相告，不得听受，冀以息事宁人。"意思就是在春耕时期，官府应该尽量低调，不要去打扰老百姓在田里忙活，成语"息事宁人"就是出自这里。

总结一下，从57年到88年，三十年间，明帝、章帝两代帝王继承了光武帝的施政方针，励精图治，使社会得到极大的发展，成为两汉历史上的黄金时期之一，史称"明章之治"。

88年春，32岁的汉章帝驾崩在章德殿，庙号肃宗。

章帝死后，他的儿子刘肇即位，后世称为汉和帝，当时只有9岁，按照汉朝传统，那就只能由他的养母窦太后来临朝称制，这个窦太后的曾祖父就是我们前面说过的窦融。

女人临朝，自然要依仗自己的娘家人，窦太后就开始提拔哥哥窦宪。现在来评价窦宪这个人，其实是一个恶霸；不过，应该算大流氓，不是小混混。窦宪掌权之后，担心妹妹窦太后把权力给了情夫，就派一名刺客把人家杀了，然后还试图嫁祸给别人。

事情败露之后，伤心的窦太后一怒之下，把亲哥哥关在宫里，准备杀掉。窦宪害怕了，就写了一封信，说自己愿意去打北匈奴，戴罪立功。

北匈奴就是更北边的匈奴。匈奴在汉王朝历年打击之下，在48年，分裂为南北两个部分，南匈奴自愿归附汉朝，北边的匈奴因为距离远，被打击的次数少，觉得自己还可以继续和汉朝死磕，就在大草原上继续游荡，同时和班超抢夺西域，并且骚扰南匈奴。

窦宪上书的时候，正是南匈奴又被抢了，央求汉朝出兵去帮助他们的时候。窦太后清醒过来，好看的男人有的是，亲哥哥就这么一个能干的，绝对不能杀；不仅不能杀，还要让他重新掌权，自己的位置才更牢靠。

就这样，窦太后就坡下驴，拜窦宪为车骑将军（位次大将军、可比三公），让他带兵出击北匈奴，随行人员里，就有前面说过的《汉书》作者班固。

此时的北匈奴其实相当好打。他们的骑兵战术对东汉已经没什么优势，而炼铁技术却没什么进展，不像东汉，科学技术一日千里，当时很多锻件和铸件已经达到了钢的标准。

顺便说一下，虽然钢铁两个字经常连起来讲，但从强度和韧度上说，这是两个完全不同的概念。除了冶炼，在制作兵器盔甲上，东汉也达到了令人叹为观止的地步。河北满城汉墓（位于今保定）出土的一件铠甲，是由两千八百多片细小的钢铁片编成的鱼鳞甲，无论是重量还是灵活性，别说匈奴，就是放眼当时包括罗马在内的整个世界，那也是让所有国家望尘莫及的。

窦宪、耿秉和班固等人一路凯歌，在稽落山大败匈奴，俘杀一万三千多士兵。这一仗之后，北匈奴就基本被打残了，先后有二十多万人断断续续地归降窦宪，想跟着他去南方过男耕女织的好日子。

窦宪豪气万丈地在今天蒙古国的杭爱山上刻石记功。杭爱山当时叫燕然山，这篇刻在石头上的铭文就称为《封燕然山铭》，史称燕然勒石，文章出自班固。

后来宋代的范仲淹写过一首《渔家傲》，里面的千古名句"浊酒一杯家万里，燕然未勒归无计"，就是借用窦宪封燕然山这件事，来形容远征将士在打败敌人建功立业之前不能归家的辛苦和豪迈。

两年之后,窦宪再一次大败北匈奴军,迫使单于西迁,率残部西逃康居,也就是今天乌兹别克斯坦。经过这两仗之后,北匈奴人在北方几乎没有了立足之地,随后在西域的几次争夺战中,又被班超的儿子班勇狠狠地蹂躏了一番。

窦宪立了大功之后,跋扈恣肆,放纵手下,活脱脱就是一个黑社会老大。《后汉书》上说他:"强夺财货,篡取罪人,妻略妇女。商贾闭塞,如避寇仇。有司畏懦,莫敢举奏。"

160年左右,北匈奴在西域也无法立足,只能再次西迁,从那时候起,我们就没有了他们的确切消息。

有一种流行的说法是,一百多年后出现在今天匈牙利一带的匈人,就是这群被汉王朝赶走的匈奴后裔。他们向北、向西挤压日耳曼人的地盘,日耳曼人被打败之后就只能去打西罗马帝国。最后的结果大家都知道,西罗马帝国于476年灰飞烟灭。按照这种讲法,西罗马帝国被灭的这笔账,竟然要算在窦宪身上。不过在我看来,这种说法不是很靠谱,应该是西方史学家搞出来的一个翻译上的错误。

那么,现在就要来讨论一下,汉匈几百年大战,最后以汉朝的完胜告终,这是不是一件值得庆祝的大好事?依我看,不一定。

权力是不能形成真空的。在中国北方,留着一个苟延残喘,但相对强大的北匈奴,要比彻底把它消灭好得多。因为它一旦被彻底击败,就留下了一个权力真空,而农耕文明的汉人还填补不了这个真空,必然只能留给其他少数族。

历史事实也是如此。匈奴被灭之后,鲜卑人马上就补了上来,迅速崛起,到了三国时期,曹操经常要留大批人马在北方,就是为了防备他们。这是后话了。

055. 清流与党锢

上一节说过，窦宪立了大功之后，跋扈恣肆，放纵手下。他手下有一个叫郭举的，因为长得帅，成了窦太后新的情人，经常出入宫中，后来欲望疯涨，看汉和帝都不顺眼了，居然想要杀掉和帝，另立新君，掌握汉王朝的废立大权。

史书上说，窦太后此时被郭举哄骗得死心塌地，居然支持郭举这个想法，也许她认为这件事自己的哥哥窦宪也是知情的，那干掉了汉和帝，自己哥哥掌权，不是也挺好吗？反正那个汉和帝也不是自己亲儿子，死了就死了。

这件事窦宪可能并不知情，而且坏就坏在窦宪也许不知道，和帝刘肇却知道了。

一、永元之隆

13岁的汉和帝是一个康熙一样的人物，他借助宦官郑仲和清河王刘庆的帮助，在92年突然发难，软禁窦太后，关闭宫门和城门，以霹雳手段铲除了窦宪在京城的所有党羽，然后强迫窦宪交出大将军印绶，把他赶回了老家。

窦宪回到老家之后，气还没喘匀，和帝又派了使者去骂他，汉朝获罪官员被骂等于死刑判决，窦宪只好自杀；大历史学家班固也被连累，跟着死在了监狱里。

铲除了窦宪和所有外戚势力之后，汉和帝开始亲政，史书上说他每日临朝"劳谦有终"，又是一个劳模皇帝。和明、章两位皇帝一样，他也对民间老百姓疾苦有着异乎寻常的关注，多次下诏，赈济灾民，减免赋税。

此外他还特别谦虚，每次官员拍马屁，说老天爷表扬您了，降祥瑞了，他都回一句"德薄"，然后"抑而不宣"——自谦德行不够，可能老天爷表扬的是别人，大家不要宣扬了。可是一旦有天灾，汉和帝就把责任揽到自己身上，说"万方有罪，在予一人"——老天爷想惩罚，就惩罚我一个人好了。这样的"领导"，"员工"想不喜欢都不行。

在他的任上，西域都护府重新设立，班超被封侯，可见和帝也很重视外交和商贸。

号称中国四大发明之一的造纸术，也是宦官蔡伦在这一时期完成的。纸并不是蔡伦发明的，在他之前，西汉就有了纸张，只是产量极其稀少，别说老百姓，就是王公贵族，很多人在蔡伦之前也没见过纸。那时候写书最流行的还是竹简或者丝绸，前者笨重，后者稀少，共同点也是一个字，贵。老百姓一般都不读书，会写自己名字就算是知识分子了。

蔡伦改变了这种情况，因为他改良了造纸术，用树皮、破布、麻头和渔网这些废弃物品来造纸。从此以后，只要勤快一点，穷人家孩子也能抄一部书来读。作为文化的主要传播媒介，纸张一直使用到了今天。

现代社会，随着电子书的兴起，纸张的需求似乎有可能渐渐变小，但蔡伦对于人类过去近两千年文化传播的贡献，是不能磨灭的。20世纪，美国人评选出影响世界历史进程百位名人榜上，蔡伦排在第七位，排在他前面的只有穆罕默德、牛顿、耶稣、释迦牟尼、孔子和保罗六个人，连大名鼎鼎的爱因斯坦也排在他的后面，只是第十位。这就是今天世界人民对蔡伦表达的最高敬意。

106年年初,年仅27岁的汉和帝积劳成疾,驾崩在章德殿。他算得上是中国历史上的一位好皇帝,但也是最被老百姓忽视的一位。他执政的这段时间被历史学家称为"永元之隆",是东汉国力最盛的时候,人口达到了5325万。

本来,他也是有庙号的,被称为穆宗。但八十多年后,董卓当权,有大臣上书说和帝没有功德,应该去除庙号,傀儡皇帝汉献帝就下诏取消了他的庙号。

迄今为止,东汉的四位皇帝,刘秀带来光武中兴,明、章两位皇帝造就明章盛世,和帝兴永元之隆,都是好皇帝。很可惜,到此为止了。对于东汉,老天爷安排得极其不平均,八十年盛世,前四位皇帝放在历史上任何一个朝代,都是英明得不得了的君主,可是后面的就根本没法看了。

二、"六味地黄丸"和张衡

汉和帝生了很多儿子,不过大多数生下来就夭折了,最后只剩下两个。大儿子刘胜从小就有病,和帝驾崩的时候,邓皇后只能立小儿子刘隆为帝。小家伙这时才一百多天,但也没办法,这是老天爷的安排,谁敢不听?还在吃奶的刘隆被抱到龙椅上,变成了汉殇帝。就如同受到诅咒一样,八个月后,殇帝驾崩。这位中国历史上即位年龄最小,寿命最短的皇帝,活着的时候根本就没意识到自己是大汉王朝的最高统治者。

邓太后又撇开刘胜,找了和帝的一个侄子刘祜即位,即汉安帝。人虽然还算聪明,但是不务正业,沉迷酒色,荒唐了十九年之后撒手归西。随后汉帝国又经历了在位七个月的少帝刘懿,在位二十年的顺帝刘保,在位四个月的冲帝刘炳和在位一年的质帝刘缵。

从汉殇帝算起,四十年内一共六位皇帝,名副其实的"六味地黄丸(六位帝皇完)"时代。大权旁落,太后和外戚把持朝政,任人唯亲,整个汉帝国政坛乌烟瘴气，老百姓的日子越来越艰难，即便凭着前几位英明君主积攒下的家底可以勉强度日，但帝国的衰落是显而易见的。

这段历史里，值得一提的只有张衡。说起张衡，我们想到的往往是地动仪。这是某地地震之后，能确定大概方向的仪器。其实那只是张衡的一个小发明，他本人脑袋上是有一大串头衔的：天文学家、地理学家、数学家、科学家、发明家及文学家。

张衡绘制了一个包括2500多颗星星的星云图，准确地指出了月食这事儿不是天狗吃月亮，只不过是大地遮住了光线。他还制造出了水力推动的浑天仪、指南车，用数学推导出了圆周率等。按照我们今天的说法，他是一个理科天才。

优秀的人基本都是文理通吃，除了科学贡献，他居然还是"汉赋四大家"之一。汉赋是那种生僻字读到你怀疑人生的文体，对文学功底的要求不是一般地高。他最著名的作品《归田赋》和《二京赋》都被列为千古名作，而且他还被认为是七言诗的开山鼻祖。

三、第一次党锢之祸

146年，汉帝国迎来了一位14岁的小皇帝，汉桓帝刘志。他上台的时候，是外戚梁冀在掌权，《后汉书》里说他，"百僚侧目，莫敢违命"，飞扬跋扈到大臣们根本不敢正眼看他。他说什么就是什么，大家完全照办。汉桓帝的前任，8岁的汉质帝刘缵只是在朝堂上说了他一句："此跋扈将军也！"梁冀马上觉得这孩子不能要了，一转身就毒死了他，之后才扶持汉桓帝即位。

梁冀不知道的是，他给自己安排了一个掘墓人。汉桓帝上台之后，一门心思想的就是如何除掉梁冀。在当了13年的傀儡皇帝之后，他终于等到了机会。

159年,他的皇后,也就是梁冀的妹妹去世了。身边没了监视的人,他马上开始联合五名对梁冀不满的宦官,在他们的帮助下,取得了御林军的支持,然后突然发难,包围了大将军府。不可一世的梁冀看见大势已去,只好和老婆一起上吊自杀。他死之后,汉桓帝大肆报复,除了梁家被灭门之外,朝堂之上凡是和他关系好的,全都被诛杀。

干掉了敌人,自然就要封赏功臣,五名功劳极大的宦官唐衡、单超、左悺、徐璜和具瑗,一日之间全都被封侯,史称五侯专政。单超作为一个太监,居然被封为车骑将军,这是仅次于大将军、位列三公的二品将军位置。从此之后,大汉帝国的权力又进入了宦官的口袋。

宦官和外戚掌权一样,靠的都是裙带关系,只不过外戚依靠的是皇后或者太后,宦官依靠的是皇帝本人。从这个角度看,宦官的权力来源比外戚要合法正义得多,但事实上,儒家那些维护封建皇权的士大夫最痛恨却是宦官掌权。

这里面至少有三点原因:第一个原因,宦官是奴才,儒家最讲究社会秩序,对于阳虎这种家臣上位的人,孔老夫子当年都气得不行,大骂"陪臣执国命",是乱命也。现在宦官这种身体有缺陷的奴才居然可以执掌国政,在儒家看来,是可忍孰不可忍。

第二个原因,宦官差不多都是穷人家孩子出身,没读过什么书,大多数学问不高。在知识分子看来,没读过书,怎么能当官治理国家?

第三个原因,宦官和皇帝朝夕相处,更容易导致政策不透明和多变。你刚刚在朝堂上讨论好的事情,因为宦官晚上伺候皇帝时说了两句话,第二天就变卦了,你说郁闷不郁闷?

基于这三点,再加上有些宦官十分贪婪,大钱小钱,只要是钱就贪,导致了汉桓帝重用宦官之后,全国马上产生了一股反对宦官的浪潮。推动这股浪潮的主要是士大夫知识分子、地主阶级,还有太学生。很自然地,因为中华历史大部分都是这类人写的,反对宦官的这些人在历史上就被称为清流,意思就是清澈的流水,可以洗涤污浊。

太学生就是在太学里学习的学生,除了上面那些原因之外,他们这个阶层对宦官执政的不满还要多一个原因,那就是工作越来越难找。汉武帝设立太学的时候,一年才招几十人,可是到了桓帝的时候,京城的太学生加上地方的儒生,总数已经达到十万多名。政治清廉的时候,这些太学生里面优秀的还可以找到当官的工作,可是宦官当政之后,大肆任人唯亲,太学生们毕业就失业,当官无门,自然是激起了他们的强烈不满。太学生的领袖人物是郭泰和贾彪。

当时清流士大夫的代表人物叫李膺,颍川人,曾经做过护乌桓校尉、度辽将军,打仗也是一个猛人,多次和鲜卑人、羌人在边境较量,后来不知道为什么被罢官了,就回到家里教书。因为此人异常刚直不阿,不屑于见任何品行不佳的客人,所以当时的社会人士都把能够去他家串个门当作一种荣誉,正式的说法是"登龙门"。

孔子的第 20 代孙孔融十岁的时候去拜见李膺,到了门口,说自己和李膺是亲戚,李膺把他接进来问,我俩是什么亲戚关系呢?孔融说,孔子曾经和老子李耳是师生关系。李膺一听就笑了,说你这小孩儿人聪明,学问也不错。当时宾客里有一个叫陈韪的不服气,说:"小时了了,大未必佳。"孔融当即答道:"想君小时,必当了了。"阁下小时候一定很聪明吧。陈韪当时是张口结舌。李膺笑着评价孔融"锐气尽出",将来必成大器。这个评论可以说是猜到开头,没猜到结尾。孔融后来的确以言辞犀利成名,可也正是因为言辞过于犀利了,最后被曹操砍了脑袋。这是后话了。

史书上说,166 年,宦官侯览的党羽张成占卜后,猜测朝廷即将颁布大赦令,就指使自己的儿子杀了仇家。我觉得这里说他是占卜出来的就是瞎扯,应该是他的老板宦官侯览先告诉他的。

已经重新为官担任司隶校尉的李膺负责监察官员行为,马上就把张成的儿子抓了起来,但是他刚刚抓住了凶手,桓帝的大赦令就下来了。按照当时的法律,只要不是谋反等大逆不道的罪过,一律赦免。可是李膺的犟脾气上来了,还是砍了张成儿子的脑袋。宦官集团马上控告李膺等人违反大赦令,结党营私,叫"养太学游士,交结诸郡生徒,更相驱驰,共为部党"。

实话实说,这个指控并不是完全没有道理。那时候这些清流派知识分子虽然以打击宦官为主,但他们掌握着整个社会的话语权,平日里议论政治,品评人物,对社会舆论有着绝对的操纵力,也是实情。他们要是说谁几句好话,那个人顿时身价百倍,要是说谁两句坏话,那人就完了,到处都是给你扔臭鸡蛋的人。这就是所谓的清议,清流士大夫的评议,在当时,是相当值钱。

桓帝看了举报信之后大怒,诏令全国,通缉和搜捕"清流党人",把李膺、陈实、范滂等二百多人都扔进了监狱。不过这些人根本就不在乎,反而以此为荣。度辽将军皇甫规甚至觉得自己没有被通缉是耻辱,给汉桓帝上书:"臣宜坐之。"我也是清流党人,请把我也弄进监狱吧。汉桓帝没有搭理他,弄得这位不知道有没读过书的度辽将军郁闷了很长时间。

当时的太尉陈蕃、南阳太守王畅都和清流党人交好,就开始积极营救李膺等人。陈蕃多次上书,苦苦相劝,最后桓帝实在是不耐烦了,直接把他的太尉职位拿下,让他回家抱孙子去。

就在大家有点绝望的时候,汉桓帝的老丈人窦武出来求情了。窦武也是窦融的后代,一直以来,窦家堪称皇帝老丈人世家,从三百多年前的窦漪房开始,他们家就经常出皇后。窦武本人生活简朴,嫉恶如仇,同情清流党人,就上书汉桓帝为党人求情。

宦官集团一看,外戚和士大夫站在了一起,觉得这事儿如果继续闹下去,激起全天下人的愤慨,自己也没啥好果子吃,就决定息事宁人。他们对汉桓帝说,昨夜夜观星象,好像到了应该大赦的时候。汉桓帝也不是傻子,自然知道此时也是罢手的最佳时机,就发布大赦诏书,放了这些士大夫。"放归田里,禁锢终身",意思是你们回家去种地,以后终生不得做官,历史上称之为"第一次党锢之祸"。"党"就是清流党,"锢"就是禁锢,不能当官的意思。前面讲过,儒家自从孔子开始,理想就是入世当官,实现治国平天下的抱负,现在不让清流士大夫当官了,那等于是变相阉割。

不过,令清流党人意想不到的是,回家种地才一年时间,连插秧都没学会呢,就迎来了一个天大的好消息:汉桓帝刘志驾崩了。继桓帝之后,汉帝国新的天子是汉灵帝刘宏,这位12岁的小皇帝是窦太后和她爹窦武亲自选定的,因此当时国政就变成了窦氏父女说了算。马上,陈蕃就被请了回来,担任太傅,和窦武共同执掌朝政。

这两人大权在握之后,汉桓帝曾经说过的对清流党人"禁锢终身"这句话马上就变成了废纸,李膺、杜密、尹勋这些清流党人纷纷被重新起用。他们自然是兴高采烈,交口称赞陈、窦两人的功德,《资治通鉴》上说,"天下之士,莫不延颈想望太平",大家都伸长了脖子,等待着太平盛世。

四、第二次党锢之祸

可惜,扑面而来的,却是一场血雨腥风。

当时窦武和陈蕃的想法是,所有有权力的宦官都应该杀掉,这叫作"悉诛废以清朝廷",只有这样才能让朝廷变得清明。可是帝国实际的临朝称制者窦太后,却只同意杀一部分宦官,对于曹节、王甫这些她认为的好宦官,并不同意杀掉。窦家父女俩谁也说服不了谁,就这样一拖再拖,结果拖出了事。

168年,一个叫朱瑀的宦官,当时的职位是长乐宫保安队长,趁着窦武休假的时候,偷偷翻看了他的奏章。这一看,差点没气死,他发现窦大将军的奏章三番五次催促太后早下决定,诛杀所有掌权宦官,自然也包括他自己。

朱瑀当时痛骂道:"我曹何罪,而当尽见族灭?"你们杀掉那些有罪的宦官我没意见,但是像我这样,没干过什么坏事,凭什么也要杀我全家?保安队长一生气,当即回去叫了一批弟兄,说窦武要废掉皇帝,这是大逆不道的行为,我们大家要去保卫皇帝。实际上,就是准备以皇帝的名义诛杀窦武。

王甫和曹节这些大宦官一听朱瑀干出了这件事,喜出望外,马上就配合行动,封锁宫门,挟持了窦太后和小皇帝,然后以他们的名义发布命令,缉拿窦武和陈蕃。

窦武听到这个消息,赶紧跑到步兵营,准备起兵给宦官来一次反杀。可是他本人的军事指挥能力很一般,而且宦官们这时候手里拿的是如假包换的皇帝虎符和节仗,调动了虎贲和羽林两军。最重要的是,刚刚领兵回到京城的野战军司令官张奂在不明真相的情况下,接受了太监的调遣,率兵攻打窦武。这种情况下,窦武完全没有机会取胜,兵败之后自杀身亡。

太傅陈蕃当年已经七十多岁了,虽然自知必死,但还是带着自己手下的仆人和太学生八十多人,拔刀冲向皇宫,最后英勇就义。

一屋不扫,何以扫天下?

陈蕃小时候经常不收拾房间,屋里乱糟糟。人家批评他,他反驳道:"大丈夫处世,当扫除天下,安事一屋乎?"言下之意,打扫房间这种粗活是我这样的人干的吗?我注定是治理天下的人才。后来清朝文学家刘蓉在散文《习惯说》里,反驳了陈蕃的观点,说:"一室之不治,何以天下家国为?"你连一个屋子都弄不干净,给你天下,可能你也治理不好。我们很难评判陈蕃说的话有没有道理,不过,他曾经拥有过治理整个天下的权力,却没把天下治理好,这也是事实。

经过这场宫廷政变之后，宦官们又重新掌握了权力，窦太后被软禁。李膺等清流士大夫再一次垂头丧气地被赶回了家。这一次，他们连种地的机会都没有了，因为有一些宦官觉得不能就此便宜了他们。

宦官曹节、侯览在大局已定之后，欺骗汉灵帝，说清流党人图谋不轨，应该都杀了。小皇帝只是简单地问了一句，图谋不轨是什么意思啊？曹节说"欲图社稷"，他们要抢您的江山，于是汉灵帝当即批准了他们的请求。就这样，李膺、范滂等清流士大夫又被抓进了监狱，接着全都被处死。他们的门生、朋友等被牵连的人士达六七百人，这些人和他们的家属即便没有被处死，也都禁锢终身，不许当官。后来这个禁锢的范围又扩展到几千人和他们的家属。

历史学家称汉灵帝的这次行动为第二次党锢之祸。

后世的人评论这两场党锢之祸，一般都是抨击皇帝昏聩，宦官邪恶，赞扬士大夫高尚，等等。这是因为一代代儒家知识分子，总是会向着对自己这个群体有利的方向去诠释历史。实事求是地讲，党锢之祸本质上就是一场复杂的权力斗争，只不过是新兴的，试图染指更多权力的地主士大夫阶级暂时失败了。很快大家就会看到，到了三国的时候，曹操、孙权这些所谓的"乱臣贼子"纷纷获得了他们强有力的支持。

前面说过，刘秀夺取天下的时候"人心思汉"，但三国时期，人心好像就不那么思汉了，刘备也是刘邦的后代，却只能三分天下。这两场党锢之祸，把汉朝知识分子的心给伤到了，也是一个不大不小的原因。

056. 黄巾大起义

东汉的两次党锢之祸，对知识分子的打击是巨大的，可是也必须承认，自诩为清流的士大夫们，在两次党锢之祸中，还是有偏见，比较偏激。这主要体现在他们往往不是根据行为，而是根据立场和身份来区别好人和坏人。不仅仅所有宦官在他们眼里都是坏人，甚至对于同样的读书人，只要立场和身份不同，一般也是拉帮结派，互相攻击。

一、清流的偏见和偏激

《后汉书》里记载了这样一件事：汉桓帝当上皇帝之后，把自己的儒学老师周福提拔当了尚书，结果他的同乡——河南尹房植不服气了。估计是喝酒的时候发了很多怀才不遇的牢骚，觉得天下人都眼瞎了，看不见自己的才华。他的一群朋友马上就为他抱不平，四处宣扬周福是因为抱了皇帝大腿才当官的，还编了乡谣："天下规矩房伯武，因师获印周仲进。"意思是，房植道德高尚，而周福是因为做过皇帝的老师，才当上官的。周福不甘受辱，也组团来反击房植，双方各树朋党，互相谩骂。

这种因为偏见导致动不动就画线站队，制造舆论，攻击与自己价值观和意见不同的人，既是政治上极其不成熟的表现，也很容易催生出另一个特点，就是偏激。

翻开《后汉书》或者《资治通鉴》，这种偏激简直是随处可见。

有一个叫张俭的，是楚汉争霸时赵王张耳的后代，时任山阳郡督邮，写告状信弹劾山阳人宦官侯览，说他违规修建祖坟和横行不法，因为没有得到回应，一怒之下，组织人直接刨开了侯览老娘的坟墓，把里面的陪葬品全都挖出来充公了。史书上说，"破览冢宅，藉没资财"，这种事在当时居然获得了无数士大夫的交口称赞。

还有李膺、成瑨、刘质、黄浮等人。在皇帝下了大赦令之后还去杀囚犯，有的还灭了人家满门，这种偏激行为是违反大赦令法律的，任何一个皇帝都会认为你这是在挑战他的权威，而不是和宦官斗法。

偏见加上偏激，新兴的地主士大夫阶级丝毫不懂得政治斗争的艺术，最后的失败在所难免。不过，对于他们宁死都要担当天下道义的精神，我还是极其佩服的。

比如说范滂，当他听说朝廷来抓他之后，就主动到县衙投案。县令郭揖说天下那么大，您不想去看看？我和您一块去如何？说完了就解下官印，要与范滂一起逃亡。范滂制止他，说我死了，祸事就了结了，为什么要连累您呢？当他回家与母亲诀别，劝母亲不要为自己悲伤时，母亲流着眼泪说："既有令名，复求寿考，可兼得乎？"孩子啊，妈明白，气节名气这东西，和长命百岁苟活一生，是不能够兼得的，你去吧。随后，32岁的范滂告别妻儿老母，慷慨赴死。

当然，也并不是所有士大夫，都愿意用生命换取气节，比如张俭。在逃亡路上，他给中国历史留下一个成语，叫望门投止，因为他慌不择路的时候，只要敲开一户人家的大门，说我是张俭，能在你家待两天吗？对方往往都会说，久仰大名，请进，可是在他离开之后，这户人家的主人往往被官府以连坐的罪名诛杀。

孔融和他哥哥孔褒就因为收留了张俭，必须有一个人去死，两人争了半天，最后汉灵帝把哥哥孔褒杀了，孔融才活下来。只不过听说过张俭的名声，就心甘情愿地冒着杀头的危险收留对方，这种事，在那时候有些士大夫眼里，好像是天经地义的。然而在我看来，这个张俭实在是不怎么样，他最后终于逃得了性命，却连累了几十个收留他的人被杀。

二、汉灵帝卖官

汉灵帝虽然把士大夫都禁锢了，终身不许他们当官，但他并不讨厌儒家，从小学的也是儒学。何况，"君为臣纲"，除了儒学，到哪里去找这么好的统治工具？

熹平四年，也就是175年，汉灵帝根据大臣杨赐、蔡邕、马日䃅及宦官李巡等人的建议，下诏命令儒学大师们校正儒学经典。随后命令蔡邕用古文、大篆、隶书三种字体书写，将《易经》《论语》《尚书》《春秋》《公羊传》《诗经》《仪礼》七部经书的内容刻在石碑上，竖立在太学门外，这就是后世极其著名的《熹平石经》。

据说石碑刚竖立时，人们坐车前来观看、临摹和抄写，每天有一千多辆车，填满大街小巷。因为以前大家虽然都读《春秋》，可是师父不一样，内容也不一样；现在官方说了，以我为准，那自然是要好好学习。就算是那时候没有科举考试，但有了学问，自然地，推荐你当官的人肯定要多一些。况且，就算是喝酒的时候吹牛，那底气也壮了不少，咱学的是官方认可的。

书写《熹平石经》的蔡邕在历史上名气也不小，他独创的飞白体，一直到今天，还是书法爱好者的最爱之一。他女儿蔡文姬和他一样有名，从小才华横溢，擅长音律，不过红颜薄命，在后来军阀割据，天下大乱的时候，被南匈奴左贤王抢走了，生了两个孩子之后被曹操重金赎回。蔡文姬创作了《胡笳十八拍》，是中国十大名曲之一，流传至今。

这里顺便澄清一下，小说或者戏剧《文姬归汉》这类节目里，经常把蔡文姬被抢去的地方描写成大漠茫茫，黄沙遍地，实际上，南匈奴归降汉朝快两百年了，一直待在太原附近。

汉灵帝在历史上的名气，既不是来自党锢之祸，也不是来自《熹平石经》，而是来自他的荒唐。为了给自己减负，安心享乐，他一次就册封了十二位中常侍，简称"十常侍"。什么叫常侍？就是经常在皇帝旁边的侍从，换句话说，皇帝的贴身顾问。这本来也不是一个官，就是一个虚衔，表示皇帝信任你，喜欢你，你可以出入朝堂了。

皇帝自己不管事，让十几个顾问帮着自己批阅奏章，那这些顾问的权力一下子就等同于皇帝了。尤其让人不满的是，汉灵帝册封的这十常侍全是宦官。这些人在得到权力之后，马上就开启了任人唯亲、横征暴敛的模式，给自己和家族捞了大量的好处。老百姓是苦不堪言，怨声载道。

汉灵帝看不到这些，他的经典名言是"张让是我父，赵忠是我母"，张让和赵忠都是宦官，十常侍中的成员，汉灵帝信任他们犹如父母。为什么灵帝如此信任他们？因为他们确实全心全意地替汉灵帝服务。汉灵帝喜欢看别人做小买卖，他们就在皇宫里兴建菜市场，找来宫女、太监扮演小商贩和买家；汉灵帝喜欢看女孩子裸泳，他们就建造很多"裸游宫"，弄一群14岁到18岁的女孩子在里面洗澡。此外还有很多更荒唐的事情，就不细说了。

令人惊奇的是，汉灵帝和宦官们搞了这么多项目，居然不用国家出一分钱，全都自掏腰包。那他的钱哪里来的？两个字：卖官。在历史上，卖官的皇帝不少，就算是汉武帝，也曾经卖过，可是没有人能和汉灵帝相比，因为汉灵帝连"三公"这样的职位也要求人交钱才能上岗。平定了东羌的将军段颎，按理应该被提拔为太尉，可是他也必须先给灵帝交钱，然后才能走马上任。据说这个段颎就是后来南宋大理段氏的祖先，这个到时候再讲。

还有一个叫崔烈的，出身于博陵崔氏，世代的名门望族，为了当上三公之一的司徒，交了500万钱。上班的第一天，汉灵帝对自己身边人说,坏了,卖便宜了,这位置怎么还不卖个一千万呢?周围人就解释说崔烈名气很大,这价钱已经不错了。

崔烈听说之后就有点郁闷,下班回家问他儿子,我当上三公了,外面怎么说。他儿子是个实在人,就说"论者嫌其铜臭",大家说您身上有铜臭味,气得崔烈对儿子破口大骂,这也是"铜臭"一词的来历。

三、从起义到失败

汉灵帝的小日子过得优哉游哉的时候,老百姓却生活在水深火热之中。除了十常侍这类官员鱼肉百姓之外,东汉末年,老天爷也不帮忙,频繁发生天灾,水灾、蝗灾和旱灾几乎年年有。

184年,旱灾加上一场大面积的瘟疫,全国各个郡县都出现了饥荒,出土简牍上的原话是"仓空无米,库无钱布"。天灾人祸的双重压迫,让老百姓终于忍无可忍,拿起了锄头,在一位自称为"大贤良师"的造反派带领之下,中国历史上第一场以宗教为号召的农民起义——黄巾大起义爆发。

这位大贤良师名字叫张角,巨鹿人,他所创立的宗教还有修仙、武学、养生、符咒、命理、算卦、相面、风水等各种所谓的学问,它们有一个统一的名称叫方术,也就是太平道。

那么,什么是太平道,它是怎样诞生的呢?这个问题说来话长。秦始皇、汉武帝等人到了老年怕死的时候,基本上都信长生不老之术,这就给修习方术的人留下了生存空间,后世统一称他们为方士。其中有两个方士,在东汉"六味地黄丸"的时代混出了大名堂。

一个叫张道陵,此人在蜀郡,也就是今天的四川创立了五斗米道。只要交五斗米,就算你入教了,修炼的方向主要是长生不老和成仙,手段就是导引、行气、画符和房中术。虽然都是歪门邪道,但依靠的经书却十分高大上,那就是老子的《道德经》。他在《道德经》上写满了自己的理解,然后把自己的读书笔记称为《老子想尔注》，为入教人员必学的经典。

另一个方士叫于吉，在吴越两地给人看病，预言生死。此人随身也带着一本书，名字是《太平清领书》，也叫《太平经》。张角偶然间得到了这本《太平经》，立刻如获至宝，创立了太平道，自称"大贤良师"。他们这一派崇尚黄色，戴黄头巾，穿黄衣服，信奉黄帝、老子，还有北极星。

早期，太平道传教主要靠张角的医术，很多没钱治病的村民喝一碗他配制的符水，病就好了，时间一久，他就变成了一个神话。十几年间，发展出教众几十万人，遍布全国各地，甚至朝堂之上的大臣，后宫里的宦官，都有他的信徒。

五斗米道和太平道，现在已经被公认为中国早期的两大原始道教，换句话，今天的道教就来源于这两个最初由方士创立的教派。

不过，在那时候张角的眼里，比起道教的祖师，他可能更愿意当中原的皇帝。有了几十万教众支持之后，他提出了一个口号："苍天已死，黄天当立。岁在甲子，天下大吉。"为什么要说"苍天""黄天"，史学家们也没有定论，吕思勉先生说"苍天"本来可能是"赤天"，因为按照五德终始的理论，东汉为火德，颜色崇尚红色；也有人说"苍天"就是"老天爷"的意思，就是指当时在位的统治者。"黄天当立"，自然指的就是他们这些戴黄头巾的太平道众要取得江山，他张角自己要当皇帝了。"岁在甲子，天下大吉"，意思是甲子年就是改天换地的好时候。

184年，正是农历甲子年。张角和他散布在各地的头领约定，这一年的三月初五起兵造反。可惜，人算不如天算，就在起义军的一名渠帅马元义在洛阳四处联络，秘密准备的时候，他的一名下属唐周却不想干了，去官府告发了起义之事。

汉灵帝大吃一惊，吓出一身冷汗，并不是因为他胆小，而是马元义真的是一个人才，他甚至连起义那天，必须是哪一位宦官打开宫门都设计得详详细细。汉灵帝马上进行全城搜捕，马元义没有能够逃掉，随即在洛阳被五马分尸,一千多名洛阳城里的太平道成员被杀,然后,全国通缉太平道众。

大贤良师张角也没办法,只能通知大家提前起义。他根据《太平经》中关于"有天治、地治、人治,三气极"的理论,自称为天公将军,他的两个弟弟张宝和张梁分别是地公将军和人公将军。

汉灵帝虽然淫乐无度,但是人却不笨,甚至很聪明。他得到黄巾军起义的消息之后,应对得相当合理,以何进为大将军,率左右羽林五营士驻守京师;任卢植为中郎将,负责北方战线,与张角主力周旋;皇甫嵩和朱儁分别为左右中郎将,各领一军,讨伐颍川一带的黄巾军。

皇甫嵩在率军出发之前,给灵帝上了一个奏章,有两个建议,一是把卖官得来的钱财和灵帝圈养多年的马匹拿出来犒赏士兵,鼓励将士;二是解除党锢,让士大夫当官为国出力。

汉灵帝对于拿钱出来没意见,但是对于解除党锢,他很犹豫。就问当时的一个宦官吕强,说你看看这事儿怎么办?吕强的回答是,"与张角合谋,为变滋大,悔之无救",意思是,如果不解除党锢,那些士大夫去和黄巾军勾搭在一起,那后悔就来不及了。

这个表达方式比皇甫嵩要高明很多,汉灵帝最怕的不是国家没有人才,而是自己会失去江山。同样一件事,宦官吕强一下子就戳到他的敏感神经,不仅如此,这位大好人宦官顺便还加了一句,"诛左右贪浊者",您应该把一些贪官杀了。

为什么这时候加这一句?因为吕强知道,这时候说特别好使,汉灵帝绝对会严查贪污犯,然后杀几个。原因也不复杂,卖官鬻爵得来的钱一下子都拿出来打仗了,虽然他也明白这钱必须得掏,但难免心疼,想想自己往外拿钱,周围居然还有人贪污,是可忍孰不可忍?这种贪官,非杀不可。

就这样,黄巾军一起义,持续了十几年的党锢解除了,几千名清流士大夫又可以出来做官了。

那么，如果不解除党锢，这些士大夫会不会像太监吕强说的那样，和黄巾军合谋？

我个人认为，这两个阶层相互利用是有可能的，但合谋却是不可能的。原因很简单，东汉士大夫是地主阶级，或者说是家里有钱之后读书读出来的一群知识分子，这是在秦汉贵族和功臣阶级之后，慢慢发展出来的一股新势力。他们可以利用农民达到自己当官施政的目的，但是你让他们和一群农民坐在一起，按照《太平经》里那种反对压迫、人人平等的政治纲领去改造社会，那等于是要了这些士大夫的命。

无论如何，政府军和黄巾军开始了你死我活的斗争。黄巾军虽然号称百万之众，但主要是由各地的流民组成的军队，拖家带口，老人妇女儿童就占了一半多，并且缺少能打仗的将领，再加上起兵比较仓促，各地没办法相互配合，所以战斗力并不强。

反观政府军这边，皇甫嵩、卢植和朱儁都是职业将领，手下的十万政府兵也是职业军人，其中还有骑都尉曹操、佐军司马孙坚，孙坚就是后来孙策、孙权的爹，以及大军阀董卓这样的猛人，战斗力一点都不弱。

汉灵帝在战争刚开始就下诏，各州郡都要征兵，配合政府军一起打黄巾军，称之为义军。这里面比较有名的就是刘备和他的两个手下关羽和张飞。我们的孔明先生那时才3岁，大概还没开始学写字。

战争的过程就不说了，政府军只用了六个月时间，就把张角、张梁率领的黄巾军主力围困在广宗这座城里。不知道是不是郁闷的原因，张角不久就升天了，道家术语称之为羽化，用我们的话说，就是死了。

张角的死，对于黄巾军的打击是无比巨大的，因为这件事或者说明张角不是神仙，就是一个大骗子，或者说明汉朝国运没断，"苍天"不当死。无论哪一个结论，都会造成大家信仰坍塌。就这样，起义军士气低迷，无心恋战，最终城破，张梁等三万多人被杀。剩下的起义军逃走时淹死在河里的有五万多人，其余几万人被俘。

皇甫嵩以极其变态的心理把张角从棺材里拽出来，砍下脑袋，运回了京师。

一个月后，皇甫嵩与巨鹿太守郭典联合攻打曲阳，成功斩杀张宝，俘虏十多万人。至此，轰轰烈烈的黄巾大起义经过九个月的折腾，以张角病死，张宝和张梁兄弟的被杀终结。

汉灵帝大大地松了一口气，一转身，又继续享乐去了。实际上，接下来全国各地虽然没有大规模的造反，但盗贼风行，占山为王的密密麻麻，到处都是。比较出名的大概有几十个，人数少的六七千人，多的达几万人，就连四川的五斗米道也不甘寂寞，起兵和政府作对，领头的是自称张天师的张修，不过因为动静并不大，汉灵帝也就没搭理他们。

这种形势等于是死灰未灭，里面点点斑斑，都是星星之火。四年之后，188年，黄巾军卷土重来，在太原、河东、汝南各郡相继起事。虽然规模不是很大，对汉朝不至于有致命威胁，可不搭理也不行，因为他们不同于占山为王的盗贼，他们的目标就是洛阳，想干掉大汉帝国。

汉灵帝简直是烦得不行，苦思冥想之后，一拍大腿，想出了一个"好办法"。这个"好办法"的实施，直接导致了一批地方土皇帝的产生，为接下来群雄逐鹿、波澜壮阔的三国时代埋下了伏笔。